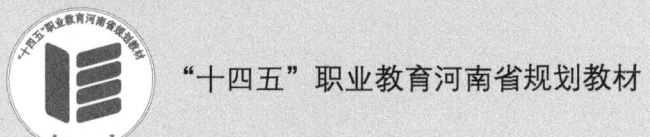"十四五"职业教育河南省规划教材

经济法
ECONOMIC LAW

主　编　王　成　王雪芳
副主编　徐凯歌　赵艳杰　刁雪影
　　　　郭秀英　邢　莉

河南大学出版社
HENAN UNIVERSITY PRESS

·郑州·

图书在版编目(CIP)数据

经济法 / 王成，王雪芳主编. -- 郑州：河南大学出版社，2023.12(2025.1重印)
ISBN 978-7-5649-5705-6

Ⅰ.①经… Ⅱ.①王…②王… Ⅲ.①经济法－中国－高等职业教育－教材 Ⅳ.①D922.29

中国国家版本馆 CIP 数据核字(2023)第 237727 号

经济法
JINGJIFA

策　　划	孔令刚　阮林要
责任编辑	郑华峰
责任校对	陈　巧
装帧设计	高枫叶

出版发行	河南大学出版社
	地址：郑州市郑东新区商务外环中华大厦2401号
	邮编：450046
	电话：0371-86059715（高等教育与职业教育出版分社）
	0371-86059701（营销部）
	网址：hupress.henu.edu.cn
排　　版	河南大学出版社设计排版中心
印　　刷	郑州尚品数码快印有限公司
版　　次	2023年12月第1版　　印　　次 2025年1月第2次印刷
开　　本	787 mm×1092 mm　1/16　印　张 25.25
字　　数	553千字　　　　　　　　　定　价 59.00元

（本书如有印装质量问题，请与河南大学出版社营销部联系调换。）

前　　言

《中华人民共和国职业教育法》规定，职业教育是与普通教育具有同等重要地位的教育类型，是培养多样化人才、传承技术技能、促进就业创业的重要途径。为了满足职业教育，尤其是应用型本科学校改革和发展的步伐，也为了满足经管学院各专业教学的教材建设需要，作为全国首批本科层次职业教育试点的河南科技职业大学，组织经济与管理学院一线教师，在总结以往教学和实践经验的基础上编写了本书。

本书为"十四五"首批职业教育河南省规划教材，根据高素质应用型人才的培养目标，以新形势下职业教育经管类专业高层级技术技能型人才的培养为背景，以经济法综合应用能力的培养为主线而编写。同时，在内容和编写体例上做了必要尝试，具体表现在以下几个方面：

（1）内容系统。本书不拘于传统的"经济法"课程内容与体系，而是"与市场经济活动相关的经济法律制度"，即内容涉及诸多与经济管理密切相关的法律制度。本书有机融合了经管类学生的专业基础知识和学生未来职业发展所需的法律知识，并且涵盖了经管类职业资格考试（CPA、会计师、税务师、经济师、资产评估师等）所涉及的主要经济法律知识。

（2）体系清晰。教材通过引导案例、法条链接、知识链接、复习思考题等多种形式，着力培养并提升经管类专业学生正确运用所学法律知识解决实际问题的应用能力，促使学生养成良好的法律规范意识，并努力引导学生成为具备法律思维的管理者，以有效避免经济管理活动中的法律风险。

（3）定位准确。本书强调以就业为导向、以应用为目的、以必需和够用为度。根据这些原则，本书在编写过程中，力求从实际应用的需要出发，尽量减少实用性不强的枯燥理论灌输，将理论知识的学习寓于大量的案例分析中，以期确保学生在校所学与就业所需紧密契合。

（4）设计新颖。本教材作为职业教育类的规划教材，特色鲜明，在内容表述上着重强调所讲内容的实践性和应用性，以图、表等多种形式呈现知识的逻辑性和层次性。同时，为了有效提升学生的综合应用能力，每一章均附有适量的、设计科学的、突出案例教学和可操作性的复习思考题（答案以二维码形式附最后），促使学生在"学"和"做"的过程中提升运用法律思维分析和解决实践中出现的法律问题的能力。

全书分为十二章，由王成副教授和王雪芳律师担任主编，具体分工如下（按各章先后为序）：第一章、第二章、第三章、第五章（第1—3节）由王雪芳编写，第四章、第十二章由刁雪影编写，第五章（第4—8节）和第七章（第1—4节）由徐凯歌编写，第六章、第十章由郭秀英编写，第七章（第5节）、第八章由邢莉撰写，第九章由王成编写，第十一章由赵艳杰编写。本书由王成负责组织、策划与设计,王雪芳统纂定稿。

本书在编写过程中参阅和借鉴了大量的相关书籍、学术论文和网站资料,在此表示感谢。考虑到财经与管理相关专业众多,目录加"＊"的章节为选学,任课老师可以根据所教专业性质自由选择教学内容。由于水平有限且时间仓促,书中内容的不足、欠妥,甚至是错误之处在所难免,敬祈读者批评指正、不吝赐教,以便在下次修订时做到"从善如流"和"与时俱进"。

目 录

第一章 基本法律知识 ... 1
- 第一节 法律基本概念 ... 2
- 第二节 经济法概述 ... 9
- 第三节 法律关系 ... 12
- 第四节 法律责任 ... 17

第二章 经济纠纷的解决途径 ... 25
- 第一节 经济纠纷的解决途径概述 ... 26
- 第二节 仲裁 ... 29
- 第三节 民事诉讼 ... 35

第三章 基本民事法律制度 ... 52
- 第一节 民事法律行为 ... 53
- 第二节 代理 ... 62
- 第三节 诉讼时效与期间 ... 67

第四章* 物权法律制度 ... 75
- 第一节 物权法律制度概述 ... 76
- 第二节 所有权制度 ... 83
- 第三节 用益物权制度 ... 91
- 第四节 担保物权 ... 96

第五章 合同法律制度 ... 107
- 第一节 合同的基本理论 ... 109
- 第二节 合同的订立 ... 117
- 第三节 合同的效力 ... 125
- 第四节 合同的履行 ... 130
- 第五节 合同的担保 ... 136
- 第六节 合同的变更和转让 ... 140
- 第七节 合同的终止 ... 146
- 第八节 违约责任 ... 151

第六章 知识产权法律制度 ... 157
- 第一节 知识产权法概述 ... 159

第二节 著作权法 ……………………………………………………… 161
第三节 专利法 ………………………………………………………… 168
第四节 商标法 ………………………………………………………… 178

第七章 非法人企业法律制度 …………………………………………… 191
第一节 企业法概述 …………………………………………………… 193
第二节 普通合伙企业 ………………………………………………… 196
第三节 有限合伙企业 ………………………………………………… 207
第四节 合伙企业的解散和清算 ……………………………………… 212
第五节 个人独资企业 ………………………………………………… 214

第八章 公司法律制度 …………………………………………………… 223
第一节 公司法概述 …………………………………………………… 225
第二节 有限责任公司 ………………………………………………… 227
第三节 股份有限公司 ………………………………………………… 237
第四节 公司的财务会计制度 ………………………………………… 247
第五节 公司的重大变更 ……………………………………………… 250
第六节 公司的解散和清算 …………………………………………… 253

第九章 市场秩序法律制度 ……………………………………………… 260
第一节 消费者权益保护法 …………………………………………… 262
第二节 产品质量法 …………………………………………………… 276
第三节 反不正当竞争法 ……………………………………………… 284
第四节 反垄断法 ……………………………………………………… 291

第十章 会计和审计法律制度 …………………………………………… 306
第一节 会计法 ………………………………………………………… 307
第二节 审计法 ………………………………………………………… 314

第十一章 金融法律制度 ………………………………………………… 321
第一节 金融法概述 …………………………………………………… 323
第二节 证券法 ………………………………………………………… 325
第三节 票据法 ………………………………………………………… 342
第四节 中国人民银行法 ……………………………………………… 362
第五节 商业银行法 …………………………………………………… 367

第十二章 劳动与社会保障法律制度 …………………………………… 374
第一节 劳动合同法 …………………………………………………… 375
第二节 社会保障法 …………………………………………………… 385

第一章 基本法律知识

学习目标

【知识目标】

1.掌握法的概念、特征和法律渊源。
2.了解法律体系和法律规范。
3.理解法律关系的概念与特征、法律关系的种类、法律关系的基本构成。
4.熟悉法律责任的概念和承担法律责任的依据、原则和形式。

【能力目标】

1.能正确分辨现实生活中各类法律关系的主体、客体和内容。
2.能应用法律责任原理,解释和分析对违法行为的处理和应承担的责任形式。

【思政目标】

1.培养学生法制观念和对法律理念的理解。
2.凸显法学的价值引领作用,与社会主义核心价值观中的"民主""和谐""公正""法治"等衔接。

本章知识体系构建

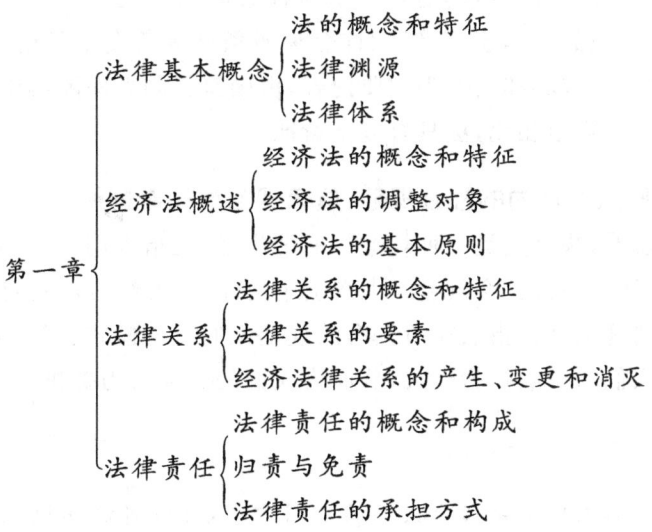

※**引导案例**

中国人大网、国家法律法规数据库等显示,截至2023年8月,我国现行生效的法律文件295件、行政法规606件、地方性法规12000余件、司法解释531件、规章11000余件,涵盖社会关系各个方面的法律部门已经齐全,各个法律部门中基本的、主要的法律已经制定,相应的行政法规和地方性法规比较完备,法律体系内部总体做到科学和谐统一,中国特色社会主义法律体系已经形成。中国特色社会主义法律体系,是以宪法为统帅,以法律为主干,以行政法规、地方性法规为重要组成部分,由宪法相关法、民法商法、行政法、经济法、社会法、刑法、诉讼与非诉讼程序法等多个法律部门组成的有机统一整体。

问题:

1. 中国特色社会主义法律体系是如何划分的?
2. 经济法为什么能成为独立的部门法,成为具有中国特色社会主义法律体系的有机组成部分?

第一节 法律基本概念

一、法的概念和特征

法作为一种特殊的社会规范,是人类社会发展的产物,不同学派对法的概念和本质有不同的理解。自然法学派认为法是人的理性,强调自然法高于人定法;分析法学派则主张恶法亦法,将价值排除在法学研究的范围之外;社会法学派承认法是社会的产物,社会的发展决定了法的发展,但同时强调法对社会能动的反作用。马克思主义法学批判继承了法的学说思想,从国家、阶级和社会物质条件等角度重新定义了法,即法是由国家制订或认可的,以权利和义务为主要内容,由国家强制力保障实施的各种社会规范的总和。与其他社会规范相比,法具有以下特征。

(一)法是调整人们行为的社会规范,具有规范性和普遍性

从其存在形态看,法首先是一种规范。所谓规范,是指人们行为的标准或规则。法不是一般的规范,而是一种社会规范。其特点在于它所调整的是人们之间的相互关系(社会关系)。法的规范性是指法律所具有的规定人们行为模式、指导人们行为的性质,表现在法规定了人们的一般行为模式,从而为人们的交互行为提供了一个模型、标准或方向。

※**知识链接**

根据法律规范为主体提供行为模式的不同方式,可以将法律规范分为授权性规范

和义务性规范,其中,义务性规范可分为命令性规范和禁止性规范。授权性规范是规定人们可以作出一定行为或者可以要求别人作出一定行为的法律规范。授权性规范的立法语言表达式为"可以……""有权……""享有……权利"等。命令性规范是指规定人们的积极义务,即规定主体应当或者必须作出一定积极行为的规范。命令性规范的立法语言表达式为"应当……""必须……""有……义务"等。禁止性规范是指规定人们的消极义务(不作为义务),即禁止人们作出一定行为的规范。禁止性规范的立法语言表达式为"不得……""禁止……"等。

从效力范围上看,法的规范性至少有三个特点:第一,它针对的对象是不特定的大多数人;第二,它只对规范制定生效后发生的行为有效;第三,在其有效期内,针对同样的情况反复适用。

与此相联系,作为约束人们行为的规范,法也具有普遍性。法的普遍性是指法所具有的普遍约束力,它通常包括两重含义:一方面,在一国主权范围内,法具有普遍效力,所有人都要遵守;另一方面,法对同样的事和人同样适用,即法律面前人人平等。

(二)法是由国家制定或认可的社会规范,具有国家意志性和权威性

法是一种特殊的社会规范,这种特殊性就在于它是由国家制定或认可的。从法是由国家制定或认可的意义上看,法体现国家的意志。这一特征明显地表明了法与其他社会规范,如道德规范、宗教规范、政党或其他社会组织的规章以及习惯礼仪等的差别。法由国家制定或认可,这是从法作为一个整体并以国家名义制定或认可来说的,它还表明了创制法律的两种方式。事实上,构成这一整体的各个具体的法律、法规是由不同层次或不同类别的国家机关制定或认可的。国家制定的法律通常称为成文法或制定法。法的认可是指国家通过一定的方式承认其他社会规范(道德、宗教、风俗、习惯等)具有法律效力的活动。法由国家制定或认可这一特征意味着体现国家意志的法具有统一性和权威性。法的权威性不仅表现为人们必须遵守或服从它,还表现为当它与道德、宗教、政策等发生冲突时,它作为国家意志的体现具有更大的权威性。

(三)法是以权利和义务为内容的社会规范,具有权利和义务的一致性

法律对人们行为的调整主要是通过权利和义务的设定和运行来实现的,因而法律的内容主要表现为权利和义务。法律上的权利和义务的规定具有确定性和可预测性的特点,它明确告诉人们该怎样行为、不该怎样行为以及必须怎样行为。人们根据法律来预先估计自己与他人之间该怎样行为,并预见到行为的后果以及法律的态度。法律只要规定了权利,就必须规定或意味着相应的义务,法律具有权利和义务的一致性。这一特征也是法律与其他社会规范的一个重要区别。

(四)法是由国家强制力保证实施的社会规范,具有国家强制性和程序性

一切社会规范都具有强制性,都有保证其实施的社会力量。道德规范主要依靠社会舆论、传统习惯以及人们的内心确信等来加以维持;宗教规范的实施主要是通过精神约束的方式,依靠清规戒律、惩罚制度来保证教徒的遵守。法律不同于其他社会规范,

它具有特殊的强制性,即国家强制性。法律以国家强制力为后盾,由国家强制力保证实施。国家的强制力是法律实施的最后的保障手段。

法律之所以要由国家强制力保证实施,取决于下面两个原因:一是法律不一定能始终为人们所自愿遵守,需要通过国家强制力强迫人们遵守;二是法律不能自行实施,需要国家专门机关予以运用。与此相关,法还具有程序性,主要是在近现代意义上讲的。无论立法、执法还是司法,都有相应的法律程序。法律程序是保证法律公正的重要手段。

二、法律渊源

法律渊源又称为法的渊源,可以分为实质意义上的渊源和形式意义上的渊源。法的实质意义上的渊源是指法的真正来源、根源和法源,是指法得以产生的一定生产方式下的物质生活条件。法的形式意义上的渊源是指法的创制方式和表现形式,即法的效力渊源。此处所讲的法律渊源即形式意义上的渊源。法律渊源包括宪法、法律、行政法规、地方性法规、自治条例和单行条例、特别行政区的法律、行政规章、国际条约和国际惯例等。

(一)宪法

宪法是由全国人民代表大会依据特别程序制定的具有最高效力的根本大法。宪法的内容与普通法律不同,它规定国家和社会生活中最基本、最重要的问题。宪法是我国全部立法工作的基础、根据和最基本的效力来源,一切法律、法规和其他规范性文件,都不得与宪法的规定相抵触。

※知识链接

我国现行宪法是1982年12月4日第五届全国人民代表大会第五次会议通过的《中华人民共和国宪法》(以下简称《宪法》),全国人民代表大会于1988年、1993年、1999年、2004年、2018年先后五次以宪法修正案的形式对现行宪法作了修改和补充。

《宪法》第六十四条 宪法的修改,由全国人民代表大会常务委员会或者五分之一以上的全国人民代表大会代表提议,并由全国人民代表大会以全体代表的三分之二以上的多数通过。

法律和其他议案由全国人民代表大会以全体代表的过半数通过。

(二)法律

在我国,作为法律渊源之一的"法律"一词是在狭义上使用的,专指由国家最高权力机关及其常设机关,即全国人民代表大会及其常务委员会制定颁布的规范性文件,其法律效力仅次于宪法。

根据现行宪法的规定,法律又可以分为基本法律和基本法律以外的法律。基本法律是由全国人民代表大会制定和修改,比较全面地规定和调整国家及社会生活某一方面的基本社会关系的法律,包括关于刑事、民事、国家机构和其他方面的基本法律;基本法律以外的法律,又称非基本法律,是指由全国人民代表大会常务委员会制定和修改的,规定和调整除由基本法律调整的社会关系以外的,关于国家和社会生活某一方面具体社会关系的法律。此外,全国人民代表大会及其常务委员会发布的具有规范性内容的决定和决议,也属于法律渊源。

※**法条链接**

《中华人民共和国立法法》(以下简称《立法法》)第十一条　下列事项只能制定法律:

(一)国家主权的事项;

(二)各级人民代表大会、人民政府、监察委员会、人民法院和人民检察院的产生、组织和职权;

(三)民族区域自治制度、特别行政区制度、基层群众自治制度;

(四)犯罪和刑罚;

(五)对公民政治权利的剥夺、限制人身自由的强制措施和处罚;

(六)税种的设立、税率的确定和税收征收管理等税收基本制度;

(七)对非国有财产的征收、征用;

(八)民事基本制度;

(九)基本经济制度以及财政、海关、金融和外贸的基本制度;

(十)诉讼制度和仲裁基本制度;

(十一)必须由全国人民代表大会及其常务委员会制定法律的其他事项。

※**知识链接**

特别行政区基本法属于基本法律,它不同于一般法律的特点在于它只适用于特别行政区。特别行政区的法律是根据宪法和特别行政区基本法,在特别行政区内施行的法律。依照现行宪法和特别行政区基本法的规定,特别行政区的立法机关享有自己的专属立法权,可以根据特别行政区基本法的规定和法定程序制定、修改和废除法律。特别行政区的立法机关制定的法律须报全国人民代表大会常务委员会备案。备案不影响该法律的生效。

(三)行政法规

作为法律渊源之一的行政法规专指由国家最高行政机关,即国务院,在法定职权范围内为实施宪法和法律而制定的有关国家行政管理的规范性文件。在我国,行政法规是一种重要的法律渊源,其效力仅次于宪法和法律。依宪法和组织法规定,国务院还有权发布决定和命令,其中具有规范性内容的,也是法律渊源,与行政法规具有同等效力。

(四)地方性法规

地方性法规是指省、自治区、直辖市和设区的市的人民代表大会及其常务委员会根据本地区具体情况和实际需要,在法定权限内制定发布的适用于本地区的规范性文件。

※**法条链接**

《立法法》第八十条　省、自治区、直辖市的人民代表大会及其常务委员会根据本行政区域的具体情况和实际需要,在不同宪法、法律、行政法规相抵触的前提下,可以制定地方性法规。

第八十一条 设区的市的人民代表大会及其常务委员会根据本市的具体情况和实际需要,在不同宪法、法律、行政法规和本省、自治区的地方性法规相抵触的前提下,可以对城乡建设与管理、生态文明建设、历史文化保护、基层治理等方面的事项制定地方性法规,法律对设区的市制定地方性法规的事项另有规定的,从其规定。设区的市的地方性法规须报省、自治区的人民代表大会常务委员会批准后施行。省、自治区的人民代表大会常务委员会对报请批准的地方性法规,应当对其合法性进行审查,认为同宪法、法律、行政法规和本省、自治区的地方性法规不抵触的,应当在四个月内予以批准。

(五)自治条例和单行条例

根据《宪法》和《立法法》的规定,民族自治地方的人民代表大会有权依照当地民族的政治、经济和文化的特点,制定自治条例和单行条例。自治区的自治条例和单行条例,报全国人民代表大会常务委员会批准后生效。自治州、自治县的自治条例和单行条例,报省、自治区、直辖市人民代表大会常务委员会批准后生效。

(六)行政规章

行政规章可以分为两类:一是部门规章,即国务院所属各部委、中国人民银行、审计署和具有行政管理职能的直属机构在自己的职权范围内发布的规章。二是地方政府规章,即省、自治区、直辖市和设区的市、自治州的人民政府,根据法律、行政法规和本省、自治区、直辖市的地方性法规制定的规章。

(七)司法解释

司法解释是最高人民法院、最高人民检察院在总结司法审判经验的基础上发布的指导性文件和法律解释的总称。

※**知识链接**

根据解释主体的不同,法律解释可以分为立法解释、司法解释和学理解释。(1)立法解释同被解释的法律一样,具有普遍约束力。因为作出立法解释的是立法机关,也是法律的制定机关,因此它们的效力是等同的。(2)司法解释是司法机关在适用法律的时候,结合客观实际作出的解释,其运用于审判、检察等司法活动的实践中。在我们实际操作中,它的效力也是很高的,但是从法理上来说,司法解释效力低于法律。(3)学理解释是专家学者从法律理论、各家学说的角度对法律所作出的解释,没有法律强制力,不是法官审判案件的依据,不具法律约束力;但是从法律的渊源及将来的发展来看,学理解释是一个很重要的法学发展的推动力量。

(八)国际条约和国际惯例

国际条约是两个或两个以上国家就政治、经济、贸易、军事、法律、文化等方面的问题确定其相互权利义务关系的协议。除条约外,国际条约的名称还包括公约、协定、和约、盟约、声明、公报等。国际条约是国际法的重要渊源,本不属于国内法范畴,但我国签订或者加入的国际条约,具有与国内法一样的约束力,也是我国的法律渊源之一。

国际惯例是在国际交往中逐渐形成的一些习惯做法和先例,通常是不成文的,最初被某些国家长期反复使用,后来为各国所接受并承认其法律的效力,并成为国际法的主要来源之一。国际商会曾先后多次公布了国际性的解释贸易术语的通则,这一通则便成了一种国际贸易惯例。因此,国际惯例也构成我国的法律渊源之一。

※知识链接

制定法律的机关不同,法律的效力也不相同。根据《立法法》的规定:(1)宪法具有最高的法律效力,一切法律、行政法规、地方性法规和自治条例和单行条例、规章都不得与宪法相抵触。(2)法律的效力高于行政法规、地方性法规和规章。行政法规的效力高于地方性法规和规章。(3)地方性法规的效力高于本级和下级地方政府规章。省、自治区、直辖市的人民政府制定的规章的效力高于本行政区域内的较大的市的人民政府制定的规章。(4)自治条例和单行条例依法对法律、行政法规、地方性法规和规章作变通规定的,在本自治地方适用自治条例和单行条例的规定。经济特区法规根据授权对法律、行政法规、地方性法规作变通规定的,在本经济特区适用经济特区法规的规定。(5)部门规章之间、部门规章与地方政府规章之间具有同等效力,在各自权限范围内施行。

相关案例

> 2003年,河南省洛阳中级人民法院法官李慧娟在审理种子赔偿纠纷案时,遭遇法律冲突问题。庭审中,原、被告就赔偿损失的计算办法争议激烈,原告主张适用《中华人民共和国种子法》,以"市场价"计算赔偿数额;被告则要求适用《河南省农作物种子管理条例》,以"政府指导价"计算赔偿数额。面对摆在眼前的法律抵触问题,承办该案的法官李慧娟征得审委会的同意后支持了原告的主张,在判决书中做了"《中华人民共和国种子法》实施后,玉米种子的价格已由市场调节,《河南省农作物种子管理条例》作为法律位阶较低的地方性法规,其与《中华人民共和国种子法》相抵触的条(款)自然无效"的表述。

三、法律体系

法律体系是指一个国家的全部法律规范,按照一定的原则和要求,根据法律规范的调整对象和调整方法的不同,划分为若干法律部门,进而形成的有机联系、内在统一的整体。中国特色社会主义法律体系包含以下七个法律部门。

(一)宪法及其相关法

宪法是国家的根本大法,规定国家的根本制度和根本任务、公民的基本权利和义务等内容。宪法相关法是与宪法相配套,直接保障宪法实施和国家政权运作等方面的法律规范的总和,主要包括四个方面:(1)有关国家机构的产生、组织、职权和基本工作制度的法律;(2)有关民族区域自治制度、特别行政区制度、基层群众自治组织的法律;(3)有关维护国家主权、领土完整和国家安全的法律;(4)有关保障公民基本权利的法律。

(二)刑法

刑法是规定犯罪、刑事责任和刑罚的法律规范的总称。与其他法律部门相比,刑法具有两个显著特点:第一,刑法所调整的社会关系极其广泛。无论哪一方面的社会关系,只要发生了构成犯罪的行为,都受刑法的调整。第二,强制性最突出。所有法律都具有强制性,但刑法的强制性最为突出。刑法是保证其他法律有效实施的后盾。

(三)行政法

行政法是规定行政主体的组织、职权、行使职权的方式、程序以及行使行政职权的法制监督、调整行政关系的法律规范的总称,包括有关行政主体、行政行为、行政程序、行政监督以及国家公务员制度等方面的法律规范。行政法调整的是行政机关与行政相对人(公民、法人和非法人组织)之间因行政管理活动而发生的法律关系,该种关系是一种纵向法律关系。行政机关与行政相对人之间的关系具有从属性、服从性的特点。行政行为由行政机关单方面依法作出,不需要与行政相对人平等协商。

(四)民商法

民商法是规范民事、商事活动的法律规范的总称。民法调整平等主体的自然人、法人和其他组织之间的人身关系和财产关系,主要包括物权、债权、婚姻、家庭、收养、继承等方面的法律规范。商法是在适应现代商事活动需要的基础上,从民法中分离而逐渐发展起来的法律部门,主要包括公司、证券、破产、保险、票据、海商等领域的法律规范。根据全国人民代表大会常务委员会对中国特色社会主义法律体系的划分,知识产权法律制度也被划入民商法部门。

(五)经济法

经济法是调整因国家从社会整体利益出发对经济活动实行干预、管理或调控所产生的社会经济关系的法律规范的总称。经济法在承认市场对资源配置起决定性作用的前提下,通过必要的国家干预手段以克服市场的自发性、滞后性、盲目性等缺陷。税收法律制度、宏观调控和经济管理法律制度、维护市场秩序的法律制度、行业管理和产业促进法律制度、农业法律制度、自然资源法律制度、能源法律制度、产品质量法律制度、企业国有资产法律制度、金融监管法律制度、对外贸易和经济合作法律制度等内容都属于经济法部门。应当注意的是,本教材名称为《经济法》,但这并非法律部门意义上的"经济法"概念,而是"与市场经济活动相关的经济法律制度"的意思,内容涉及民商法和经济法两个法律部门中诸多和经济与管理密切相关的法律制度。

(六)社会法

社会法是调整劳动关系、社会保障关系、社会福利和特殊群体权益保障方面关系的法律规范的总称。社会法是在国家干预社会生活过程中发展起来的一个法律门类,包括两个方面:第一,有关劳动关系、劳动保障和社会保障方面的法律,如劳动法、社会保险法、工会法等;第二,有关特殊社会群体权益保障方面的法律,如未成年人保护法、妇女权益保障法、残疾人权益保障法等。

(七)诉讼与非诉讼程序法

诉讼与非诉讼程序法是规范解决社会纠纷的诉讼活动与非诉讼活动的法律规范的总称,我国的诉讼制度分为刑事诉讼、民事诉讼和行政诉讼三种,分别针对三类诉讼活动进行规范。此外,我国还针对海事诉讼活动的特殊性,制定了海事诉讼特别程序法,作为对民事诉讼法的补充。为处理国与国之间的犯罪引渡问题,我国制定了引渡法,作为刑事诉讼法的补充。

非诉讼程序在纠纷解决中也有重要地位。我国制定了仲裁法,作为有效解决民事经济纠纷、保护当事人的合法权益的重要方式。人民调解法则将人民调解工作长期积累的经验做法上升为法律,从法律上完善人民调解制度,明确人民调解与其他纠纷解决机制的关系,加强对人民调解工作的支持和保障。劳动争议调解仲裁法和农村土地承包经营纠纷调解仲裁法,充分发挥调解和仲裁两个纠纷解决渠道的作用,明确规定了相关调解和仲裁的方式、程序,为及时化解纠纷、维护当事人合法权益提供了法律依据。

第二节 经济法概述

一、经济法的概念和特征

(一)经济法的概念

从经济法的产生和发展来看,它实际上是社会经济集中和垄断的产物,是国家干预社会经济生活的具体表现。鉴于此,经济法应是调整国家在经济管理和经济协调活动过程中所发生的经济关系的法律规范的总称。它包含以下三层含义:第一,经济法是调整经济关系的法律规范;第二,经济法所调整的经济关系发生在国家的经济管理和经济协调活动过程中;第三,经济法并非特指某一部法律,而是有关经济的一系列法律规范的总称。

※**知识链接**

经济法最初并不是作为一种制度意义上的部门法出现的,而是散见于一些学者的论述中。"经济法"一词最早出现是在1775年,源于法国空想社会主义者摩莱里的著作《自然法典》;1842年法国空想共产主义者德萨米出版的《公有法典》中再次使用了"经济法"一词;1916年,赫德曼在《经济字典》中对经济法这一概念进行了阐释,认为经济法是经济规律在法律上的反映,揭示了经济法产生的客观必然性。由此,经济法的概念流行开来,并被越来越多的人所接受和使用。经济法从此成为通用的法律概念。

(二)经济法的特征

作为部门法,除了具有国家意志性、强制性等一般法律所具有的特征外,经济法还具有一些独有的特征,具体表现在以下几个方面。

1.经济性

经济法反映社会生活的基本经济规律,以经济关系为基本调整对象。同时,作为上层建筑的重要组成部分,经济法受经济基础的制约,其内容反映经济关系的基本规律,而非立法者的主观臆断,任何一项经济法律规范的制定和颁布都是针对一定的经济关系和一定的经济现象,适应一定的经济形式,为了完成一定的经济任务和实现一定的经济目的。

2.综合性

经济法的综合性主要表现在两个方面。首先,经济法律规范的构成具有综合性。从表现形式上看,经济法律规范既包括各种法律,又包括法令、条例、细则和办法等许多规范形式。从内容上看,经济法律规范既包括实体法规范,又包括程序法规范;既包括强制性规范,又包括任意性规范等。其次,经济法律规范的调整范围具有综合性。经济法既调整宏观经济领域的管理和调控关系,也调整微观经济领域的管理和协作关系。从调整的领域来看,经济法律规范包括工业、农业、财政、税收、金融、统计、审计、会计、海关、物价、环保、土地等领域。

3.政策性

经济法是国家自觉参与和调控经济活动的重要手段,其重要任务是实现一定经济体制和经济政策的要求。经济的法律调整往往是以政策先行,经济法的很多内容实际上就是国家政策的法律化,而且随着社会经济的发展和变化,其内容也会随着经济体制和国家政策的调整和变动而进行相应的调整。

4.行政主导性

经济法直接调整体现国家意志的经济关系,市场经济的发展要求公平、平等和自由的经济秩序。为了防止破坏市场秩序,影响公平竞争的行为发生,国家必须以经济立法的手段来调控和管理市场经济秩序,对违法经济行为进行惩治,以此实现公平和正义。因此,经济法从原则和内容上都体现了法的强制性、授权性、指导性,并多以限制或禁止性规定来规范主体作为或不作为,体现了明显的行政主导性。

二、经济法的调整对象

(一)市场宏观调控关系

在市场经济中,市场在资源配置中起基础性作用。市场经济具有平等性、竞争性、法制性和开放性等特征。当经济运行到一定复杂程度时,"市场之手"就会暴露出缺陷,为了促进经济的健康发展,就需要有国家的宏观调控的配合。国家引导和促进市场经济发展的关系就是"宏观调控关系"。

宏观调控关系一般指国家通过计划与产业政策的制定和实施,通过经济预算及对投资的引导,以及通过税收、金融、物价调节、土地利用规划、标准化管理等活动对市场运行进行干预和控制所产生的经济关系。

(二)市场秩序调控关系

市场秩序调控关系是指国家为了建立社会主义市场经济秩序,维护国家、市场经营者和消费者的合法权益,在金融证券监管、税收征管、物价监督、贸易管制、企业登记管理及交易秩序管理等活动中所产生的经济关系。国家必须通过法律手段对市场经济进行管理。具体方式主要是通过制定反不正当竞争法、消费者权益保护法、产品质量法等对市场经济运行过程中的不正当行为进行规制。

(三)经济组织内部调控关系

经济组织内部调控关系是指以企业为主体的各类经济组织在经济活动中发生的各种内部经济管理关系,具体包括经济组织的主体资格类型及各类型的内部组织管理、财务会计、投资立项、劳动用工、工资制度、奖惩措施和安全管理等。这些关系主要通过企业法、劳动法等法律制度进行调整。健全和完善的经济组织内部调控关系是保证社会经济关系健康有序发展的前提。

三、经济法的基本原则

(一)社会本位原则

社会本位是以维护社会公共利益为出发点和归宿的经济法的本位思想。社会公共利益满足程度与国家的宏观调控、经济个体的行为、市场的运行和社会分配行为等联系密切。作为经济法的基本原则,社会本位意味着经济法在调整固定资产投资、货币发行、产品质量控制、垄断和不正当竞争行为、消费者权益保护等关系时要以社会公共利益为本位。经济法要求任何市场主体在进行市场行为时都不能一味地为了追求自身利益的最大化而影响社会公共利益,否则需要承担相应的法律责任。

(二)兼顾公平与效率原则

效率是社会能从其稀缺资源中得到最多东西的特性,公平是经济成果在社会成员中公平分配的特性。经济法的公平与效率原则要求经济法在调整市场行为时必须兼顾公平和效率,如果只求效率而忽视公平,社会就会出现混乱局面;如果只求公平而不求效率,社会就不会发展。因此,必须使公平和效率实现适度的平衡。这就要求在公平上做到主体地位平等、交易机会均等和权利义务对等。同时,任何一个公平、自由、正义、有序的社会必然是一个高效和不断发展的社会,这就要求在实现公平的同时提高效率,实现公平和效率的相互促进。

(三)可持续发展原则

经济的发展涉及资源的开发利用、废弃物的排放、环境保护和治理等一系列社会性问题。可持续发展反映了当代人对人类社会经济活动、生存环境和发展的反思。因此,经济法必须强调坚持可持续发展的原则,无论是保证市场主体有一个平衡和谐的经济环境,还是保证经济资源合理地分配,最终都是为了从宏观上实现社会经济整体的可持续发展。

(四)国家适度干预原则

从经济法的本质特征来说,国家干预始终是经济法发展的主体,但是国家应该从社会利益的角度为经济生活做出适度的干预,正确处理国家与企业之间的利益关系、国家与劳动者个人之间的利益关系、企业与劳动者个人之间的利益关系及中央与地方之间的利益关系,从而做到经济秩序和经济自由的统一,国家调控和市场资源配置的统一,经济民主与经济集中的统一。

第三节 法律关系

一、法律关系的概念和特征

法律关系是法律规范在调整人们行为过程中形成的权利义务关系,法律关系由主体、内容和法律三要素构成,具有以下特征。

(一)法律关系是以法律规范为前提的社会关系

法律规范是法律关系的前提,没有相应的法律规范的存在,就不会有法律关系的产生。社会关系是一个庞大的体系,其中有些领域是属于法律规范所调整的,有些不属于法律规范调整或者法律规范不适宜调整的,还有些社会关系虽然应该得到法律的调整,但由于种种原因尚未形成有效的法律规范,法律调整缺乏法律依据,因此也不可能产生法律关系。

(二)法律关系是以法律上的权利和义务为内容的社会关系

法律关系是特定的主体之间的具体的权利义务关系。法律关系和其他社会关系的重要区别,就在于它是法律化的权利义务,是一种明确的、特定的权利义务关系。这种权利义务关系可以是由法律明文规定的,也可以是由法律授权当事人在法律规定的范围内自行约定的。

(三)法律关系是一种体现意志性的特殊社会关系

法律关系是根据法律规范建立的,而法律规范是国家意志的体现,法律关系参加者的意志对于法律关系的建立和实现也有着重要的作用。在法律关系产生或实现的过程中,国家意志和法律关系参加者的意志是相互作用的。一方面,法律关系参加者的意志必须符合国家意志,否则该法律关系得不到国家的确认和保护,法律关系不可能建立起来。在这个意义上,国家意志对于法律关系的产生和实现起着主导作用。另一方面,体现在法律规范中的国家意志,只有通过法律关系参加者的意志才能实现,否则法律规范所体现的权利和义务就只能是一种抽象的可能性和必然性,不能变成现实,在这个意义上,法律关系参加者的意志对于法律规范中所体现的国家意志的实现又是必不可少的。

二、法律关系的要素

(一)法律关系的主体

1.主体的概念和特征

法律关系的主体是指在法律关系中享有权利、承担义务的当事人或参加者。从上述概念可以看出,法律关系主体包括以下内涵:一是法律关系主体能够以自己的名义独立地参加法律关系;二是主体是法律权利和法律义务的担当者;三是主体能够独立地承担法律责任。

法律关系主体由法律规范所规定,不在法律规定的范围内,不得任意参加法律关系,成为法律关系的主体。例如,低于法定结婚年龄的人不能成为婚姻法律关系的主体。此外,法律规范规定什么人和社会组织能够成为法律关系主体,这不是任意的,而是由一定的物质生活条件决定的。比如,在奴隶制国家的法律中,只有自由民才是法律关系的主体,奴隶不是法律关系的主体。这一法律规定是由奴隶制生产方式决定的。

2.主体的种类

在我国,能够参与法律关系的主体包括自然人、法人、其他社会组织和国家。自然人是指有生命并具有法律人格的个人,包括中国公民、居住在中国境内或在中国境内活动的外国公民。在我国,外国公民参加法律关系的范围是有限制的,以我国有关法律以及我国与有关国家签订的条约为依据。法人是与自然人相对称的概念,指具有法律人格、能够以自己的名义独立享有权利或承担义务的组织,是由法律赋予人格并将其视同自然人一样有独立的意志和利益的社会组织体。有时国家也作为特殊的法人参加民事法律关系或国际法律关系。

法律关系主体参加法律关系还有资格上的限制,这在法学上被称为权利能力和行为能力。权利能力是权利主体享有权利和承担义务的能力,它反映了权利主体取得享有权利和承担义务的资格。

公民的权利能力分为一般权利能力和特殊权利能力两种。一般权利能力为所有公民普遍享有,始于出生,终于死亡,如人身权利能力等。特殊权利能力须以一定的法律事实出现为条件才能享有,如参加选举的权利能力须以达到法定年龄为条件。法人的权利能力始于法人依法成立,终于法人被解散或撤销。法人权利能力的内容和范围与法人成立的目的直接相关,并由有关法律和法人组织的章程加以规定。

※**法条链接**

《中华人民共和国民法典》(以下简称《民法典》)第十三条　自然人从出生时起到死亡时止,具有民事权利能力,依法享有民事权利,承担民事义务。

第十四条　自然人的民事权利能力一律平等。

第十五条　自然人的出生时间和死亡时间,以出生证明、死亡证明记载的时间为准;没有出生证明、死亡证明的,以户籍登记或者其他有效身份登记记载的时间为准。有其他证据足以推翻以上记载时间的,以该证据证明的时间为准。

第十六条　涉及遗产继承、接受赠与等胎儿利益保护的,胎儿视为具有民事权利能力。但是,胎儿娩出时为死体的,其民事权利能力自始不存在。

行为能力是权利主体能够通过自己的行为取得权利和承担义务的能力。行为能力以权利能力为前提,根据年龄和精神状况不同,自然人的民事行为能力分为完全民事行为能力、限制民事行为能力和无民事行为能力三种。法人的权利能力和行为能力是一致的。

※法条链接

《民法典》第十七条　十八周岁以上的自然人为成年人。不满十八周岁的自然人为未成年人。

第十八条　成年人为完全民事行为能力人,可以独立实施民事法律行为。

十六周岁以上的未成年人,以自己的劳动收入为主要生活来源的,视为完全民事行为能力人。

第十九条　八周岁以上的未成年人为限制民事行为能力人,实施民事法律行为由其法定代理人代理或者经其法定代理人同意、追认;但是,可以独立实施纯获利益的民事法律行为或者与其年龄、智力相适应的民事法律行为。

第二十条　不满八周岁的未成年人为无民事行为能力人,由其法定代理人代理实施民事法律行为。

第二十一条　不能辨认自己行为的成年人为无民事行为能力人,由其法定代理人代理实施民事法律行为。

八周岁以上的未成年人不能辨认自己行为的,适用前款规定。

第二十二条　不能完全辨认自己行为的成年人为限制民事行为能力人,实施民事法律行为由其法定代理人代理或者经其法定代理人同意、追认;但是,可以独立实施纯获利益的民事法律行为或者与其智力、精神健康状况相适应的民事法律行为。

第二十三条　无民事行为能力人、限制民事行为能力人的监护人是其法定代理人。

(二)法律关系的内容

法律关系的内容,即法律关系主体享有的法律权利和承担的法律义务。法律权利是法律允许权利人为了满足自己的利益可以作为或者不作为,或者要求他人为一定行为或者不为一定行为的资格。法律义务是指国家通过法律对法律关系主体的行为作出的限制和约束,包括作为的义务和不作为的义务。

※知识链接

法律意义上的权利一词最早来源于罗马法。从形式意义上讲,法律权利的一般含义是,国家通过法律赋予法律关系主体可以自主决定做出某种行为的能力或资格。法律意义上的权利与其他性质上的权利的主要区别在于,它是体现国家意志的法律、法规所承认和保护的。广义上的法律权利包含了权力,从字面上讲,职权、权限、权力等词与权利一样。但是在实际使用中,它们与权利的主要区别在于:第一,在我国现行宪法中,对中央国家机关使用职权一词,对地方国家机关使用权限一词,对公民则使用权利一词。第二,权利主体一般是公民与法人和其他社会组织,权力主体则只能是被授予权力的国家机关及其特定的工作人员。第三,权利和权力的自由度不同。权利主体对其享有的某些权利是可以转让或放弃的,职权不能放弃、不可让与。第四,权力的强制性是直接的,权利的强制性则是以权力为中介的,是间接的。

法律权利和法律义务相辅相成,有权利即有义务,有义务即有权利,没有无权利的义务,也没有无义务的权利。从本质上看,权利是指法律所保护的某种利益;从行为方式的角度看,它表现为要求权利相对人可以怎样行为、必须怎样行为或不得怎样行为。权利的实现离不开义务的履行,它反映了主体在社会关系中独立自主和相互协作的关系的状态。

(三)法律关系的客体

法律关系的客体是指法律关系主体之间权利和义务所指向的对象。法律关系客体是一个历史的概念,随着社会历史的不断发展,其范围、形式和类型也在不断地变化。总体来看,由于权利和义务类型的不断丰富,法律关系客体的范围和种类有不断扩大和增多的趋势。归纳起来,法律关系客体包括物、行为、精神产品(非物质财富)、人身利益。

1.物

法律意义上的物是指法律关系主体支配的、在生产上和生活上所需要的客观实体。作为法律关系客体的"物"与物理意义上的"物"既有联系,又有不同,它不仅具有物理属性,而且应具有法律属性。物理意义上的物要成为法律关系客体,须具备以下条件:第一,应得到法律的认可。第二,应为人类所认识和控制。不可认识和控制之物(如地球以外的天体)不能成为法律关系客体。第三,能够给人们带来某种物质利益,具有经济价值。第四,须具有独立性。不可分离之物(如道路上的沥青、桥梁之构造物、房屋之门窗)一般不能脱离主物,故不能单独作为法律关系客体存在。

2.行为

在很多法律关系中,其主体的权利和义务所指向的对象是行为。作为法律关系客体的行为是特定的,即义务人为满足权利人的利益要求而完成的行为,包括作为和不作为,又称积极行为和消极行为。

3.精神产品

精神产品是人通过某种物体(如书本、砖石、纸张、胶片、磁盘)或大脑记载下来并加以流传的思维成果。精神产品不同于有体物,其价值和利益在于物中所承载的信息、知识、技术、标识(符号)和其他精神文化,也不同于人的主观精神活动本身,而是人的主观精神活动的物化、固定化。精神产品属于非物质财富。

4.人身利益

人身是由各个生理器官组成的生理整体(有机体)。它是人的物质形态,也是人的精神利益的体现。在现代社会,随着现代科技和医学的发展,人身利益不仅是人作为法律关系主体的承载者,而且在一定范围内还会成为法律关系的客体。但必须注意的是:第一,活人的(整个)身体,不得视为法律上之"物",不能作为物权、债权和继承权的客体,禁止任何人(包括本人)将整个身体作为"物"参与有偿的经济法律活动,不得转让或买卖。第二,权利人对自己的人身不得进行违法或有伤风化的活动,不得滥用人身或自贱人身和人格。第三,对人身行使权利时必须依法进行,不得超出法律授权的界限,严禁对他人人身非法强行行使权利。

※知识链接

人身体部分(如血液、器官、皮肤等)利益的法律性质是一个较复杂的问题。它究竟是属于人身,还是属于法律上的"物",不能一概而论,应从三方面分析:当人身的一部分尚未脱离人的整体时,即属于人身本身;当人身之部分自然地从身体中分离,已成为与身体相脱离的外界之物时,亦可视为法律上的"物";当该部分已植入他人身体时,即为他人人身之组成部分。

三、经济法律关系的产生、变更和消灭

(一)法律规范产生的条件

法律规范本身并不能必然地在主体之间形成权利与义务关系,只有在一定的法律事实出现后,法律关系才能以法律规范为依据而产生、变更和消灭。据此,法律关系的产生、变更和消灭需要具备以下三个条件:

1. 法律规范,这是法律关系产生的基本依据;
2. 法律主体,即权利与义务的实际承担者;
3. 法律事实,是指能引起法律关系的产生、变更和消灭的客观现象。

(二)法律事实

法律事实是指能够引起法律关系产生、变更和消灭的各种事实的总称。法律事实能否引起一定的法律后果或者引起何种特定的法律后果,最终都取决于法律的规定。只有为法律规范支配的事实才是法律事实。有的法律关系的产生、变更和消灭只需一个法律事实出现即可成立,有的法律关系的产生、变更和消灭则需要两个或者两个以上的法律事实同时具备。引起某一法律关系产生、变更和消灭的数个法律事实的总和称为事实构成。

按照法律事实是否与当事人的意志有关,可以把法律事实分为法律行为和法律事件。

法律行为是指以法律主体意志为转移的,能够引起法律关系发生、变更和终止的有意识的活动,既包括合法行为,也包括违法行为。根据人的行为是否属于表意行为,可以分为两类:一是法律行为,即以人的意思表示为要素的行为。行为人作出意思表示应当具有相应的行为能力。二是事实行为,行为人主观上不一定具有产生、变更或者消灭民事法律关系的意思,但是客观上可以引起这种后果的行为。比如,侵权行为,创作作

品的行为。事实行为通常不受当事人行为能力的影响。

法律事件是指法律规范规定的,与当事人意志无关,能够引起法律关系产生、变更和消灭的客观情况。常见的法律事件包括:(1)人的出生与死亡;(2)时间的经过;(3)自然灾害与意外事件。

※知识链接

下列情形不属于民事法律事实:(1)包括搭乘便车、约定请人吃饭、乘客之间叫醒到站下车、为人指路等好意施惠行为;(2)婚约,但与婚约有关的彩礼是附条件的赠与合同,属于民事法律事实;(3)民法之外的恋爱关系、师生关系等。

第四节 法律责任

一、法律责任的概念和构成

(一)法律责任的概念

法律责任是指行为人由于违法行为、违约行为或者由于法律规定而应承受的某种不利的法律后果。法律责任是社会责任的一种,它与其他社会责任的区别在于,承担法律责任的最终依据是法律,具有国家强制性。法律责任的目的在于保障法律上的权利、义务、权力得以生效,在它们受到阻碍而使法律所保护的利益受到侵害时,通过适当的救济,使对侵害发生有责任的人承担责任,消除侵害并尽量减少未来发生侵害的可能性。法律责任的目的是通过其惩罚、救济和预防三个功能的发挥来实现的。

(二)法律责任的构成

法律责任的构成是认定法律责任时所必须考虑的因素。由于法律责任会给责任主体带来法定的不利后果,因此必须科学、合理地确定法律责任的构成,保证当事人双方的合法权益,以维持社会秩序,促进社会经济的发展。一般认为,法律责任的构成包括责任主体、违法行为、损害结果、因果关系、主观过错五个方面。

1.责任主体

责任主体是法律责任的承担者。责任主体必须具有法定责任能力。能够成为违法主体并且承担法律责任的自然人必须是达到法定年龄具有责任能力的人,能够成为违法主体并且承担法律责任的组织必须是能够独立承担民事责任或者具备刑事责任能力的法人或者组织。

2.违法行为

法律责任的核心构成要素是违法行为或者违约行为的存在。广义的违法行为包括一般违法行为和犯罪行为。狭义的违法行为仅指除犯罪以外的一般违法行为。违法方式包括作为和不作为两种。作为是指行为主体以积极的行动,实施了法律所禁止或者合同所不允许的行为;不作为是指行为主体以消极的行动,不履行法律所规定的或者合同所约定的义务。

一般来说,违法行为是法律责任的前提,没有违法行为就没有法律责任。但是在特殊情况下,法律责任的承担不以违法行为为构成要件,而是以法律规定为构成要件。

3.损害结果

损害结果是指违法行为所导致的损失和伤害的事实,包括人身、财产和精神方面的损失和伤害。损害结果既包括实际损害,也包括间接损害;既包括有形的损害,也包括无形的损害;既包括对国家和社会的损害,也包括对个人的损害。

损害应当具有确定性,必须是一个确定的现实存在的事实,但是有些法律责任的承担不以实际损害结果的存在为条件,如危害国家安全罪。

4.因果关系

因果关系是违法行为与损害结果之间的必然联系。法律责任的承担要求行为与损害事实之间必须具有内在的、必然的引起和被引起的关系。因果关系是归责的基础和前提,是认定法律责任的基本依据。因果关系对于认定法律行为责任主体和决定法律责任范围都具有重要意义。因果关系必须是客观存在的,不以人的意志为转移。

5.主观过错

法律责任的承担不仅要具备客观方面的条件,还必须具备主观方面的条件。主观方面就是指行为人在实施某种行为时是否有主观过错。主观过错是指行为人实施违法行为时的主观心理状态,它是法律责任构成的要件之一。不同的主观心理状态对认定法律关系主体是否承担法律责任及承担何种法律责任有着直接的联系。

主观过错包括故意和过失两类。故意是指明知自己的行为会发生危害社会的结果,希望或者放任这种结果发生的心理状态;过失是指应当预见自己的行为可能发生危害社会的结果,因为疏忽大意而没有预见,或者已经预见而轻信能够避免,以致发生这种结果的心理状态。个别的违法行为实行无过错责任原则,但这是特殊原则,适用范围较小,并且法律对哪些行为适用无过错责任原则有明确的规定。

相关案例

2020年6月13日,67岁的古某在超市购物时,口袋里放了两个鸡蛋,未结账便欲离开,被超市员工拦住。在交涉中,老人突然倒地,心梗猝死。老人的儿子起诉超市,请求赔偿38万余元。南通市崇川区人民法院于2020年12月8日作出(2020)苏0602民初3758号民事判决,驳回了原告的诉讼请求。原告不服提起上诉。

南通市中级人民法院二审认为:虽然超市员工的劝阻可能诱发老人情绪波动而突然倒地,但事实上的因果关系有别于法律上的因果关系。判断行为与损害后果的因果关系不仅应满足必要性,即无此原因必无此结果的条件关系,还需要考察是否具有相当性,即有此原因通常有此结果的相当性。超市员工的劝阻行为与老人倒地之间不具有相当性,不能认定为存在法律上的因果关系。据此,南通市中级人民法院于2021年3月25日作出(2021)苏06民终189号民事判决:驳回上诉,维持原判。

二、归责与免责

(一)归责

法律责任的归责,也叫法律责任的归结,是指由特定的国家机关或国家授权的机关依法对行为人的法律责任进行判断和确认。不同的法律责任具有不同的构成要件。责任的成立与否,取决于行为人的行为及其后果是否符合责任的构成要件。在我国,归责的原则主要包括责任法定原则、因果关系原则、责任与处罚相称原则、责任自负原则等。

1.责任法定原则,是指法律责任作为一种否定的法律后果应当由法律规范预先规定,包括在法律规范的逻辑结构之中,当出现违法行为或法定事由的时候,按照事先规定的责任性质、责任范围、责任方式等追究行为人的责任。责任法定原则的内容包括:刑事法律是追究刑事责任的唯一;法律依据,罪刑法定;由特定的国家机关或国家授权的机构归责;反对责任擅断;反对有害追责;允许人民法院行使一定的自由裁量权,准确认定和归结行为人的法律责任。

2.因果关系原则,是指在认定行为人违法责任之前,首先,应当确认行为与危害或损害结果之间的因果关系;其次,应当确认意志、思想等主观方面因素与外部行为之间的因果关系;最后,还应当区分这种因果关系是必然的还是偶然的,直接的还是间接的。

3.责任与处罚相称原则,是指法律公正精神在法律责任归结上的具体表现。其含义是指,法律责任的性质与违法行为性质应当相适应,法律责任的轻重和种类应当与违法行为的危害或者损害相适应,还应当与行为人主观恶性相适应。

4.责任自负原则,是指违法行为人应当对自己的违法行为负责,不能让没有违法行为的人承担法律责任,即反对株连或变相株连;要保证责任人受到法律追究,也要保证无责任者不受法律追究,做到不枉不纵。当然,在某些特殊情况下,为了法律秩序特别是财产保护上的需要,也产生责任转承问题,比如监护人对被监护人承担替代责任,上级对下级承担替代责任等。

(二)免责

免责,也称法律责任的减轻和免除,是指法律责任由于出现法定条件被部分或全部地免除。免责不同于"不负责任"或"无责任",因为免责以法律责任的存在为前提,而后两者并不存在责任。不应把未达到法定责任年龄、精神失常、正当防卫、紧急避险等不负法律责任的条件当作免除责任的条件。免责并不意味着被免责的违法行为是合理的、法律允许的或法律不管的,更不意味着被免责的行为是法律所赞成或支持的。

在我国的法律规定和法律实践中,免责的条件和情况是多种多样的。免责的种类主要包括时效免责、不诉免责、自首立功免责、有效补救免责、自助免责等。

1.时效免责,指违法者在其违法行为发生一定期限后不再承担强制性法律责任,如果没有法律的特别规定,违反法律的行为超过一定的期限将不再被追究法律责任,法律责任因时间流逝而消失。

2.不诉免责,即所谓"告诉才处理""不告不理"。在我国,不仅大多数民事违法行为是受害当事人或有关人员告诉才处理,而且有些刑事违法行为也是不告不理的。不告不理意味着当事人不告,国家就不会把法律责任归结于违法者,亦即意味着违法者实际上被免除了法律责任。

3.自首立功免责,指对那些违法之后有自首或立功表现的人,免除其部分或全部法律责任。

4.有效补救免责,指对于那些实施违法行为,造成一定损害,但在国家机关归责之前采取及时补救措施的人,免除其部分或全部责任。

5.自助免责,指对自助行为所引起的法律责任的减轻或免除。所谓自助行为是指权利人为保护自己的权利,在情势紧迫而又不能及时请求国家机关予以救助的情况下,对他人的财产或自由施加扣押、拘束或其他相应措施,而为法律或公共道德所认可的行为。自助行为可以免除部分或全部法律责任。

三、法律责任的承担方式

根据法律的规定,经济法律关系主体对其违法行为必须承担经济法律责任。由于经济法律是由国家制定的具有强制性的规范性文件,所以经济法律责任只能由国家通过对违法主体实施一定的强制性措施和强制要求其承担一定的不利后果而实现。概括起来,经济法律责任的承担方式主要有民事责任、行政责任和刑事责任三种。

(一)民事责任

民事责任是指行为人由于违反民事法律、违约或者由于民法规定所应承担的一种法律责任。民事责任主要是一种救济责任,其功能主要在于救济当事人的权利,赔偿或补偿当事人的损失。当然,民事责任也具有惩罚的功能,比如违约金本身就含有惩罚的意思。

民事责任的承担方式又称为民事责任的形式。《民法典》第一百七十九条规定,承担民事责任的方式主要有:(1)停止侵害;(2)排除妨碍;(3)消除危险;(4)返还财产;(5)恢复原状;(6)修理、重作、更换;(7)继续履行;(8)赔偿损失;(9)支付违约金;(10)消除影响、恢复名誉;(11)赔礼道歉。法律规定惩罚性赔偿的,依照其规定。

本条规定的承担民事责任的方式,可以单独适用,也可以合并适用。

相关案例

> 江苏省江阴市的张女士是一个两岁孩子的妈妈,因为小区没有儿童游乐设施,她在征得物业同意后,自费购置了一套儿童滑梯,放在了楼下大厅的角落里供孩子们玩耍。2020年11月的一天,前来探望朋友的柳女士在穿过大厅时,一脚踩在了滑梯配套的垫子上,当场后仰摔倒在地,造成T12椎体骨折。由于就损失赔偿问题,柳女士与张女士以及物业公司始终无法达成一致,于是柳女士将张女士和物业公司都告到了法院。

法院审理后认为,物业公司在同意张女士放置滑梯之后,应该对游乐设施承担日常的维护管理和安全防范等义务;事发当天,物业公司未将滑梯垫周围的积水清理干净,也没有在滑梯周围设置安全警示标志,这才是导致本案事故发生的主要原因。同时,法院审理认为柳女士作为成年公民,应尽量对可能存在的风险进行预判和避免,但其未能及时查明路况,确保安全通行,该疏忽亦是导致事故发生的一定原因,依法应适当减轻物业公司的赔偿责任。而出于善意购买滑梯的张女士,其购置滑梯的行为与事发之间不存在因果关系,主观上更没有过错,在本案中依法不应承担侵权责任。

　　2022年3月,江苏省江阴市人民法院对案件作出判决,认定柳女士因本案事故产生的各项损失费用15万余元,应当由物业公司赔偿80%,即12万余元。对柳女士的其他诉讼请求依法不予支持。

(二)行政责任

行政责任是指国家行政机关或者国家行政机关授权的有关单位对违反行政法律规范的单位或个人依法采取的行政制裁。根据承担行政责任主体的不同,行政责任分为行政处罚和行政处分。

行政处罚是指行政主体对行政相对人违反行政法律规范给予的法律制裁。行政处罚的具体形式有:(1)警告;(2)罚款;(3)没收违法所得、没收非法财物;(4)责令停产停业;(5)暂扣或者吊销许可证、暂扣或者吊销执照;(6)行政拘留;(7)法律、行政法规规定的其他行政处罚。

行政处分主要适用于行政机关工作人员在行政管理过程中因违反法律、法规而产生的法律责任。行政处分的具体形式有警告、记过、记大过、降级、撤职等。

相关案例

　　2023年7月9日,一张"悬赏1000万元寻狗"的寻狗启事引发网友广泛关注。9日晚,有消息称这条狗丢失半天就被找到,狗主人只给帮忙找到这条狗的市民5000元奖励。这条消息又引发网友热议。

　　7月11日,郑州市公安局郑东新区分局发布警情通报称,经查,某传媒有限公司法人杨某冰为吸引关注,杜撰其于7月8日在郑州北龙湖附近丢失一条功勋犬,设置200万元、1000万元赏金等不实信息并发至网络社交平台,造成广泛传播。9日14时53分,公益人士马某在未经核实的情况下,使用微博账号"郑州流浪动物领养中心"将上述不实信息发布至网络公共平台,进一步扩大不良影响。9日19时许,杨某冰迫于舆论压力,指使其朋友王某联系发布该不实信息的部分自媒体和新闻媒体,继续发布"狗已在警方协助下找到"等不实信息。

　　因杜撰不实信息,违法行为人杨某冰被公安机关依法处以行政拘留15日处罚,马某、王某被批评教育。

(三)刑事责任

刑事责任是指行为人因其犯罪行为所必须承受的,由司法机关代表国家所确定的否定性法律后果。它是犯罪人向国家所负的一种法律责任,追究刑事责任的唯一法律依据是刑事法律。刑事责任是一种惩罚性的责任,是所有法律责任中最严厉的一种。

按照我国刑法的规定,刑罚包括主刑和附加刑。主刑有管制、拘役、有期徒刑、无期徒刑和死刑。附加刑包括罚金、没收财产和剥夺政治权利,此外对于犯罪的外国人可以独立适用或者附加适用驱逐出境。

复习思考题

一、单项选择题

1. 下列各项中,不属于法律关系要素的是(　　)。
   A. 标的　　　　　　B. 主体　　　　　　C. 客体　　　　　　D. 内容

2. 下列法的形式中,由全国人民代表大会及其常务委员会经一定立法程序制定颁布的规范性文件是(　　)。
   A. 宪法　　　　　　B. 行政法规　　　　C. 法律　　　　　　D. 行政规章

3. 下列属于法律行为的是(　　)。
   A. 某服装厂与某服装销售商订立了一份合同
   B. 塔克拉玛干沙漠三个月没下雨
   C. 海湾战争爆发
   D. 海底火山爆发

4. 下列关于法律渊源的表述中,正确的是(　　)。
   A. 全国人民代表大会常务委员会有权依法修改由其制定的基本法律
   B. 部门规章可以设定减损公民、法人和其他组织权利或增加其义务的规范
   C. 地方性法规是地方人民政府对地方性事务制定的规范性法律文件的总称
   D. 除最高人民法院外,其他国家机关无权解释法律

5. 下列各项法律规范中,属于确定性规范的是(　　)。
   A. 供用水、供用气、供用热力合同,参照适用供用电合同的有关规定
   B. 法律、行政法规禁止或者限制转让的标的物,依照其规定
   C. 国务院反垄断委员会的组成和工作规则由国务院规定
   D. 因正当防卫造成损害的,不承担民事责任

6. 小明今年3岁,智力正常,但先天腿部残疾。下列关于小明的民事权利能力和民事行为能力的表述中,正确的是(　　)。
   A. 小明无民事权利能力,属于无民事行为能力人
   B. 小明无民事权利能力,属于限制民事行为能力人

C.小明有民事权利能力,属于无民事行为能力人

D.小明有民事权利能力,属于限制民事行为能力人

7.根据民事法律制度的规定,下列主体中,具有完全行为能力的是(　　)。

A.刚出生的甲　　　　　　　　B.8周岁的乙

C.15周岁的少年天才丙　　　　D.18周岁的大学生丁

8.下列各项中,不属于行政责任范围的是(　　)。

A.没收违法所得　　　　　　　B.罚金

C.责令停产　　　　　　　　　D.吊销执照

9.下列各项中,不属于经济法律关系客体的是(　　)。

A.空气　　　　　　　　　　　B.消费资料

C.完成一定工作的行为　　　　D.嘉奖表彰

二、多项选择题

1.我国法的形式主要有宪法、法律、行政法规、地方性法规、行政规章、国际条约等。下列各项中,属于行政法规的有(　　)。

A.国务院发布的《总会计师条例》

B.国务院发布的《企业财务会计报告条例》

C.省级人大常委会发布的《地方会计管理条例》

D.财政部发布的《财政部门实施会计监督办法》

2.根据我国法律制度的规定,下列各项中,能够成为法律关系主体的有(　　)。

A.自然人　　　　　　　　　　B.商品

C.法人　　　　　　　　　　　D.行为

3.下列各项中,能够引起法律关系消灭的法律事件有(　　)。

A.合同双方认真履行了合同

B.企业乙侵犯了丙的专利权

C.发生了地震

D.突然爆发了战争

4.根据民事法律制度的规定,下列各项中,属于民事责任形式的有(　　)。

A.返回财产　　　　　　　　　B.没收非法财产

C.赔偿损失　　　　　　　　　D.罚款

5.下列法的形式中,不具有最高法律效力的是(　　)。

A.《中华人民共和国宪法》

B.《中华人民共和国民法典》

C.《中华人民共和国刑法》

D.《中华人民共和国反垄断法法》

6.下列各项中,属于我国法律渊源的有(　　)。

A.《支付结算办法》

B.《最高人民法院关于适用〈中华人民共和国民事诉讼法〉的解释》

C.《中华人民共和国立法法》

D.《上市公司信息披露管理办法》

7.下列各项中,属于法人的有(　　)。

A.中华人民共和国最高人民法院

B.北京大学

C.中国注册会计师协会

D.中国人民保险集团股份有限公司

8.根据民事法律制度的规定,下列各项中,属于法律事实中的事件的有(　　)。

A.债权行为　　　　　　　　　　B.人的死亡

C.时间的经过　　　　　　　　　D.自然灾害

三、案例模拟

皓月公司是"皓月"及图注册商标专用权人,该商标核定使用商品种类为第29类,包括肉等。四平某牛羊肉摊位,经营范围包括牛羊肉零售等,未经许可在店铺招牌上使用"皓月分割肉"字样。经营者王某曾与皓月公司协商加盟事宜,但并未签订加盟合同。皓月公司认为四平某牛羊肉摊位的行为构成商标侵权,且为恶意侵犯,情节严重,应适用惩罚性赔偿。四平某牛羊肉摊位辩称,其销售皓月牛肉和自产牛肉,在售卖时会向消费者告知两者的来源和价格的区别,无攀附皓月品牌的故意,对"皓月分割肉"的使用并非商标性使用,未侵害注册商标专用权,不应承担侵权赔偿责任。

问题:请分别指出本案中的法律关系主体、法律关系客体和法律关系内容。

第二章 经济纠纷的解决途径

学习目标

【知识目标】
1. 掌握仲裁和诉讼的概念、仲裁范围以及诉讼管辖。
2. 了解经济仲裁和诉讼的程序。
3. 了解经济纠纷的解决途径。

【能力目标】
1. 能用合理的方式解决纠纷。
2. 能判断某一具体纠纷可以应用何种解决方式。
3. 学会运用仲裁程序或者民事诉讼程序处理具体案件。

【思政目标】
1. 加强学生的政治认同,培养法治观念。
2. 坚定学生的理想信念,弘扬爱国情怀。

本章知识体系构建

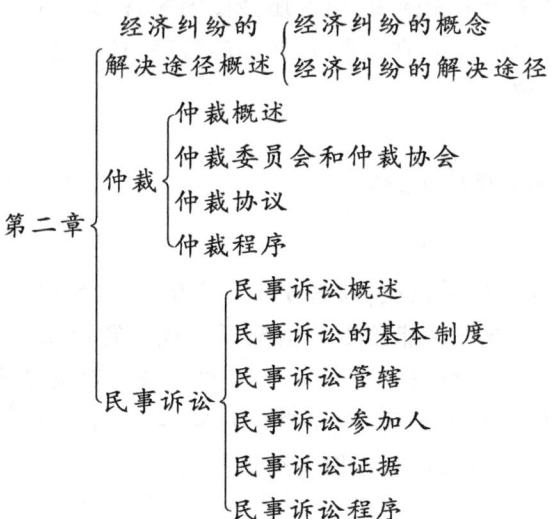

※引导案例

甲公司(住所地在天津市A县)诉乙(个人,住所地与经常居住地都在内蒙古自治区B县)买卖合同纠纷一案,甲公司提出两项诉讼请求:"(1)请求依法判令被告给付原告货款200000元,并自2021年7月31日起至实际给付日止按全国银行间同业拆借市场公布的贷款报价利率的四倍支付违约金;(2)诉讼费用由被告承担。"天津市A县法院受理了甲公司的起诉,并依法向乙送达了起诉状副本,乙接到起诉状副本认为A县法院对本案没有管辖权,遂在答辩期间向A县法院提出管辖权异议,要求将本案移送至内蒙古自治区B县人民法院审理。

问题:

对甲公司提起的买卖合同纠纷一案,天津市A县法院是否有管辖权?为什么?

第一节 经济纠纷的解决途径概述

一、经济纠纷的概念

经济纠纷又称为经济争议,是指市场争议主体之间因经济权利和经济义务的矛盾而引起的权益争议,包括平等主体之间涉及经济内容的争议,以及公民、法人或者其他组织作为行政管理相对人与行政机关之间因行政管理活动所发生的涉及经济内容的争议。

在现实生活中经济争议大量存在,表现形式多种多样,不仅影响着当事人的正常生产经营活动,使其在经济上蒙受损失,而且还会使国家、社会利益受到巨大影响。因此,为了保护当事人的合法权益,维护国家、社会经济秩序,必须通过有效手段,及时化解出现的经济矛盾、经济争议。

二、经济纠纷的解决途径

(一)协商

协商是指经济争议发生后,当事人双方在互谅互让、自愿协商的基础上一方或双方各自作出一定的让步,在双方都能接受的情况下达成和解协议而使矛盾争议顺利解决的一种方式。以协商的方式解决经济争议,一是可以及时解决经济争议,自愿协商基础上的沟通交流有利于双方化解矛盾,避免产生长期怨恨,从而有利于下一步的合作;二是协商解决程序简单,成本低,可防止损失继续扩大。

(二)调解

调解是指经济争议发生后,当事人如果不愿意协商解决或者协商未果,可以由第三方站在中立的位置上从中斡旋以解决经济矛盾。在现实生活中,经济争议的调解具体表现为:由当事人双方共同认可的第三方从中斡旋调解;一方当事人向消费者协会投诉,由消费者协会主持调解;一方当事人向有关行政管理机关申诉,由行政机关进行调解;在仲裁过程中,由仲裁委员会在作出裁决前进行调解;人民法院在审理民事和经济争议案件中所进行的调解。仲裁委员会和人民法院调解达成协议的,如果生效即具有法律效力,当事人如果不执行,可以依法强制执行。

(三)向行政机关检举、投诉、申诉和申请行政复议

《中华人民共和国消费者权益保护法》(以下简称《消费者权益保护法》)《中华人民共和国产品质量法》(以下简称《产品质量法》)《中华人民共和国反不正当竞争法》(以下简称《反不正当竞争法》)《中华人民共和国广告法》(以下简称《广告法》)等多部法律都赋予经济法律关系的当事人在发生经济争议或者合法权益受到侵害时,可以依据法律法规的规定,向行政主管部门进行举报、申诉、投诉和申请行政复议的权利。行政主管机关接到投诉应依法作出行政处理,以维护当事人的合法权益。

举报即检举、报告。举报作为法律术语是指公民或者企事业单位向司法机关或者其他有关国家机关和组织检举、控告有关经济法律关系主体违法、犯罪等侵害自己或他人合法权益的行为。例如,小区居民举报的小区的地下室制造、销售假冒伪劣商品,坑害消费者的行为。

投诉是指权益被侵害者本人对涉案组织侵犯其合法权益的违法行为,有权向有关国家机关主张自身权利。投诉人,即为权益被侵害者本人。例如,消费者在商店买到假冒商品,合法权益受到侵害,到消费者协会投诉或到工商局投诉的行为。

申诉主要是因为公民或者企业单位对某一事件的处理结果不服,觉得处理结果有误而向国家有关机关提交申诉相关材料,由相关机关受理之后再进行重新裁定的行为。例如,某商贩认为工商局对其停业整顿的处罚不合理,而到原处罚机关的上一级工商部门申诉,要求撤销原处罚决定并赔偿其损失的行为。

行政复议是指公民、法人或者其他组织不服行政主体作出的具体行政行为,认为行政主体的具体行政行为侵犯了其合法权益,可以自知道该具体行政行为之日起六十日内,依法向法定的行政复议机关提出复议申请。公民、法人或者其他组织对行政机关作出的行政许可、行政处罚、行政强制具体行政行为不服,可以向该行政机关的上一级行政机关或者法律法规规定的其他机关申请复议,行政复议机关依法对该具体行政行为进行合法性、适当性审查,并作出行政复议决定。对复议决定不服,可以依法向人民法院提起诉讼。

※**法条链接**

《中华人民共和国行政复议法》(以下简称《行政复议法》)第六条　有下列情形之一的,公民、法人或者其他组织可以依照本法申请行政复议:

(一)对行政机关作出的警告、罚款、没收违法所得、没收非法财物、责令停产停业、暂扣或者吊销许可证、暂扣或者吊销执照、行政拘留等行政处罚决定不服的;

(二)对行政机关作出的限制人身自由或者查封、扣押、冻结财产等行政强制措施决定不服的;

(三)对行政机关作出的有关许可证、执照、资质证、资格证等证书变更、中止、撤销的决定不服的;

(四)对行政机关作出的关于确认土地、矿藏、水流、森林、山岭、草原、荒地、滩涂、海域等自然资源的所有权或者使用权的决定不服的;

(五)认为行政机关侵犯合法的经营自主权的;

(六)认为行政机关变更或者废止农业承包合同,侵犯其合法权益的;

(七)认为行政机关违法集资、征收财物、摊派费用或者违法要求履行其他义务的;

(八)认为符合法定条件,申请行政机关颁发许可证、执照、资质证、资格证等证书,或者申请行政机关审批、登记有关事项,行政机关没有依法办理的;

(九)申请行政机关履行保护人身权利、财产权利、受教育权利的法定职责,行政机关没有依法履行的;

(十)申请行政机关依法发放抚恤金、社会保险金或者最低生活保障费,行政机关没有依法发放的;

(十一)认为行政机关的其他具体行政行为侵犯其合法权益的。

第十二条 对县级以上地方各级人民政府工作部门的具体行政行为不服的,由申请人选择,可以向该部门的本级人民政府申请行政复议,也可以向上一级主管部门申请行政复议。

对海关、金融、国税、外汇管理等实行垂直领导的行政机关和国家安全机关的具体行政行为不服的,向上一级主管部门申请行政复议。

(四)仲裁

仲裁是指经济法律关系的各方当事人依照事先约定或事后达成的书面仲裁协议,将双方发生争议的事项,提交仲裁机构并由其对争议作出具有法律约束力的裁决的一种活动。

仲裁委员会受理仲裁申请后,应当依照法定要求组成仲裁庭。仲裁庭作出裁决前,可以先行调解。调解不成的,应当及时作出裁决。调解书和裁决书具有同等法律效力。如果当事人一方不履行裁决的,另一方当事人可以依照法律规定向人民法院申请执行。

(五)诉讼

诉讼是指人民法院根据争议当事人的请求,依照法律规定,在当事人和其他诉讼参与人的参与下,运用审判权确认争议各方权利义务关系,通过审判程序解决争议的活动。诉讼分为民事诉讼、行政诉讼和刑事诉讼。民事诉讼是指人民法院在当事人和全体诉讼参与人的参加下,依法审理和解决民事纠纷的活动,以及由这些活动所发生的诉讼关系。行政诉讼是受了行政处分的人,即行政相对人,对行政机关给予的处罚不服而采取的诉讼,但个别类型的行政处罚要先经过行政复议之后才能进行行政诉讼。刑事诉讼是指审判机关(人民法院)、检察机关(人民检察院)和侦查机关(公安机关及国家安全机关等)在当事人以及诉讼参与人的参加下,依照法定程序解决被追诉者刑事责任问题的诉讼活动。其中民事诉讼范围很广,是解决经济争议的主要诉讼方式,如图2-1所示。

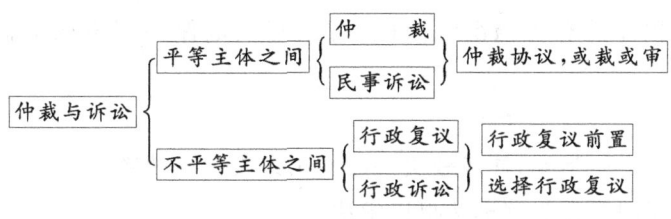

图 2-1　解决经济争议的途径

第二节　仲裁

一、仲裁概述

(一)仲裁的概念和特征

仲裁是指在双方当事人自愿的基础上所采取的争议解决方法,即在争议发生之前或发生之后,当事人在自愿基础上达成书面仲裁协议,将协议所约定的争议提交约定的仲裁机构进行审理,并由其作出具有约束力的仲裁裁决的一种争议解决方式。

作为一种解决财产权益纠纷的民间性裁判制度,仲裁不同于民间调解委员会的调解和当事人的自行和解,也不同于解决同类争议的司法、行政途径。仲裁具有以下特征。

1.自愿性

仲裁以当事人的自愿为前提,即是否将纠纷提交仲裁,向哪个仲裁委员会申请仲裁,仲裁庭如何组成,仲裁员的选择,以及仲裁的审理方式、开庭形式等,都是在当事人自愿的基础上,由当事人协商确定的。

2.专业性

专家裁案,是民商事仲裁的重要特点之一。民商事仲裁往往涉及不同行业的专业知识,如建设工程纠纷的处理不仅涉及与工程建设有关的法律法规,还常常需要运用大量的工程造价、工程质量方面的专业知识,以及熟悉建筑业自身特有的交易习惯和行业惯例。仲裁机构的仲裁员是来自各行业具有一定专业水平的专家,他们精通专业知识、熟悉行业规则,对公正高效处理纠纷,确保仲裁结果公正准确,发挥着关键作用。

3.独立性

根据《中华人民共和国仲裁法》(以下简称《仲裁法》)的规定,仲裁委员会独立于行政机关,与行政机关没有隶属关系。仲裁委员会之间也没有隶属关系。在仲裁过程中,仲裁庭独立进行仲裁,不受任何行政机关、社会团体和个人的干涉,也不受其他仲裁机构的干涉,具有独立性。

4.保密性

仲裁以不公开审理为原则。同时,当事人及其代理人、证人、翻译、仲裁员、仲裁庭咨询的专家和指定的鉴定人、仲裁委员会有关工作人员也要遵守保密义务,不得对外界透露案件实体和程序的有关情况。因此,可以有效地保护当事人的商业秘密和商业信誉。

5.快捷性

仲裁实行一裁终局制度,仲裁裁决一经作出即发生法律效力。仲裁裁决不能上诉,这使得当事人之间的纠纷能够迅速得以解决。

(二)仲裁范围

仲裁范围即仲裁的适用范围。它是指仲裁作为一种解决纠纷的方式,可以解决哪些纠纷,不能解决哪些纠纷,即纠纷的可仲裁性问题。

仲裁范围是由《仲裁法》加以规定的。根据《仲裁法》的规定,平等主体的公民、法人和其他组织之间发生的合同纠纷和其他财产权益纠纷,可以仲裁。

下列纠纷不能仲裁:(1)婚姻、收养、监护、扶养、继承纠纷;(2)依法应当由行政机关处理的行政争议;(3)劳动争议;(4)农业集体经济组织内部的农业承包合同纠纷。

(三)仲裁的原则

1.自愿原则

当事人自愿原则是仲裁制度的核心。仲裁是最能充分体现当事人意思自治原则的争议解决方式。《仲裁法》规定,仲裁必须有书面的仲裁协议,仲裁协议可以是合同中写明的仲裁条款,也可以是单独书写的仲裁协议书(包括可以确认的其他书面方式)。仲裁协议的内容应当包括请求仲裁的意思表示、约定的仲裁事项及选定的仲裁委员会。

※知识链接

仲裁协议应当以书面形式订立。口头达成仲裁的意思表示无效。

2.或裁或审原则

如果一方当事人出于自身的利益或者其他原因,没有信守仲裁协议或者有意回避仲裁而将争议起诉到法院,那么被诉方当事人可以依据仲裁协议向法院提出管辖权异议,要求法院驳回起诉。法院按照《仲裁法》的规定,将对具有有效仲裁协议的起诉予以驳回并让当事人将争议交付仲裁。

3.独立仲裁原则

仲裁委员会独立于行政机关,与行政机关没有隶属关系;各仲裁委员会之间也没有隶属关系。这一规定显示出仲裁制度最大的独立性。作为公断的仲裁应当居于中立位置,公平、公正地仲裁案件以维护仲裁制度的严肃性。

4.一裁终局原则

一裁终局是指裁决作出后即产生法律效力,即使当事人对裁决不服,也不能就同一案件向法院提出起诉。

※法条链接

《仲裁法》第四条 当事人采用仲裁方式解决纠纷,应当双方自愿,达成仲裁协议。没有仲裁协议,一方申请仲裁的,仲裁委员会不予受理。

第五条 当事人达成仲裁协议,一方向人民法院起诉的,人民法院不予受理,但仲裁协议无效的除外。

第八条 仲裁依法独立进行,不受行政机关、社会团体和个人的干涉。

第九条 仲裁实行一裁终局的制度。裁决作出后,当事人就同一纠纷再申请仲裁或者向人民法院起诉的,仲裁委员会不予受理。

相关案例

> 甲地方税务局向乙百货商场购买了一批办公用品,因办公用品质量问题与该百货商场发生纠纷。同时,甲地方税务局又因向乙百货商场征收房产税而与其发生争议。
>
> 本案件前一争议中,由于双方处于平等主体地位,所发生的争议属于平等主体之间发生的财产纠纷,根据《仲裁法》的规定,双方的纠纷可以通过仲裁方式解决。在后一争议中,双方属于行政管理与被管理的关系,所发生的争议属于行政争议,根据《仲裁法》的规定,不属于《仲裁法》的适用范围,双方的纠纷不能通过仲裁的方式解决。

二、仲裁委员会和仲裁协会

(一)仲裁委员会

以仲裁方式解决争议的机构是仲裁委员会,仲裁委员会可以在直辖市和省、自治区人民政府所在地的市设立,也可以根据需要在其他设区的市设立,不按行政区划层层设立。仲裁委员会由前款规定的市的人民政府组织有关部门和商会统一组建。设立仲裁委员会,应当经省、自治区、直辖市的司法行政部门登记。

仲裁委员会应当具备下列条件:

1. 有自己的名称、住所和章程,仲裁委员会的章程应当依照《仲裁法》制定;
2. 有必要的财产;
3. 有该委员会的组成人员;
4. 有聘任的仲裁员。

(二)仲裁委员会人员

仲裁委员会由主任 1 人、副主任 2—4 人和委员 7—11 人组成。仲裁委员会的主任、副主任和委员由法律、经济贸易专家和有实际工作经验的人员担任。仲裁委员会的组成人员中,法律、经济贸易专家不得少于三分之二。

※法条链接

《仲裁法》第十三条 仲裁委员会应当从公道正派的人员中聘任仲裁员。

仲裁员应当符合下列条件之一：

（一）通过国家统一法律职业资格考试取得法律职业资格，从事仲裁工作满八年的；

（二）从事律师工作满八年的；

（三）曾任法官满八年的；

（四）从事法律研究、教学工作并具有高级职称的；

（五）具有法律知识、从事经济贸易等专业工作并具有高级职称或者具有同等专业水平的。

仲裁委员会按照不同专业设仲裁员名册。

(三)仲裁协会

中国仲裁协会是社会团体法人。仲裁委员会是中国仲裁协会的会员。中国仲裁协会的章程由全国会员大会制定。

中国仲裁协会是仲裁委员会的自律性组织，根据章程对仲裁委员会及其组成人员、仲裁员的违纪行为进行监督，依照《仲裁法》和《中华人民共和国民事诉讼法》（以下简称《民事诉讼法》）的有关规定制定仲裁规则。

三、仲裁协议

(一)仲裁协议的概念

仲裁协议是争议发生之前或争议发生之后，双方当事人自愿达成的将特定争议事项提请约定的仲裁委员会进行仲裁审理并作出仲裁裁决的书面意思表示。

仲裁协议通常有以下三种类型。

1.仲裁条款。仲裁条款是双方当事人在合同中订立的将所发生争议提请仲裁机构仲裁解决的书面意思表示。

2.仲裁协议书。仲裁协议书是在争议发生前或在争议发生之后，双方当事人经过协商一致达成的将某种争议提请仲裁机构仲裁解决的一种独立协议。

3.其他书面形式。以电报、传真、信件等书面形式形成的仲裁协议。

(二)仲裁协议的内容

仲裁协议应当具备下列内容：

1.有请求仲裁的意思表示；

2.有仲裁事项；

3.有选定的仲裁委员会。

(三)仲裁协议无效的法定情形

有下列情形之一的，仲裁协议无效：

1.约定的仲裁事项超出法律规定的仲裁范围的；

2.无民事行为能力人或限制民事行为能力人订立的仲裁协议；

3.一方采取胁迫手段，迫使对方订立仲裁协议的。

仲裁协议对仲裁事项或者仲裁委员会没有约定或者约定不明确的,当事人可以补充协议;达不成补充协议的,仲裁协议无效。

※**法条链接**

《仲裁法》第十九条　仲裁协议独立存在,合同的变更、解除、终止或者无效,不影响仲裁协议的效力。

仲裁庭有权确认合同的效力。

《仲裁法》第二十条　当事人对仲裁协议的效力有异议的,可以请求仲裁委员会作出决定或者请求人民法院作出裁定。一方请求仲裁委员会作出决定,另一方请求人民法院作出裁定的,由人民法院裁定。

当事人对仲裁协议的效力有异议,应当在仲裁庭首次开庭前提出。

四、仲裁程序

仲裁程序主要包括仲裁的申请和受理、仲裁庭的组成、开庭和裁决等环节。

(一)仲裁的申请和受理

1.仲裁申请

当事人申请仲裁应当符合下列条件:(1)有仲裁协议;(2)有具体的仲裁请求和事实、理由;(3)属于仲裁委员会的受理范围。

※**法条链接**

《仲裁法》第二十二条　当事人申请仲裁,应当向仲裁委员会递交仲裁协议、仲裁申请书及副本。

第二十三条　仲裁申请书应当载明下列事项:

(一)当事人的姓名、性别、年龄、职业、工作单位和住所,法人或者其他组织的名称、住所和法定代表人或者主要负责人的姓名、职务;

(二)仲裁请求和所根据的事实、理由;

(三)证据和证据来源、证人姓名和住所。

2.受理

仲裁委员会收到仲裁申请书之日起5日内,认为符合受理条件的,应当受理,并通知当事人;认为不符合受理条件的,应当书面通知当事人不予受理,并说明理由。

相关案例

甲与乙签订一份买卖合同,并在合同中单独规定了仲裁条款,约定双方发生合同纠纷时提请A市仲裁委员会仲裁。后双方因履行问题产生争议,甲向人民法院提起诉讼,乙接到起诉书后向法院提交了仲裁协议。本案应当如何处理?

根据《仲裁法》第二十六条的规定,当事人达成仲裁协议,一方向人民法院起诉未声明有仲裁协议,人民法院受理后,另一方在首次开庭前提交仲裁协议的,人民法院应当驳回起诉,但仲裁协议无效的除外;另一方在首次开庭前未对人民法院受理该案提出异议的,视为放弃仲裁协议,人民法院应当继续审理。在本案中,甲乙之间存在生效的仲裁协议,且乙在首次开庭前向法院提交了仲裁协议,法院应当驳回甲的起诉。甲乙之间的合同纠纷应当由 A 市仲裁委员会仲裁。

(二)仲裁庭的组成

仲裁庭可以由 3 名仲裁员或 1 名仲裁员组成。由 3 名仲裁员组成的,设首席仲裁员。

当事人约定由 3 名仲裁员组成仲裁庭的,应当各自选定或者各自委托仲裁委员会主任指定 1 名仲裁员,第 3 名仲裁员由当事人共同选定或共同委托仲裁委员会主任指定。第 3 名仲裁员是首席仲裁员。

当事人约定由 1 名仲裁员成立仲裁庭的,应当由当事人共同选定或者共同委托仲裁委员会主任指定仲裁员。

当事人没有在仲裁规则规定的期限内约定仲裁庭的组成方式或者选定仲裁员的,由仲裁委员会主任指定。

※知识链接

回避制度

仲裁委员会应当将仲裁庭的组成情况书面通知当事人。仲裁员有下列情形之一的,必须回避,当事人也有权提出回避申请:

1.是本案当事人或当事人、代理人的近亲属;

2.与本案有利害关系;

3.与本案当事人、代理人有其他关系,可能影响公正仲裁的;

4.私自会见当事人、代理人,或者接受当事人、代理人请客送礼的。

当事人提出回避申请,应当说明理由,在首次开庭前提出。回避事由在首次开庭后知道的,可以在最后一次开庭终结前提出。仲裁员是否回避,由仲裁委员会主任决定;仲裁委员会主任担任仲裁员时,由仲裁委员会集体决定。

(三)开庭和裁决

仲裁应当开庭进行。当事人协议不开庭的,仲裁庭可以根据仲裁申请书、答辩书及其他材料作出裁决。

仲裁不公开进行。当事人协议公开的,可以公开进行,但涉及国家秘密的除外。

当事人申请仲裁后,可以自行和解。达成和解协议的,可以请求仲裁庭根据和解协议作出裁决书,也可以撤回仲裁申请。当事人达成和解协议,撤回仲裁申请后反悔的,可以根据仲裁协议申请仲裁。仲裁庭在作出裁决前,可以先行调解。当事人自愿调解的,仲裁庭应当调解。调解不成的,应当及时作出裁决;调解达成协议的,仲裁庭应当制作调解书或者根据协议的结果制作裁决书。调解书与裁决书具有同等法律效力。调解书经双方当事人签收后,即发生法律效力。

在调解书签收前当事人反悔的,仲裁庭应当及时作出裁决。裁决应当按照多数仲裁员的意见作出,少数仲裁员的不同意见可以记入笔录。仲裁庭不能形成多数意见时,裁决应当按照首席仲裁员的意见作出。

※**法条链接**

《仲裁法》第五十四条 裁决书应当写明仲裁请求、争议事实、裁决理由、裁决结果、仲裁费用的负担和裁决日期。当事人协议不愿写明争议事实和裁决理由的,可以不写。裁决书由仲裁员签名,加盖仲裁委员会印章。对裁决持不同意见的仲裁员,可以签名,也可以不签名。

(四)裁决的效力

裁决书自作出之日起发生法律效力。当事人应当履行仲裁裁决。一方当事人不履行的,另一方当事人可以按照《民事诉讼法》的有关规定向人民法院申请执行,受理申请的人民法院应当执行。

※**法条链接**

《仲裁法》第五十八条 当事人提出证据证明裁决有下列情形之一的,可以向仲裁委员会所在地的中级人民法院申请撤销裁决:

(一)没有仲裁协议的;

(二)裁决的事项不属于仲裁协议的范围或者仲裁委员会无权仲裁的;

(三)仲裁庭的组成或者仲裁的程序违反法定程序的;

(四)裁决所根据的证据是伪造的;

(五)对方当事人隐瞒了足以影响公正裁决的证据的;

(六)仲裁员在仲裁该案时有索贿受贿、徇私舞弊、枉法裁决行为的。

人民法院经组成合议庭审查核实裁决有前款规定情形之一的,应当裁定撤销。

人民法院认定该裁决违背社会公共利益的,应当裁定撤销。

第三节 民事诉讼

一、民事诉讼概述

(一)民事诉讼的概念和特征

民事诉讼的概念是公民之间、法人之间、其他组织之间以及他们相互之间因财产关系和人身关系提起的诉讼。换言之,民事诉讼是指国家审判机关即人民法院,依照法律规定,在当事人和其他诉讼参与人的参加下,依法解决纠纷的活动。民事诉讼具有以下特征。

1.民事诉讼具有公权性

民事诉讼是以司法方式解决平等主体之间的纠纷,是由法院代表国家行使审判权解决民事争议。

2.民事诉讼具有强制性

强制性是公权力的重要属性。民事诉讼的强制性既表现在案件的受理上,又反映在裁判的执行上。调解、仲裁均建立在当事人自愿的基础上,只要有一方不愿意选择上述方式解决争议,调解、仲裁就无从进行;民事诉讼则不同,只要原告起诉符合《民事诉讼法》规定的条件,无论被告是否愿意,诉讼均会发生。

3.民事诉讼具有程序性

民事诉讼是依照法定程序进行的诉讼活动,无论是法院还是当事人或其他诉讼参与人,都需要按照《民事诉讼法》设定的程序实施诉讼行为,违反诉讼程序常常会引起一定的法律后果。

(二)民事诉讼的适用范围

适用于《民事诉讼法》的案件具体有以下五类:

1.因民法、婚姻法、收养法、继承法等调整的平等主体之间的财产关系和人身关系发生的民事案件,如合同纠纷、房产纠纷、侵害名誉权纠纷等案件;

2.因经济法、劳动法调整的社会关系发生的争议,法律规定适用民事诉讼程序审理的案件,如企业破产案件、劳动合同纠纷案件等;

3.适用特别程序审理的选民资格案件和宣告公民失踪、死亡等非诉案件;

4.按照督促程序解决的债务案件;

5.按照公示催告程序解决的宣告票据和有关事项无效的案件。

二、民事诉讼的基本制度

民事诉讼的基本制度是在民事诉讼活动过程中的某个阶段或几个阶段,对人民法院的民事审判起重要作用的行为准则。我国民事诉讼的基本制度有合议制度、回避制度、公开审判制度、两审终审制度。

(一)合议制度

合议制度是指由三名以上审判员,或审判员和人民陪审员组成合议庭对民事案件进行审理的制度。合议庭的成员人数,必须是单数。按合议制度组成的审判组织,称为合议庭。合议制度是相对于独任制度而言的,后者是指一名审判员独立地对案件进行审理和裁判的制度。法院审理的第一审民事案件,除了适用简易程序、特别程序(选民资格和重大疑难案件除外)、督促程序、公示催告程序、审理的民事案件由审判员一人独任审理以外,一律合议庭进行审理。

※**法条链接**

《民事诉讼法》第四十二条 人民法院审理下列民事案件,不得由审判员一人独任审理:

(一)涉及国家利益、社会公共利益的案件;

(二)涉及群体性纠纷,可能影响社会稳定的案件;

(三)人民群众广泛关注或者其他社会影响较大的案件;
(四)属于新类型或者疑难复杂的案件;
(五)法律规定应当组成合议庭审理的案件;
(六)其他不宜由审判员一人独任审理的案件。

《民事诉讼法》第四十四条 合议庭的审判长由院长或者庭长指定审判员一人担任;院长或者庭长参加审判的,由院长或者庭长担任。

《民事诉讼法》第四十五条 合议庭评议案件,实行少数服从多数的原则。评议应当制作笔录,由合议庭成员签名。评议中的不同意见,必须如实记入笔录。

(二)回避制度

回避制度是指为了保证案件的公正审判,要求与案件有一定利害关系的审判人员或其他有关人员不得参与本案的审理活动或诉讼活动的审判制度。

根据《民事诉讼法》第四十七条,审判人员有下列情形之一的,应当自行回避,当事人有权用口头或者书面方式申请他们回避:

1. 审判人员或其他人员是本案当事人或当事人、诉讼代理人的近亲属;
2. 审判人员或其他人员与本案有利害关系的;
3. 与本案当事人有其他关系,可能影响对案件的公正审理。所谓"其他关系",是指有除与案件有利害关系及与当事人近亲属关系之外的特殊亲密或仇嫌关系的存在,足以影响案件的公正审理。
4. 审判人员接受当事人、诉讼代理人请客送礼,或者违反规定会见当事人、诉讼代理人的。

当事人提出回避申请,应当说明理由,在案件开始审理时提出;回避事由在案件开始审理后知道的,也可以在法庭辩论终结前提出。

被申请回避的人员在人民法院作出是否回避的决定前,应当暂停参与本案的工作,但案件需要采取紧急措施的除外。院长担任审判长或者独任审判员时的回避,由审判委员会决定;审判人员的回避,由院长决定;其他人员的回避,由审判长或者独任审判员决定。

(三)公开审判制度

公开审判制度是指人民法院审理民事案件,除法律规定的情况外,审判过程及结果应当向群众、社会公开。

根据《民事诉讼法》第一百三十七条规定,人民法院审理民事案件,除涉及国家秘密、个人隐私或者法律另有规定的以外,应当公开进行。离婚案件,涉及商业秘密的案件,当事人申请不公开审理的,可以不公开审理。

无论是公开审理的案件,还是不公开审理的案件,宣判时一律公开。

相关案例

原告甲公司向人民法院起诉被告乙及丙公司。起诉状中称,被告乙原是其营销部经理,被丙公司高薪挖去,在丙公司负责市场推销工作。乙利用其在甲公司所掌握的商业秘密,将甲公司的销售与进货渠道几乎全部提供给了丙公司;甲公司因此损失惨重,请求乙和丙公司承担连带赔偿责任,同时申请不公开审理,以避免商业秘密泄露于第三人。

本案例中,甲公司的销售及进货渠道与甲公司的经营有重大关系,一旦公开,很可能使其损失进一步扩大。因此,甲公司认为案件涉及商业秘密,申请不公开审理是合情合理的,也是符合《民事诉讼法》的规定和最高人民法院的司法解释的,受诉人民法院应当同意原告不公开审理的要求。

(四)两审终审制度

两审终审制度是指一个民事案件经过两级人民法院审判后即告终结的制度。依两审终审制度,一般的民事诉讼案件,当事人不服一审人民法院的判决及允许上诉的裁定,可上诉至二审人民法院;二审人民法院对案件所作的判决、裁定为生效判决、裁定,当事人不得再上诉。

※知识链接

根据《民事诉讼法》的规定,选民资格案件、宣告失踪或者宣告死亡案件、认定公民无民事行为能力或者限制民事行为能力案件、认定财产无主案件、确认调解协议案件和实现担保物权案件,实行一审终审。

最高审判机关——最高人民法院所作的一审判决、裁定,为终审判决、裁定,当事人不得上诉。

三、民事诉讼管辖

民事诉讼中的管辖是指各级法院之间和同级法院之间受理第一审民事案件的分工和权限。它是在法院内部具体确定特定的民事案件由哪个法院行使民事审判权的一项制度。

(一)级别管辖

级别管辖就是上下级法院受理第一审民事案件的分工和权限。一般按案件影响的大小、繁简程度和诉讼标的金额大小来确定级别管辖。

1.基层人民法院的管辖。基层人民法院管辖第一审民事案件,法律另有规定的除外。

2.中级人民法院的管辖。中级人民法院管辖下列第一审民事案件:重大涉外案件,指争议标的额大,或案情复杂,或居住在国外的当事人人数众多的涉外案件;在本辖区有重大影响的案件。

3.高级人民法院的管辖。高级人民法院管辖在本辖区有重大影响的第一审民事案件。

4.最高人民法院的管辖。最高人民法院管辖下列第一审民事案件:在全国有重大影响的案件;认为应当由本院审理的案件。

※**法条链接**

《民事诉讼法》第三十九条　上级人民法院有权审理下级人民法院管辖的第一审民事案件;确有必要将本院管辖的第一审民事案件交下级人民法院审理的,应当报请其上级人民法院批准。

下级人民法院对它所管辖的第一审民事案件,认为需要由上级人民法院审理的,可以报请上级人民法院审理。

(二)地域管辖

按照人民法院的辖区和民事案件的隶属关系,确定同级人民法院之间在各自的区域内受理第一审民事案件的具体分工和权限范围,称为地域管辖。地域管辖分为一般地域管辖、特殊地域管辖和专属管辖。为了确定法院管辖权,法律还规定了协议管辖、共同管辖和选择管辖。

1.一般地域管辖

一般地域管辖也叫普通管辖,一般采用"原告就被告"的原则,即通常由被告住所地人民法院管辖,被告住所地与经常居住地不一致的,由经常居住地人民法院管辖。

相关案例

> 原告张某琦为被告张某之女,2013年出生,住福建省云霄县。被告张某住安徽省淮北市相山区。2016年原告父母办理离婚登记并签订离婚协议书,约定张某琦由母亲抚养,张某支付抚养费、教育费、医疗费。后张某一直未支付前述费用。原告诉至安徽省淮北市相山区人民法院(以下简称安徽相山法院),请求判令张某支付抚养费、教育费、医疗费。安徽相山法院于2019年1月7日立案。安徽相山法院认为,本案系抚养费纠纷,应由被告住所地人民法院管辖,被告住所地与经常居住地不一致的,由经常居住地人民法院管辖。张某在双方婚姻存续期间一直居住在福建省厦门市湖里区,虽离婚后下落不明,但至原告提起本案诉讼时,张某已在福建省厦门市湖里区连续居住一年以上,遂于2019年裁定将本案移送至福建省厦门市湖里区人民法院处理。
>
> 福建省高级人民法院认为,根据福建省厦门市湖里区人民法院查询的情况,目前没有证据证明张某离开户籍地至起诉时已连续在福建省厦门市湖里区居住一年,本案仍应由张某的户籍地安徽相山法院管辖。另,安徽相山法院已采取公告送达方式对张某进行了送达,并于2019年4月22日开庭审理本案,故不应再将案件移送。经与安徽省高级人民法院协商未果,报请最高院指定管辖。
>
> 最高院最终裁定:从两地法院查明的情况看,至张某琦起诉时,尚无法确定张某是否仍在福建省厦门市湖里区居住。因此,本案应由被告张某户籍地法院即安徽相山法院管辖。(案例来源:中华人民共和国最高人民法院民事裁定书(2020)最高法民辖91号)

下列民事诉讼,由原告住所地人民法院管辖;原告住所地与经常居住地不一致的,由原告经常居住地人民法院管辖:

(1)对不在中华人民共和国领域内居住的人提起的有关身份关系的诉讼;

(2)对下落不明或者宣告失踪的人提起的有关身份关系的诉讼;

(3)对被采取强制性教育措施的人提起的诉讼;

(4)对被监禁的人提起的诉讼。

2.特殊地域管辖

(1)因合同纠纷提起的诉讼,由被告住所地或者合同履行地人民法院管辖;

(2)因保险合同纠纷提起的诉讼,由被告住所地或者保险标的物所在地人民法院管辖;

(3)因票据纠纷提起的诉讼,由票据支付地或者被告住所地人民法院管辖;

(4)因公司设立、确认股东资格、分配利润、解散等纠纷提起的诉讼,由公司住所地人民法院管辖;

(5)因铁路、公路、水上、航空运输和联合运输合同纠纷提起的诉讼,由运输始发地、目的地或者被告住所地人民法院管辖;

(6)因侵权行为提起的诉讼,由侵权行为地或者被告住所地人民法院管辖;

(7)因铁路、公路、水上和航空事故请求损害赔偿提起的诉讼,由事故发生地或者车辆、船舶最先到达地、航空器最先降落地或者被告住所地人民法院管辖;

(8)因船舶碰撞或者其他海事损害事故请求损害赔偿提起的诉讼,由碰撞发生地、碰撞船舶最先到达地、加害船舶被扣留地或者被告住所地人民法院管辖;

(9)因海难救助费用提起的诉讼,由救助地或者被救助船舶最先到达地人民法院管辖;

(10)因共同海损提起的诉讼,由船舶最先到达地、共同海损理算地或者航程终止地的人民法院管辖。

3.专属管辖

下列案件,由本条规定的人民法院专属管辖:

(1)因不动产纠纷提起的诉讼,由不动产所在地人民法院管辖;

(2)因港口作业中发生纠纷提起的诉讼,由港口所在地人民法院管辖;

(3)因继承遗产纠纷提起的诉讼,由被继承人死亡时住所地或者主要遗产所在地人民法院管辖。

4.协议管辖

合同或者其他财产权益纠纷的当事人可以书面协议选择被告住所地、合同履行地、合同签订地、原告住所地、标的物所在地等与争议有实际联系的地点的人民法院管辖,但不得违反本法对级别管辖和专属管辖的规定。

※**法条链接**

《民事诉讼法》第三十六条 两个以上人民法院都有管辖权的诉讼,原告可以向其中一个人民法院起诉;原告向两个以上有管辖权的人民法院起诉的,由最先立案的人民法院管辖。

第三十七条 人民法院发现受理的案件不属于本院管辖的,应当移送有管辖权的人民法院,受移送的人民法院应当受理。受移送的人民法院认为受移送的案件依照规定不属于本院管辖的,应当报请上级人民法院指定管辖,不得再自行移送。

第三十八条 有管辖权的人民法院由于特殊原因,不能行使管辖权的,由上级人民法院指定管辖。

人民法院之间因管辖权发生争议,由争议双方协商解决;协商解决不了的,报请它们的共同上级人民法院指定管辖。

四、民事诉讼参加人

(一)当事人

民事诉讼当事人是指民事争论发生后,以自己名义起诉或应诉,并受人民法院裁判约束的人。狭义的当事人仅指原告和被告,广义的当事人还包括共同诉讼人、诉讼代表人、第三人。

※**知识链接**

当事人以自己的名义进行诉讼。凡是不以自己的名义而是以他人的名义进行诉讼(如诉讼代理人),不是当事人。当事人与案件有着直接的利害关系,这里的利害关系人又包括两种,一是与案件有直接利害关系的人,二是与案件有法律上利害关系的人,即与本案虽无直接利害关系,但基于法律规定而与本案诉讼标的有一定的权利义务关系,因而可以成为当事人的人。当事人受人民法院裁判的拘束。人民法院的裁判是为解决民事纠纷而作出的,对当事人当然具有约束力。那些虽然以自己的名义参与诉讼,但不受法院裁判约束的人,如证人、鉴定人、翻译人,不是当事人。

1.原告

原告是认为自己的民事权益受到侵害,或者与他人发生争议,为维护其合法权益而向人民法院提起诉讼,引起诉讼程序发生的人。

2.被告

被告是指被诉称侵犯原告民事权益或与原告发生民事权益争议,被人民法院通知应诉的人。

3.共同诉讼人

当事人一方或双方为二人以上,其诉讼标的是共同的,或者诉讼标的是同一种类,人民法院认为可以合并审理并经当事人同意,一同在人民法院进行诉讼的人。

4.诉讼代表人

诉讼代表人是指众多当事人的一方推选出的代表,为维护本方的利益而进行诉讼活动的人。

5.第三人

民事诉讼第三人是指对他人争议的诉讼标的有独立请求权,或者虽无独立的请求权,但案件的处理结果与其有法律上的利害关系,而参加到原告、被告已经开始的诉讼中进行诉讼的人。第三人分为有独立请求权的第三人和无独立请求权的第三人。

相关案例

> 案例1:乙欠甲10万元钱,已届清偿期;丙又欠乙10万元,已经到期。乙对甲无力清偿,也不向丙主张债权,这时候甲可以行使代位权,直接以自己的名义起诉丙。本案中甲是原告,丙是被告,乙为无独立请求的第三人。
>
> 案例2:李甲将父亲留下的房屋卖给王某,但王某迟迟不付款。为此,李甲诉至法院,要求王某付款并支付违约金。诉讼中,李甲之弟李乙得知此事,向法院说明该房屋是父亲留给自己的,要求确认并请求返还房屋。本案例中,李甲是原告,王某是被告,李乙是有独立请求权的第三人。

(二)诉讼代理人

诉讼代理人是以当事人的名义,在一定权限范围内,为当事人的利益进行诉讼活动的人。诉讼代理人代理当事人进行诉讼活动的权限,称为诉讼代理权。因代理权的不同,诉讼代理人可以分为法定诉讼代理人和委托诉讼代理人。

根据法律的直接规定而发生的诉讼代理,称为法定诉讼代理。依照法律规定取得并行使诉讼代理权的人,称为法定诉讼代理人。法定诉讼代理是为无诉讼行为能力的人在法律上设立的一种代理制度,该诉讼代理是一种全权代理;委托诉讼代理人,是指受当事人、法定代理人、法定代表人或诉讼代表人的委托,代为进行诉讼活动的人。

诉讼代理人具有以下特征:

1.以被代理人的名义进行诉讼活动。诉讼代理的目的在于维护被代理人的合法权益,因此只能以被代理人的名义进行诉讼,而不能以自己的名义进行诉讼。

2.诉讼代理人是有诉讼行为能力的人。没有诉讼行为能力的人,不能作为诉讼代理人。在诉讼中,如果诉讼代理人丧失了诉讼行为能力,也就丧失了诉讼代理人的资格。

3.在代理权限内实施诉讼行为。诉讼代理人的代理权限来源于法律规定或当事人的授权。凡是超越代理权所实施的诉讼行为都是无效的诉讼行为,不能产生诉讼法上的效果。

4.诉讼代理的法律后果由被代理人承担。

5.在同一诉讼中,代理人不能代理双方当事人。在诉讼中,双方当事人的利益是对立的。同时为双方当事人的代理人,可能会损害一方当事人的利益。

※法条链接

《民事诉讼法》第六十一条　当事人、法定代理人可以委托一至二人作为诉讼代理人。

下列人员可以被委托为诉讼代理人:

(一)律师、基层法律服务工作者;

(二)当事人的近亲属或者工作人员；
(三)当事人所在社区、单位以及有关社会团体推荐的公民。

五、民事诉讼证据

民事诉讼证据是指能够证明民事案件真实情况的客观事实材料。民事诉讼证据有三个最基本的特征，即客观真实性、关联性和合法性。当事人对自己提出的主张，有责任提供证据。当事人及其诉讼代理人因客观原因不能自行收集的证据，或者人民法院认为审理案件需要的证据，人民法院应当调查。

我国民事诉讼证据的表现形式可以分为当事人陈述、书证、物证、视听资料、电子数据、证人证言、鉴定结论、勘验笔录八种。

1.当事人陈述。当事人陈述是指当事人在诉讼中就与本案有关的事实，向法院所作的陈述。

2.书证。书证是指以文字、符号、图形等所记载的内容或表达的思想来证明案件真实的证据。书证应当提交原件。物证应当提交原物。提交原件或者原物确有困难的，可以提交复制品、照片、副本、节录本。提交外文书证，必须附有中文译本。

3.物证。物证是指以其存在的形状、质量、规格、特征等来证明案件事实的证据。人民法院对视听资料，应当辨别真伪，并结合本案的其他证据，审查确定能否作为认定事实的根据。

4.视听资料。视听资料是指通过录音、录像所记载的声音、语言、形象或行为等来证明案件事实的证据。它包括录像带、录音带、传真资料、电影胶卷、微型胶卷、电话录音等。

5.电子数据。电子数据是以数字信号的方式在介质上进行存储的数据，来证明案件事实的证据，包括电子邮件、电子数据交换、网上聊天记录、博客、微博客、手机短信、电子签名、域名等项内容。

6.证人证言。证人是指知晓案件事实并应当事人的要求和法院的传唤到法庭作证的人，证人就案件事实向法院所作的陈述称为证人证言。

7.鉴定结论。鉴定结论是指鉴定人运用专业知识、专门技术对案件中的专门性问题进行分析、鉴别、判断后作出的结论。

8.勘验笔录。所谓勘验，是指人民法院审判人员在诉讼过程中，为了查明一定的事实，对与案件争议有关的现场、物品或物体亲自进行或指定有关人员进行查验、拍照、测量的行为。查验的情况与结果制成的笔录叫勘验笔录。

证据必须查证属实，才能作为认定事实的根据。

※**法条链接**

《最高人民法院关于适用〈中华人民共和国民事诉讼法〉的解释(2015)》第九十三条　下列事实，当事人无须举证证明：

(一)自然规律以及定理、定律；

(二)众所周知的事实;
(三)根据法律规定推定的事实;
(四)根据已知的事实和日常生活经验法则推定出的另一事实;
(五)已为人民法院发生法律效力的裁判所确认的事实;
(六)已为仲裁机构生效裁决所确认的事实;
(七)已为有效公证文书所证明的事实。

六、民事诉讼程序

(一)第一审普通程序

第一审普通程序是人民法院审理第一审民事案件所适用的最基本的程序。它具体包括起诉和受理、审理前的准备、开庭审理。

1.起诉

起诉是指原告依法向人民法院提出诉讼请求的行为。起诉必须符合下列条件:
(1)原告是与本案有直接利害关系的公民、法人和其他组织;
(2)有明确的被告;
(3)有具体的诉讼请求和事实、理由;
(4)属于人民法院受理民事诉讼的范围和受诉人民法院管辖。

相关案例

> 2022年2月23日,陆某向法院起诉,要求撤销(2020)苏0681执异44号执行裁定书,要求执行局停止侵害、排除妨碍、解除查封起诉人名下一套房产、给予赔偿、追究法官责任等诉讼请求。
> 对该案人民法院应不予受理。因为根据《民事诉讼法》的规定,起诉的条件之一属于人民法院受理民事诉讼的范围和受诉人民法院管辖。本案例中,被告并非从事民事行为的民事主体,其所诉的内容并非民事诉讼受案范围,所以法院不予受理。

2.受理

受理是指人民法院对当事人的起诉进行审查后,认为符合法律规定的起诉条件,予以接受并决定立案审理,从而引起诉讼程序开始的一种诉讼活动。人民法院收到民事诉状或者口头起诉,经审查,符合起诉条件的,应当在7日内立案,并通知当事人;认为不符合起诉条件的,应当在7日内作出裁定书不予受理;原告对裁定不服的,可以提起上诉。

3.审理前的准备

审理前的准备是指人民法院受理案件后,在进入开庭审理之前所进行的准备工作。准备工作主要有以下几项:向被告送达起诉状副本、向原告发送答辩状副本;书面或口头告知当事人诉讼权利义务;向当事人告知审判人员;审阅诉讼材料,调查收集必要的证据;通知当事人参加诉讼。

4.开庭审理

人民法院审理民事案件,除涉及国家秘密、个人隐私或者法律另有规定的以外,应当公开进行。离婚案件,涉及商业秘密的案件,当事人申请不公开审理的,可以不公开审理。人民法院确定开庭日期后,应当在开庭3日前通知当事人和其他诉讼参与人。公开审理的,应当公告当事人姓名、案由和开庭的时间、地点。开庭审理主要有以下流程:

(1)开庭审理前,书记员应当查明当事人和其他诉讼参与人是否到庭,宣布法庭纪律。

(2)由审判长或者独任审判员核对当事人,宣布案由,宣布审判人员、书记员名单,告知当事人有关的诉讼权利义务,询问当事人是否提出回避申请。

(3)法庭调查:按当事人陈述,证人出庭作证,出示物证、书证和视听资料,宣读鉴定结论,宣读勘验笔录的顺序进行。

(4)法庭辩论:按原告及其诉讼代理人发言、被告及其诉讼代理人答辩、第三人及其诉讼代理人发言或者答辩、互相辩论的顺序进行。

(5)合议庭在法庭调查和法庭辩论的基础上,认定案件事实,确定适用的法律;判决前能够调解的,可以进行调解,调解不成的,及时判决。这是开庭审理的最后阶段。

※**知识链接**

原告经传票传唤,无正当理由拒不到庭的,或者未经法庭许可中途退庭的,可以按撤诉处理;被告反诉的,可以缺席判决。被告经传票传唤,无正当理由拒不到庭的,或者未经法庭许可中途退庭的,可以缺席判决。

(二)简易程序

简易程序是指基层人民法院及其派出法庭审理事实清楚、权利义务关系明确、争议不大的简单的民事案件所适用的程序。

对简单的民事案件,原告可以口头起诉。当事人双方可以同时到基层人民法院或者其派出的法庭,请求解决纠纷。基层人民法院或者其派出的法庭可以当即审理,也可以另定日期审理。它可以用简便方式随时传唤当事人、证人。简单的民事案件由审判员一人独任审理,但必须有书记员记录。审判人员可以根据案件的具体情况,简化案件审理的方式和步骤,不受普通程序中关于开庭审理阶段和顺序的限制。

人民法院在审理过程中,发现案件不宜适用简易程序的,裁定转为普通程序。

(三)第二审程序

第二审程序是人民法院审理上诉案件所适用的诉讼程序。民事诉讼中,当事人不服人民法院第一审判决或裁定而提起上诉,人民法院受理后即进入第二审程序。

※**法条链接**

《民事诉讼法》第一百七十一条 当事人不服地方人民法院第一审判决的,有权在判决书送达之日起十五日内向上一级人民法院提起上诉。

当事人不服地方人民法院第一审裁定的,有权在裁定书送达之日起十日内向上一级人民法院提起上诉。

第二审人民法院对上诉案件经过审理,按照下列情形,分别处理:

1.原判决、裁定认定事实清楚,适用法律正确的,以判决、裁定方式驳回上诉,维持原判决、裁定;

2.原判决、裁定认定事实错误或者适用法律错误的,以判决、裁定方式依法改判、撤销或者变更;

3.原判决认定基本事实不清的,裁定撤销原判决,发回原审人民法院重审,或者查清事实后改判;

4.原判决遗漏当事人或者违法缺席判决等严重违反法定程序的,裁定撤销原判决,发回原审人民法院重审。

原审人民法院对发回重审的案件作出判决后,当事人提起上诉的,第二审人民法院不得再次发回重审。第二审人民法院的判决、裁定,是终审的判决、裁定。

(四)审判监督程序

1.审判监督程序的定义

审判监督程序也叫再审程序,是指有审判监督权的人员和机关,发现已经发生法律效力的判决、裁定确有错误的,依法提出对原案重新进行审理的一种特别程序。

2.审判监督程序的提起方式

根据《民事诉讼法》的规定,审判监督程序可以人民法院决定再审、人民检察院抗诉提起再审和当事人申请再审三种方式提起。

※**法条链接**

《民事诉讼法》第二百零五条 各级人民法院院长对本院已经发生法律效力的判决、裁定、调解书,发现确有错误,认为需要再审的,应当提交审判委员会讨论决定。

最高人民法院对地方各级人民法院已经发生法律效力的判决、裁定、调解书,上级人民法院对下级人民法院已经发生法律效力的判决、裁定、调解书,发现确有错误的,有权提审或者指令下级人民法院再审。

第二百一十五条 最高人民检察院对各级人民法院已经发生法律效力的判决、裁定,上级人民检察院对下级人民法院已经发生法律效力的判决、裁定,发现有本法第二百零七条规定情形之一的,或者发现调解书损害国家利益、社会公共利益的,应当提出抗诉。

地方各级人民检察院对同级人民法院已经发生法律效力的判决、裁定,发现有本法第二百零七条规定情形之一的,或者发现调解书损害国家利益、社会公共利益的,可以向同级人民法院提出检察建议,并报上级人民检察院备案;也可以提请上级人民检察院向同级人民法院提出抗诉。

各级人民检察院对审判监督程序以外的其他审判程序中审判人员的违法行为,有权向同级人民法院提出检察建议。

第二百一十六条 有下列情形之一的,当事人可以向人民检察院申请检察建议或者抗诉:

(一)人民法院驳回再审申请的;

(二)人民法院逾期未对再审申请作出裁定的;

(三)再审判决、裁定有明显错误的。

人民检察院对当事人的申请应当在三个月内进行审查,作出提出或者不予提出检察建议或者抗诉的决定。当事人不得再次向人民检察院申请检察建议或者抗诉。

(五)公示催告程序

公示催告程序是指人民法院根据当事人的申请,以公示的方式催告不明的利害关系人,在法定期间内申报权利,逾期无人申报,作出宣告票据无效(除权)的判决程序,属于非诉讼程序。

按照规定可以背书转让的票据持有人,因票据被盗、遗失或者灭失,可以向票据支付地的基层人民法院申请公示催告。依照法律规定可以申请公示催告的其他事项,适用公示催告程序。

人民法院决定受理申请,应当同时通知支付人停止支付,并在三日内发出公告,催促利害关系人申报权利。公示催告的期间,由人民法院根据情况决定,但不得少于六十日。支付人收到人民法院停止支付的通知,应当停止支付,至公示催告程序终结。公示催告期间,转让票据权利的行为无效。

(六)执行程序

执行程序是人民法院依法对已经发生法律效力的判决、裁定及其他法律文书的规定,强制义务人履行义务的程序。对发生法律效力的判决、裁定、调解书和其他应由人民法院执行的法律文书,当事人必须履行;一方拒绝履行的,对方当事人可以向人民法院申请执行。申请执行的期限从法律文书规定履行期间的最后一日起计算,双方或者一方当事人是公民的为一年,双方是法人或者其他组织的为六个月。流程如图 2-2 所示。

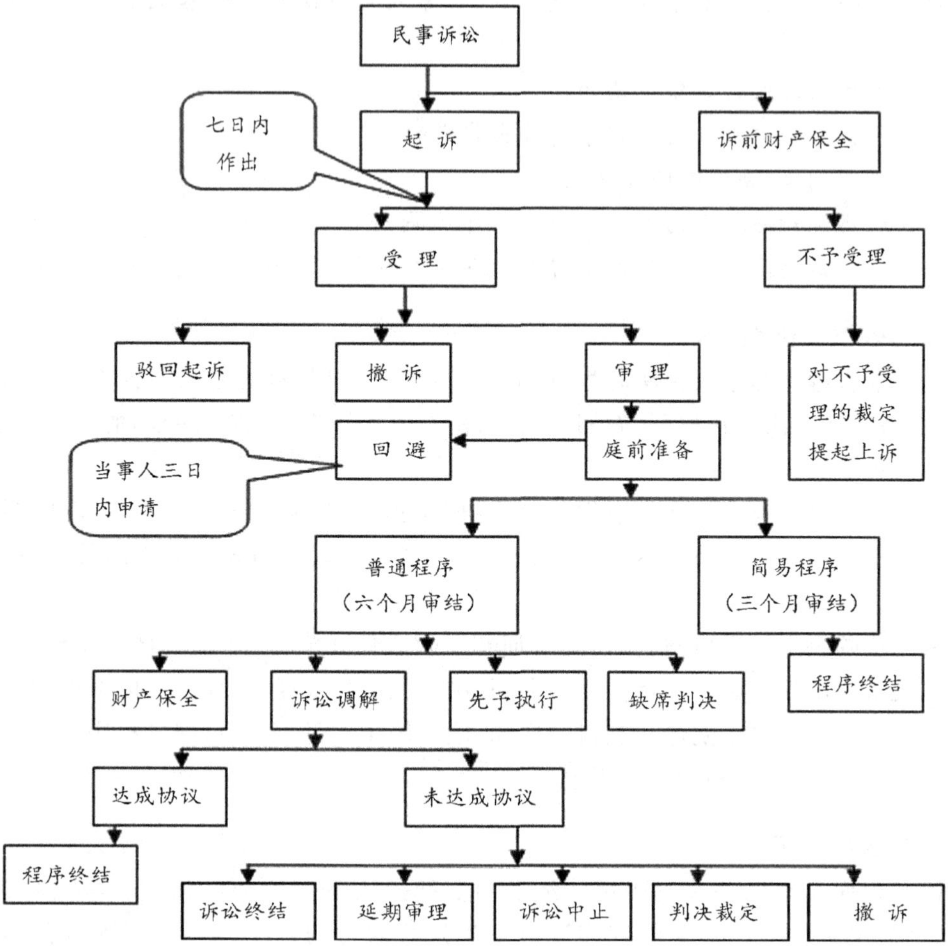

图 2-2 民事诉讼流程

复习思考题

一、单项选择题

1.下列各项中,属于《仲裁法》规定的仲裁范围的是（   ）。
A.孙某与张某因解除收养关系而发生纠纷
B.李甲与李乙因继承产生的纠纷
C.张某与保险公司因保险标的理赔产生的纠纷
D.甲公司因与税务机关的税收征纳争议

2.适用于解决行政机关与行政相对管理人因具体的行政行为发生的争议的是（   ）。
A.仲裁和民事诉讼
B.仲裁和行政复议

C.民事诉讼和行政诉讼

D.行政复议和行政诉讼

3.根据《仲裁法》的规定,我国的仲裁机构属于(　　)。

A.民间组织

B.国家司法机关

C.国家行政二级单位

D.国家行政机关

4.根据《仲裁法》的规定,下列关于仲裁委员会的表述中,正确的是(　　)。

A.相互间具有隶属关系

B.隶属于行政机关

C.可由当事人自主选定

D.按行政区划层层设立

5.甲公司长期拖欠乙公司货款,双方发生纠纷,期间一直未约定纠纷的解决方式。为解决该纠纷,乙公司可采取的法律途径是(　　)。

A.提起行政诉讼

B.提请仲裁

C.提起民事诉讼

D.申请行政复议

6.甲、乙因某不动产发生纠纷,甲欲通过诉讼方式解决。其选择诉讼管辖法院的下列表述中,符合法律规定的是(　　)。

A.甲只能向甲住所地法院提起诉讼

B.甲只能向乙住所地法院提起诉讼

C.甲只能向该不动产所在地法院提起诉讼

D.甲可以选择向乙住所地或该不动产所在地法院提起诉讼

7.根据民事诉讼法律制度的规定,当事人不服人民法院第一审判决的,有权在判决书送达之日起一定期间内向上一级人民法院提起上诉。该期间是(　　)。

A.5 日　　　　　　　　　　　　B.10 日

C.15 日　　　　　　　　　　　 D.30 日

8.下列案件中,第一审由基层人民法院管辖的是(　　)。

A.重大涉外案件

B.认为民政局没有依法发给抚恤金的案件

C.对市政府所作停业责令不服的案件

D.争议标的额大、案情复杂的案件

9.甲企业得知竞争对手乙企业在 M 地的营销策略将会进行重大调整,于是到乙企业设在 N 地的分部窃取乙企业内部机密文件,随之采取相应对策,给乙企业在 M 地的营销造成重大损失。乙企业经过调查掌握了甲企业的侵权证据,拟向法院提起诉讼,其中没有管辖权的法院有(　　)。

A.甲住所地法院

B.乙住所地法院

C.M地法院

D.N地法院

10.根据民事诉讼法律制度的规定,下列法院中,对公路运输合同纠纷案件不享有管辖权的是( )。

A.原告住所地法院

B.被告住所地法院

C.运输目的地法院

D.运输始发地法院

二、多项选择题

1.根据《仲裁法》的规定,仲裁的基本原则有( )。

A.自愿原则

B.独立仲裁原则

C.公开仲裁原则

D.一裁终局原则

2.根据《仲裁法》的规定,下列各项中,属于仲裁协议必备内容的有( )。

A.请求仲裁的意思表示

B.选定的仲裁委员会

C.仲裁事项

D.具体的仲裁事由

3.下列行政复议申请情形中,符合法律规定的有( )。

A.赵某对商务部的具体行政行为不服,应当向国务院申请行政复议

B.王某对丙县财政局的具体行政行为不服,可以向丙县人民政府申请行政复议

C.张某对甲市乙县人民政府的具体行政行为不服,应当向甲市人民政府申请行政复议

D.李某对丁市税务局的具体行政行为不服,可以向丁市人民政府申请行政复议

4.下列案件中,适用《民事诉讼法》的有( )。

A.公民名誉权纠纷案件

B.企业与银行因票据纠纷提起诉讼的案件

C.纳税人与税务机关因税收征纳争议提起诉讼的案件

D.劳动者与用人单位因劳动合同纠纷提起诉讼的案件

5.关于民事诉讼与仲裁法律制度相关内容的下列表述中,正确的是( )。

A.民事经济纠纷实行或裁或审制度

B.民事诉讼与仲裁均实行回避制度

C.民事诉讼实行两审终审制度,仲裁实行一裁终局制度

D.民事诉讼实行公开审判制度,仲裁不公开进行

6.根据民事诉讼法律制度的规定,下列关于公开审判制度的表述中,正确的有( )。

A.涉及商业秘密的民事案件,当事人申请不公开审理的,可以不公开审理

B.不论民事案件是否公开审理,一律公开宣告判决

C.涉及国家秘密的民事案件应当不公开审理

D.涉及个人隐私的民事案件应当不公开审理

三、法律文书写作

赵某因工作需要与房东张某商定租住其一套位于A市经开区的二居室住房1年,租期为2020年9月1日至2021年8月31日。双方约定预付半年租金,第6个月期满(2021年2月28日)再支付其余租金。经履行法定程序后,赵某按期入住。但2021年2月28日,赵某并未支付其余租金。2021年10月,赵某在仍未支付租金的情况下突然搬走。张某欲向法院起诉,请你为他写一份起诉状。

要求:格式正确,内容全面具体,条款符合法律规范。

第三章 基本民事法律制度

学习目标

【知识目标】

1.掌握民事法律行为的生效、无效、可撤销与效力待定,掌握委托代理、诉讼时效的中断与中止。

2.了解民事法律行为和代理的分类,了解期间的计算。

3.理解诉讼时效和除斥期间的区别,理解无权代理与表见代理。

4.熟悉代理权的产生和代理关系的消灭、代理与诉讼时效的适用范围,熟悉诉讼时效的基本理论、种类和起算。

【能力目标】

1.能准确判断某一具体民事法律行为的效力。

2.能正确区分代理的种类和在代理关系中当事人法律责任的承担,能依法处理日常生活中的一些代理事项。

【思政目标】

1.培养学生的维权意识和对法律理念的理解。

2.凸显法学的价值引领作用,与社会主义核心价值观中的"民主""和谐""公正""法治"等衔接。

本章知识体系构建

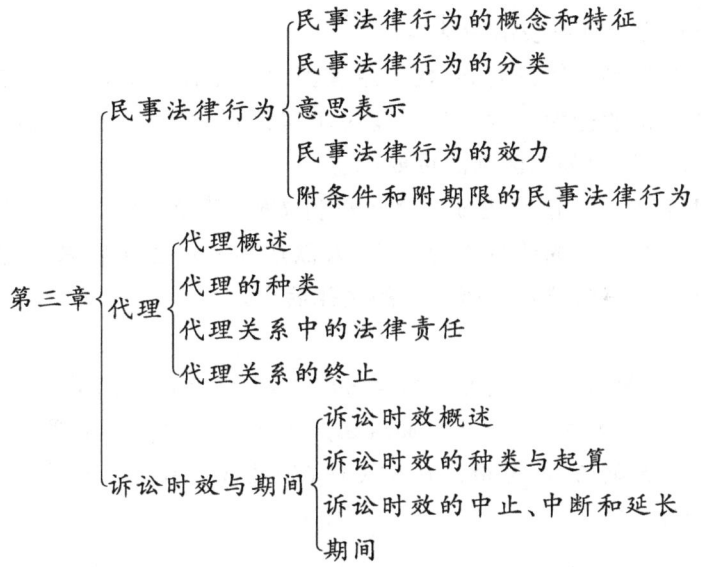

※引导案例

2021年底,某商场购进一批新型无霜电冰箱,定价为9999元。营业员小李在制作价签时错写成3999元,顾客王某在商场看到这款冰箱,觉得价格便宜就买了一台,并用支付宝支付了货款。后商场盘点时发现少了6000元货款,经查实是小李贴错价签所致。商场很快找到王某,要求其补交6000元货款。王某则认为该买卖合同已经履行完毕,营业员贴错价签是商场内部的事,与自己无关,当即拒绝了商场的要求。于是,商场将王某告上了法庭。

问题:
1.什么是民事法律行为,如何判断民事法律行为的效力?
2.根据民事法律行为效力的理论,分析本案应该如何处理。

第一节 民事法律行为

一、民事法律行为的概念和特征

(一)民事法律行为的概念

根据《民法典》第一百三十三条的规定,民事法律行为是民事主体通过意思表示设立、变更、终止民事法律关系的行为。民事法律行为必须具有意思表示要素,而且必须是要产生该意思表示内容的民事法律后果,内容包括有效的民事法律行为、无效的民事法律行为、可撤销的民事法律行为以及效力待定的民事法律行为。

(二)民事法律行为的特征

1.民事法律行为以意思表示为基本要素

意思表示是指民事主体将设立、变更或者消灭一定民事法律关系的内在意思以一定的方式表示于外部的行为。意思表示是民事法律行为的核心，也是民事法律行为与非表意行为，如事实行为等相区别的重要标志。

2.民事法律行为以设立、变更或者终止权利义务为目的

民事法律行为是有目的的行为，是当事人欲达到一定法律后果的行为。此处的目的仅指当事人实施民事法律行为所追求的法律后果。

※**知识链接**

现实生活中，如约朋友吃饭、火车邻座叫醒等，并没有产生民事权利义务的目的，所以不是民事法律行为；另外，有的行为虽然也产生了一定的法律后果，但是这个法律后果并非当事人自己预期的，而是由法律规定的，如侵权行为所引起的赔偿的后果等，也不是民事法律行为。

二、民事法律行为的分类

基于不同的角度，民事法律行为有不同的分类。

(一)单方民事法律行为、双方民事法律行为、多方民事法律行为和决议行为

根据《民法典》第一百三十三条的规定，民事法律行为可以基于双方或者多方的意思表示一致成立，也可以基于单方的意思表示成立。法人、非法人组织依照法律或者章程规定的议事方式和表决程序作出决议的，该决议行为成立。

1.单方民事法律行为是指仅由一方当事人的意思表示就能成立的民事法律行为，如订立遗嘱、抛弃所有权、无权代理的追认等。这些行为不需要他人同意，就能发生行为人预期的法律后果。

2.双方民事法律行为是指须由双方当事人的意思表示相一致才能成立的民事法律行为，如合同、结婚、收养等。

3.多方民事法律行为是指由多个行为人的意思表示达成一致而成立的民事行为，如签订合伙协议、设立公司等。

4.决议行为是两个以上的当事人基于共同的意思表示并意图实现一定法律效果而实施的行为，决议行为原则上仅适用于法人或非法人组织内部的决议事项。《民法典》第一百三十四条第二款规定，法人、非法人组织依照法律或者章程规定的议事方式和表决程序作出决议的，该决议行为成立。

决议行为与双方或多方行为的区别有以下几点：双方或多方行为须所有当事人意思表示一致才能成立，而决议行为一般不需要所有当事人意思表示一致，只要多数人意思表示一致就可以成立；双方或多方行为的设立过程一般不需要遵循特定的程序，而决

议行为一般需要依一定的程序才能设立。决议行为的设立,应当依照法律或章程规定的议事方式和表决程序。

(二)有偿民事法律行为和无偿民事法律行为

以一方当事人的民事法律行为是否要求对方给予相应的报偿为标准,民事法律行为分为有偿民事法律行为和无偿民事法律行为。

1.有偿民事法律行为是指当事人互为给付一定代价(包括金钱、财产、劳动)的民事法律行为,如买卖合同的买方为获得对方的货物而支付价款、承揽合同的承揽人为获得对方的报酬而提供劳务等。

2.无偿民事法律行为是指一方当事人承担给付一定代价的义务而他方当事人不承担相应给付义务的民事法律行为,如赠与行为、无偿保管等。

3.区分意义:(1)确定行为性质。法律规定某些民事法律行为必须是有偿的或者无偿的。如买卖必须是有偿的,而赠与则必须是无偿的,对此当事人不能自己约定。(2)认定行为效力。有偿民事法律行为显失公平时,受损害方有权请求撤销该行为;而无偿民事法律行为则不存在显失公平的问题。(3)确定行为人的责任。一般来说,有偿民事法律行为的民事责任要重于无偿民事法律行为。如买卖合同中的出卖人应当对买卖标的物的瑕疵承担违约责任;而赠与合同中的赠与人原则上不对赠与物的瑕疵承担责任。(4)主张撤销权。如果是有偿民事法律行为,只有在债务人的相对人知道或应当知道的情况下,债权人才可以主张《民法典》第五百三十九条的撤销权;如果是无偿民事法律行为,则不用考虑当事人的主观意图就可以主张《民法典》第五百三十八条的撤销权。

(三)要式民事法律行为和不要式民事法律行为

以民事法律行为的成立是否必须按照某种特定的形式为标准,可以将民事法律行为分为要式民事法律行为和不要式民事法律行为。

1.要式民事法律行为是指法律规定必须采取一定的形式或者履行一定的程序才能成立的民事法律行为,如票据行为就是法定要式民事法律行为。

2.不要式民事法律行为是指法律不要求采取特定形式,当事人自由选择形式即可成立的民事法律行为。该类民事法律行为的形式可由当事人协商确定。

3.区分意义:不要式民事法律行为可以由当事人自由选择民事法律行为的形式;要式民事法律行为要求当事人必须采取法定形式,否则民事法律行为不能成立。

(四)负担民事法律行为和处分民事法律行为

根据民事法律行为所产生的效果不同,可以将其分为负担行为和处分行为。

1.负担行为也称为债权行为,是指以发生债权债务为其内容的民事法律行为。负担行为使一方相对于他方承担一定给付义务,这种给付义务既可以是作为,也可以是不作为。

2.处分行为是指直接使某种权利发生、变更或者消灭的民事法律行为。物权变动就是典型的处分行为。

3.区分意义:负担行为主要产生请求权,处分行为则完成权利义务的转移。

(五)诺成性民事法律行为和实践性民事法律行为

1.诺成性民事法律行为是指一方当事人的意思表示经对方承诺后即告成立的民事法律行为。即一旦双方当事人意思表示相一致,就能发生民法上的法律效力。大多数民事法律行为都是诺成性的,如买卖、承揽、租赁等。

2.实践性民事法律行为是指除了双方当事人意思表示一致外,还须交付标的物才能成立或者生效的民事法律行为,又称要物法律行为。常见的实践性民事法律行为包括定金合同、保管合同、自然人之间的借款合同等。

3.区分意义:实践性民事法律行为仅有意思表示还不能成立,只有按照意思表示完成标的物的交付时才能成立,发生设定民事权利义务的效果,属于民事法律行为成立的例外。

(六)主民事法律行为和从民事法律行为

1.主民事法律行为是指不需要有其他民事法律行为的存在就可以独立成立的民事法律行为。从民事法律行为是指从属于其他民事法律行为而存在的民事法律行为。如当事人之间订立一项借贷合同,为保证该合同的履行,又订立一项担保合同,其中,借贷合同是主合同,担保合同为从合同。

2.从民事法律行为的效力依附于主民事法律行为:主民事法律行为不成立,从民事法律行为则不能成立;主民事法律行为无效,则从民事法律行为亦当然不能生效。但是,主民事法律行为履行完毕,并不必然导致从民事法律行为效力的丧失。

3.区分意义:从民事法律行为的存废由主民事法律行为决定,主民事法律行为不存在,从民事法律行为也就不能存在。

三、意思表示

(一)意思表示的概念和特征

意思表示是指向外部表明意欲发生一定私法上效果的意思的行为。意思表示具有以下特征:

1.意思表示的表意人具有旨在使法律关系发生变动的意图,该意图不违反法律强制性规定和公序良俗,因而发生当事人所预期的效力;

2.意思表示是一个由内到外的表示过程,单纯的停在内心的主观意思是没有法律上的意义的,该意思表示必须表示在外,能够让人知晓。

※**知识链接**

意思表示是民事法律行为的核心,包括意思和表示两个方面。意思是指当事人欲使其内心意图发生法律上效力的效果。表示是指行为人将其内在的效果意思以一定方式表现于外部为行为相对人所了解。意思表示可以分为无相对人的意思表示和有相对人的意思表示。无相对人的意思表示不存在意思表示所针对的相对人,如遗嘱行为、抛弃动产等单方民事法律行为。值得注意的是,并非所有单方行为都是无相对人的意思表示,如撤销权的行使、法定代理人的追认等为单方行为,同时也是有相对人的意思表示。有相对人的意思表示又分为对话的意思表示和非对话的意思表示。以对话方式作出的意思表示,相对人知道其内容时生效。以非对话方式作出的意思表示,到达相对人时生效。

(二)意思表示的形式

民事法律行为可以采用口头形式、书面形式或者默示形式。

※**法条链接**

《民法典》第一百三十五条　民事法律行为可以采用书面形式、口头形式或者其他形式,法律、行政法规规定或者当事人约定采用特定形式的,应当采用特定形式。

第一百四十条　行为人可以明示或者默示作出意思表示。沉默只有在有法律规定、当事人约定或者符合当事人之间的交易习惯时,才可以视为意思表示。

第一百四十一条　行为人可以撤回意思表示。撤回意思表示的通知应当在意思表示到达相对人前或者与意思表示同时到达相对人。

第一百四十二条　有相对人的意思表示的解释,应当按照所使用的词句,结合相关条款、行为的性质和目的、习惯以及诚信原则,确定意思表示的含义。

无相对人的意思表示的解释,不能完全拘泥于所使用的词句,而应当结合相关条款、行为的性质和目的、习惯以及诚信原则,确定行为人的真实意思。

四、民事法律行为的效力

民事法律行为要产生法律效力,首先要符合民事法律行为的构成要素,即必须具有行为人、意思表示、标的三个要素。一些特别的民事法律行为还要求具备其他的特殊事实要素,如定金合同、保管合同、自然人之间的借款合同等要物行为,须交付标的物。

(一)民事法律行为的生效

民事法律行为的生效,是指已经成立的民事行为因符合法定有效要件而取得认可的效力。民事法律行为的成立是民事法律行为生效的前提。民事法律行为的生效包括实质要件和形式要件。

1.民事法律行为生效的实质要件,根据《民法典》第一百四十三条规定包括以下三个:

(1)行为人具有相应的民事行为能力;

(2)意思表示真实;

(3)不违反法律、行政法规的强制性规定,不违背公序良俗。

※**法条链接**

《民法典》第一百四十四条　无民事行为能力人实施的民事法律行为无效。

第一百四十五条第一款　限制民事行为能力人实施的纯获利益的民事法律行为或

者与其年龄、智力、精神健康状况相适应的民事法律行为有效;实施的其他民事法律行为经法定代理人同意或者追认后有效。

2.民事法律行为生效的形式要件。多数情形下,民事法律行为只要具备实质要件就发生法律效力,但是如果法律有特别规定或者当事人有特别约定的,则须在形式条件满足时才能生效。

(二)无效民事法律行为

1.无效民事法律行为是指因欠缺民事法律行为的有效条件,不发生当事人预期法律后果的民事法律行为。

2.无效民事法律行为自始无效,从行为开始就没有法律约束力,无效的民事法律行为当然无效,不需要任何人主张。

※法条链接

民事法律行为无效的情形

《民法典》第一百四十四条　无民事行为能力人实施的民事法律行为无效。

第一百四十六条　行为人与相对人以虚假的意思表示实施的民事法律行为无效。

第一百五十三条　违反法律、行政法规的强制性规定的民事法律行为无效。但是,该强制性规定不导致该民事法律行为无效的除外。

违背公序良俗的民事法律行为无效。

第一百五十四条　行为人与相对人恶意串通,损害他人合法权益的民事法律行为无效。

第四百九十七条　有下列情形之一的,该格式条款无效:

(一)具有本法第一编第六章第三节和本法第五百零六条规定无效情形;

(二)提供格式条款一方不合理地免除或者减轻其责任、加重对方责任、限制对方主要权利;

(三)提供格式条款一方排除对方主要权利。

第五百零六条　合同中的下列免责条款无效:

(一)造成对方人身损害的;

(二)因故意或者重大过失造成对方财产损失的。

(三)可撤销的民事法律行为

1.可撤销民事法律行为的概念与特征

可撤销的民事法律行为是由于行为的意思与表示不一致或者意思表示不自由,当事人有权依据法律规定请求人民法院或者仲裁机关予以撤销的民事法律行为。可撤销民事法律行为具有以下特征:

(1)可撤销的民事法律行为主要是因意思表示不真实而发生的,意思表示不真实往往只有当事人才知晓,这就需要由当事人自己决定是否撤销不真实的意思表示。

(2)可撤销的民事法律行为须由撤销权人主动行使撤销权。撤销权属于形成权,撤销权人通过单方的意思表示可以导致可撤销的合同效力溯及既往的消灭。

(3)可撤销的民事法律行为在被撤销前仍然是有效的。

2.可撤销民事法律行为的类型

可撤销民事法律行为有以下几个类型:(1)基于重大误解而为的民事法律行为;(2)因受欺诈实施的民事法律行为;(3)因受胁迫实施的民事法律行为;(4)显失公平的民事法律行为。

※**知识链接**

显失公平是指在双方、有偿的民事法律行为中,一方利用对方处于危困状态、缺乏判断能力等情形,致使民事法律行为成立时显失公平的民事法律行为。它具有以下特点:(1)一方利用对方处于危困状态、缺乏判断能力等情形;(2)行为结果对一方当事人有重大不利,而另一方的获得显然超过了正常情况下所能获得的利益(暴利);(3)不利一方当事人所为民事法律行为并非其本意,而是由于处于危困状态、缺乏判断能力等原因;(4)这种不公平是法律所不允许的,或者是当时社会所公认的不公平。需要注意的是,显失公平仅指一方利用对方处于危困状态、缺乏判断能力等情形所造成的不公平,而不包括因为受欺诈或受胁迫而造成的不公平。

3.撤销权

撤销权,是指权利人凭单方的意思表示撤销已经成立的民事法律行为的权利。撤销权属于形成权,故仅依撤销权人的意思表示即可产生相应的法律效力,无须相对人同意。在因欺诈、胁迫而成立的民事法律行为中,只有受欺诈人、受胁迫人才有权撤销。撤销权行使的效力,是使民事法律行为自其成立时无效。

撤销权为除斥期间,有下列情形之一的,撤销权消灭:

(1)具有撤销权的当事人自知道或应当知道撤销事由之日起一年内、重大误解的当事人自知道或应当知道撤销事由之日起90日内没有行使撤销权的,撤销权消灭。

(2)具有撤销权的当事人知道撤销事由后明确表示或者以自己的行为放弃撤销权的,撤销权消灭。

(3)当事人自民事法律行为发生之日起五年内没有行使撤销权的,撤销权消灭。

相关案例

2019年8月5日某拍卖,标的物是一辆二手宾利轿车,车辆的起拍价是86万元,最终以1436万元的价格成交。为什么一辆全新也不会超过600万元的宾利会被竞拍至1400多万元?记者查询了该车的竞拍记录,发现该车的第139次出价为"1403000"元,而之后的第140次由另一位竞买人出价"14300000"。一些多次在网上竞拍车辆的二手车商猜测,第140次出价的竞买人应该是想出价"1430000",可能是"手滑"多加了一个"0",结果将车辆的竞拍价格一下从140.3万元拉升至1430万元。奇怪的是,车价拉升至1430万元后,后续还有几位竞买人没有发现,车辆最终以1436万元成拍。本案中,当事人在知道撤销事由之日起90日内即可以重大误解为由请求人民法院撤销或者变更合同。

(四)效力待定的民事法律行为

1.效力待定的民事法律行为

效力待定的民事法律行为是指民事法律行为成立之后,是否发生效力尚未确定,有待于享有形成权的第三人作出追认或者拒绝的意思表示而使其有效或者无效的法律行为。

2.效力待定的民事法律行为的特征

效力待定的民事法律行为具有以下特征:(1)效力待定的民事法律行为已经成立,但因缺乏处分权或行为能力而使效力不齐备;(2)效力待定的民事法律行为的效力既非完全无效,也非完全有效,而是处于一种效力不确定的中间状态;(3)效力待定的民事法律行为是否发生效力尚不能确定,有待于其他行为或事实使之确定。

3.效力待定的民事法律行为的情形

现行法认可的效力待定的民事法律行为的情形主要有:(1)限制民事行为能力人从事依法不能从事的法律行为,其行为效力有待其法定代理人确认;(2)无权代理行为,但表见代理除外。

相关案例

> 张某是甲公司的业务员,长期负责与乙公司的业务往来,持有已经加盖了甲公司公章的空白合同书。后张某被甲公司辞退,但甲公司未及时收回张某所持的空白合同书,也未及时通知乙公司。某天,张某用盖有甲公司公章的空白合同书与乙公司签订合同,收到乙公司预先交付的货物后不见踪影。乙公司找到甲公司要求支付货款,被甲公司以张某非本公司代理人为由拒绝。本案应当如何处理?
>
> 分析:张某与乙公司签订的合同直接对甲公司生效,因为张某的行为构成表见代理。甲公司对乙公司支付货款后,可以要求张某赔偿自己的损失。

4.效力待定的民事法律行为的法律后果

效力待定的民事法律行为的效力确定基于以下不同法律事实:

(1)真正的权利人行使追认权,对效力待定的民事法律行为进行事后追认。追认是一种单方意思表示,无须相对人的同意即可发生法律效力。

(2)善意相对人行使撤销权,从而使效力待定的民事法律行为归于无效。

(3)效力待定的民事法律行为会因特定事实的出现而补正其效力。

五、附条件和附期限的民事法律行为

(一)附条件的民事法律行为

1.附条件的民事法律行为的概念和特征

附条件的民事法律行为是指双方当事人在民事法律行为中设立了一定的事由作为条件,并把该条件的成就与否作为民事法律行为效力发生或者解除依据的民事法律行为。

※**知识链接**

并非所有的民事法律行为都可以附条件,如《民法典》第五百六十八条第二款规定,抵销不得附条件,此外结婚、离婚等身份性民事法律行为,原则上也不得附条件。

民事法律行为的条件是一种特定的法律事实,可以是某种自然现象、某种特定的事件,也可以是人的某种行为。但是并非所有的自然现象和行为都可以作为条件,它应当具备以下特征:

(1)条件应该是将来发生的事实,具有未来性。已经发生的事实不能作为条件。

(2)条件应该是将来可能发生也可能不发生的事实,具有或然性。如果该事实是将来必然发生或者必然不发生的,则该事实应当作为民事法律行为的期限而非条件,如果所附条件是不可能发生的,应当认为该民事行为无效。

(3)条件应该是当事人约定的事实,具有非法定性。法律规定的事实不是此处的条件。

(4)条件应当是合法的事实,具有合法性。如果所附条件是违背法律规定的,应当认定该民事行为无效。

2.条件的分类

按照所附条件对民事法律行为产生的效力的不同,可以将其分为附延缓条件的民事法律行为和附解除条件的民事法律行为。

(1)附延缓条件的民事法律行为。延缓条件亦称"停止条件",《民法典》则称之为"生效条件",是指民事法律行为中所确定的权利和义务要在所附条件成就时才生效的条件。也就是说,在延缓条件成就之前,民事法律行为已经成立,但是效力却处于停止状态。条件成就之后,民事法律行为发生法律效力。

(2)附解除条件的民事法律行为。解除条件又称"消灭条件",是指民事法律行为中所确定的权利和义务在所附条件成就时失去法律效力。附解除条件的民事法律行为,在所附条件成就以前,已经发生法律效力,行为人已经开始行使权利和承担义务。当条件成就时,权利和义务则失去法律效力。

3.附条件民事法律行为的效力

附条件的民事法律行为一旦成立,则已经在当事人之间产生了法律关系,当事人各方均应受该法律关系的约束。因此,在条件成就与否未得到确定之前,行为人一方不得损害另一方将来条件成就时可能得到的利益。条件成就与否未定之前,行为人也不得为了自己的利益,以不正当行为促成或阻止条件成就。

※**法条链接**

《民法典》第一百五十九条 附条件的民事法律行为,当事人为自己的利益不正当地阻止条件成就的,视为条件已成就;不正当地促成条件成就的,视为条件不成就。

(二)附期限的民事法律行为

1.附期限的民事法律行为的概念和特点

附期限的民事法律行为,指当事人设定一定的期限,并将期限的到来作为效力发生或消灭前提的民事法律行为。附条件的民事法律行为与附期限的民事法律行为的区别在于:附条件的民事法律行为是以未来不确定的事实作为民事法律行为效力产生或消灭的依据,所以该民事法律行为效力的产生或消灭具有不确定性;而附期限的民事法律行为是以一定期限的到来作为民事法律行为效力产生或消灭的依据。

2.期限的分类

根据期限对民事法律行为效力所起作用的不同,可以将其分为延缓期限和解除期限。

(1)附延缓期限的民事法律行为,指民事法律行为虽然已经成立,但是在所附期限到来之前不发生效力,待到期限届至时,才产生法律效力。因此,延缓期限也称"始期"。

(2)附解除期限的民事法律行为,指民事法律行为在约定的期限到来时,该行为所确定的法律效力消灭。因此,解除期限也称"终期"。

第二节 代理

一、代理概述

(一)代理的概念与特征

代理是指代理人以被代理人或者自己的名义,在代理权限内与第三人实施法律行为,其法律后果直接或者间接由被代理人承受的民事法律制度。代理关系的主体包括被代理人(又称本人)、代理人、第三人(又称相对人)。

※知识链接

甲接受乙的委托,在乙授权的范围内,以乙的名义同丙订立合同。在这种代理关系中,甲是代理人,乙是被代理人,也称本人,丙是第三人,也称相对人。实质上甲签订的合同是乙和丙之间的合同。

代理的法律特征主要包括以下四个方面:

1.代理人在代理权限范围内实施代理行为。这里包含三层意思:一是代理人须有代理权,代理权的产生或因委托,或因法定和指定,没有授权属于无权代理;二是法律规定或当事人约定只能由本人实施的行为,不得代理,如婚姻登记、遗嘱等;三是代理人在进行代理行为时,有独立的意思表示,可视具体情况而决定表示内容。

※知识链接

代理人有独立的意思表示,这是代理人与中介人的区别。中介人是受委托人的委托,为其报告签订合同的机会或充当双方当事人的媒介,而由委托人给付报酬的人。中介人不得代委托人签订合同,此是与代理人不同之处。

2.代理人以被代理人的名义或者代理人自己的名义进行代理行为。前者为直接代理,后者为间接代理。我国《民法典》规定的代理包括直接代理和间接代理。

3.代理主要是实施法律行为。代理主要是为被代理人设立、变更、消灭一定民事法律关系,如代签合同、代为诉讼等。

※**知识链接**

代人算账、代人抄写等只能是一种事实行为,它不与第三人产生权利义务关系,不具有法律意义,不是代理。

4.代理行为的后果直接或者间接由被代理人承担。代理的目的是为被代理人进行民事活动,代理人的行为效力当然归属于被代理人,包括设定的权利归被代理人享有,义务归被代理人承担,代理人的行为给他人造成的损害由被代理人赔偿。

相关案例

> 学校委托教务人员王某购买一批教学器材。王某到百货公司购买时,恰逢该公司举行有奖销售,王某抽中数码相机一台。该相机应该归学校所有。王某与学校之间的代理关系是委托代理。《民法典》第一百六十二条规定,代理人在代理权限内,以被代理人名义实施的民事法律行为,对被代理人发生效力。王某是以学校的名义购买教学器材,也是以学校名义抽奖,奖品理应归学校。

(二)代理的适用范围

自然人、法人可以通过代理人进行民事法律行为。但是,依照法律规定或者双方当事人约定,应当由本人实施的民事法律行为,不得通过代理人进行。这些行为包括:(1)具有人身性质的行为,如立遗嘱、婚姻登记、收养子女等;(2)法律规定或当事人约定应当由特定的人亲自为之的行为,如演出、讲课等。

二、代理的种类

(一)委托代理、法定代理和指定代理

以下是根据代理权的来源不同对代理进行的分类。

1.委托代理,又称意定代理,是指基于被代理人的委托授权而发生的代理,是最常见、最广泛适用的一种代理形式。委托代理一般是在委托合同基础上,由被代理人直接授权给代理人。需要注意的是,委托合同与授权是两个概念。有时,尽管委托合同成立了,但是合同中没有明确的授权条款,代理权仍不发生。也就是说,委托代理关系是基于两类法律事实而产生的,一是委托合同关系,二是授权行为。仅有委托合同但不涉及第三人时,也无法形成代理关系。授权行为是单方法律行为,仅一方意思表示即可成立。授权行为通常以授权委托书形式表明,一般应采用书面形式。授权委托书中应载明代理人的姓名或者名称、代理事项、权限和期限,并由被代理人签名或者盖章。

2.法定代理,是指根据法律的直接规定而产生的代理。法定代理主要是为无行为能力人、限制行为能力人设置的代理,一般基于一定的亲属关系或某种隶属关系而产生,其确定带有强制性。法定代理不需要被代理人的授权(而且一般被代理人也无授权能力),但是作为第三人仍然有权要求代理人证明其代理资格。依据我国法律规定,无

民事行为能力人、限制民事行为能力人的监护人为其法定代理人。

3.指定代理,是根据人民法院或者行政主管机关的指定而产生的代理关系。指定代理主要适用于在社会生活或者民事诉讼过程中需要代理人代为行使法律行为,而没有代理人或者无法确认代理人的特殊情况。

(二)本代理和复代理

以下是根据代理人的选任和产生方式的不同,对代理进行的分类。

1.本代理是指由本人选任代理人或直接依据法律规定产生代理人的代理。

2.复代理是指代理人为了被代理人的利益需要,将其享有的代理权的全部或一部分转委托给他人行使而产生的代理。此种代理是基于转委托而形成的代理关系,所以又称为再代理或转委托。

※法条链接

《民法典》第一百六十九条 代理人需要转委托第三人代理的,应当取得被代理人的同意或者追认。

转委托代理经被代理人同意或者追认的,被代理人可以就代理事务直接指示转委托的第三人,代理人仅就第三人的选任以及对第三人的指示承担责任。

转委托代理未经被代理人同意或者追认的,代理人应当对转委托的第三人的行为承担责任;但是,在紧急情况下代理人为了维护被代理人的利益需要转委托第三人代理的除外。

(三)直接代理和间接代理

以下是根据代理人在进行代理活动时,是否以被代理人的名义实施代理行为而对代理进行的分类。

1.直接代理,是指代理人以被代理人的名义从事代理活动,该代理活动的法律效果直接归属于被代理人的代理。

2.间接代理,是指代理人以自己的名义从事代理活动,其法律后果先由代理人承担再转移给被代理人的一种代理形式。

※知识链接

我国民法典总则编规定的代理仅限于直接代理,对间接代理的承认体现在《民法典》合同编中委托代理的规定中,具体内容参考第九百二十五条、九百二十六条之规定。

三、代理关系中的法律责任

(一)代理权行使的原则

代理权的行使是指代理人在代理权限范围内完成代理事项的各种活动。根据我国法律的规定,代理权的行使必须遵守以下原则:

1.代理人应在代理权限范围内行使代理权;

2.代理人应为维护被代理人的利益而行使代理权;

3.代理人不得滥用代理权。

(二)代理权滥用

1.代理人与相对人恶意串通。此种行为属于无效的民事行为,给被代理人造成损害的,由代理人和相对人承担连带责任。

2.自己代理。代理人不得以被代理人的名义与自己实施民事法律行为,但是被代理人同意或者追认的除外。

3.双方代理。代理人不得以被代理人的名义与自己同时代理的其他人实施民事法律行为,但是被代理的双方同意或者追认的除外。

※**法条链接**

《民法典》第一百六十七条 代理人知道或者应当知道代理事项违法仍然实施代理行为,或者被代理人知道或者应当知道代理人的代理行为违法未作反对表示的,被代理人和代理人应当承担连带责任。

(三)无权代理

1.无权代理的概念和情形

无权代理指没有代理权而以他人名义进行代理活动的民事行为。无权代理包括三种情形:(1)行为人没有代理权;(2)行为人超越代理权限;(3)行为人代理权已经终止,仍以代理人的身份进行代理活动。

2.无权代理的法律后果

无权代理是无效行为,被代理人对所谓的代理行为不承担责任。但如果被代理人对此行为予以追认,则会使无权代理成为有权代理,被代理人就应当对该代理行为承担相应的法律后果。

※**法条链接**

《民法典》第一百七十一条 行为人没有代理权、超越代理权或者代理权终止后,仍然实施代理行为,未经被代理人追认的,对被代理人不发生效力。

相对人可以催告被代理人自收到通知之日起三十日内予以追认。被代理人未作表示的,视为拒绝追认。行为人实施的行为被追认前,善意相对人有撤销的权利。撤销应当以通知的方式作出。

行为人实施的行为未被追认的,善意相对人有权请求行为人履行债务或者就其受到的损害请求行为人赔偿。但是,赔偿的范围不得超过被代理人追认时相对人所能获得的利益。

相对人知道或者应当知道行为人无权代理的,相对人和行为人按照各自的过错承担责任。

3.特殊的无权代理——表见代理

行为人没有代理权、超越代理权或者代理权终止后以被代理人名义订立合同,相对人有理由相信行为人有代理权的,该代理行为有效,此种代理即为表见代理。

※**知识链接**

表见代理中行为人虽没有代理权,但是该无权代理人有被授予代理权的外观。如果无权代理人以被代理人名义实施法律行为,又没有任何迹象表明其被授权,那么不存在表见代理问题,即表见代理的成立须有"外表授权"的存在。常见的表见代理情形包括:(1)因表见授权表示而产生的表见代理。被代理人以直接或间接的意思表示,表明授予他人代理权,但事实上并未授权。在此情况下,相对人有理由相信该无权代理人为有权代理人,而与之为民事行为。(2)因代理授权不明而产生的表见代理。被代理人在代理授权时,未明确代理权限,或未将指明的代理权限有效告知相对人,致使相对人善意、无过失地相信代理人的越权代理为有权代理,而与之为民事行为。(3)因代理关系终止后未采取必要的措施而产生的表见代理。被代理人在代理关系终止后,应将此事实以适当的方式,有效地通知相对人,如果因为被代理人的原因,使相对人不知代理关系终止,而与原代理人为民事行为,则构成表见代理。

表见代理成立后,产生类似有权代理的法律后果。由被代理人承担代理行为所带来的法律后果,即享有其权利、承担其义务。被代理人有权要求无权代理人赔偿因无权代理而造成的损失。

四、代理关系的终止

代理终止是指代理人与被代理人之间的代理关系消灭。代理终止有共同的原因,也有各自不同的原因。

(一)委托代理的终止

根据《民法典》第一百七十三条的规定,委托代理终止的原因主要有以下五方面的事实:

1.代理期限届满或者代理事务完成;
2.被代理人取消委托或者代理人辞去委托;
3.代理人丧失民事行为能力;
4.代理人或者被代理人死亡;
5.作为代理人或者被代理人的法人、非法人组织终止。

※**法条链接**

《民法典》第一百七十四条 被代理人死亡后,有下列情形之一的,委托代理人实施的代理行为有效:

(一)代理人不知道且不应当知道被代理人死亡;
(二)被代理人的继承人予以承认;
(三)授权中明确代理权在代理事务完成时终止;
(四)被代理人死亡前已经实施,为了被代理人的继承人的利益继续代理。

作为被代理人的法人、非法人组织终止的,参照适用前款规定。

(二)法定代理的终止

根据《民法典》第一百七十五条,有下列情形之一的,法定代理终止:

1. 被代理人取得或者恢复完全民事行为能力;
2. 代理人丧失民事行为能力;
3. 代理人或者被代理人死亡;
4. 法律规定的其他情形,主要指其他原因引起的被代理人与代理人之间的监护关系消灭。例如,收养关系解除,监护人不履行监护义务而撤销其监护,夫妻离婚后彼此之间的代理关系终止等。

第三节 诉讼时效与期间

一、诉讼时效概述

(一)诉讼时效的概念

诉讼时效是指权利主体在法定期间内不行使权利,义务人便享有抗辩权,从而导致权利人无法胜诉的法律制度。诉讼时效属于法律事实中的事件,是基于一定的事实状态在法律规定的一定期间内持续存在而当然发生不为当事人意志所决定的某种法律效果。因此,法律上关于诉讼时效的规定,不允许当事人通过约定排除适用。当事人不得违反法律规定,约定延长或者缩短诉讼时效期间、预先放弃诉讼时效利益。

※**知识链接**

我国民法典对于诉讼时效的效力采取抗辩权发生主义。根据《民法典》第一百九十二条的规定,诉讼时效期间届满的,义务人可以提出不履行义务的抗辩。当事人未提出诉讼时效抗辩,人民法院不应对诉讼时效问题进行释明及主动适用诉讼时效的规定进行裁判。当事人在一审期间未提出诉讼时效抗辩,在二审期间提出的,人民法院不予支持,但其基于新的证据能够证明对方当事人的请求权已过诉讼时效期间的情形除外。当事人未按照前款规定提出诉讼时效抗辩,以诉讼时效期间届满为由申请再审或者提出再审抗辩的,人民法院不予支持。由此可见,诉讼时效期间届满的法律后果是产生请求权已经超过诉讼时效的抗辩权。这种抗辩权是当事人一方享有的权利,是否行使完全取决于当事人的自主判断,法院不得依职权主动适用诉讼时效。当事人未提出诉讼时效抗辩的,属于自动放弃有关的权利。

(二)诉讼时效的适用范围

诉讼时效的适用范围,也就是诉讼时效的客体,即哪些权利适用诉讼时效。依诉讼时效制度的立法目的,诉讼时效仅对请求权适用。另外,并非所有的请求权都适用诉讼时效。根据《民法典》及诉讼时效的相关司法解释,下列请求权不适用诉讼时效的规定:(1)请求停止侵害、排除妨碍、消除危险;(2)不动产物权和登记的动产物权的权利人请求返还财产;(3)请求支付抚养费、赡养费或者扶养费;(4)支付存款本金及利息请求权;(5)兑付国债、金融债券以及向不特定对象发行的企业债券本息请求权;(6)基于投资关系产生的缴付出资请求权;(7)依法不适用诉讼时效的其他请求权。

请求权以外的权利,如所有权、人格权等支配权不受诉讼时效的限制。

(三)诉讼时效与除斥期间

除斥期间是指法律规定或者当事人约定的权利(主要是形成权)预定存在的期间。权利人在此期间不行使权利,预定期间届满,即发生该权利消灭的法律后果。

※知识链接

例如《民法典》第一千一百二十四条第二款规定:"受遗赠人应当在知道受遗赠后六十日内,作出接受或者放弃受遗赠的表示;到期没有表示的,视为放弃受遗赠。"这里的"六十日"即是除斥期间,该期间届满,权利人不行使权利,其受遗赠权利即消灭。撤销权、解除权的存续期间也属于除斥期间,期间届满,撤销权、解除权消灭。

除斥期间和诉讼时效一样,也是一定的事实状态经过一定的期间而发生一定的法律后果,但这两种制度又存在很大的差别。

1.法律后果不同。除斥期间届满的法律效力是实体权利(主要是形成权)消灭,而诉讼时效期间届满的法律后果是抗辩权发生,实体权利并不消灭。诉讼时效期间届满后,义务人同意履行的,不得以诉讼时效期间届满为由抗辩,义务人已自愿履行的,不得请求返还。

2.适用范围不同。除斥期间主要适用于形成权,诉讼时效适用于请求权。

3.起算时间不同。除斥期间根据法律规定的时间或者权利发生的时间起算,诉讼时效的起算点如前所述。

4.适用条件不同。除斥期间届满,法院可依职权主动适用有关规定而无须当事人提出主张。义务人自愿履行的,也可以请求人民法院追回。而对诉讼时效人民法院不得主动适用相关规定。

5.期间可变性不同。除斥期间是一个不变期间,法律规定多长时间就固定为多长时间,不能变动,而诉讼时效则可因各种原因而中止、中断甚至延长。

二、诉讼时效的种类与起算

(一)诉讼时效的种类

诉讼时效按照适用范围和时效期间长短的不同,可以分为以下三种类型:

1.普通诉讼时效。普通诉讼时效也称一般诉讼时效,是指由《民法典》规定的统一时效期间的诉讼时效。根据《民法典》第一百八十八条的规定,我国的普通诉讼时效期间为三年。

2.特殊诉讼时效。特殊诉讼时效指由民事基本法或特别法就特别民事法律关系规定的短于或长于普通诉讼时效期间的时效,在我国主要指长期诉讼时效。长期诉讼时效即诉讼时效期间长于普通诉讼时效的时效。如根据《民法典》第五百九十四条的规定,因国际货物买卖合同和技术进出口合同争议提起诉讼的时效期间为四年。

3.最长诉讼时效。根据《民法典》第一百八十八条第二款的规定,自权利受到损害之日起超过二十年的,人民法院不予保护,有特殊情况的,人民法院可以根据权利人的申请决定延长。最长诉讼时效不适用中断、中止的规定,与其他诉讼时效的起算点不同。

(二)诉讼时效期间的起算

根据《民法典》的规定,诉讼时效期间的起算规则是:

1.普通的诉讼时效期间从权利人知道或者应当知道其权利受到损害以及义务人之日起计算。

2.最长的诉讼时效期间自权利受到损害之日起计算。

3.无民事行为能力人或者限制民事行为能力人对其法定代理人的请求权的诉讼时效期间,自该法定代理终止之日起计算。无民事行为能力人或者限制民事行为能力人的权利受到损害的,诉讼时效期间自其法定代理人知道或者应当知道权利受到损害以及义务人之日起计算。

4.未成年人遭受性侵害的损害赔偿请求权的诉讼时效期间,自受害人年满十八周岁之日起计算。

三、诉讼时效的中止、中断和延长

(一)诉讼时效的中止

诉讼时效的中止,是指在诉讼时效进行中,由于出现了法定事由而暂时中止诉讼时效进行的法律制度。

诉讼时效中止须满足两个条件:

一是出现法定中止的事由。诉讼时效中止的事由包括:(1)不可抗力;(2)无民事行为能力人或者限制民事行为能力人没有法定代理人,或者法定代理人死亡、丧失民事行为能力、丧失代理权;(3)继承开始后未确定继承人或者遗产管理人;(4)权利人被义务人或者其他人控制;(5)其他导致权利人不能行使请求权的障碍。

二是中止的事由存在于诉讼时效期间的最后六个月内,包括在六个月前发生的,但持续到六个月内的情况。诉讼时效中止的法律后果是自中止时效的原因消除之日起满六个月,诉讼时效期间届满。

(二)诉讼时效的中断

诉讼时效的中断,是指在诉讼时效进行中,因一定事由的发生,阻碍时效进行,致使以前经过的时效期间统归无效,从中断、有关程序终结时起,其诉讼时效期间重新计算的制度。根据《民法典》的规定,在下列情况下,诉讼时效中断:

1.权利人向义务人提出履行请求。

※**知识链接**

根据司法解释相关规定,具有下列情形之一的,应当认定"权利人向义务人提出履行请求":(1)当事人一方直接向对方当事人送交主张权利文书,对方当事人在文书上签名、盖章、按指印或者虽未签名、盖章、按指印但能够以其他方式证明该文书到达对方当事人的;(2)当事人一方以发送信件或者数据电文方式主张权利,信件或者数据电文到达或者应当到达对方当事人的;(3)当事人一方为金融机构,依照法律规定或者当事人约定从对方当事人账户中扣收欠款本息的;(4)当事人一方下落不明,对方当事人在国家级或者下落不明的当事人一方住所地的省级有影响的媒体上刊登具有主张权利内容的公告的,但法律和司法解释另有特别规定的,适用其规定。

2.义务人同意履行义务。

※**知识链接**

义务人作出分期履行、部分履行、提供担保、请求延期履行、制定清偿债务计划等承诺或者行为的,应当认定为"义务人同意履行义务"。

3.权利人提起诉讼或者申请仲裁。

※**法条链接**

2021年《最高人民法院关于审理民事案件适用诉讼时效制度若干问题的规定》

第十条 当事人一方向人民法院提交起诉状或者口头起诉的,诉讼时效从提交起诉状或者口头起诉之日起中断。

第十二条 权利人向人民调解委员会以及其他依法有权解决相关民事纠纷的国家机关、事业单位、社会团体等社会组织提出保护相应民事权利的请求,诉讼时效从提出请求之日起中断。

第十三条 权利人向公安机关、人民检察院、人民法院报案或者控告,请求保护其民事权利的,诉讼时效从其报案或者控告之日起中断。

上述机关决定不立案、撤销案件、不起诉的,诉讼时效期间从权利人知道或者应当知道不立案、撤销案件或者不起诉之日起重新计算;刑事案件进入审理阶段,诉讼时效期间从刑事裁判文书生效之日起重新计算。

4.与提起诉讼或者申请仲裁具有同等效力的其他情形。

※**法条链接**

2021年《最高人民法院关于审理民事案件适用诉讼时效制度若干问题的规定》第十一条 下列事项之一,人民法院应当认定与提起诉讼具有同等诉讼时效中断的效力:

(一)申请支付令;

(二)申请破产、申报破产债权;

(三)为主张权利而申请宣告义务人失踪或死亡;

(四)申请诉前财产保全、诉前临时禁令等诉前措施;

(五)申请强制执行;

(六)申请追加当事人或者被通知参加诉讼;

(七)在诉讼中主张抵销;

(八)其他与提起诉讼具有同等诉讼时效中断效力的事项。

(三)诉讼时效的延长

诉讼时效的延长是对已经完成的诉讼时效期间,如果有特殊情况,人民法院可以根据权利人的申请给予适当延长的法律制度。普通诉讼时效期间可以适用中止、中断的规定,不适用延长的规定;最长诉讼时效期间可以适用延长的规定,不适用中止、中断的规定。这是为了充分保护当事人的合法权利,对诉讼时效的中止、中断的补救。

四、期间

(一)期间的概念与类型

1.期间是指民事法律关系发生、变更和终止的时间。例如,从某日到某日其中经过的时间。虽然时间是永续的,但法律关系在时间上的存在是有限的。民法对民事法律关系在时间上的有限性的规定,就是期间。同时,民法规定的时间上的效力,并非因时间在一般情况下的自然流逝而发生,而是要与法定的一定事实状态相联系。

2.期间可分为两大类:一是法定期间与意定期间。法定期间是指法律规定的期间,意定期间是指由当事人协商确定的期间。二是一般期间与特殊期间。一般期间是指适用于各种民事法律关系的期间,特殊期间是指有关特定民事法律关系的期间。

(二)期间的计算标准

1.民法所称的期间按公历年、月、日、小时计算。

2.按照年、月、日计算期间的,开始的当日不计入,自下一日开始计算。按照小时计算期间的,自法律规定或者当事人约定的时间开始计算。

3.按照年、月计算期间的,到期月的对应日为期间的最后一日;没有对应日的,月末日为期间的最后一日。

4.期间的最后一日是法定休假日的,以法定休假日结束的次日为期间的最后一日。期间的最后一日的截止时间为24点;有业务时间的,停止业务活动的时间为截止时间。

另外,民法所称的"以上""以下""以内""届满",包括本数,所称的"不满""超过""以外",不包括本数。

复习思考题

一、单项选择题

1.下列法律行为中,须经双方当事人意思表示一致才能成立的是(　　)。

A.甲免除乙对自己所负的债务

B.甲将一枚钻石戒指赠与乙

C.甲授权乙以甲的名义购买一套住房

D.甲立下遗嘱,将个人所有财产遗赠给乙

2.甲向乙兜售毒品时,虽然提供了真实的毒品作为样品,实际交付的却是面粉。下列关于该民事行为效力的表述中,正确的是(　　)。

　　A.有效　　　　　　　　　　　　B.无效
　　C.可撤销　　　　　　　　　　　D.效力待定

3.根据民事法律制度的规定,下列关于可撤销的民事行为的表述中,正确的是(　　)。

　　A.可撤销的民事行为亦称"效力待定的民事行为"
　　B.可撤销的民事行为一经撤销,自始无效
　　C.自撤销事由发生之日起1年内当事人未撤销的,撤销权消灭
　　D.法官审理案件时发现民事行为具有可撤销事由的,可依职权撤销

4.甲欠乙10万元未还。乙索债时,甲对乙称:若不免除债务,必以硫酸毁乙容貌。乙恐惧,遂表示免除其债务。根据民事法律制度的规定,下列关于该债务免除行为效力的表述中,正确的是(　　)。

　　A.有效　　　　　　　　　　　　B.无效
　　C.可撤销　　　　　　　　　　　D.效力待定

5.根据民事法律制度的规定,下列行为中,可以适用代理制度的是(　　)。

　　A.缔结买卖合同　　　　　　　　B.结婚
　　C.订立遗嘱　　　　　　　　　　D.整理学术资料

6.根据民事法律制度的规定,下列关于传达的表述中,正确的是(　　)。

　　A.传达人以自己的名义为意思表示
　　B.单方意思表示不能传达
　　C.传达人需具备完全民事行为能力
　　D.身份行为的意思表示可以传达

7.甲公司委托魏某、董某购买药品,魏某背着董某与卖方乙公司串通,购回一批假药,甲公司的损失应该(　　)。

　　A.魏某承担全部赔偿责任
　　B.魏某和乙公司承担连带赔偿责任
　　C.乙公司承担全部赔偿责任
　　D.魏某与董某承担连带赔偿责任

8.根据民事法律制度的规定,下列关于最长诉讼时效的表述中,正确的是(　　)。

　　A.最长诉讼时效期间为20年
　　B.最长诉讼时效期间从权利人知道或者应当知道权利被侵害时起算
　　C.最长诉讼时效期间可中断、中止
　　D.最长诉讼时效期间不可延长

9.根据民事法律制度的规定,下列关于诉讼时效期间起算的表述中,正确的是(　　)。

A.当事人约定同一债务分期履行的,从最后一期履行期限届满之日起算

B.可撤销合同的撤销权,从当事人知道或应当知道撤销事由之日起算

C.请求他人不作为的,自义务人违反不作为义务时起算

D.国家赔偿的,自国家机关及其工作人员实施违法行为时起算

10.下列关于除斥期间的说法中,正确的是(　　)。

A.除斥期间届满,实体权利并不消灭

B.除斥期间为可变期间

C.撤销权可适用除斥期间

D.如果当事人未主张除斥期间届满,人民法院不得主动审查

二、多项选择题

1.根据民事法律制度的规定,下列各项中,属于无相对人的意思表示的有(　　)。

A.抛弃动产　　　　　　　　B.授予代理权

C.设立遗嘱　　　　　　　　D.行使解除权

2.根据民事法律制度的规定,下列关于无效民事行为特征的表述中,正确的有(　　)。

A.不能通过当事人的行为进行补正

B.其无效需以当事人主张为前提

C.从行为开始起就没有法律约束力

D.其无效须经人民法院或仲裁机构确认

3.根据民事法律制度的规定,下列行为中,属于滥用代理权的有(　　)。

A.代理人甲以被代理人乙的名义将乙的一台塔吊卖给自己

B.代理人甲以被代理人乙的名义卖出一台塔吊,该塔吊由甲以丙的名义买入

C.代理人甲与买受人丁串通,将被代理人乙的一台塔吊低价卖给丁

D.代理人甲在被代理人乙收回代理权后,仍以乙的名义将乙的塔吊卖给戊

4.根据民事法律制度的规定,下列各项中,属于诉讼时效中断事由的有(　　)。

A.债权人发送催收信件到达债务人

B.债务人向债权人请求延期履行

C.债权人申请诉前财产保全

D.债务人向债权人承诺提供担保

三、案例模拟

1.甲为乙公司业务员,负责某小区的订奶业务多年,每月月底在小区摆摊,更新订奶户并收取下月订奶款。2023年5月29日,甲从乙公司辞职。5月30日,甲仍照常前往小区摆摊收取订奶款。订奶户不知内情,照例交款,甲亦如常开出盖有乙公司公章的订奶款收据,之后甲携款下落不明。订奶户找到乙公司,乙公司声称甲已离职,其个人行为与乙公司无关,应由甲向订奶户承担合同履行义务。

请根据代理制度的规定,回答下列问题,并说明理由。

(1)甲与乙公司之间构成什么法律关系?

(2)订奶户的损失可以如何追偿?

2.王同学接到某通信公司短信,内容为本公司为您提供实时天气预报服务,每月收费5元,如不接受本服务,请回复N,王同学对此未予理睬,后发现通信公司为自己开通了服务并收取了该笔费用,遂要求返还。

请根据民事法律行为的相关规定,分析王同学和某通信公司的天气预报服务合同效力。

第四章　物权法律制度

学习目标

【知识目标】
1. 理解物权的概念、特征及分类。
2. 理解物权的变动、效力及基本原则。
3. 了解物权变动的原因,以及所有权的含义、特征及类型。

【能力目标】
1. 了解我国物权法律制度的立法背景。
2. 认识建立和完善我国物权制度的必要性。

【思政目标】
1. 培养学生的诚信意识,提升道德素质。
2. 培养学生的法治思维,增强责任担当。

本章知识体系构建

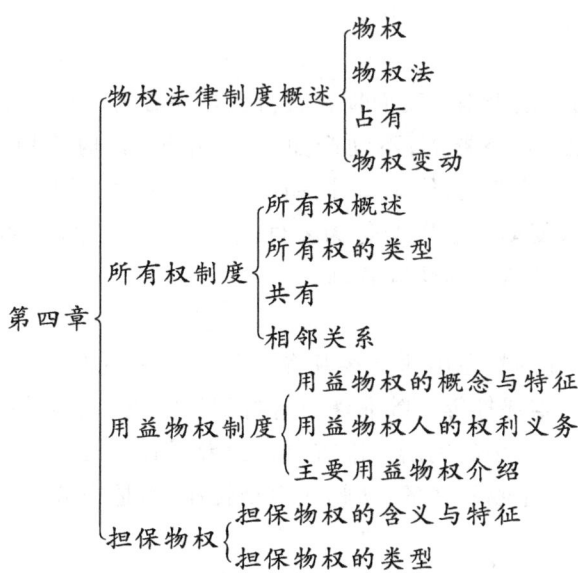

※引导案例

深圳高400米的A金融中心投入30亿元打造"深圳的华尔街"。妨碍该工程的一颗"钉子",终于在2007年10月22日被拔掉,开发商B公司与僵持了一年多的业主签订了补偿总额逾1200万元的协议。这幢房屋建筑面积779.81米^2,补偿标准达1.6万元/米^2,1997年时的建造成本120万元,补偿价翻了十番。有人说这是物权法律制度下保障私人物权的胜利,也有人说这是滥用权利的漫天要价。请从物权法律制度深入分析这一问题。

第一节 物权法律制度概述

一、物权

(一)物的概念和特征

作为物权客体的物,是指人们能够支配和利用的物质实体和自然力。物是民事法律关系最普遍的客体,如所有权关系,直接以物为客体。

物具有如下几个特征:(1)客观物质性;(2)可支配性;(3)可使用性;(4)特定性;(5)独立性;(6)稀缺性。所以,行为(债权客体)、汽车尾气、太阳、月亮等都不是民法上的物;物须具有客观物质性,系有体物,且可为人们支配和使用;人体虽具物理属性,但基于人性尊严的考量,活人的身体并不属于物。

(二)物的种类

1.动产和不动产

根据物能否移动且是否因移动而损害其价值把物分为动产和不动产,动产如桌子、手机、书本、汽车、船舶、航空器等;不动产如土地、建筑物、构筑物、在建房屋、林木、矿藏、海域、水库、贮水池、停车位、停车库等;动产物权与不动产物权,公示方法、物权变动要件不同,动产的物权变动一般以交付为要件,管辖不受限制;不动产的物权变动以登记为要件,纠纷由不动产所在地法院管辖。

2.主物和从物

根据两个独立存在的物在用途上客观存在的主从关系把物分为主物和从物,如机器与维修工具、电视机与遥控等。除非法律有特别规定或当事人另有约定,对于主物的处分,及于从物;主物与从物的判断标准有:(1)二者同属一人;(2)二者独立存在;(3)二者是主要和从属关系。主物转让的,从物随主物转让,但是当事人另有约定的除外。

3.原物和孳息物

根据两物之间存在的原有物产生新物的关系把物分为原物和孳息物,孳息是指由某一特定物产生的收益,可分为天然孳息和法定孳息。一般孳息与原物相对应,因此可认为是两个独立的物。原物和孳息二者不同,孳息必须与原物分离,为独立物。天然孳息由所有权人取得;既有所有权人又有用益物权人的,由用益物权人取得。当事人另有约定的,按照约定;法定孳息如果有约定,按约定;没约定或约定不明,按交易习惯。

4.流通物、限制流通物、禁止流通物

流通物是允许自由流通的物,如衣服、电视机等大多数物品;限制流通物是如黄金、白银、外币、麻醉药等物;禁止流通物是如国家专有物资、土地、矿藏、水流、淫秽物品等物。

5.特殊种类的物

特殊种类的物包括货币和有价证券,货币的所有权与占有不能分离;货币所有权的让与,是事实行为;货币进行借贷时,借用人即时取得对货币的所有权;有价证券直接代表财产权利,证券上权利的行使,离不开证券,证券权利的转移,仅以证券的交付为要件,证券的债务人是固定的,债权人则可因证券的转让而变更,证券上的债务,是"无条件给付"券面载明的财产义务。

(三)物权的概念、特征与分类

1.物权的概念及特征

物权是指权利人依法对特定的物享有直接支配和排他的权利,包括所有权、用益物权和担保物权。物权是和债权对应的一种民事权利,它们共同组成民法典最基本的财产权形式。与债权相比,物权有以下特点:

(1)物权是对标的物直接支配的财产权利(支配性);

(2)物权是对抗所有权人的财产权,义务主体是不特定的第三人(绝对性、对世性);

(3)物权是排他的权利,即一物之上只能设定一个所有权和一物之上不得设立两个以上内容相冲突的物权(独占性或排他性)。

2.物权的分类

(1)所有权与他物权。所有权是指所有权人依法可以对物进行占有、使用收益和处分的权利。所有权是物权中最完整、最充分的权利。他物权是指在他人所有物上设定的物权,亦称限制物权、定限物权。他物权是所有权的部分权能与所有者发生分离,由所有权人以外的主体对物享有一定程度的直接支配权。他物权与所有权一样,具有直接支配物并排斥他人干涉的性质。

(2)用益物权和担保物权。根据设立物权的目的不同,传统民法将他物权分为用益物权和担保物权。用益物权是指以物的使用收益为目的的物权,包括建设用地使用权、土地承包经营权、地役权等。担保物权是指以担保债权为目的的物权,包括抵押权、质权、留置权等。

※知识链接

用益物权与担保物权的区别表现在:(1)用益物权注重物的使用价值,而担保物权注重物的交换;(2)用益物权除地役权外,均为主物权,而担保物权是从物权,需以主债权的存在为前提。

(3)动产物权和不动产物权。这是按物权客体的不同所作的分类。这种分类的意义在动产与不动产的分类中已有阐述,此处不再赘述。

3.物权的效力

(1)物权的支配力是指法律赋予物权的、保障物权人对标的物直接为一定行为并享受其利益的排他性作用力。

(2)物权的优先力是指法律赋予物权的、得优先于同一物上的一般债权或者在后设立的物权而行使的作用力。

(3)物权的妨害排除力是指法律赋予物权的、排除他人妨害以恢复物权人对物正常支配的圆满状态的效力。物上请求权的权利:该权利以物权存在为发生前提,包括停止侵害请求权、排除妨碍请求权、消除危险请求权、恢复原状请求权和返还原物请求权等诸项具体权利。物上请求权以物权存在为发生前提,表明其为依附于物权的独立的请求权。这种请求权是通过意思表示来实现的(如要回原物),而不是一定要走诉讼程序。

(4)物权的追及效力是指物权的标的物无论辗转落入何人之手,物权人皆可追及其物,向(无权)占有人主张权利,请求返还的效力。法律对物权的追及效力限制,如善意取得制度、正常经营买受人特别保护规则等。

※法条链接

《民法典》第二百三十三条 物权受到侵害的,权利人可以通过和解、调解、仲裁、诉讼等途径解决。

第二百三十四条 因物权的归属、内容发生争议的,利害关系人可以请求确认权利。

第二百三十五条 无权占有不动产或者动产的,权利人可以请求返还原物。

第二百三十六条 妨害物权或者可能妨害物权的,权利人可以请求排除妨害或者消除危险。

第二百三十七条 造成不动产或者动产毁损的,权利人可以依法请求修理、重作、更换或者恢复原状。

第二百三十八条 侵害物权,造成权利人损害的,权利人可以依法请求损害赔偿,也可以依法请求承担其他民事责任。

第二百三十九条 本章规定的物权保护方式,可以单独适用,也可以根据权利被侵害的情形合并适用。

二、物权法

(一)物权法的含义

物权法,即规范物权关系的法律制度。物权法有形式(狭义)和实质(广义)的物权法之分;形式(狭义)意义的物权法系指民法典物权编;实质(广义)意义的物权法,泛指以物权关系为规范对象的法律,除民法典物权编外,还包括关于物权的相关法令,如《海商法》《土地管理法》以及相关登记的法律中等关于创设船舶抵押权、对土地权利的限制以及不动产登记规则等。

(二)物权法律制度的原则

1. 平等保护原则

平等保护原则是指物权主体在法律地位上是平等的,其享有的所有权和其他物权在受到侵害以后应当受到法律的平等保护。平等保护原则是民法平等原则在物权法中的具体化。我国实行社会主义市场经济,保障一切市场主体的平等法律地位和发展权利。《民法典》第二百零七条规定,国家、集体、私人的物权和其他权利人的物权受法律平等保护,任何组织或者个人不得侵犯。

2. 物权法定原则

物权法定原则或称物权法定主义,是指物权的种类和内容由法律规定,不允许当事人依其意思自由创设物权。物权法定原则包括以下两个方面的内容:

(1)物权种类法定,即当事人不得自由创设法律未规定的新种类物权,如我国的担保物权只能是抵押权、质押权和留置权三种;

(2)物权内容法定,即物权的方式、效力等内容都由法律明文规定,当事人不得在物权中自由创设新的内容,如法律规定动产质押必须移转占有,当事人创设不移转占有的动产质押就不能产生物权效力。

相关案例

> 某市郭家与刘某达成协议,刘某出资将其全家所居住的老宅子翻新,郭家将翻新后的五间房屋全部卖给刘某,并达成一份协议,郭家有权利永久居住其中两间房。后来,刘某将房屋出卖给王某,王某要求郭家腾房。经协商不成,王某起诉至法院要求郭家腾房,并支付房产过户后的房屋使用费。法院依据物权法定原则,对王某的诉讼请求予以支持。
>
> 分析:用益物权包括建设用地使用权、土地承包经营权、宅基地使用权和地役权四种,并未规定永久居住权。因此当事人自我创设的物权不被法律承认和接受。物权法定原则指的是物权的种类和物权的内容应由法律直接规定,不得由当事人基于自由意志而协商创设或者确定。本案中,当事人创设的物权违反物权法定原则,不能发生物权的效力,但如果符合其他法律的规定,可以发生其他法律上的效力,意味着双方所签订的永久居住权协议有效。此为双方真实意思表示,并不违反法律强制性规定双方之间存在着物权法律关系。但因当事人创设的物权违反物权法定原则,不能发生物权的效力,不能对抗所有权人王某的所有权。王某的所有权在法律上对财产享有占有、使用、收益和处分的权利,具有排他性、绝对性、对世性。基于此法院支持了王某的诉讼请求,判决郭家腾房并支付房屋使用费。

3. 物权公示原则

所谓公示,是指物权的权利状态必须通过一定的公示方法向社会公开,使得第三人在物权变动时能够知道权利的实际状态,以维护交易安全。不动产物权的设立、变更、转让和消灭,应当依照法律规定登记。动产物权的设立和转让,应当依照法律规定交付。可见不动产的权利状态通过登记制度表示,而动产权利状态的变化则通过交付表示。

4.一物一权原则

一个所有权的客体为独立的特定的物,一物之上只能有一个所有权;一物的某一部分不能成立单个的所有权,但同一物上可并存数个不相矛盾和冲突的物权。

三、占有

(一)占有及其法律保护

所谓占有,是指民事主体对物进行管领形成的事实状态。与占有权不同,占有强调的是一种事实状态,不以有权利来源为前提,只要主体对物有客观上的控制且主观上有管领的意思就成立物权法上的占有,这是以事实上的管领为规范对象的,如小偷对财物的占有也是法律上的一种占有。占有是所有权的重要权能,是物权的重要内容,还是一些他物权成立的前提,如占有是质押权与留置权的成立前提。

※知识链接

《民法典》第四百六十二条规定,占有的不动产或者动产被侵占的,占有人有权请求返还原物;对妨害占有的行为,占有人有权请求停止侵害、排除妨碍或者消除危险;因侵占或者妨害造成损害的,占有人有权请求损害赔偿。占有人返还原物的请求权,自侵占发生之日起一年内未行使的,该请求权消灭。此条中的"一年"在性质上属于除斥期间,且仅适用于返还原物的请求权。损害赔偿的请求权仍适用普通诉讼时效的规定。

(二)占有的类别

1.完全占有和不完全占有

一般认为所有权人的占有是完全占有,其可以对占有物拥有完全的物权,非所有权人的占有则是不完全占有,如承租人对租用的房屋不享有完全的物权。

2.直接占有和间接占有

直接占有是指直接对物的控制,而不问权源如何。所有权人常常直接占有所有物,但在不少情况下,所有权人并不直接占有,而为质权人、承租人、借用人、保管人、受托人、承运人等直接占有,但所有权人的所有权未变,依法或依约仍可请求返还。这种占有称为间接占有。直接占有也称为实际占有。间接占有由于是从所有权推定的,因此又称为推定占有。

3.合法占有和不法占有

合法占有和不法占有或称正当占有和不正当占有。在非所有权人的占有中,有合法占有和不法占有两种情况。凡有法律依据,即依照法律规定、所有权人的意志、行政命令或法院裁判,以及其他合法原因而实行的占有,叫作合法占有;反之,为不法占有。另外,按照有无正当权源,可分为有权占有和无权占有,其含义和法律后果与合法占有、不法占有类似。

4.善意占有和恶意占有

在不法占有或无权占有中,按照占有人是否知情,即是否已知或应知为不法占有,可区分为善意占有和恶意占有两类。如占有人知情或应当知情,就是恶意占有;如占有人不知情或不应知情,就是善意占有。另外,占有还分为公然占有与隐秘占有、和平占有与暴力占有。

※**法条链接**

《民法典》第四百五十九条 占有人因使用占有的不动产或者动产,致使该不动产或者动产受到损害的,恶意占有人应当承担赔偿责任。

第四百六十条 不动产或者动产被占有人占有的,权利人可以请求返还原物及其孳息;但是,应当支付善意占有人因维护该不动产或者动产支出的必要费用。

第四百六十一条 占有的不动产或者动产毁损、灭失,该不动产或者动产的权利人请求赔偿的,占有人应当将因毁损、灭失取得的保险金、赔偿金或者补偿金等返还给权利人;权利人的损害未得到足够弥补的,恶意占有人还应当赔偿损失。

第四百六十二条 占有的不动产或者动产被侵占的,占有人有权请求返还原物;对妨害占有的行为,占有人有权请求排除妨害或者消除危险;因侵占或者妨害造成损害的,占有人有权依法请求损害赔偿。

占有人返还原物的请求权,自侵占发生之日起一年内未行使的,该请求权消灭。

四、物权变动

物权变动是指物权的发生、转移、变更和消灭。物权变动是物权法上的一种民事法律效果,和其他民事法律效果一样,物权的变动也是由一定民事法律事实引起的。

(一)物权变动的原因

1.民事法律行为。基于买卖、互易、赠与、遗赠等原因而完成的物权让与行为,抛弃物权及设定或者变更、终止他物权的各种民事法律行为。

2.民事法律行为之外的法律事实,如房屋建造、先占、添附、继承、无主物的法定取得、天然孳息收取、标的物消费、标的物灭失及混同等。

3.公法上的原因,如公用征收、没收、罚款等。

(二)物权变动的模式

根据《民法典》第二百零九条第一款的规定,不动产物权的设立、变更、转让和消灭,经依法登记,发生效力;未经登记,不发生效力,但是法律另有规定的除外。《民法典》第二百二十四条规定,动产物权的设立和转让,自交付时发生效力,但是法律另有规定的除外。我国物权变动采用"合意加公示"的模式。

相关案例

甲汽车4S店(以下简称"甲店")与乙公司签订汽车买卖合同,约定乙公司从甲店购入 10 辆货车,由所购品牌汽车生产商直接向乙公司发货,车到后甲店 10 日内上门为其完成后续的检测、保险及登记手续。1 月 5 日,货车送达乙公司,1 月 10 日甲店利用将货车送往办理后续手续的机会,将其中 1 辆货车以合理价格售予急需货车、不知情的丙公司并交付。

分析:本案中,乙公司已于 1 月 5 日取得货车的所有权,但因未办理登记手续,其所有权不得对抗善意的丙公司。甲店的行为属于无权处分行为,丙公司对此事实尚不知情,又因乙公司的货车所有权尚未登记,丙公司也不应当知情,丙公司属于善意第三人;同时,该货车以合理价格转让且完成交付,丙公司有权主张善意取得所购货车的所有权,乙公司的损失应向甲店追偿。

※法条链接

《民法典》第二百一十六条 不动产登记簿是物权归属和内容的根据。

不动产登记簿由登记机构管理。

《最高人民法院关于适用〈中华人民共和国民法典〉物权编的解释(一)》第一条 因不动产物权的归属,以及作为不动产物权登记基础的买卖、赠与、抵押等产生争议,当事人提起民事诉讼的,应当依法受理。当事人已经在行政诉讼中申请一并解决上述民事争议,且人民法院一并审理的除外。

(三)物权变动的原则

1.公示原则

公示原则是指物权的变动须以法定的公示方式进行才能发生相应法律效果的原则,物权具有绝对排他的效力,其变动须有足由外部可以辨认的表征,才可透明其法律关系,减少交易成本,避免第三人遭受损害,保护交易安全。此种可由外部辨认的表征,即为物权变动的公示方法。不动产物权变动以登记为公示方法,动产物权变动以交付为公示方法。

2.公信原则

公信原则是指一旦物权的取得和变动经过公示,当事人就有理由产生合理信赖,相信以公示方法所表现出来的权利人和权利状态是正确的。公信原则赋予物权的公示以绝对的效力,保护信赖物权公示的善意第三人,维护交易的安全与快捷。但公信原则仅适用于登记名义人与第三人之间的交易关系,而不适用于登记名义人与真实权利人之间的关系。在登记名义人与真实权利人之间,真实物权人可以依照事实标准举证证明自己物权的正当性,此时权利的外观不能表征真实的权利。而在登记名义人与第三人进行交易时,第三人可善意取得物权,真实权利人只能要求登记名义人损害赔偿。

第二节 所有权制度

一、所有权概述

(一)所有权的含义及特征

所有权是所有权人依法对自己财产所享有的占有、使用、收益和处分的权利。它是一种财产权,所以又称财产所有权。所有权是物权中最重要也最完全的一种权利。所有权具有全面支配性、统一性(整体性)、恒久性(法律不限制所有权的存续期限)和弹力性。基于法律规定,所有权有以下特征。

1.所有权是绝对权。所有权不需要他人的积极行为,只要他人不加干预,所有权人自己便能实现其权利。所有权关系的义务主体是所有权人以外的第三人,其所负的义务是不得非法干预所有权人行使其权利,是一种特定的不作为义务。

2.具有排他性。所有权属于物权,具有排他的性质。所有权人有权排除他人对于其行使权利的干涉,并且同一物上只能存在一个所有权,而不能并存两个以上的所有权。

3.最完全的物权。所有权是所有权人对于其所有物进行一般的、全面的支配,是内容最全面、最充分的物权,它不仅包括对于物的占有、使用、收益,还包括了对于物的最终处分权。所有权作为最完全的物权,是他物权的源泉。与之相比较,建设用地使用权、地役权、抵押权、质权、留置权等他物权,仅仅是就占有、使用、收益某一方面的对于物的直接支配的权利,只是享有所有权的部分权能。

4.具有弹力性。所有权人在其所有物上为他人设定地役权、抵押权等权利,虽然占有、使用、收益甚至处分权都能与所有权人发生全部或者部分的分离,但只要没有发生使所有权消灭的法律事实(如转让、所有物灭失),所有权人仍然保持着对于其财产的支配权,所有权并不消灭。当所有物上设定的其他权利消灭,所有权的负担除去的时候,所有权仍然恢复其圆满的状态,即分离出去的权能仍然复归于所有权人,这称为所有权的弹力性。

5.具有永久性。这是指所有权的存在不能预定其存续期间。例如,当事人不能约定所有权只有5年期限,过此期限则所有权消灭。当事人对所有权存续期间的约定是无效的。

6.具有平等性。所有权作为私权,其法律地位应当无差别给予保护的物权属性。

(二)所有权的权能

所有权的权能是指所有权人为利用所有物以实现其对所有物的独占利益,而于法律规定的范围内可以采取的各种措施与手段。所有权的权能包括占有、使用、收益和处分。

1.占有权能

占有权能是对所有物加以实际管领或控制的权利。占有权与所有权人发生分离。占有权与占有是两个不同的概念。民法上的占有是指主体对物的实际控制。占有本身只是一种事实,而不是权利。

2.使用权能

使用权能是在不损毁所有物或改变其性质的前提下,依照物的性能和用途加以利用的权利。使用权能也可以转移给非所有权人行使,并且使用权能仅适用于非消耗物。

3.收益权能

收益权能是收取所有物所生利息(孳息)的权利。收益权是与使用权有密切联系的所有权权能,因为通常收益是使用的结果,但使用权不能包括收益权。

4.处分权能

处分权能是对所有物依法予以处置的权利。处分包括事实上的处分和法律上的处分。处分权能是所有权内容的核心和拥有所有权的根本标志。其通常只能由所有权人自己行使。

其中,占有、使用、收益、处分(包括事实处分与法律处分)属于所有权的积极权能;排除他人不法侵夺、干扰或妨害属于所有权的消极权能。

(三)善意取得所有权

无处分权人将不动产或者动产转让给受让人的,所有权人有权追回;除法律另有规定外,符合下列情形的,受让人取得该不动产或者动产的所有权:首先,受让人受让该不动产或者动产时是善意的(依法完成不动产物权转移登记或者动产交付时不知道转让人无处分权,且无重大过失);其次,以合理的价格转让;最后,转让的不动产或者动产依照法律规定应当登记的已经登记,不需要登记的已经交付给受让人。

受让人取得动产或不动产的所有权,原所有权人可向让与人主张损害赔偿。

※**知识链接**

关于遗失物,《民法典》第三百一十二条规定,所有权人或者其他权利人有权追回遗失物。该遗失物通过转让被他人占有的,权利人有权向无处分权人请求损害赔偿,或者自知道或者应当知道受让人之日起二年内向受让人请求返还原物;但是,受让人通过拍卖或者向具有经营资格的经营者购得该遗失物的,权利人请求返还原物时应当支付受让人所付的费用。权利人向受让人支付所付费用后,有权向无处分权人追偿。《民法典》第三百一十四条规定,拾得遗失物,应当返还权利人。拾得人应当及时通知权利人领取,或者送交公安等有关部门。可见,拾取遗失物不适用善意取得制度。

二、所有权的类型

在我国,所有权的种类主要有国家所有权、集体组织所有权和私人所有权等。

(一)国家所有权

国家所有权,是指国家代表全体人民的利益和意志对全民所有制下的财产进行占有、使用、收益和处分的权利。社会主义全民所有制在法律上的表现为,权利主体是代表全体人民利益和意志的国家,其他任何单位或个人都不能与之分享所有权。客体具有无限广泛性,某些重要财产如矿藏、水流等则只能由国家专有。国家所有权在取得方法上除一般民事主体具有的生产、收益、实施民事法律行为外,还包括国有化、赎买、征税、征用、罚款、收归无主财产等特殊方法。

※**法条链接**

《民法典》第二百四十六条　法律规定属于国家所有的财产,属于国家所有即全民所有。

国有财产由国务院代表国家行使所有权。法律另有规定的,依照其规定。

第二百四十七条　矿藏、水流、海域属于国家所有。

第二百四十八条　无居民海岛属于国家所有,国务院代表国家行使无居民海岛所有权。

第二百四十九条　城市的土地,属于国家所有。法律规定属于国家所有的农村和城市郊区的土地,属于国家所有。

第二百五十条　森林、山岭、草原、荒地、滩涂等自然资源,属于国家所有,但是法律规定属于集体所有的除外。

第二百五十一条　法律规定属于国家所有的野生动植物资源,属于国家所有。

第二百五十二条　无线电频谱资源属于国家所有。

第二百五十三条　法律规定属于国家所有的文物,属于国家所有。

第二百五十四条　国防资产属于国家所有。

铁路、公路、电力设施、电信设施和油气管道等基础设施,依照法律规定为国家所有的,属于国家所有。

第二百五十五条　国家机关对其直接支配的不动产和动产,享有占有、使用以及依照法律和国务院的有关规定处分的权利。

第二百五十六条　国家举办的事业单位对其直接支配的不动产和动产,享有占有、使用以及依照法律和国务院的有关规定收益、处分的权利。

第二百五十七条　国家出资的企业,由国务院、地方人民政府依照法律、行政法规规定分别代表国家履行出资人职责,享有出资人权益。

(二)集体组织所有权

1.集体组织所有权的概念

集体组织所有权又称劳动群众集体组织所有权,是集体组织对其财产享有的占有、使用、收益、处分的权利。集体组织所有权是劳动群众集体所有制在法律上的表现。其享有者主要是农村集体组织,也包括城镇集体企业和合作社集体组织。劳动群众集体所有制是我国社会主义公有制的组成部分。集体组织所有权对集体所有制起着巩固和保护的作用,在我国财产所有权制度中居于重要地位。

2.集体组织所有权的特点

集体组织所有权具有以下特点:(1)集体组织所有权的主体是各个集体组织;(2)集

体组织所有权属于集体组织,只有它才能作为该组织全体成员的代表对集体财产行使所有权,它的成员个人不是集体组织财产的所有权人,无权处分集体组织的财产;(3)集体组织所有的财产,除了法律规定的国家专有财产外,可以是其他任何财产。

※法条链接

《民法典》第二百六十条 集体所有的不动产和动产包括:

(一)法律规定属于集体所有的土地和森林、山岭、草原、荒地、滩涂;

(二)集体所有的建筑物、生产设施、农田水利设施;

(三)集体所有的教育、科学、文化、卫生、体育等设施;

(四)集体所有的其他不动产和动产。

(三)私人所有权

1.私人所有权的概念

所谓私有,是指公民个人以及非公有制经济主体所有。所谓私人所有权,是指自然人及具有法人地位资格的非公有制经济主体对其所有物享有的全面支配的权利。私人所有权不同于私人财产权,后者范围十分广泛,除了私人所有权之外,还包括私人债权、继承权、知识产权等其他财产权利。

2.私人所有权的特征

私人所有权相比国家所有权、集体所有权,具有下列特征:(1)私人所有权的主体是私人。私人合法所有的财产不仅在生前受法律保护,死后亦受法律保护。"户"一般不是私人所有权的主体,因为"户"的财产是一种共有财产。(2)私人所有权的客体,包括私人的生产资料和生活资料,一般有合法收入、房屋、储蓄、生活用品、文物和图书资料、林木、牲畜以及法律允许私人拥有的生产资料等。(3)私人所有权是社会主义公有制基础上产生的,财产来源主要是私人的劳动所得和其他合法收入。

(四)业主的建筑物区分所有权

根据《民法典》规定,所谓建筑物区分所有权,是指业主对建筑物内的住宅、经营性用房等专有部分享有所有权,对专有部分以外的共有部分享有共有和共同管理的权利。业主的建筑物区分所有权,包括了三个方面的基本内容:

一是对专有部分的所有权,即业主对建筑物内属于自己所有的住宅、经营性用房等专有部分可以直接占有、使用,实现居住或者经营的目的;也可以依法出租、出借,获取收益和增进与他人的感情;还可以用来抵押贷款或出售给他人。

二是对建筑区划内的共有部分享有共有权,即每个业主在法律对所有权未作特殊规定的情形下,对专有部分以外的走廊、楼梯、过道、电梯、外墙面、水箱、水电气管线等共有部分,对小区内道路、绿地、公用设施、物业管理用房以及其他公共场所等共有部分享有占有、使用、收益、处分的权利;对建筑区划内,规划用于停放汽车的车位、车库有优先购买的权利。

三是对共有部分享有共同管理的权利,即有权对共用部位与公共设备设施的使用、收益、维护等事项通过参加和组织业主大会进行管理。

业主的建筑物区分所有权三个方面的内容是一个不可分离的整体。在这三个方面的权利中,专有部分的所有权占主导地位,是业主对共有部分享有共有权以及对共有部分享有共同管理权的基础。如果业主转让建筑物内的住宅、经营性用房,其对共有部分享有共有和共同管理的权利则也一并转让。业主享有建筑物区分所有权的同时,也必须履行相应的义务。

三、共有

(一)共有的含义与法律特征

所谓共有,是指某项财产由两个以上的权利主体共同享有所有权。共有分为按份共有和共同共有。共有人对共有的不动产或者动产没有约定或者约定不明确的,除共有人具有家庭关系等外,视为按份共有。共有具有以下法律特征:

1.共有的主体是两个以上的公民或法人。但是多数人共有一物,并非有多个所有权,只是一个所有权由多人共同享有。

2.共有物在共有关系存续期间不能分割,不能由各个共有人分别对某一部分共有物享有所有权。每个共有人的权利属于整个共有财产,因此,共有不是分别所有。

3.在内容方面,共有人对共有物按照各自的份额享有权利并承担义务,或者平等地享有权利、承担义务。在处分共有财产时,必须由全体共有人协商,按照法律规定的方式决定。

4.共有法律关系的权利内容原则上只能是所有权。用益物权及担保物权的共有,称为准共有,可以参照共有制度的相关规定。

(二)共有的类型

1.按份共有

按份共有又称分别共有,是指两个以上的共有人按照各自的份额分别对共有财产享有权利和承担义务。按份共有人对共有的不动产或者动产享有的份额,没有约定或者约定不明确的,按照出资额确定;不能确定出资额的,视为等额享有。按份共有人的权利义务有以下几点:

(1)按份共有人按照预先确定的份额分别对共有财产享有占有、使用和收益的权利。但对共有财产的使用,应由全体共有人协商决定。按份共有人死亡以后,其份额可以作为遗产由继承人继承或受遗赠人获得。

(2)按份共有人有权自由处分自己的共有份额,无须取得其他共有人的同意,但是共有人将份额出让给共有人以外的第三人时,其他共有人在同等条件下,有优先购买的权利。两个以上其他共有人主张行使优先购买权的,协商确定各自的购买比例;协商不成的,按照转让时各自的共有份额比例行使优先购买权。

(3)因共有的不动产或者动产产生的债权债务,在对外关系上,共有人享有连带债权、承担连带债务,但是法律另有规定或者第三人知道共有人不具有连带债权债务关系的除外;在共有人内部关系上,除共有人另有约定外,按份共有人按照份额享有债权、承担债务,共同共有人共同享有债权、承担债务。偿还债务超过自己应当承担份额的按份共有人,有权向其他共有人追偿。

2.共同共有

共同共有是指两个以上的公民或法人,根据某种共同关系而对某项财产不分份额地共同享有权利并承担义务。共同共有基于共同关系产生,以共同关系的存在为前提。共同关系可以表现为夫妻关系、家庭关系等。

共同共有中,共有人对共有财产不分份额地享有权利,对共有财产享有平等的占有和使用的权利。对共有财产的收益,不是按比例分配,而是共同享用。对共有财产的处分,必须征得全体共有人的同意。共同共有关系终止,才能确定各个共有人的份额,分割共有财产。因此,较之于按份共有,共同共有人之间具有更密切的利害关系。

(三)共有物的处分

1.共有物的处分

根据《民法典》的规定,处分共有的不动产或者动产以及对共有的不动产或者动产作重大修缮的,应当经占份额三分之二以上的按份共有人或者全体共同共有人同意,但共有人之间另有约定的除外。

一个或几个共有人未经占份额三分之二以上的按份共有人同意或者其他共同共有人同意,擅自处分共有财产的,其处分行为应当作为效力待定的民事行为处理。如果第三人善意、有偿取得该财产,符合善意取得制度规定的,第三人可以取得该物的所有权。其他共有人的损失,由擅自处分共有财产的人赔偿,可以依据共有人之间的协议,由某个共有人代表或代理全体共有人处分共有财产。在共同共有中,只有依全体共有人的共同意思,对共有物的处分行为才能发生对外效力。

相关案例

2022年5月,原告李某与第三人王某经协商决定共同合伙在市区经营"夜莺"练歌城。合伙协议约定:"夜莺"练歌城由李某、王某各出资4万元作为合伙资金,工商、税务等部门的相应证照均由王某负责办理,双方共同经营、盈利共享、亏损共担。不久,王某即以个人名义到工商、税务、文化、消防部门办理了经营练歌房需要的相关证照。半年后,因经营不善"夜莺"练歌城出现了严重亏损,李、王二人遂产生矛盾。2023年3月16日,王某趁李某外出办事之机,将"夜莺"练歌城两套豪华音响设备以3万元的价格卖给被告张某。王某称自己是"夜莺"练歌城的老板,并向张某出示了工商、税务等部门颁发的证照作为证明。张某对此深信不疑,遂于当日付清价款后搬走了两套音响设备。两天后李某回来得知此事,遂拿出合伙协议找到张某,称其所买的两套音响设备系自己与王某共有,王某无权单独处分,要求张某返还音响设备。三人几次协商未果,李某诉至法院。

法院审理后认为,在共同共有财产关系存续期间,部分共有人擅自处分共有财产的,一般认定无效,但第三人善意,有偿取得财产的,应当维护第三人的合法权益。本案中,王某在擅自处分与李某按份共有的音响设备时,自称该财产系自己一人所有,且所提供的工商、税务、文化、消防部门颁发的相关证照也能证明王某本人就是"夜莺"练歌城的业主。因此,张某没有理由不相信其权利的正当性,由于张某根本不知道王某处分财产的权利上的瑕疵,没有过失,依照动产善意取得制度,应依法确认王某与张某买卖音响设备的合同成立,张某依照合同获得了对两套音响设备的所有权。据此,法院判决该两套音响设备属张某所有,驳回了李某的诉讼请求。李某的损失可另行向王某主张赔偿。

2.费用的承担

对共有物的管理费用及其他负担,有约定的,按照约定;没有约定或者约定不明确的,按份共有人按照其份额负担,共同共有人共同负担。在共有人内部关系上,除共有人另有约定外,按份共有人按照份额享有债权、承担债务。偿还债务超过自己应当承担份额的按份共有人,有权向其他共有人追偿。

3.共有财产的分割

共有财产的分割可以采取三种方式:协议分割、实物分割、变价分割或作价补偿。共有财产分割以后,共有关系消灭。不管是就原物进行分割还是变价分割,各共有人就分得财产取得单独的所有权。但要注意一点,共同共有财产分割后,一个或者数个原共有人出卖自己分得的财产时,如果出卖的财产与其他原共有人分得的财产属于一个整体或者配套使用,其他原共有人可以主张优先购买权。

4.共有的对外关系

根据《民法典》规定,因共有的不动产或者动产(不论按份共有,还是共同共有)产生的债权债务,在对外关系上,共有人享有连带债权、承担连带债务,但是法律另有规定或者第三人知道共有人不具有连带债权债务关系的除外。

5.按份共有人转让共有份额

按份共有人可以转让其享有的共有的不动产或者动产份额,其他共有人在同等条件下享有优先购买的权利。其他共有人的优先购买权仅存在于对外且为转让,即内部转让份额、继承份额等情形下,其他共有人不享有优先购买权(另有约定除外)。

※**法条链接**

《民法典》第三百条 共有人按照约定管理共有的不动产或者动产;没有约定或者约定不明确的,各共有人都有管理的权利和义务。

第三百零一条 处分共有的不动产或者动产以及对共有的不动产或者动产作重大修缮、变更性质或者用途的,应当经占份额三分之二以上的按份共有人或者全体共同共有人同意,但是共有人之间另有约定的除外。

第三百零二条 共有人对共有物的管理费用以及其他负担,有约定的,按照其约定;没有约定或者约定不明确的,按份共有人按照其份额负担,共同共有人共同负担。

第三百零六条 按份共有人转让其享有的共有的不动产或者动产份额的,应当将转让条件及时通知其他共有人。其他共有人应当在合理期限内行使优先购买权。

两个以上其他共有人主张行使优先购买权的,协商确定各自的购买比例;协商不成的,按照转让时各自的共有份额比例行使优先购买权。

四、相邻关系

(一)相邻关系的概念与特征

相邻关系,是指依据法律规定,两个以上相互毗邻的不动产的所有权人或使用人,在行使不动产的所有权或使用权时,因相邻各方应当给予便利和接受限制而发生的权利义务关系。简单地讲,相邻关系就是不动产的相邻各方因行使所有权或使用权而发生的权利义务关系。主张相邻关系的当事人,既可以是不动产的所有权人,也可以是不动产的使用人。相邻关系仅存在于不动产上。区别于地役权,相邻关系是利用自己不动产时应当获得的尊重或者受到的限制,而地役权是"奴役"他人的不动产。相邻关系具有以下特征:

第一,相邻关系依据法律的规定而产生。物权编关于相邻关系的规定,确定了一方依法应当有义务为他方提供便利,而另一方享受这种便利是合法获得的,通常不需要支付相应的对价,双方也无须就权利的取得本身进行协商,确定对价。由于相邻关系是法律对所有权的强制性限制,所以,相邻关系不适用物权变动的一般规则,也不需要通过订立合同的方式设立,更不需要办理登记。相邻权是依法产生的,不存在设定的问题,也不存在公示的问题。

第二,相邻关系的主体必须是两个以上的人,因为一人不可能构成相邻。相邻关系可以在公民之间,也可以在法人、非法人组织之间,或在公民与法人、非法人组织之间发生。相邻关系是因为主体所有或使用的不动产相邻而发生的,如因为房屋相邻产生了通风、采光的相邻关系。

第三,相邻关系因主体所有或使用的不动产相邻而发生。不动产相邻不一定要求两个不动产必须邻接,一方面,相邻关系既包括不动产的地理位置相互邻接,也包括不动产权利的行使所涉及的范围是相互邻近的。例如,上游的人排水必须经过下游的人所使用的土地,尽管当事人之间的不动产并不是相互毗邻的,但其行使权利的范围是相互邻接的。

第四,相邻关系的客体主要是行使不动产权利所体现的利益。相邻权的主体必须是相邻不动产的所有权人或使用人,对不动产享有合法权益。但相邻权的种类十分复杂,不同的相邻权因其内容不同,权利和义务所指向的对象也不同。

(二)相邻关系的类型

相邻关系的类型有以下几个:

1.因通行而产生的相邻关系。有邻一方因生产和生活上的需要,必须临时或长期通过对方使用土地的,对方应当提供必要的方便。

2.因用水、排水产生的相邻关系。不动产权利人应当为相邻权利人用水、排水提供必要的便利。对自然流水的利用,应当在不动产的相邻权利人之间合理分配。对自然流水的排放,应当尊重自然流向。

3.因修建施工、防险发生的相邻关系。不动产权利人因建造、修缮建筑物,以及铺设电线、电缆、水管、暖气和燃气管线等必须利用相邻土地、建筑物的,该土地、建筑物的权利人应当提供必要的便利,但不动产权利人不得危及相邻不动产的安全。

4.因通风、采光而产生的相邻关系。相邻各方修建房屋和其他建筑物,必须与邻居保持适当距离,不得违反国家有关工程建设标准,不得妨碍邻居的通风和采光。

5.因不可量物产生的相邻关系。不动产权利人不得违反国家规定弃置固体废物,排放大气污染物、水污染物、噪声、光、电磁波辐射等有害物质。

根据《民法典》的规定,不动产的相邻权利人应当按照有利生产、方便生活、团结互助、公平合理的原则,正确处理相邻关系。有法律规定的,依照法律规定处理;没有规定的,可以按照当地习惯。如果不动产权利人因用水、排水、通行、铺设管线等利用相邻不动产并造成损害的,应当给予赔偿。

第三节 用益物权制度

一、用益物权的概念与特征

用益物权,是指非所有权人对他人所有之物享有的占有、使用和收益的权利,包括土地承包经营权、建设用地使用权、宅基地使用权、居住权、地役权。用益物权人对他人所有的不动产或者动产,依法享有占有、使用和收益的权利。

用益物权除了具备物权的一般属性和他物权的基本属性之外,与担保物权相比,它还具有以下特征。

1.目的的用益性

用益物权是他物权,是对所有物的利用。从物权的分类来看,他物权包括用益物权和担保物权。与担保物权相对应,设立用益物权的目的就是对他人所有的财产进行使用、收益,即为了追求物的使用价值而对他人的物在一定范围内进行支配。与此相应,用益物权的内容也主要是行使使用、收益的权能。

2.地位的独立性

用益物权为独立物权,是对所有权的限制。用益物权是非所有权人对所有权人的物在法律规定的限度内独立支配的排他性权利,是一种独立的权利。用益物权人在法律规定或合同约定的某种权利的具体支配范围内,可以对抗一切人,包括所有权人,从而形成对所有权的限制。例如,建设用地使用权人依法享有对国家所有的土地占有、使用和收益的权利,有权自主利用该土地建造并经营建筑物、构筑物及其附属设施。

3.客体的限制性

用益物权客体的限制性有以下三个方面:第一,用益物权的客体必须具有使用价值,客体的存在形态或使用形态发生变化,会对用益物权人的利益产生直接影响,甚至使其利益丧失。例如,设定土地承包经营权,必须是可耕种、种植、养殖的土地,如该土地已经成为沙漠,无法耕种,则不能设定土地承包经营权而担保物权则要求担保物具有交换价值。第二,用益物权的客体以不动产作为主导,而担保物权则既可以在动产上设立,也可以在不动产上设立。第三,用益物权的享有和行使必须以对客体的实际占有为前提,否则使用和收益无从谈起。而担保物权则不必要求权利人一定要直接占有标的物,如在抵押权中,抵押权人就不直接占有抵押物。

二、用益物权人的权利义务

(一)用益物权人的权利

1.占有权

用益物权人需要对物进行使用和收益,获取物的使用价值,这就决定了用益物权人必须占有标的物。所谓占有,就是权利人对标的物的实际控制。用益物权人对于不动产的占有,针对不同的物权而有所不同。

2.使用权和收益权

用益物权之"用益"即使用、收益。使用是指按照物的性质和用途在不毁损其物和改变物的性质的前提下,依照法律规定或合同的约定,对物加以利用。收益是指通过使用获取物的天然孳息和法定孳息。用益物权人的收益权包括如下方面:一是通过利用财产获取收益;二是获取天然孳息;三是获得法定孳息。

3.特殊情况下的处分权

就用益物权而言,其权能不包括对标的物的处分权。但为了有效率地利用物,法律也允许权利人在不妨碍物的最终权利归属的前提下依法享有对权利本身的处分权。当然,这种处分是对权利的处分,而不是对物本身的处分,对物的处分权应当属于所有权人。

4.不受所有权人非法干涉的权利

用益物权设立后,即独立于所有权,对所有权形成一种限制,所有权人负有义务不得干预用益物权人行使自己权利、追求自身利益的正当行为。当然,用益物权人行使权利也不能损害所有权人的利益。

5.征收后依法请求补偿的权利

用益物权是一种独立物权,且具有使用收益权能。因此,在用益物权因征收等原因而消灭时,用益物权人有权获得单独的补偿。

(二)用益物权人的义务

1.保护和合理开发利用资源、保护生态环境的义务。《民法典》第三百二十六条中规定,用益物权人行使权利,应当遵守法律有关保护和合理开发利用资源、保护生态环境的规定。土地、矿产、水资源等自然资源,具有不可再生性或稀缺性。《民法典》第九条规定,民事主体从事民事活动,应当有利于节约资源、保护生态环境。这一"绿色原则"的规定将宪法关于保护环境的要求及党中央关于建设生态文明、实现可持续发展理念的要求体现在民法基本原则之中,具有鲜明的时代特征,体现了民法社会化的基本思想。

2.以合同约定的方式和目的对他人不动产进行利用。用益物权人应当依照合同对他人不动产进行使用、收益。

3.按照约定支付价款或费用。《民法典》第三百二十五条规定,国家实行自然资源有偿使用制度,但是法律另有规定的除外。由此可见,用益物权的取得通常是有偿的,用益物权人应当依据合同支付相应的对价。

4.返还标的物并恢复原状的义务。用益物权的客体大多为非消耗物,用益物权人对标的物的占有、使用、收益,不会使标的物的价值减损,在用益物权因期限届满而归于消灭之时,用益物权人有义务将标的物以原状返还给所有权人。如不能按期以原状返还,则需负担赔偿责任。在不能返还原物的情况下,也应返还与原物同种类、同数量、同品质的物,或者按其价值返还价金。

三、主要用益物权介绍

(一)土地承包经营权

土地承包经营权,是指承包农户以从事农业生产为目的,对集体所有或国家所有的由农民集体使用的土地进行占有、使用和收益的权利。

(二)地役权

地役权是指不动产权利人(包括土地所有权人、地上权人及土地的承租人),为了自己利用不动产的方便或者不动产利用价值的提高,通过约定得以利用他人不动产的权利,其中为他人不动产的利用提供便利的不动产称为供役地,而享有地役权的不动产称为需役地。可以设立地役权的不动产不局限于土地,还包括建筑物和其他工作物。

(三)建设用地使用权

建设用地使用权是指民事主体对国家所有的土地,依法享有占有、使用和收益的权利,有权利用该土地建造建筑物、构筑物及其附属设施。建设用地使用权有以下特点:

1.建设用地使用权是从国家土地所有权中分离出来的一项民事权利,独立于土地所有权存在;

2.建设用地使用权可以在土地的地表、地上或者地下分别设立,新设立的建设用地使用权,不得损害已设立的用益物权;

3.建设用地使用权是有期限的物权;

4.建设用地使用权是可以自由处分的。

(四)宅基地使用权

宅基地是农村村民用于建造住宅及其附属设施的集体建设用地,包括住房、附属用房和庭院等用地,在地类管理上属于(集体)建设用地。

宅基地使用权是指农村村民依法对集体所有的土地享有的建造并保有住宅及其附

属设施的用益物权。宅基地使用权具有如下特性。

1.宅基地使用权的主体具有特定性,原则上限于农村居民。《民法典》第三百六十二条将宅基地使用权的主体界定为"宅基地使用权人"。在现行规则之下,宅基地使用权人是符合申请宅基地条件的农村集体经济组织成员。从宅基地所承载的社会保障功能以及宅基地初始取得的无偿性的角度来看,这一规定是妥适的。

2.宅基地使用权的客体具有特定性,限于集体所有土地。《民法典》第三百六十二条将宅基地使用权的客体界定为"集体所有的土地",排除了在国有土地上设定宅基地使用权的可能性。

3.宅基地使用权的内容具有特定性,仅限于依法建造并保有个人住宅及其附属设施。《民法典》第三百六十二条将宅基地使用权的内容界定为"占有和使用""集体所有的土地""利用该土地建造住宅及其附属设施",包括农村村民所建住房以及与居住生活有关的其他建筑物和设施,如住房、车库、厕所、沼气池、牛棚、猪圈等。

4.宅基地使用权的初始取得具有无偿性。宅基地使用权是一种带有社会福利性质的权利,由集体经济组织成员无偿取得、无偿使用。

5.宅基地使用权没有期限限制。我国现行法律没有对宅基地使用权的期限进行限制性规定,宅基地使用权不因期限届满而消灭。因此,宅基地使用权是没有使用期限限制的用益物权。

(五)居住权

居住权是《民法典》物权编新增的用益物权的种类。居住权是指权利人为了满足生活居住的需要,按照合同约定或遗嘱,在他人享有所有权的住宅之上设立的占有、使用该住宅的权利。居住权作为用益物权具有特殊性,即居住权人对于权利客体即住宅只享有占有和使用的权利,不享有收益的权利,不能以此进行出租等营利活动。居住权具有以下特征。

1.严格遵循居住属性

居住权的设立目的是满足生活居住需要,因此无论是权利主体、权利客体还是权利内容,都紧密围绕着居住属性展开。居住权的权利主体只能是有生活居住需求的自然人,权利客体只能是用于生活居住用途的房屋,权利内容中的占有、使用该房屋也只能是为了满足居住需要,不可用作其他用途。

2.以无偿设立为原则

居住权与房屋租赁权不同,其本身的立法目的不是解决市场环境下的房屋供需问题,而是保障特定民事主体的基本居住利益,因而具有一定的福利属性。居住权的设立以无偿为原则。但从尊重意思自治的角度考虑,立法者也给当事人通过另行约定为居住权设置一定的对价保留了空间。

3.流转受到严格限制

居住权是为自然人的居住利益而设立的用益物权,而居住利益显然只能与特定身份的自然人相联系,不具有流转的必要和可能。且居住权的设立往往是基于当事人之间特定的人身或信赖关系,其在性质上也不适于流转。

※法条链接

《民法典》第三百六十七条 设立居住权,当事人应当采用书面形式订立居住权合同。

居住权合同一般包括下列条款:

(一)当事人的姓名或者名称和住所;

(二)住宅的位置;

(三)居住的条件和要求;

(四)居住权期限;

(五)解决争议的方法。

第三百六十八条第二款 设立居住权的,应当向登记机构申请居住权登记。居住权自登记时设立。

第三百六十九条 居住权不得转让、继承。设立居住权的住宅不得出租,但是当事人另有约定的除外。

相关案例

1996年2月,王某以一户三人(王某与妻子张某、大儿子)名义申请了宅基地建房。同年12月,小儿子出生。2017年大儿子结婚,王某因车祸去世。2018年,小儿子因结婚另行申请了宅基地建房;大儿子也将房屋拆除,在原宅基地上建了新房,张某随大儿子居住。2021年,大儿子居住房屋面临拆迁,获得了拆迁补偿款10万余元和宅基地使用权补偿款36万余元。小儿子得知后,认为宅基地补偿款属于申请宅基地时的王某、张某和大儿子共同所有,三人应各享有12万余元。父亲王某已经去世,其享有的12万余元应作为遗产由母亲、哥哥和自己共同继承。大儿子反对,双方对簿公堂。

法院审理后认为,该案从表面看争议标的是宅基地补偿款,实质是对宅基地使用权归属的争议。因宅基地使用权是宅基地补偿款的发生原因,明确了宅基地使用权的主体即明确了宅基地补偿款的所有者。宅基地使用权作为一项特殊的用益物权,与农民个人的集体经济组织成员资格紧密相关,因出生而获得(但并不一定实际享有),因死亡而消灭。王某于2017年因车祸死亡,自然失去其集体经济组织成员的资格,不再是宅基地使用权的主体,宅基地补偿款当然也无权享有。小儿子要求分割宅基地补偿款的诉请于法无据,判决驳回。

第四节 担保物权

一、担保物权的含义与特征

(一)担保物权的含义

担保物权是指在债务人不履行到期债务或者发生当事人约定的实现担保物权的情形,债权人依法享有就担保财产优先受偿权利的他物权。它是以确保债务履行为目的,于债务人或第三人的特定物上所设定的一种限定物权,包括抵押权、质权和留置权。担保物权的目的是取得标的物的"交换价值",而不是使用价值。担保物权的担保范围包括主债权及其利息、违约金、损害赔偿金、保管担保财产和实现担保物权的费用。当事人另有约定的,按照其约定。

(二)担保物权的特征

担保物权是重要的他物权类型,其特点有以下几点:

1.从属性。担保物权的设立目的就是担保债权的实现,故担保物权具有从属性。担保物权的从属性体现在以下三个方面:第一,发生上的从属性,原则上担保物权的设立,以主债权存在为前提(最高额抵押等属于例外情形)。主债权不存在,担保物权也不能设立。第二,移转上的从属性。担保物权不能与主债权分离而转让。担保物权不能与主债权分离,单独作为权利质权的客体。最后,消灭上的从属性。原则上,主债权消灭,担保物权也归于消灭。不过主债权部分消灭时,基于担保物权的不可分性特性,担保物权并不部分消灭。

2.不可分性。担保物权的不可分性是指担保物的全部担保债权的各部分以及担保物的各部分担保债权的全部,即在所担保的债权未受全部清偿前,担保权人可就担保物的全部行使权利。债权部分消灭,债权人仍就未清偿部分的债权对担保物的全部行使权利。担保物部分灭失,残存部分仍担保债权全部,担保物权之所以具有不可分性,主要是为了强化担保物权的效力。

3.物上代位性。担保物权注重物的交换价值,因此当担保物灭失后,其价值变为他物或权利时,则担保物权继续存在于该物或该权利之上,这是法律承认担保物权物上代位性的原因。因此,在担保期间,如果担保财产毁损、灭失或者被征收等,担保物权人可以就获得的保险金、赔偿金或者补偿金等优先受偿;被担保债权的履行期未届满的,也可以提存该保险金、赔偿金或者补偿金等。

相关案例

王某向李某借款,以其所有的电脑一台设定抵押,但未办理抵押登记。借款后不久,王某将该电脑以市价转让给不知情的刘某并交付。

分析：由于李某的抵押权未经登记，不得对抗善意的刘某（在该电脑上，李某的抵押权不优于刘某的所有权），因此，刘某有权取得该电脑的所有权，李某无权就刘某的电脑主张行使抵押权。

二、担保物权的类型

(一)抵押权

1.抵押权的含义

抵押权是债务人或第三人向债权人提供不动产作为清偿债务的担保而不转移占有所产生的担保物权。当债务人到期不履行债务时，抵押权人有权就抵押财产的价金优先受偿。他可以申请法院变卖抵押财产抵偿其债权；如有剩余应退还抵押人，如有不足仍可向债务人继续追索，但对不能强制执行的财产不能设定抵押权。在债务履行期届满前，抵押权人不得与抵押人约定债务人不履行到期债务时抵押财产归债权人所有。如果双方当事人的抵押合同有这样的条款，该条款（流押条款）无效。流押条款的无效不影响抵押合同其他条款的效力。

2.抵押权的设定

(1)抵押人和抵押权人应当以书面形式订立抵押合同，抵押合同为法定的要式合同。

(2)抵押权人在债务履行期限届满前，与抵押人约定债务人不履行到期债务时抵押财产归债权人所有的，只能依法就抵押财产优先受偿。

3.抵押财产的范围

抵押物又称为抵押财产，是指抵押人用以设定抵押权的财产。抵押物是抵押权的标的物。根据《民法典》规定，下列财产可以作为抵押物：(1)建筑物和其他土地附着物。(2)建设用地使用权。(3)以招标、拍卖、公开协商等方式取得的荒地等土地承包经营权。并非所有的土地承包经营权都可以成为抵押权的客体，只有以招标、拍卖、公开协商等方式取得的荒地等土地承包经营权才可以成为抵押权的客体。(4)生产设备、原材料、半成品、产品。(5)正在建造的建筑物、船舶、航空器。以依法获准尚未建造的或者正在建造中的房屋或者其他建筑物抵押的，当事人办理了抵押物登记，人民法院可以认定抵押有效。(6)交通运输工具。(7)法律、行政法规未禁止抵押的其他财产。

※知识链接

对于建筑物和建设用地使用权的抵押，结合《民法典》的规定，要注意以下几点：

1.以建筑物抵押的，该建筑物占用范围内的建设用地使用权同时抵押；以建设用地使用权抵押的，该国有土地上的房屋同时抵押，即"地随房走，房随地走，房地一体"。即使抵押人未依照前款规定一并抵押的，未抵押的财产视为一并抵押。

2.如果以建设用地使用权设定抵押的，土地上新增的房屋不属于抵押物。抵押权实现时，可以依法将该土地上新增的房屋与抵押物一同变价，但对新增房屋的变价所得,抵押权人无权优先受偿。

3.乡镇、村企业的建设用地使用权不得单独抵押。以乡镇、村企业的厂房等建筑物抵押的,其占用范围内的建设用地使用权一并抵押。

根据《民法典》的规定,下列财产不得抵押:

(1)土地所有权。在我国,土地归国家所有和集体所有,不能成为私人财产。因此土地所有权不得抵押,也就是不能以国家或集体所有的土地抵押,否则抵押合同无效。

(2)宅基地、自留地、自留山等集体所有的土地使用权,但是法律规定可以抵押的除外。

(3)学校、幼儿园、医疗机构等以公益为目的成立的非营利法人的教育设施、医疗卫生设施和其他社会公益设施。

(4)所有权、使用权不明或者有争议的财产。所有权、使用权不明或者有争议,无法确定是否有处分权,因此不得抵押。

(5)依法被查封、扣押、监管的财产。但是已经设定抵押的财产被采取查封、扣押等财产保全或者执行措施的,不影响抵押权的效力。

(6)法律、行政法规规定不得抵押的其他财产,如以法定程序确认为违法、违章的建筑物。

4.抵押登记

(1)登记是抵押权的设立条件。根据《民法典》的规定,如果以建筑物和其他土地附着物、建设用地使用权、正在建造的建筑物以及以招标、拍卖、公开协商等方式取得的荒地等土地承包经营权这四种财产设定抵押的,应当办理抵押物登记,抵押权自登记之日起设立。

(2)登记为对抗第三人的效力,当事人以《民法典》规定的生产设备、原材料、半成品、产品及正在建造的船舶、航空器、交通运输工具设定抵押,或者以物权法律制度规定的动产设定抵押,抵押权自抵押合同生效时设立,未经登记,不得对抗善意第三人,因此这些财产设定抵押时,抵押权自抵押合同签订之日起设立,并对当事人产生拘束力,如果没有登记,不能对抗善意第三人。

5.抵押权的效力

抵押人的权利:第一,抵押物的占有权。抵押设定以后,除法律和合同另有约定以外,抵押人有权继续占有抵押物,并有权取得抵押物的孳息。因此,原则上抵押权的效力不及抵押物的孳息,但是,债务人不履行到期债务或者发生当事人约定的实现抵押权的情形,致使抵押财产被人民法院依法扣押的,自扣押之日起抵押权人有权收取该财产的天然孳息或者法定孳息,抵押权人未通知应当清偿法定孳息的义务人的除外。第二,抵押物的收益权。抵押权设定以后,由于抵押物仍然归抵押人占有,因此抵押人有权将抵押物出租。第三,抵押物的处分权。抵押设定以后,抵押人并不丧失对抵押物的所有权,抵押人有权将抵押物转让给他人,但抵押人处分财产的权利受到一定的限制:根据法律规定,抵押期间,抵押人经抵押权人同意转让抵押财产的,应当将转让所得的价款向抵押权人提前清偿债务或者提存,转让的价款超过债权数额的部分归抵押人所有,不足部分由债务人清偿。抵押期间,抵押人未经抵押权人同意,不得转让抵押财产,但受让人代为清偿债务消灭抵押权的除外。因此,转让抵押财产是以抵押权人的同意为条件的。第四,设定多项抵押的权利,抵押人可以就同一抵押物设定多个抵押权,在同一抵押物上有数个抵押权时,各个抵押权人应按照法律规定的顺序行使抵押权。

※**知识链接**

抵押权与出租之间的关系:首先,如果抵押权设定在先,出租在后,抵押权实现后,租赁合同对受让人不具有约束力,抵押人将已抵押的财产出租时,如果抵押人未书面告知承租人该财产已抵押的,抵押人对出租抵押物造成承租人的损失承担赔偿责任;如果抵押人已书面告知承租人该财产已抵押的,抵押权实现造成承租人的损失,由承租人自己承担。其次,抵押权设立后抵押财产出租的,该租赁关系不得对抗已登记的抵押权。

抵押权人的权利:第一,保全抵押物。在抵押期间,抵押权人虽未实际占有抵押物,但法律为了抵押权人的利益,赋予其保全抵押物的权利,如果抵押物受到抵押人或第三人的侵害,抵押权人有权要求停止侵害、恢复原状、赔偿损失。如果因抵押人的行为使抵押物价值减少,抵押权人有权要求抵押人恢复抵押物的价值,或者提供与减少的价值相当的担保。第二,优先受偿权。在债务人不履行债务时,抵押权人有权以抵押财产折价或者以拍卖、变卖抵押物的价款优先于普通债权人受偿,抵押物折价或者拍卖、变卖该抵押物的价款不足清偿债权的,不足清偿的部分由债务人按普通债权清偿。第三,放弃抵押权或者变更抵押权的顺位。抵押权人可以放弃抵押权或者抵押权的顺位。抵押权人与抵押人可以协议变更抵押权顺位以及被担保的债权数额等内容,但抵押权的变更,未经其他抵押权人书面同意,不得对其他抵押权人产生不利影响,债务人以自己的财产设定抵押,抵押权人放弃该抵押权、抵押权顺位或者变更抵押权的,其他担保人在抵押权人丧失优先受偿权益的范围内免除担保责任,但其他担保人承诺仍然提供担保的除外。

(二)质押权

1.质押和质权的概念

所谓质押,是指债务人或者第三人将其动产或权利移交债权人占有,将该财产作为债的担保,当债务人不履行债务或者发生当事人约定的实现抵押权的情形时,债权人有权依法以该财产变价所得优先受偿。质押包括动产质押和权利质押两种。

质权是指债权人于债务人不履行债务或发生当事人约定的实现质权的情形时,就债务人或第三人移转占有而供担保的特定动产(动产质权)或权利(权利质权)卖得的价金优先受偿的权利。质权是一种担保物权,因此同样具备担保物权的特征,即从属性、不可分性、物上代位性。

※**知识链接**

质押权与抵押权的区别,主要表现在以下几个方面:

1.质押的标的物可以是动产或者权利,但不能是不动产;抵押的标的物既可以是动产也可以是不动产。

2.质权的设定必须移转质物的占有;抵押权的设定不要求移转抵押物的占有。

3.由于抵押权设定不移转占有,因此,抵押人可以继续对抵押物占有、使用、收益;由于质押移转标的物的占有,因此,质押人虽然享有对标的物的所有权,但不能直接对质押物进行占有、使用、收益。

2.动产质权

动产质权是指为担保债务的履行,债务人或者第三人将其动产出质给债权人占有,债务人不履行到期债务或者发生当事人约定的实现质权的情形,债权人有权就该动产优先受偿的担保物权。设定动产质押,出质人和质权人应当以书面形式订立质押合同,质押合同是诺成合同,原则上自双方当事人意思表示一致时成立。质物占有的移转不是合同的生效要件。质权自质物移交给质权人占有时设立。

质权人对质物的权利:质权人有权收取质押财产的孳息,但合同另有约定的除外;因不能归责于质权人的事由可能使质押财产毁损或者价值明显减少,足以危害质权人权利的,质权人有权要求出质人提供相应的担保;出质人不提供的,质权人可以拍卖、变卖质押财产,并与出质人通过协议将拍卖、变卖所得的价款提前清偿债务或者提存。主要包括以下几种:占有、留置质押财产;优先受偿;收取孳息;转质,限于原质权的范围之内;保全质权的权利;物上代位权。

质权人对质物的责任:(1)无权处分。质权人在质权存续期间,未经出质人同意,擅自使用、处分质押财产,给出质人造成损害的,应当承担赔偿责任。(2)妥善保管质物。质权人负有妥善保管质押财产的义务;因保管不善致使质押财产毁损、灭失的,应当承担赔偿责任;质权人的行为可能使质押财产毁损、灭失的,出质人可以请求质权人将质押财产提存,或者请求提前清偿债务并返还质押财产。

质权的实现:债务人不履行到期债务或者发生当事人约定的实现质权的情形,质权人可以与出质人协议以质押财产折价,也可以就拍卖、变卖质押财产所得的价款优先受偿;出质人可以请求质权人在债务履行期届满后及时行使质权;质权人不行使的,出质人可以请求人民法院拍卖、变卖质押财产。出质人请求质权人及时行使质权,因质权人怠于行使权利造成损害的,由质权人承担赔偿责任。

※**法条链接**

《民法典》第四百二十六条 法律、行政法规禁止转让的动产不得出质。

第四百二十八条 质权人在债务履行期限届满前,与出质人约定债务人不履行到期债务时质押财产归债权人所有的,只能依法就质押财产优先受偿。

第四百三十三条 因不可归责于质权人的事由可能使质押财产毁损或者价值明显减少,足以危害质权人权利的,质权人有权请求出质人提供相应的担保;出质人不提供的,质权人可以拍卖、变卖质押财产,并与出质人协议将拍卖、变卖所得的价款提前清偿债务或者提存。

第四百三十五条 质权人可以放弃质权。债务人以自己的财产出质,质权人放弃该质权的,其他担保人在质权人丧失优先受偿权益的范围内免除担保责任,但是其他担保人承诺仍然提供担保的除外。

3.权利质押

权利质押,即指债务人或者第三人将其拥有的权利凭证移交债权人占有,并以凭证上的财产权利作为债权的担保。债务人不履行债务时,债权人有权将该财产权利折价或者以拍卖、变卖所得的价款优先受偿。权利质押属于担保物权的一种。

※**法条链接**

《民法典》第四百四十条 债务人或者第三人有权处分的下列权利可以出质:

(一)汇票、本票、支票;

(二)债券、存款单;

(三)仓单、提单;

(四)可以转让的基金份额、股权;

(五)可以转让的注册商标专用权、专利权、著作权等知识产权中的财产权;

(六)现有的以及将有的应收账款;

(七)法律、行政法规规定可以出质的其他财产权利。

(三)留置权

1.留置权的含义与特征

留置权,是指债权人以合法手段占有债务人的财物,在由此产生的债权未得到清偿以前留置该项财物并在超过一定期限仍未得到清偿时依法变卖留置财物,从价款中优先受偿的权利。留置权具有以下特征:

(1)物权性。留置权发生两次效力,即留置标的物和变价并优先受偿。首先,留置权是一种物权。留置权系以留置物为标的的权利,其效力直接及于留置物。当具备法定条件时,留置权人就可以排他地占有、支配留置物,不仅得对抗债务人的返还请求,且得对抗一般第三人对留置物的权利主张。其次,留置权是一种担保物权。留置权是以担保债权受偿为目的的物权,不同于用益物权,系以取得留置物的交换价值为主要内容的权利,故留置权体现为一种价值权。当债务人不履行给付义务超过约定期限时,留置权人可以就留置物的交换价值优先受偿。

(2)不可分性,即债权得到全部清偿之前,留置权人有权留置全部标的物。不可分性是物权,特别是担保物权的共性。留置权作为一种担保物权,当然具有不可分性。所谓留置权的不可分性,是指留置权的效力就债权的全部及于留置物的全部。它实际上包含两个方面的含义:一是留置权所担保的是债权的全部,而非可分割的债权的一部分,二是留置权人可以对留置物的全部行使权利,而非可分割的留置物的一部分。所以,债权的分割及部分清偿、留置物的分割等,均不影响留置权的效力。只要债权未受全部清偿,留置权人就可以对留置物的全部行使权利,留置权的不可分性决定于留置权的效用。

(3)从属性。留置权实现时,留置权人必须确定债务人履行债务的宽限期。留置权为担保债权而设立,故留置权从属于其所担保的债权,它们之间形成主从关系;债权为主权利,留置权为从权利。这种从权利为从物权,而非债权。

(4)牵连关系。债权人的债权与债权人占有的财产须有牵连关系,才能成立留置权,即留置权人对于相对人的债权,与相对人对于留置权人请求交付标的物的债权,须产生于同一法律关系。

2.留置权的效力

(1)留置担保的范围包括主债权及利息、违约金、损害赔偿金、留置物保管费用和实现留置权的费用。

(2)留置财产为可分物的,留置财产的价值应当相当于债务的金额。

(3)债务人逾期未履行债务的,留置权人可以与债务人协议以留置财产折价,也可以就拍卖、变卖留置财产所得的价款优先受偿。

(4)留置权人有权收取留置财产的孳息。所收取的孳息应当先充抵收取孳息的费用。

(5)债务人与债权人应当在合同中约定,债权人留置财产后,债务人应当在不少于两个月的期限内履行债务。债权人与债务人在合同中未约定的,债权人留置债务人财产后,应当确定两个月以上的期限,通知债务人该期限内履行债务。

同一动产上已设立抵押权或者质权,该动产又被留置的,留置权人优先受偿;同一财产法定登记的抵押权与质权并存时,抵押权人优先于质权人受偿;质权与未登记抵押权并存时,质权人优先于抵押权人受偿。

3.留置权人的法律权利

(1)占有权

留置权以债权人占有债务人的财产为法定成立条件,因而,留置权一经成立,留置权人就当然享有继续占有留置物的权利。留置物的占有权是留置权物权性的具体表现。

(2)收取权

留置权人在占有留置物期间,对留置物所生之自然孳息和法定孳息有权收取。这种孳息收取权系基于留置权效力产生的,而非基于占有的效力。所以,留置权人只能收取孳息,而不能取得孳息的所有权。留置权人收取孳息后,对于孳息成立孳息留置权,与原物成立的留置权一样,具有担保作用,可以用于优先抵偿债权。

(3)偿还请求权

留置权人以善良管理人的注意保管留置物所支出的费用,有权向留置物的所有权人要求偿还。因为,留置权人是为保管留置物而支出必要费用的,其受益者为留置物的所有权人,即债务人。保管留置物的必要费用是为保存及管理留置物所不可缺少的费用,该费用债权属于留置权所担保的范围。

(4)优先受偿权

债务人到期不履行义务,经债权人催告,在合理期限内仍不履行义务的,债权人有权依法变卖留置物,以变卖财产的价款优先受偿。此种优先受偿权为除日本以外的采取物权留置权制度的国家所普遍承认。优先受偿权的受偿范围包括:原债权、利息、违约金、保管留置物的必要费用、行使留置权的费用等。

4.留置权人的义务

(1)留置物的保管

留置权人负有妥善保管留置物的义务,因保管不善致使留置物灭失或者毁损的,留置权人应当承担民事责任。留置权人应以善良管理人之注意,保管留置物。留置权人对保管未予以善良管理人之注意的,即为保管不善。因此而致留置物毁损、灭失的,应承担民事责任。留置权人于占有留置物期间是否尽了必要的注意,其采取的措施是否得当,对留置物的损失是否有过错,应由留置权人负举证责任。留置权人在保管留置物时需债务人予以协助的,其得请求债务人协助。如债务人应留置权人的请求却不予以协助,则对由此而造成的留置物的毁损、灭失,债务人不得向留置权人请求损害赔偿。

(2)不得擅自使用、利用留置物

留置权人原则上并无使用留置物的权利,相反,留置权人负有不得擅自使用、利用留置物的义务。除为保管上的必要而使用外,留置权人未经债务人同意的,不仅不得自己使用留置物,也不得将留置物出租或提供担保。

(3)返还留置物

当留置权所担保的债权消灭时,留置权人有义务将留置物返还于债务人。在债权虽未消灭,但债务人另行提供担保而使留置权消灭时,留置权人也有返还留置物的义务。留置权人违反返还留置物的义务的,构成非法占有,应向债务人或所有权人承担民事责任。

5.留置权的消灭

(1)因债权消灭而消灭

债权消灭,可以因债务人在宽展期内清偿全部债务而消灭,也可以因债权人于宽展期届满后,行使留置权,满足自己的债权而消灭。债权也可因其他原因(混同、抵销、免除等)而消灭。债权消灭,作为债权担保的从物权,自然随之消灭。

(2)因债务人与债权人协商,另行提供担保替代留置担保而消灭

在债权人留置期间,债务人可与债权人协商,另行提供抵押、质押、保证等担保,以替代留置担保,留置权归于消灭。另行提供担保,须双方当事人达成合意。

(3)因留置权人弃权而消灭

留置权既然是一种民事权利,债权人可以依法享有该权利,也可以放弃该权利,留置权人弃权,表现为将该留置物交付给债务人。

(4)因丧失占有而消灭

债权人对留置物的占有,是留置权成立和存续的前提条件。留置权人丧失对留置物的占有,留置权即归于消灭。当留置权人对留置物的占有被剥夺时,不能基于留置权请求返还,只能依据侵权的法律规定请求返还留置物。

相关案例

甲建筑企业(以下简称"甲企业")欠乙建材生产企业(以下简称"乙企业")40万

元款项,后甲企业又将一台价值30万元的施工设备委托乙企业保管。40万元款项到期后,经乙企业多次催告甲企业仍不支付。

分析:(1)如果该40万元款项为建材购买款,属于乙企业持续经营中发生的债权,虽然建材买卖合同价款与保管合同标的物不属于同一法律关系,乙企业仍可主张留置;(2)如果该40万元款项为甲企业侵害乙企业商誉的赔偿款,不属于乙企业持续经营中发生的债权,该赔偿款与保管合同标的物不属于同一法律关系,乙企业不得主张留置。

复习思考题

一、单项选择题

1. 下列各项中属于孳息的是（ ）。
   A. 树上的果实　　　　　　　　B. 未收割的庄稼
   C. 银行存款的利息　　　　　　D. 供热管道输送的热力

2. 下列哪一选项不是民法上的物？（ ）。
   A. 无形的电　　　　　　　　　B. 天上的恒星
   C. 与人体脱离的血液　　　　　D. 庭院中的果树

3. 在同一标的物上不能同时存在两个以上内容不相容的物权,这属于物权的（ ）。
   A. 优先效力　　B. 排他效力　　C. 追及效力　　D. 妨害排除效力

4. 下列物与物的关系中属于主物与从物关系的有（ ）。
   A. 拖拉机与拖犁　　　　　　　B. 李某的球与球拍
   C. 张某的汽车与轮胎　　　　　D. 房屋与房屋的窗户

5. 关于"物权"中的"物",说法错误的是（ ）。
   A. 原则上为有体物,也可以是无体物　　B. 包括知识产权
   C. 须是特定物　　　　　　　　D. 须是独立物

6. 某房地产公司向农业银行借款,以自己所有的办公楼作为抵押物,并办理了抵押权登记,农业银行对此房地产公司享有的抵押权的性质是（ ）。
   A. 请求权　　B. 相对权　　C. 无期物权　　D. 从物权

7. 甲即将大学毕业,遂将自己的电脑出售给乙,但因为还有两个月才正式毕业,因此想再使用一段时间,遂又与乙约定借用该电脑两个月。那么甲交付电脑的方式为（ ）。
   A. 简易交付　　B. 占有改定　　C. 实际交付　　D. 指示交付

8. 关于孳息,下列说法不正确的是（ ）。

A.法定孳息,当事人有约定的,按照约定取得;没有约定或者约定不明确的,按照交易习惯取得

B.天然孳息,由所有权人取得;既有所有权人又有用益物权人的,由用益物权人取得

C.孳息都是动产

D.天然孳息是原始取得,法定孳息是传来取得

9.某置地公司依法取得某块土地的建设用地使用权并办理报建审批手续后,进行了房屋建设并已经完成了装修。对此,下列哪一选项是正确的?(　　)

A.该置地公司因为享有建设用地使用权而取得了房屋所有权

B.该置地公司因为事实行为而取得了房屋所有权

C.该置地公司因为法律行为而取得了房屋所有权

D.该置地公司尚未进行房屋登记,因此未取得房屋所有权

10.下列选项中取得所有权是基于公信原则的有(　　)。

A.甲在垃圾堆拾取他人抛弃的旧物

B.甲从市场上以正常价格买到一件赃物

C.甲从乙处买得一台电脑

D.甲误将乙的房子登记为自己的房子,后甲将此房转让给丙,甲丙之间办理房屋过户手续,丙取得该房所有权

11.8月8日,甲、乙签订一房屋买卖合同,合同约定如果甲出国成功就将房屋卖给乙并于出国前办理过户登记,且约定好了价格。由于甲的出国手续还未办妥,所以合同约定在合同签订之日起一周内由甲协助乙先向登记机构申请办理预告登记。8月10日两人在登记部门办理了预告登记。11月15日甲办妥出国手续后,遇到高中同学丙,丙知道甲要出国当即出了比乙更高的价格要买甲的房子,二人一拍即合,当天就去登记部门办理过户登记,乙对此不知情。下列说法正确的是(　　)。

A.如果11月15日登记部门办理了过户登记,丙取得房屋的所有权

B.即使11月15日登记部门办理了过户登记,丙也不能取得房屋的所有权

C.预告登记失效,丙取得房屋的所有权

D.乙只能请求甲承担违约责任,不能请求甲交付房屋

12.下列情形违背一物一权原则的是(　　)。

A.所有权与他物权并存

B.在同一物上设立数个内容相同的担保物权

C.甲以取得的出让土地使用权向乙银行设定抵押权以取得贷款

D.甲乙共有一台笔记本电脑

二、多项选择题

1.以下物权的取得不以登记为生效条件的是(　　)。

A.李某用自己的房屋为张某设定抵押权

B.李某在自己的宅基地上盖了一栋房屋

C.李某继承了其父的一栋房屋

D.法院生效判决将王某的房屋判给了李某

2.甲有一幅名画被乙盗窃,乙出卖给不知情的丙,丙交给丁书画店保管,丁交给自己的雇员戊带回家中代为收藏。关于甲的权利,下列哪些表述是正确的?（　　）

A.甲对乙享有返还原物请求权　　B.甲对丙享有返还原物请求权

C.甲对丁享有返还原物请求权　　D.甲对戊享有返还原物请求权

3.下列权利中,属于物权的是（　　）。

A.李某对自己所有的房屋享有的权利

B.刘某对自己承包地所享有的权利

C.张某对于王某签订合同享有的请求王某支付价款的权利

D.谢某对自己出资设立的公司享有的权利

4.甲将一幅名画出售给乙,约定1个月后交付。但丙愿出更高的价格,甲遂将画出卖给丙,并当时交付给丙。在此情况下,乙（　　）。

A.有权要求丙交付该画,因为其与甲的买卖合同成立在先

B.有权要求甲交付该画,甲应当向丙请求返还该画,而丙亦应当返还

C.无权要求丙交付该画,因为丙已取得该画的所有权

D.有权要求甲承担不履行买卖合同的违约责任

5.下列案件中,适用返还原物的情形有（　　）。

A.甲向乙借了电脑,以很低的价格卖给了丙,因疏忽,丙家遭大火,此电脑被烧毁,乙要求甲返还

B.甲偷了乙的戒指,并以市场价格卖给了不知情的丙,乙要求丙返还

C.甲向乙借了一台相机,甲谎称丢失,乙要求甲返还

D.甲向乙购买自行车一辆,在乙将自行车交给他后,他又将自行车卖给了丙,把自行车交丙得款之后迟迟未付乙车款,乙无奈要求甲返还自行车

三、案例模拟

张某于2020年4月20日将其所有的一套房屋出租给王某,双方约定,租期为2年,租金每年4万元。同年5月10日,张某因经商缺钱,向李某借款30万元,借款期为1年,并将该套房屋抵押给李某。2021年5月10日,李某要求张某还款,张某因经商失败,无力偿还,双方协商后,张某同意将房屋作价30万元以抵欠款,房屋归李某所有,双方办理了房屋产权过户登记手续。同年6月,李某要求王某搬出房屋,王某声称张某抵押房屋时未履行告知义务,故抵押无效,况且未到租期,李某无权要求其搬出该房。同年10月,王某提起诉讼,要求法院确认张某与李某之间的抵押合同无效,并以承租人优先购买权受到侵害为由,要求确认张某和李某的买卖房屋合同无效,并要求以25万元的市价优先购买该房屋。

问题:请分析本案应如何处理?

第五章　合同法律制度

学习目标

【知识目标】
1.理解合同的概念、特征、分类及适用范围。
2.理解合同的订立、效力、履行、变更、违约及救济。
3.了解缔约和履约的规则,以及合同的保全和担保制度。

【能力目标】
1.能按照合同内容的要求拟定合同书。
2.能够运用合同法律制度的基本原理解决实践过程中的相关问题。

【思政目标】
培养学生的法治思维,增强责任担当。

本章知识体系构建

第五章
- 合同的基本理论
  - 合同的概念与特征
  - 合同的分类
  - 合同的基本原则
  - 合同法概述
- 合同的订立
  - 合同的成立
  - 合同的订立方式
  - 合同成立的时间与地点
  - 格式条款
  - 缔约过失责任
- 合同的效力
  - 合同效力概述
  - 合同效力的特殊规则
  - 合同效力瑕疵的类型
  - 合同确认无效或被撤销的后果
- 合同的履行
  - 合同履行概述
  - 双务合同履行中的抗辩权
  - 合同的保全
- 合同的担保
  - 合同担保概述
  - 保证
  - 定金
- 合同的变更和转让
  - 合同的变更概述
  - 债权让与
  - 债务转移
  - 合同权利义务的概括转让
- 合同的终止
  - 合同终止概述
  - 合同的解除
  - 抵销
  - 提存
  - 免除
  - 混同
- 违约责任
  - 违约责任的概念和特征
  - 违约责任的构成要件
  - 违约责任的承担方式

※引导案例

2006年4月1日,素有"陶王"之称的大连人邢某某,在某电视台某节目展示了他的五层吊球陶艺作品,称该作品至今仍为"世界之谜",并说:"如有人能仿制出来,我这个楼(指位于大连市联合路73号的某中心)都给他了,3层2000平方米,包括里面的资产都给他……"洛阳陶艺爱好者孙某经过一年的摸索,仿制出"五层吊球陶器"。孙某将作品让邢某某看,但邢某某未回应,2007年6月8日,孙某委托律师向洛阳市涧西区人民法院提交了民事起诉状,请求法院判决确认自己和邢某某关于"五层吊球陶器制作悬赏广告合同"成立并生效。同年8月20日,一审判决下达,认定孙某与邢某某之间关于五层吊球陶器制作合同成立并有效。邢某某不服,提起上诉。

问题:
1. 邢某某在某电视台的发言能否看作要约?为什么?
2. 邢某某和孙某之间是否存在生效的合同关系,孙某能否主张邢某某履行?

第一节 合同的基本理论

一、合同的概念与特征

(一)合同的概念

合同又称契约,是平等主体的自然人、法人、其他组织之间设立、变更、终止民事权利义务关系的协议。

广义的合同不仅包括有关财产关系的协议,也包括有关身份关系的协议。本章所称的合同是狭义的合同,即有关财产关系的协议。

(二)合同的法律特征

首先,合同是一种民事法律行为。民事法律行为是一种最为重要的法律事实,是民事主体实行的,能够引起民事权利和民事义务的产生、变更或终止的行为。合同是平等主体的当事人之间设立、变更、终止民事权利义务关系的协议,是当事人意思一致的结果。因而,合同是一种民事法律行为。由于合同是一种民事法律行为,因而民法中关于民事法律行为的一般规定,如本书第三章第一节关于民事法律行为的生效要件、民事法律行为的无效和撤销等,均适用于合同。

其次,合同是两方以上的当事人意思表示一致的民事法律行为。合同的成立必须有两方以上的当事人,并且意思表示必须达成协议或合意。由于合同是合意的结果,因此它必须包含以下四个要素:一是合同的成立必须有两个以上的当事人;二是各方当事人必须作出意思表示;三是双方的意思表示达成一致;四是当事人必须是在平等、自愿的基础上形成合意,因为如果没有平等和自愿,也就不存在真正的合意。

最后,合同以设立、变更、终止民事权利义务关系为目的。无论当事人订立合同旨在达成何种目的,只要当事人的合同依法成立并生效,就会对当事人产生法律效力,当事人可以基于合同约定享有权利。同理,当事人各方也必须全面正确履行合同中规定的义务,否则要依法承担违约责任。

二、合同的分类

合同的分类,是指基于一定的标准,将合同划分为不同的类型。依据不同的标准,合同通常可以分为以下几类。

(一)有名合同与无名合同

根据法律是否设有规范并赋予一个特定的名称为标准,合同可分为有名合同和无名合同。

有名合同又称典型合同,是指在法律上已经设有规范并赋予名称的合同,《民法典》第三编第二分编规定的19种基本合同类型,都是有名合同。无名合同又称非典型合同,是指法律上尚未确定一定的名称和专门规则的合同。

区分有名合同和无名合同的意义在于,两者适用的法律规则不同。(1)有名合同可直接适用《民法典》合同编分编的规定;(2)无名合同则适用《民法典》合同编通则的规定,并可以参照适用《民法典》合同编"典型合同"或者其他法律最相类似合同的规定。

※**法条链接**

《民法典》规定的19种基本合同

《民法典》第五百九十五条至第六百四十七条——买卖合同。买卖合同是出卖人转移标的物的所有权于买受人,买受人支付价款的合同。

第六百四十八条至第六百五十六条——供用电、水、气、热力合同。供用电合同是供电人向用电人供电,用电人支付电费的合同。供用水、供用气、供用热力合同,参照适用供用电合同的有关规定。

第六百五十七条至第六百六十六条——赠与合同。赠与合同是赠与人将自己的财产无偿给予受赠人,受赠人表示接受赠与的合同。

第六百六十七条至第六百八十条——借款合同。借款合同是借款人向贷款人借款,到期返还借款并支付利息的合同。

第六百八十一条至第七百零二条——保证合同。保证合同是为保障债权的实现,保证人和债权人约定,当债务人不履行到期债务或者发生当事人约定的情形时,保证人履行债务或者承担责任的合同。

第七百零三条至第七百三十四条——租赁合同。租赁合同是出租人将租赁物交付承租人使用、收益,承租人支付租金的合同。

第七百三十五条至第七百六十条——融资租赁合同。融资租赁合同是指出租人根据承租人对出卖人、租赁物的选择,向出卖人购买租赁物,提供给承租人使用,承租人支付租金的合同。

第七百六十一条至第七百六十九条——保理合同。保理合同是应收账款债权人将现有的或者将有的应收账款转让给保理人,保理人提供资金融通、应收账款管理或者催收、应收账款债务人付款担保等服务的合同。

第七百七十条至第七百八十七条——承揽合同。承揽合同是承揽人按照定作人的要求完成工作,交付工作成果,定作人给付报酬的合同。

第七百八十八条至第八百零八条——建设工程合同。建设工程合同是承包人进行工程建设,发包人支付价款的合同。

第八百零九条至第八百四十二条——运输合同。运输合同是承运人将旅客或者货物从起运地点运输到约定地点,旅客、托运人或者收货人支付票款或者运输费用的合同,包括客运合同、货运合同、多式联运合同。

第八百四十三条至第八百八十七条——技术合同。技术合同是当事人就技术开发、转让、咨询或者服务订立的确立相互之间权利和义务的合同。

第八百八十八条至第九百零三条——保管合同。保管合同是保管人保管寄存人交付的保管物,并返还该物的合同。

第九百零四条至第九百一十八条——仓储合同。仓储合同是保管人储存存货人交付的仓储物,存货人交付仓储费的合同。

第九百一十九条至第九百三十六条——委托合同。委托合同是委托人和受托人约定,由受托人处理委托人事务的合同。

第九百三十七条至第九百五十条——物业服务合同。物业服务合同是物业服务人在物业服务区域内,为业主提供建筑物及其附属设施的维修养护、环境卫生和相关秩序的管理维护等物业服务,业主支付物业费的合同。

第九百五十一条至第九百六十条——行纪合同。行纪合同是行纪人以自己的名义为委托人从事贸易活动,委托人支付报酬的合同。

第九百六十一条至第九百六十六条——中介合同。中介合同是中介人向委托人报告订立合同的机会或者提供订立合同的媒介服务,委托人支付报酬的合同。

第九百六十七条至第九百七十八条——合伙合同。合伙合同是两个以上合伙人为了共同的事业目的,订立的共享利益、共担风险的协议。

(二)双务合同与单务合同

根据合同当事人是否互相负有给付义务,合同可分为双务合同和单务合同。双务合同,是指当事人双方互负对待给付义务的合同。在双务合同中,一方享有的权利正是对方承担的义务,如买卖合同、租赁合同等均为双务合同。双务合同是典型的交易形式。单务合同是指只有一方当事人负给付义务的合同,如赠与合同、借用合同。

区分双务合同与单务合同的法律意义在于:(1)在双务合同中当事人享有同时履行抗辩权、先履行抗辩权、不安抗辩权,单务合同不适用抗辩权制度。(2)在双务合同中存在风险负担问题,如当事人一方因不可抗力不能履约而解除合同,无权要求对方履行,若对方已履行,则应将所得利益返还。而在单务合同中,一方因不可抗力不能履行义务时,不会发生双务合同中的风险负担问题。

(三)有偿合同与无偿合同

根据当事人取得权利是否支付对价为标准,合同可分为有偿合同与无偿合同。有偿合同,是指当事人一方享有合同规定的权益,须向对方当事人偿付相应代价的合同。在实践中,绝大多数反映交易关系的合同都是有偿的,买卖合同、承揽合同是其典型。无偿合同,是指当事人一方享有合同规定的权利,不必向对方当事人偿付相应代价的合同。赠与合同、借用等合同为其代表。

区分有偿合同与无偿合同的法律意义在于:当事人应尽的注意义务与责任不同,对缔约人的要求不同,是否可行使撤销权不同,以及有无返还义务不同。

(四)要式合同与不要式合同

根据合同是否应符合一定的形式要件,合同可分为要式合同与不要式合同。要式合同是指法律要求必须具备一定的形式和手续方可成立的合同,对于一些重要的交易,法律常常要求当事人必须采取特定的方式订立合同。不要式合同是法律对合同订立未规定一定的形式和手续的合同。不要式合同当事人可以采取口头形式,也可以采取书面形式。除法律有特别规定外,合同通常是不要式合同。

区分要式合同与不要式合同的法律意义在于:(1)要式合同在具备特定形式时,合同成立或生效;(2)不要式合同在当事人意思表示一致时成立或生效。

(五)诺成合同与实践合同

根据合同的成立是否以交付标的物为成立条件,合同可分为诺成合同与实践合同。诺成合同又称为不要物合同,是指当事人意思表示一致,不需交付标的物即可成立的合同,即"一诺即成"的合同。依我国法律,绝大多数合同均为诺成合同。实践合同又称要物合同,是指在当事人意思表示一致外,还须交付标的物才能成立的合同,如定金合同、自然人之间的借款合同、保管合同等。

区分诺成合同与实践合同的法律意义在于:(1)判断合同成立的标准不同,诺成合同自双方意思表示一致即告成立;(2)实践合同在当事人意思表示一致后,还需要交付标的物,合同方能成立。

(六)主合同与从合同

根据合同相互间的主从关系,合同可分为主合同与从合同。主合同是指不以其他合同的存在为前提即可独立存在的合同。从合同又称附属合同,是指必须以其他合同的存在为前提才能成立的合同,担保合同都是从合同。

区分主合同与从合同的法律意义在于:主合同的成立与生效与否直接影响着从合同的成立与效力。但是从合同不成立或者无效,通常不会影响到主合同的成立与效力。

相关案例

> 债务人甲向债权人银行贷款200万元,乙以自有房屋为该笔债务提供抵押担保,其中甲和银行的贷款合同是主合同,乙和银行的抵押合同为从合同。若甲的贷款合同因缺乏有效要件不生效,则乙的抵押合同不生效,或甲履行还款约定而使贷款合同消灭,则乙的抵押合同也消灭。

三、合同的基本原则

合同的基本原则是指效力贯穿于整个合同法制度和规范之中的根本准则,是指导合同立法、合同司法和进行合同活动的基本行为准则。根据《民法典》第一编关于民事主体从事民事活动应当遵循的原则规定,当事人订立合同也应遵循以下原则。

(一)平等原则(基础)

《民法典》第四条规定,民事主体在民事活动中的法律地位一律平等。

平等原则具体表现在以下四个方面:

1. 自然人的民事权利能力一律平等。任何自然人在法律上不分尊卑贵贱、财富多寡、种族差异、性别差异,其抽象人格都是平等的。
2. 不同民事主体参与民事法律关系适用同一法律,处于平等的地位。
3. 民事主体在民事法律关系中必须平等协商。任何一方当事人不得将自己的意志强加给另一方当事人。
4. 对权利予以平等的保护。在法律上,无论具体的人具有何种事实上的差异,当其权利受到侵害时,法律都给予平等保护。

平等是特权的对立物,但基于社会公德、公共利益需要面对某个群体区别对待的,不构成特权。

(二)自愿原则(核心)

自愿是针对意思表示而言的。《民法典》第五条规定,民事主体从事民事活动,应当遵循自愿原则,按照自己的意思设立、变更、终止民事法律关系。

自愿原则具体表现在以下三个方面:

1. 民事主体有权自主决定是否参加民事活动以及如何参加民事活动。也就是说,当事人可以对所参与的民事法律关系的相对人、内容、行为方式、形式等依据其意志自由选择。
2. 民事主体应当以平等协商的方式从事民事活动,就民事法律关系的设立、变更、终止达成合意。
3. 在法律允许的范围内,民事主体有权依其意愿自主作出决定,并对其自由表达的真实意愿负责,任何组织和个人不得非法干预。

(三)公平原则(针对结果)

《民法典》第六条规定,民事主体从事民事活动,应当遵循公平原则,合理确定各方的权利和义务。公平原则,是指民事主体应当本着公平的理念从事民事活动,司法机关应当根据公平的理念处理民事纠纷。公平原则是将市场经济活动中公平交易和公平竞争的道德准则上升为法律原则的结果。这一原则对于维护市场经济秩序、弥补法律漏洞有重要意义。

公平原则具体表现在以下两个方面:

1.民事主体在从事民事法律活动时,应当本着公平的理念合理地确定权利义务关系,并且正当地行使权利、履行义务,兼顾他人利益和社会公共利益。

2.司法机关在处理民事纠纷的过程中应当做到公平合理。在法律没有明文规定时,司法机关依据公平原则获得自由裁量权,本着公平、正义的理念进行裁判,解决民事纠纷。

(四)诚实信用原则(当事人心态)

诚实信用原则通常被称为民法的"帝王条款",指当事人在从事民事活动时,应诚实守信,以善意的方式履行其义务。从而保持和弘扬传统道德和商业道德,保障合同得到严格遵守,维护社会交易秩序。《民法典》第七条规定,民事主体从事民事活动,应当遵循诚信原则,秉持诚实,恪守承诺。诚实信用原则,是指民事主体从事民事活动时,应当诚实守信,正当地行使民事权利并履行民事义务,不实施欺诈和规避法律的行为,在不损害他人利益和社会利益的前提下追求自己的利益。

诚实信用原则具体表现在以下三个方面:

1.民事主体在从事民事活动时,必须将有关事项和真实情况如实告知对方,禁止隐瞒事实真相和欺骗对方当事人。

2.民事主体之间一旦作出意思表示并且达成合意,就必须重合同、守信用,正当地行使权利和履行义务。法律禁止当事人背信弃义、擅自毁约的行为。

3.民事活动过程中发生损害,民事主体双方均应及时采取合理的补救措施,避免和减少损失。

诚实信用原则与禁止权利滥用原则。《民法典》第一百三十二条规定,民事主体不得滥用民事权利损害国家利益、社会公共利益或者他人的合法权益。禁止权力滥用,是指权利人行使民事权利时应当依法正确行使,不得背离权力应有的社会目的或者超越权力应有的限度,以至于损害他人利益和社会公共利益。禁止权力滥用是诚实信用原则的延伸,要求行使权利不得超过正当的界限和范围,这一正当的界限和范围就是诚实信用原则。

相关案例

> 甲购买某小区的房屋后,又以36万元的价格购得该小区地下停车位,后来乙

公司经规划部门批准,在该小区以 200 万元的价格建设观光电梯,该电梯入口占用了甲的停车位。乙公司同意为甲更换位置更好的停车位,甲则要求拆除电梯并赔偿损失,甲的行为属于权力滥用。

(五)合法与公序良俗原则(法律限制与道德要求)

《民法典》第八条规定,民事主体从事民事活动,不得违反法律,不得违背公序良俗。公序良俗即公共秩序和善良风俗。公序包括政治的公序和经济的公序。政治的公序主要是保护国家和家庭的公共秩序。经济的公序包括指导的公序和保护的公序。良俗即善良风俗,是指一国或地区在一定时期占主导地位的一般道德或基本伦理要求。公序良俗原则,是指民事主体从事民事活动的内容和目的不得违反公共利益和善良风俗。

民法理论将违反公序良俗行为类型归纳为危害国家公序的行为类型、危害家庭关系的行为类型、违反两性道德准则的行为类型、射幸行为类型、违反人权和人格尊严的行为类型、限制营业自由的行为类型、违反公共竞争的行为类型、违反消费者保护的行为类型、违反劳动者保护的行为类型、暴力的行为类型等。

相关案例

> 中国公序良俗第一案:泸州遗赠案
>
> 蒋某芳和黄某彬系夫妻关系,婚后未育,收养一子黄某。蒋某芳继承父母遗产取得一套房,后该房被拆迁,作为还房安置给蒋某芳,产权登记为蒋某芳。1996 年,黄某彬认识张某英并与其租房同居。2000 年,该房以 8 万元出售,其中 3 万元赠与养子黄某。2001 年,黄某彬因肝癌住院,期间由蒋某芳及其家属护理。2001 年 4 月,黄某彬立下书面遗嘱,将其所得的公积金、补贴、抚恤金、出售房屋的一半价款 4 万元及手机赠与张某英,泸州纳溪公证处对该遗嘱出具了公证书。同月,黄某彬去世,张某英持遗嘱要求蒋某芳交付遗赠财产,双方发生纠纷,张某英遂向法院提起诉讼。法院最终判决驳回张某英的诉讼请求。该判决首次通过公序良俗原则的适用来否定法律行为的效力,被称为"中国公序良俗第一案",对公序良俗原则在具体个案中的适用有着重要的开拓意义。

四、合同法概述

(一)合同法的概念

合同法是调整平等主体之间的交易关系的法律,主要规范合同的订立、合同的效力及合同的履行、变更、解除、保全、违约责任等问题。合同法并不是一个独立的法律部门,只是我国民法的重要组成部分。合同法有形式意义的合同法与实质意义的合同法之分。形式意义的合同法是指《民法典》第三编合同编;实质意义的合同法是所有调整合同关系的法律规范的总称,如《民法典》合同编之外的有关民事法律以及相关司法解释对合同的规定。

※知识链接

《中华人民共和国民法典》被称为"社会生活的百科全书",是新中国第一部以法典命名的法律,在法律体系中居于基础性地位,也是市场经济的基本法。该法于2020年5月28日第十三届全国人民代表大会第三次会议通过,2021年1月1日起施行。《民法典》生效后,《中华人民共和国婚姻法》《中华人民共和国继承法》《中华人民共和国民法通则》《中华人民共和国收养法》《中华人民共和国担保法》《中华人民共和国合同法》《中华人民共和国物权法》《中华人民共和国侵权责任法》《中华人民共和国民法总则》同时废止。

旧《合同法》是在1999年3月15日由九届人大二次会议通过,自1999年10月1日起施行,一共是428条。《民法典》合同编526条,《民法典》合同编对之前的《合同法》有实质性修改的条款多达145条。

(二)合同法的调整对象

《民法典》第四百六十三条规定,本编调整因合同产生的民事关系。依据本条规定,合同编调整"因合同产生的民事关系",这就意味着合同法调整平等主体之间因合同产生的民事法律关系。合同法是调整平等主体之间的交易关系的法律,它主要规范合同的订立、合同的效力及合同的履行、变更、解除、保全、违约责任等问题。

第一,合同法调整平等主体之间的协议。合同法所调整的合同关系是发生在平等主体之间的合同关系,合同是反映交易关系的法律形式。一方面,这些交易关系的主体都是平等的。另一方面,合同法所调整的合同关系具有等价有偿性以及合同订立的自愿性。凡不具有上述特点的合同,一般不能作为合同法调整的对象。在确定某一类合同是否属于合同法的调整对象时,首先要考虑其主体是否具有平等性。例如,企业、单位内部的规章制度,当事人之间仍是管理和被管理的关系,双方地位不平等,应由劳动法等法律调整,不应当由合同法调整。

第二,合同法调整以确立民事权利义务为内容的协议。合同法只适用于私法领域而非公法领域,只调整民事合同而非其他类型的合同。民事合同的重要特点在于它是以确定民事权利义务为内容的,实际上就是以平等自愿为基础的交易关系。在政府参与的合同中,若其作为平等的主体与对方签订合同,如购买办公用品,则属于一般的合同关系,适用合同法,其他涉及行政管理的关系则由行政法规来解决。

第三,合同法调整设立、变更、终止民事权利义务关系的协议。所谓设立,是指当事人通过合同确定当事人之间具体的权利义务;所谓变更,是指当事人通订立合同修改原有合同关系的内容;所谓终止,是指当事人通过订立合同消灭原来存在的合同关系。婚姻、收养、监护等有关身份关系的协议,适用有关该身份关系的法律规定;没有规定的,可以根据其性质参照适用合同法规定。

第四,合同法调整各类合同关系。合同法首先调整《民法典》合同编分则所规定的各类典型合同。此外,合同法还调整其他类型的合同:一是合同编以外的其他编规定的合同。这些合同首先要适用其他编的规定，但在其他编没有规定时，也要适用合同编通则的规定。二是特别法规定的合同，如知识产权法所确认的专利权或商标权转让合同、许可合同、著作权使用合同、出版合同等。这些合同首先要适用特别法的规定，但在这些法律没有规定时，仍要适用合同编通则的相关规定。三是非典型合同，即《民法典》合同编和其他法律没有明文规定的合同，如借用合同等。四是非因合同产生的债权债务关系。对于此种债权债务关系，也可以适用合同法的规则。

(三)合同法的体系

合同法由通则和分则两部分构成。通则是关于各类合同基本规则的规定，依据《民法典》合同编第一分编的规定，主要包括一般规定、合同的订立、合同的效力、合同的履行、合同的保全、合同的变更和转让、合同的权利义务终止以及违约责任等内容。分则是《民法典》合同编的第二分编第十九章的"典型合同"部分。需要注意的是，《民法典》合同编在第三分编规定了"准合同"。所谓准合同，是指类似合同的债的关系。我国《民法典》没有规定独立的债法总则编，将其置于了合同编予以规定。但是准合同本身并不是合同。

第二节 合同的订立

一、合同的成立

(一)合同的成立的概念和要件

合同的成立，是指合同各方当事人的意思表示一致。合同的订立是一个动态的过程，合同的成立则是订立的结果。合同成立制度旨在解决合同是否存在的问题，是合同生效、履行、变更、终止等的前提，也是认定合同效力的基础，如果合同没有成立，那么确认合同有效或无效就无从谈起。此外，合同的成立也是区分违约责任与缔约过失责任的重要标志。在合同成立之前，因为合同关系不存在，因一方的过失而造成另一方信赖利益的损失属于缔约过失责任，只有合同成立并生效以后，一方违反合同义务才构成违约责任。

根据《民法典》第五百零二条规定，依法成立的合同，自成立时生效。可见，一般情况下，合法的合同一经成立便生效，合同成立的时间即合同生效的时间。但是也有一些合同的成立时间和生效时间不同，如附期限合同和附条件合同。

合同成立应具备下列要件。

1.存在双方或多方当事人

合同是双方或多方当事人意思一致的产物，所有合同的成立必须存在双方或者多方当事人。合同的当事人又称合同主体，是实际享受合同权利并承担合同义务的人。有时候合同当事人并未亲自参加合同的订立，但可能成为合同主体，比如通过代理人订约;而另一些当事人可能参与合同的订立而不能成为合同主体,比如代理人。

2.当事人就合同主要条款达成合意

合同的条款,指合同当事人协商一致的合同内容,记载着合同当事人双方的权利与义务。主要条款又称为必要条款,是根据特定合同性质所应具备的条款,如果缺失这些条款合同则不能成立。根据《民法典》第四百七十条的规定,合同的内容由当事人约定,一般包括下列条款:(1)当事人的姓名或者名称和住所;(2)标的;(3)数量;(4)质量;(5)价格或者报酬;(6)履行期限、地点和方式;(7)违约责任;(8)解决争议的方法。当事人可以参照各类合同的示范文本订立合同。

(二)合同的形式

《民法典》第四百六十九条第一款规定,当事人订立合同,可以采用书面形式、口头形式或者其他形式。

1.书面形式

书面形式包括以下几种:一是合同书,这是最典型、最重要的书面形式。《民法典》第四百九十条第一款规定,当事人采用合同书形式订立合同的,自当事人均签名、盖章或者按指印时合同成立。在签名、盖章或者按指印之前,当事人一方已经履行主要义务,对方接受时,该合同成立。二是信件。这是双方当事人交往的、载有合同条款的文书。合同法所称的书信不同于一般书信,其必须载有合同的条款,能够用来作为证明合同关系和合同内容的凭证。三是电报、电传、传真等能够有形地表现所载内容的形式。四是电子数据交换、电子邮件。以电子数据交换、电子邮件等方式能够有形地表现所载内容,并可以随时调取查用的数据电文,视为书面形式。标的数额比较大、内容较复杂、不能立即履行的法律行为多采用书面形式。凡需要公证、鉴证、登记或审批的形式均为特殊书面形式。

2.口头形式

口头形式是指当事人以口头交谈方式相互作出意思表示。除法律要求必须以书面形式进行的法律行为外,都可以采取口头形式进行。口头形式除了有约定的答复期限外,对方应立即作出接受的答复。口头形式的优点在于简便、易行、迅速,缺点是当事人之间发生纠纷则难以取得证据。因此,口头形式一般适用于当场履行或者金额不大的法律行为。

3.默示形式

默示形式和明示形式相对,是指不依赖语言或文字等明示形式,而通过某种事实即可推知行为人的意思表示而成立的民事法律行为形式,包括作为的默示和不作为的默示。

作为的默示即推定形式,如房屋租赁期限届满以后,承租人继续租住该房屋并交纳房租,而出租人也接受了房租,则可以从双方的行为中推知双方已达成延长原租赁合同期限的协议。不作为的默示即沉默形式,是指当事人既无言语表示,又无作为表示的消极行为来进行意思表示。沉默只有在有法律规定、当事人约定或者符合当事人之间的交易习惯时,才可以视为意思表示。如《民法典》第一千一百二十四条第一款规定,继承开始后,继承人放弃继承的,应当在遗产处理前,以书面形式作出放弃继承的表示;没有表示的,视为接受继承。此处"没有表示的"就属于法定沉默,也能产生意思表示的效果。

二、合同的订立方式

※**法条链接**
《民法典》第四百七十一条 当事人订立合同,可以采取要约、承诺方式或者其他方式。

(一)要约

1.要约的概念与构成要件

要约是希望和他人订立合同的意思表示,要约的构成要件包括以下几点:

(1)要约必须是特定人向相对人发出的意思表示。换言之,要约人必须是在客观上可以确定的人;而要约的相对人则既可以是特定的某个人,也可以是不特定的社会公众。如商店的商品标价陈列、悬赏广告,可以看作向不特定的人发出的要约。

(2)要约必须以缔结合同为目的。非以缔结合同为目的的行为不属于要约。

(3)要约的内容应具体确定。要约一经相对人承诺即导致合同成立。因此,要约的内容必须具体确定,至少应包括拟订立合同的必备条款,以供相对人考虑是否承诺。

(4)要约必须表明经受要约人承诺,要约人即受该意思表示约束。

2.要约的法律效力

要约生效后,要约人应受要约的约束,在要约有效期内不得随意撤销或变更要约;受要约人则取得了承诺的权利,受要约人有权在要约的有效期限内作出接受要约的答复,但其不负必须承诺的义务。即使受要约人不承诺,也没有通知要约人的义务。

※**法条链接**
《民法典》第一百三十七条 以对话方式作出的意思表示,相对人知道其内容时生效。

以非对话方式作出的意思表示,到达相对人时生效。以非对话方式作出的采用数据电文形式的意思表示,相对人指定特定系统接收数据电文的,该数据电文进入该特定系统时生效;未指定特定系统的,相对人知道或者应当知道该数据电文进入其系统时生效。当事人对采用数据电文形式的意思表示的生效时间另有约定的,按照其约定。

第一百三十八条 无相对人的意思表示,表示完成时生效。法律另有规定的,依照其规定。

第一百三十九条 以公告方式作出的意思表示,公告发布时生效。

3.要约的失效

要约的失效(又称要约的消灭)是指要约丧失其法律效力,要约人和受要约人均不再受其拘束。具体而言，要约人解除了其受要约约束的效力或义务，受要约人丧失了作出承诺的资格或权利。《民法典》规定了要约失效的几种情形：(1)要约被拒绝；(2)要约被依法撤销；(3)承诺期限届满，受要约人未作出承诺；(4)受要约人对要约的内容作出实质性变更。

4.要约与要约邀请

要约邀请，是一方向他方作出的希望他方向自己发出要约的表示。要约与要约邀请的区别是：(1)目的不同。要约的目的在于获得对方的承诺以成立合同，要约邀请的目的在于引出对方的要约。(2)条件不同。要约的条件如前所述，要约邀请无须具备前述条件，如无须内容具体确定只要邀请人足以确定即可。(3)效力不同。要约人须受要约约束，要约邀请本身没有法律效力，故邀请人不受要约邀请的约束。一般来讲，拍卖公告、招标公告、招股说明书、债券募集办法、基金招募说明书、商业广告和宣传、寄送的价目表等均为要约邀请，但商业广告和宣传的内容符合要约条件的，构成要约。

(二)承诺

1.承诺的概念与构成要件

承诺是受要约人向要约人作出的同意要约的意思表示。承诺的构成要件有以下几点：

(1)承诺必须是由受要约人本人或其代理人向要约人作出。

(2)承诺必须在要约确定的期限内到达受要约人。要约没有确定承诺期限的，若要约是以对话方式作出的，除当事人另有约定外，受要约人应当即时作出承诺；若要约是以非对话方式作出的，承诺应当在合理期限内到达。

(3)承诺的内容应当与要约的内容一致。受要约人对要约的内容作出实质性变更的，为新要约。有关合同标的、数量、质量、价款或者报酬、履行期限、履行地点和方式、违约责任和解决争议方法等的变更，是对要约内容的实质性变更。承诺对要约的内容作出非实质性变更的，除要约人及时表示反对或者要约表明承诺不得对要约的内容作出任何变更外，该承诺有效，合同的内容以承诺的内容为准。

(4)承诺原则上应以通知方式作出，特殊情况下依交易习惯或者要约的规定也可以以行为方式作出。但除法律有特别规定或当事人事先有明确约定外，沉默不能视为承诺的形式。

※法条链接

《民法典》第四百八十二条　要约以信件或者电报作出的，承诺期限自信件载明的日期或者电报交发之日开始计算。信件未载明日期的，自投寄该信件的邮戳日期开始计算。要约以电话、传真、电子邮件等快速通讯方式作出的，承诺期限自要约到达受要约人时开始计算。

2.承诺的效力

承诺生效时合同成立，双方当事人由此承担合同产生的权利与义务。但是法律另有规定或者当事人另有约定的除外。

3.承诺的撤回

承诺可以撤回,撤回承诺的通知应当在承诺通知到达要约人之前或与承诺通知同时到达要约人。

(三)特殊的订约方式

1.签订确认书方式

《民法典》第四百九十一条第一款规定,当事人采用信件、数据电文等形式订立合同要求签订确认书的,签订确认书时合同成立。这就确认了签订确认书的订约方式。所谓签订确认书,是指合同正式成立前,一方就合同的成立要求最终确认。确认书通常采用书面的形式,自签订确认书之日起,合同正式宣告成立。

2.网络交易方式

《民法典》第四百九十一条第二款规定,当事人一方通过互联网等信息网络发布的商品或者服务信息符合要约条件的,对方选择该商品或者服务并提交订单成功时合同成立,但是当事人另有约定的除外。依据该规定,如果一方通过互联网等信息网络发布的商品或服务信息符合要约条件,即由特定人作出、具有受拘束的意思、有相对人且内容确定,那么,相对方只要选择了该商品或服务,且提交订单成功,合同就宣告成立。

3.悬赏广告

悬赏广告,是指悬赏人以广告的形式声明对完成悬赏广告中规定的特定行为的人,给付广告中约定报酬的行为。例如,悬赏人在其刊登的各种寻人、寻物启事中提出,如帮助寻找到某人或完成了某事,将支付若干报酬。

根据《民法典》第四百九十九条的规定,悬赏广告具有如下特征:第一,悬赏广告是以公开的方式作出的意思表示。与一般的意思表示不同,它是采取"广而告之"的方式,即面向不特定的相对人作出的意思表示。第二,悬赏广告是以对完成特定行为的人给予报酬为内容的意思表示。一方面,给付报酬乃悬赏广告的题中之义,悬赏人可以在悬赏广告中声明报酬的种类、数额以及支付方式等。另一方面,悬赏广告是针对完成特定的行为作出的,只要是不违反法律规定和社会公共利益的行为都可以作为悬赏广告的对象。第三,悬赏广告是独立的债的发生原因。悬赏人一般会在悬赏广告中对实施一定行为的人允诺支付一定的报酬,这也使其负担了一定的债务,因而也应当适用债的相关规则。

悬赏广告一旦生效,悬赏人就负有对任何完成悬赏广告所声明的行为人给付约定报酬的义务。与此相应,完成特定行为的相对人即享有报酬请求权。由于悬赏广告在性质上是单方法律行为,因此,即便完成悬赏广告指定行为的人在行为时不知道广告的存在,仍有权请求悬赏人支付报酬。

相关案例

> 王某在两岁的儿子牛牛失踪后,通过本地报纸的新闻版刊登了悬赏5万元寻子的消息。当晚一名叫阿平的女子联系王某,称几日前见到牛牛独自坐在街头,便将其带回家照料。其间,牛牛生病了,她还带牛牛到诊所看病。阿平主张在她照看

> 牛牛期间,产生了生活费、看护费、医药费等多项费用,要求王某支付悬赏广告了结此事。王某表示他悬赏5万元寻子是一时心切,并未想到拾主真会要5万元,且他一时拿不出这么多钱,所以他最多只能给5000元表示感谢和歉意。
>
> 《民法典》第四百九十九条规定,悬赏人以公开方式声明对完成特定行为的人支付报酬的,完成该行为的人可以请求其支付。本案中阿平有权利要求王某支付悬赏广告的5万元酬谢。

三、合同成立的时间与地点

(一)合同成立的时间

《民法典》第四百八十三条规定,合同自承诺生效时成立,但是法律另有规定或者当事人另有约定的除外。根据该条规定,在法律另有规定或者当事人另有约定时,承诺生效也不一定导致合同成立。具体而言,有两种情况:一是法律另有规定,例如,对于要式合同,合同自完成特定手续时成立。又如,法律明确规定必须实际交付标的物才能使合同成立的,则只有实际交付了该标的物,合同才能成立。二是当事人有约定。按照合同自由原则,当事人另有约定的,也应当遵循当事人的约定。

(二)合同成立的地点

在合同法上,合同成立地点具有如下意义:第一,选择适用的法律。《涉外民事关系法律适用法》第六条规定,涉外民事关系适用外国法律,该国不同区域实施不同法律的,适用与该涉外民事关系有最密切联系区域的法律。合同签订地作为与合同关系密切联系的区域,可能会对涉外合同关系中法律的选择产生影响。第二,确定诉讼管辖。因此,明确合同成立的地点十分重要。

非要式合同以承诺生效的地点为合同成立地点;要式合同则应以完成特别手续的地点为合同成立地点。采用合同书形式订立合同的,双方当事人签字或者盖章的地点为合同成立的地点;双方当事人未在同一地点签字或盖章,则以当事人中最后一方签字或盖章的地点为合同成立的地点。采用数据电文形式订立合同的,收件人的主营业地为合同成立的地点;没有主营业地的,其经常居住地为合同成立的地点。当事人另有约定的,按照其约定。

四、格式条款

格式条款,是指当事人为了重复使用而预先拟订,并在订立合同时未与对方协商的条款。我国民法典合同编对格式条款的特殊要求体现在以下几个方面。

1.提供格式条款的一方应当遵循公平原则确定当事人之间的权利和义务,并采取合理的方式提示对方注意免除或者减轻提供格式条款一方责任等与对方有重大利害关系的条款,按照对方的要求,对该条款予以说明。

2.提供格式条款的一方未履行提示或者说明义务,致使对方没有注意或者理解与其有重大利害关系的条款的,对方可以主张该条款不成为合同的内容。

3.有下列情形之一的,该格式条款无效:一是具有民事法律行为的无效事由;二是格式条款中的造成对方人身损害的、因故意或者重大过失造成对方财产损失的免责条款;三是提供格式条款一方不合理地免除或者减轻其责任、加重对方责任、限制对方主要权利;四是提供格式条款一方排除对方主要权利。

4.对格式条款的理解发生争议的,应当按照通常理解予以解释。对格式条款有两种以上解释的,应当作出不利于提供格式条款一方的解释。格式条款和非格式条款不一致的,应当采用非格式条款。

相关案例

> 2021年6月30日,陆某在通过网站报名注册安全工程师考试时,网签了甲公司出具的电子版《报名协议》,并支付了全部学费。后因协议履行过程中,甲公司因部分业务涉嫌刑事犯罪,协议约定的服务已无法履行。《报名协议》第七条第11项约定了仲裁管辖条款:"……任何一方对本协议的内容或履行有争议的,双方应协商解决。协商不成,任何一方均有权向北京仲裁委员会申请仲裁解决。"协议签订前,甲公司未对合同主要内容及条款充分解释,且陆某发现,协议签订后甲公司未向陆某邮寄纸质协议,陆某也无法在原网址中找到之前所签订的协议。因此,陆某作为申请人向北京市第四中级人民法院请求该仲裁协议不成立。
>
> 北京市第四中级人民法院审理认为:案涉合同具有事先拟好、反复使用以及在订立合同时未与合同相对方协商的特点,因此该合同属于格式合同。根据《民法典》的规定,提供格式条款的一方未履行提示或者说明义务,致使对方没有注意或者理解与其有重大利害关系的条款的,对方可以主张该条款不成为合同的内容。争议解决条款是合同的主要条款,应属于与当事人有重大利害关系的条款,作为该协议制定方的甲公司应向合同相对方陆某履行提示或者说明的义务。甲公司未提交证据证明其对仲裁条款向陆某尽到合理提示及说明义务。确认《报名协议》中的仲裁协议不成立。(案例来源:(2021)京04民特967号)

五、缔约过失责任

(一)缔约过失责任的概念和特征

缔约过失责任是指当事人在订立合同过程中,因违背其依据诚实信用原则和法律规定的义务,给对方信赖造成损失时所应承担的民事责任。根据《民法典》第五百条规定,当事人在订立合同过程中有下列情形之一,造成对方损失的,应当承担赔偿责任:(1)假借订立合同,恶意进行磋商;(2)故意隐瞒与订立合同有关的重要事实或者提供虚假情况;(3)有其他违背诚信原则的行为。该条款不仅完善了合同制度体系,完善了交易规则,也有助于维护诚信原则。根据《民法典》的规定,缔约过失责任的成立须具备以下条件：

1.缔约一方当事人有违反法定附随义务或先合同义务的行为。在缔约阶段，当事人为缔结契约而接触协商之际，已由原来的普通关系进入一种特殊的关系（信赖关系），双方均应依诚实信用原则互负一定的义务，这种义务一般称为附随义务，即互相协助、互相照顾、互相告知、互相信任等义务。若当事人违背了其所负有的附随义务并破坏了缔约关系，则构成缔约过失，此时才有可能承担责任。

2.相对方受有信赖利益的损失。缔约过失责任的目的就是弥补缔约过程中由于一方违反先合同义务而给对方造成的信赖利益的损失，因此相对方受有损失的事实是承担缔约过失责任的前提。这种损失既包括实际利益的损失，也包括可得利益的损失。

3.违反先合同义务与相对方受有损失之间存在因果关系。也就是说，相对方的信赖利益损失是由于行为人的缔约过失行为造成的，而不是其他行为造成的。如果两者之间不存在因果关系，则不能让其承担缔约过失责任，这是该责任制度的内在要求。

4.违反先合同义务的一方主观上必须有过错。缔约的过错是指当事人违背了其负有的义务并破坏了缔约关系。这里的过错包括故意和过失，当事人在合同缔结过程中出现的不同程度的过错将影响到其承担不同责任的后果。

(二)缔约过失的类型

1.假借订立合同，恶意进行磋商

所谓"假借"，是指根本没有与对方订立合同的目的，与对方进行磋商只是个借口，目的是损害对方或者他人利益。所谓"恶意"，是指假借磋商、谈判，而故意给对方或者他人造成损害。恶意是最核心的要件，因为根据意思自治原则，双方都享有订立合同和不订立合同的自由，都有权在达成协议前中断谈判，且不需要给对方合理的理由。因此，受害方必须证明另一方具有假借磋商、谈判而使其遭受损害的恶意，才能使另一方承担缔约过失责任。

2.故意隐瞒与订立合同有关的重要事实或者提供虚假情况

故意隐瞒与订立合同有关的重要事实或者提供虚假情况，属于缔约过程中的欺诈行为。所谓欺诈，是指一方当事人故意实施某种欺骗他人的行为，并使他人陷入错误而订立合同。构成欺诈，须符合以下三个要件：一是欺诈方具有故意；二是欺诈方客观上实施了陈述虚假事实或者隐瞒真实情况的欺诈行为；三是相对人的错误认识与行为人的欺诈行为之间有因果关系。

3.泄露或者不正当使用商业秘密或者其他应当保密的信息

《民法典》第五百零一条规定，当事人在订立合同过程中知悉的商业秘密或者其他应当保密的信息，无论合同是否成立，不得泄露或者不正当地使用；泄露、不正当地使用该商业秘密或者信息，造成对方损失的，应当承担赔偿责任。该条规定了在订立合同过程中，当事人对于其知悉的商业秘密或者其他应当保密的信息负有保密义务。

4.其他违背诚信原则的行为

其他违背诚信原则的行为较多，比如无权代理或者合同无效、被撤销后，有过失的一方均需要承担缔约过失责任。

相关案例

> 甲、乙同为建筑行业的两家公司,两家公司竞争激烈。某日,当地政府有一工程需要招标,甲、乙均为竞标人;甲公司为了能够顺利取得该工程的承包资格,遂指使交好的丙公司假意与乙公司磋商,丙公司便谎称自己也有工程要外包和乙公司进行协商;乙公司信以为真,在协商过程中做了大量的准备,丙公司将自己在协商过程中知悉的乙公司的商业秘密告知给甲,致使乙公司在竞标中失败,事后丙公司以价格不合适为由结束磋商,给乙公司造成了巨大的损失。
>
> 案例中的丙公司为了帮助甲公司取得竞标的优势而假借订立合同,与乙公司恶意磋商,并将在磋商过程中知悉的商业秘密告知甲,给乙公司造成巨大的损失。丙公司恶意磋商,泄露他知道的商业秘密违背了诚实信用原则,应当对乙公司承担缔约过失责任,即对乙公司的损失承担赔偿责任。

第三节 合同的效力

一、合同效力概述

(一)合同效力的概念

合同的效力,是指依法成立的合同在当事人之间产生的法律拘束力。合同的效力反映了法律对当事人之间合意的评价,因此,已经成立的合同只有具备了法定的生效要件(或称有效要件),才能有效。合同生效意味着合同产生拘束力,当事人应当依据合同约定行使权利、履行义务,违反合同义务应当承担相应的违约责任。合同一旦生效,当事人的约定就具有优先于法律规定的效力。

《民法典》第一百三十六条第二款规定,行为人非依法律规定或者未经对方同意,不得擅自变更或者解除民事法律行为。该条对民事法律行为的效力作出了规定,就合同的效力而言,体现在以下方面:一是任何一方当事人不得擅自变更合同。从原则上说,合同的变更必须经当事人双方协商一致,并在原合同的基础上达成新的协议。任何一方未经过对方同意,无正当理由擅自变更合同内容,不仅不能对合同的另一方产生约束力,而且将构成违约行为。二是任何一方当事人不得擅自解除合同。从《民法典》合同编的规定来看,合同的解除要么是基于当事人行使法律解除权实现,要么是基于当事人的协议解除或者当事人约定的解除权的行使实现。除上述原因外,任何一方当事人都不得主张解除合同,否则将构成违约。此外,即使当事人享有解除权,其解除合同的程序也应当符合法律规定,否则无法产生合同解除的效力。

(二)合同生效与合同成立的区别

合同的生效,是指已经成立的合同在当事人之间产生了一定的法律约束力,也就是通常所说的法律效力。合同的约束力具体体现为权利和义务两个方面:从权利方面来说,合同当事人依法律和合同的规定所产生的权利依法受到法律保护;从义务方面来说,当事人根据合同所产生的义务具有法律的强制性。

合同的成立只是解决了当事人之间是否存在合意的问题,并不意味着已经成立的合同都能产生法律拘束力。换言之,即使合同已经成立,如果不符合法律规定的生效要件,仍然不能产生法律效力。

合同的成立与合同的生效是两个不同的概念,两者的区别主要表现在以下几个方面。

1.两者可能处于不同的阶段

合同的成立是指当事人就合同的主要条款达成合意,在一般情况下,合同成立以后,只要内容和形式合法,合同成立同时即为有效。从法律评价标准来看,合同的生效实际上是在合同已经成立的基础上所作的价值判断。因此,合同生效的时间一般要晚于合同成立的时间。

2.两者的构成要件不同

合同的成立需要当事人就合同主要条款达成合意,而合同的生效要件至少应当包括合同成立的全部要件,除此之外,还可能因为法律的规定或者当事人的特别约定而需要其他要件。例如,当事人在合同中约定合同必须经过公证才能生效的,则"合同公证"成为合同的生效要件;非经公证,已经成立的合同也不发生法律效力。

3.两者体现的国家干预程度不同

合同的成立是当事人意思表示一致的结果,因此,它主要表现了当事人的意思,而且强调合同成立过程中的合意。而合同的生效是指国家对已经成立的合同予以认可,只有当事人的合意符合国家的意志,合同才能被赋予法律拘束力。

(三)民事法律行为效力规则对合同效力的适用

合同效力制度是合同法的重要内容,如果合同因违反法律、行政法规而不能生效,则该合同不仅不能履行,当事人还应当依法承担法律责任。由于合同本身是民事法律行为的一种类型,有关民事法律行为效力的基本规则对合同同样适用。例如,合同的生效要件、无效情形、可撤销的具体类型和附条件、附期限的合同问题,涉及这些合同的效力规则,同样适用《民法典》总则编民事法律行为的规定。

※法条链接

《民法典》第五百零八条 本编对合同的效力没有规定的,适用本法第一编第六章的有关规定。

二、合同效力的特殊规则

根据《民法典》第五百零八条的规定,合同编对合同效力有规定的,应当适用合同编的规定。在合同编第三章有关合同效力的规定中,总则编没有规定的条款适用如下特殊规则。

(一)无权代理合同中的默示追认

在狭义无权代理的情形下,无权代理人以被代理人的名义订立合同,此种合同属于效力待定的合同,被代理人享有追认权。被代理人的追认,可以以明示和默示两种方式作出。所谓明示的追认,是指被代理人明确向相对人表示承认代理人所实施的行为并愿意承担该行为的后果;所谓默示的追认,是指以一定行为的方式承认了该行为的后果。

※**法条链接**

《民法典》第五百零三条 无权代理人以被代理人的名义订立合同,被代理人已经开始履行合同义务或者接受相对人履行的,视为对合同的追认。

(二)法定代表人超越权限订立合同的效力

依据《民法典》第五百零四条的规定,法人的法定代表人或者非法人组织的负责人超越权限订立的合同,除相对人知道或者应当知道其超越权限外,该代表行为有效,订立的合同对法人或者非法人组织发生效力。相对人知道或者应当知道其超越权限包括两种情况:一是在订立合同时相对人对法定代表人、负责人超越权限的情况是明知的;二是在订立合同时相对人应当知道法定代表人、负责人超越权限的情况。

(三)超越经营范围订立合同的效力

按照法律规定,法人应当在登记的经营范围内从事经营活动,但营利法人超越其经营范围的行为,并不意味着当然无效。这是因为:一方面,为适应市场经济的内在需要,应当给予营利法人广泛的从事投资和交易的自由。另一方面,如果以营利法人的经营范围作为对法人权利能力的限制,从而导致民事行为无效,将不利于保护第三人的信赖利益和维护交易安全。营利法人只有违反国家限制经营,特许经营以及法律、行政法规禁止经营的规定而超越经营范围的,因为涉及国家对经济的法律规制和社会公共秩序,作为例外这种超越经营范围的合同应当认定为无效。

(四)免责条款的无效

免责条款一旦订入合同,就意味着当事人已经就免责条款达成了合意,但当事人已经达成的免责条款并不是当然有效的。免责条款只有符合法律规定,才能合法有效。依据《民法典》第五百零六条的规定,合同中的免责条款在以下两种情形下是无效的。

1. 造成对方人身损害的

免责条款不得免除人身损害的责任。公民的生命健康权是人权的最核心的内容,保护公民的人身安全是法律的最重要的任务。如果允许当事人通过免责条款免除造成对方人身损害的责任,不仅使侵权法关于不得侵害他人财产和人身权利的强制性义务形同虚设,使法律对人身权利的保护难以实现,而且将会严重危及法律秩序和社会公共道德。

2.因故意或者重大过失造成对方财产损失的

因故意或者重大过失造成对方财产损失的,不仅表明行为人的过错程度是重大的,而且表明行为人的行为具有不法性,此种行为应受法律的谴责,而且如果允许当事人通过免责条款免除因故意或者重大过失造成对方财产损失的责任,也可能违反公序良俗。

三、合同效力瑕疵的类型

(一)未生效合同

1.未生效合同的概念和特征

未生效合同,是指法律规定的合同生效应当满足特别的批准要件未被满足时合同的状态。在实践中,有一些合同依据法律法规必须经过有关部门的批准方能生效。在当事人并未办理批准手续时,合同并未生效。依据《民法典》第五百零二条第二款,对于办理批准等手续的合同,应当从如下方面理解:

第一,法律、行政法规规定应当办理批准等手续合同才生效的,依照其规定。法律、行政法规规定应当办理批准等手续生效的合同,主要包括探矿权、采矿权转让合同,上市公司国有股转让合同,中外合资经营的合营协议,国有土地使用权转让、抵押合同,国有企业的合并合同等。

第二,未办理批准等手续的,该合同未生效。对于法律、行政法规规定应当办理批准等手续合同才生效的,如果当事人没有办理批准手续,该合同虽然已经成立,但并不产生效力。也就是说,在此情形下,合同的成立和生效是相互分离的。

※知识链接

未生效合同不同于无效合同:一方面,无效合同主要是因为合同内容违反了法律、行政法规的强制性规定或违背了公序良俗,而未生效合同的内容并不具有违法性,只是未经过审批,程序上存在瑕疵而已。另一方面,无效是指自始无效、确定无效、当然无效,但未生效合同在发生争议后,如果当事人补办报批手续,则该合同也可能被确认为生效。对未生效合同而言,在未报审批的情况下,尽管合同存有形式上的缺陷,但这种缺陷并非不能弥补。法院可以责令负有报批义务的一方履行该义务,从而使合同满足生效要件。因此,区分无效合同和未生效合同,有利于促成合同的生效,符合合同法鼓励交易的精神。

此外,合同未生效不影响履行报批等义务条款的效力。《民法典》五百零二条第二款规定,未办理批准等手续影响合同生效的,不影响合同中履行报批等义务条款以及相关条款的效力。应当办理申请批准等手续的当事人未履行义务的,对方可以请求其承担违反该义务的责任。

(二)效力待定的合同

效力待定的合同,是指合同成立之后,是否发生效力尚不能确定,有待于其他行为或事实使之确定的合同。效力待定的合同主要有两种:一是限制民事行为能力人依法不能独立订立的合同,二是基于狭义无权代理而订立的合同。

(三)无效合同

无效合同是相对于有效合同而言的,是指合同虽然已经成立,但因其在内容上违反了法律、行政法规的强制性规定和公序良俗而无法律效力的合同。无效合同本身具有违法性,因而对此类合同应实行国家干预,即法院和仲裁机构不待当事人请求,便可以主动审查、主动确认合同无效。无效合同也具有不得履行性,当事人在订立无效合同以后,不得依据合同实际履行,也不承担不履行合同的违约责任。此外,合同一旦被确认无效,将产生溯及力,使合同自订立之时起就不具有法律效力。

(四)可撤销合同

可撤销合同主要是意思表示不真实的合同,对可撤销合同而言,撤销权人有权决定是否提出撤销,和无效合同法院可以主动确认不同,可撤销合同法院应采取不告不理的态度。如果撤销权人未在规定的期限内行使撤销权,或者撤销权人仅仅要求变更合同的条款,并不要求撤销合同,则可撤销合同仍然有效,当事人仍应依合同规定履行义务。任何一方不得以合同具有可撤销的因素为由拒不履行其合同义务。

※**知识链接**

无效合同的认定和分类在合同编没有特别规定的情形下,适用总则编有关民事法律行为无效的规定。有效合同、效力待定合同、可撤销合同的规则在合同编没有特别规定的情形下,同样适用总则编有关可撤销民事法律行为的规定。

四、合同被确认无效或被撤销的后果

根据《民法典》第一百五十五条的规定,无效的或者被撤销的民事法律行为自始没有法律约束力。因此,合同被确认无效和被撤销以后,将溯及既往,自合同成立之日起就是无效的,而不是从确认合同无效之时起无效。尤其是对无效合同来说,因其在内容上具有不法性,当事人即使在事后追认,也不能使这些合同生效。一旦合同被确认无效和被撤销,合同关系将不存在,原合同对当事人不具有任何约束力,当事人也不得基于原合同而主张任何权利或享受任何利益。合同被确认无效或被撤销之后,一般认为,将产生返还财产和赔偿损失的后果。

※**法条链接**

《民法典》第一百五十七条 民事法律行为无效、被撤销或者确定不发生效力后,行为人因该行为取得的财产,应当予以返还;不能返还或者没有必要返还的,应当折价补偿。有过错的一方应当赔偿对方由此所受到的损失;各方都有过错的,应当各自承担相应的责任。法律另有规定的,依照其规定。

合同无效后的损害赔偿包括两方面:一是在合同订立过程中,因一方恶意谈判、欺诈、泄露商业秘密等给另一方所造成的损失;二是在合同履行过程中非过错的一方因对方的过错(如欺诈、乘人之危)所遭受的损失。权利人请求的根据在于其因对方的过错而遭受了信赖利益的损失,即因信赖合同将有效而支付了各种订约和履行费用,合同的无效使这些费用未能补偿。因此,有权要求过错方予以赔偿。过错方赔偿的范围主要限于因信赖合同将有效而支付的各种订约和履行费用,不应当包括合同在有效的情况下获得的期待利益的损失(如未能获得标的物及利润的损失等)。

在合同被确认无效或被撤销以后,当事人除应承担民事责任以外,还可能因其具有违法行为而承担行政的甚至刑事的责任。

第四节　合同的履行

一、合同履行概述

(一)合同履行的概念

合同履行是指债务人依据法律规定和合同约定全面地、适当地完成其合同义务,债权人的合同债权得到完全实现。合同的履行是债权得到实现的前提,也是形成良好的市场经济秩序、保证市场经济有序运行的基础。在合同履行开始以后,当事人可以在原来合同关系未改变的情况下,通过各种方式使合同之债发生消灭,比如单方抵消、提存、混同等,而履行作为达到清偿结果的一种手段,是合同债务消灭的最主要原因。

(二)合同的履行原则

合同的履行原则是指合同的双方当事人在履行合同的过程中应当遵循的基本原则。根据《民法典》第五百零九条的规定,当事人应当按照约定全面履行自己的义务。当事人应当遵循诚实信用原则,根据合同的性质、目的和交易习惯履行通知、协助、保密等义务。当事人在履行合同过程中,应当避免浪费资源、污染环境和破坏生态。合同履行应遵循的主要原则有以下几个。

1.全面履行原则

全面履行原则,又称适当履行原则或者正确履行原则,指当事人除按照合同约定的标的履行外,还要按照合同约定的其他条款要求全面承担合同义务,具体包括当事人应按照合同标的物的数量、质量、履行期限、履行地点、履行方式等履行合同。

2.诚信履行原则

在合同履行中,当事人不仅应当按照法律规定和合同约定履行义务,而且还要按照诚信原则履行。诚信原则作为直接规范交易关系的法律原则,与债权债务关系尤其是合同关系的联系最为密切。在合同订立、履行、变更、解除的各个阶段,甚至在合同关系终止以后,当事人都应当严格依据诚信原则行使权利和履行义务。诚信原则首先针对附随义务的履行而适用。所谓附随义务,是指合同当事人依据诚信原则所产生的,根据合同的性质、目的和交易习惯所应当承担的通知、协助、保密等义务,由于此种义务是附随于主给付义务的,因此,其被称为附随义务。附随义务的产生实际上是在合同法领域中进一步强化了商业道德,并使这种道德以法定的合同义务的形式表现出来。这对于维护合同的实质正义起到了十分有益的作用。

3.节约资源、保护生态原则

节约资源、保护生态原则顺应了节约资源和保护环境的现实需要,符合现代立法的发展趋势。本款首次以立法的方式,对合同当事人的环境保护义务进行规定。第一,应当节约资源,避免资源浪费;第二,不得污染环境和破坏生态。例如,在买卖合同中,当事人在履行交付标的物的合同义务时,除了对于标的物包装有特别要求的情形以外,标的物的包装应当以保护标的物在运送中不致损害为必要。当事人不得对标的物进行过度包装,也不得以有毒有害物质对标的物进行包装。

(三)合同漏洞的填补应当遵循的规则

合同生效后,当事人就质量、价款、报酬、履行地点等没有约定或者约定不明确的,可以协议补充;不能达成补充协议的,按照合同相关条款或者交易习惯确定;当事人就有关合同内容约定不明确,依据前条规定仍不能确定的,适用下列规定:

1.质量要求不明确的,按照强制性国家标准履行;没有强制性国家标准的,按照推荐性国家标准履行;没有推荐性国家标准的,按照行业标准履行;没有国家标准、行业标准的,按照通常标准或者符合合同目的的特定标准履行。

2.价款或者报酬不明确的,按照订立合同时履行地的市场价格履行;依法应当执行政府定价或者政府指导价的,依照规定履行。

3.履行地点不明确,给付货币的,在接受货币一方所在地履行;交付不动产的,在不动产所在地履行;其他标的,在履行义务一方所在地履行。

4.履行期限不明确的,债务人可以随时履行,债权人也可以随时请求履行,但是应当给对方必要的准备时间。

5.履行方式不明确的,按照有利于实现合同目的的方式履行。

6.履行费用的负担不明确的,由履行义务一方负担;因债权人原因增加的履行费用,由债权人负担。

(四)合同履行的特别规则

1.提前履行与部分履行

债务人一般应于履行期届至时履行义务。债权人可以拒绝债务人提前履行债务,但是提前履行不损害债权人利益的除外。债务人提前履行债务给债权人增加的费用,由债务人负担。

债务人应当按照法律的规定或者合同的约定全面履行自己的义务。债权人可以拒绝债务人部分履行债务,但是部分履行不损害债权人利益的除外。债务人部分履行债务给债权人增加的费用,由债务人负担。

2.情势变更

情势变更,是指合同依法成立以后,非归因于当事人双方的原因,作为合同赖以成立的基础或环境的客观事实发生变更,使得继续维持合同的效力显失公平或者不能实现合同目的,遭受不利影响的一方当事人可以请求法院或仲裁机关予以变更或解除的规则。

情势变更原则的适用条件:第一,合同成立后,合同的基础条件发生了当事人在订立合同时无法预见的、不属于商业风险的重大变化。例如,物价的异常上涨、汇率大幅度变化、国家政策出现重大调整等。第二,情势变更发生在合同履行阶段。第三,情势变更不属于正常的商业风险。我国民法典并未将不可抗力排斥于情势变更之外,因此,不可抗力也属于情势变更的一种情形。第四,情势变更使继续履行原合同对一方当事人明显不公平。

相关案例

> 2018年4月,某教育与某公司签订《房屋租赁合同》,约定:甲方(某公司)将坐落于济南市市中区5层的房屋租给乙方(某教育)办公及教学使用。使用期限:2018年5月1日至2024年7月31日止。押金为127141.67元。在本合同期限内,若乙方提前终止本合同,需提前6个月向甲方提出,自提出终止合同之日起,6个月期满则合同终止,房租结算至6个月期满之日,原乙方预付的房租不足的应予补足,预付房租有剩余的,甲方应予退还。并且乙方应向甲方支付3个月租金赔偿甲方损失,乙方可以用租赁保证金等已交费用抵扣该赔偿金,不足部分,乙方予以补足。某教育已于2018年6月20日将租金支付至2022年1月31日。
>
> 2021年9月,某教育向某公司发出《退租通知函》,告知因疫情及国家"双减"政策的出台,导致租赁合同目的无法实现,继续履行合同显失公平,提出2021年9月30日解除合同并交还房屋。2021年10月16日,某教育腾空涉案房屋不再进行办公、教学使用。某公司遂诉至人民法院,请求人民法院判令某教育支付6个月租金778909.98元,并赔偿某公司经济损失389454.99元。
>
> 一审法院认为,国家"双减"政策的出台,对学科类校外培训机构的影响显而易见,对双方合同的履行,构成情势变更事由。在此情况下,若继续要求租赁合同必须履行下去,则某教育可能出现无人可招、无生可培的局面,其订立合同的目的无法实现,某教育要求解除合同具有相对合理性。最终驳回了某公司的诉讼请求,并判令某公司返还某教育全部押金。二审维持原判决。

二、双务合同履行中的抗辩权

※知识链接

根据民事权利的作用,可以将民事权利分为支配权、请求权、形成权与抗辩权。其中支配权是指权力主体对于作为权力客体的事物进行直接支配并享受其利益的权利,物权、知识产权、人身权等均属于此;请求权是指特定人请求特示就能使既存的法律关系发生变动的权利,比如被代理人对无权代理的追认权;抗辩权又称异议权,是指对抗对方的请求权的权利。抗辩权的功能在于延缓请求权的行使或使请求权归于消灭。前者是一时性抗辩权,比如先诉抗辩权、同时履行抗辩权、先履行抗辩权、不安抗辩权,后者为永久性抗辩权,比如诉讼时效抗辩权。

(一)同时履行抗辩权

《民法典》第五百二十五条规定,当事人互负债务,没有先后履行顺序的,应当同时履行。一方在对方履行之前有权拒绝其履行请求。一方在对方履行债务不符合约定时,有权拒绝其相应的履行请求。

同时履行抗辩权的适用条件:第一,须在同一双务合同中互负债务;第二,须双互负的债务均已届清偿期;第三,须对方不履行或者履行不符合约定;第四,须对方的对待履行是可能履行的。

(二)先履行抗辩权

先履行抗辩权为合同履行抗辩权的一种,是指在双务合同中,因合同约定或合同本身的性质等原因,使当事人履行他们之间的有关联性的合同义务有先后履行顺序,后履行一方在先履行一方未履行合同义务前有拒绝履行自己合同义务的权利。

《民法典》第五百二十六条规定,当事人互负债务,有先后履行顺序,应当先履行债务一方未履行,后履行一方有权拒绝其履行请求。先履行一方履行债务不符合约定的,后履行一方有权拒绝其相应的履行请求。

(三)不安抗辩权

在债务的履行中,优先为履行顺序的一方,在对方财产、商业信誉或者其他与履行能力有关的事项发生重大变化时,可以终止履行债务的权利,称为不安抗辩权。

依据《民法典》第五百二十七条的规定,应当先履行债务的当事人,有确切证据证明对方有下列情形之一的,可以中止履行:经营状况严重恶化;转移财产、抽逃资金,以逃避债务;丧失商业信誉;有丧失或者可能丧失履行债务能力的其他情形。当事人一方要中止履行的,须提供上述证据,否则视为违约。

当事人行使不安抗辩权时,应当及时将中止履行的情况通知对方。对方提供适当担保的,应恢复履行。但是,如果对方在合理期限内未恢复履行能力且未提供适当担保的,中止履行的一方当事人可以解除合同。

相关案例

> 甲为一著名相声表演艺术家,乙为一家演出公司。甲、乙之间签订了一份演出合同,约定甲在乙主办的一场演出中出演一个节目,由乙预先支付给甲演出劳务费5万元。后来,在合同约定支付劳务费的期限到来之前,甲因一场车祸而受伤住院。乙通过向医生询问甲的伤情后得知,在演出日之前,甲的身体有康复的可能,但也不排除甲的伤情会恶化,以至于不能参加原定的演出。基于上述情况,乙向甲发出通知,主张暂不予支付合同中所约定的5万元劳务费。
>
> 本案中,乙方的行为就属于行使不安抗辩权的行为。

三、合同的保全

根据合同相对性规则,债权仅发生在特定的当事人之间,但是在特殊情况下,法律为了保障债权人的利益,确认债权可以产生对第三人的效力,即债权的对外效力。这种效力集中表现在合同的保全上。合同保全是指为了防止因债务人的不当行为导致其责任财产减少,危害到债权人债权实现,债权人出于保全自己的债权而干预债务人自由处分财产所采取的法律措施。合同保全具有以下特征:第一,合同保全是合同对外效力的体现;第二,合同保全的目的在于实现债权价值;第三,合同保全发生于合同有效成立后至合同履行完毕前。根据《民法典》的规定,具体包括债权人代位权和债权人撤销权两项制度。

(一)代位权

1.代位权的概念及成立要件

债权人的代位权,是指当债务人怠于行使其对第三人享有的权利而危及债权人的债权时,债权人为保全自己的债权,以自己的名义行使属于债务人的权利。当事人行使代位权须符合如下条件:

(1)债务人须对第三人享有权利。由于代位权是涉及第三人的权利,倘若债务人不对第三人享有债权,则代位权即没有了行使目标或标的。但值得注意的是,并非债务人的所有权利均可成为代位权的行使对象。债权人的代位行使债务人的权利,应为非专属于债务人自身的权利。所谓专属于债务人自身的权利,是指基于扶养关系、抚育关系、赡养关系、继承关系产生的给付请求权和劳动报酬、退休金、养老金、抚恤金、安置费、人寿保险、人身伤害赔偿请求权等权利。

(2)债务人怠于行使其权利。怠于行使其权利,是指债务人应当行使且能够行使而不行使其权利。

(3)债务人已陷于迟延。若债务人已陷于迟延,怠于行使其权利,且又无资力清偿其债务,则债权人的债权已经有不能实现的现实危险,此时已发生保全债权的必要。故债权人代位权应以债务人陷于迟延为成立要件。

(4)债务人怠于行使其权利损害了债权人的债权。判断是否对债权造成损害的标准在于债务人的现有财产是否足以满足债权。如果债务人的现有财产足以满足债权,则并无代为行使权利的必要;如果债务人的财产并不足以满足债权,若不向次债务人行使权利则不能满足债权的,债务人的怠于行使即造成了对债权的损害。

2.代位权的行使

代位权必须通过诉讼程序行使。债权人行使代位权必须以自己的名义进行,且仅以其自身的债权为限。债权人行使代位权的法律效力是使债务人、次债务人的相应债务得到清偿,从而使债权人与债务人、次债务人之间的债权债务关系归于消灭。

(二)撤销权

1.撤销权的概念及成立要件

撤销权,是指债权人对于债务人所为的危害债权的行为,可请求人民法院予以撤销的权利。债权人撤销权的成立,因债务人所为的行为系无偿行为或有偿行为而有所不同。在无偿行为(无偿转让、放弃到期债权等)场合,只需具备下述客观要件;而在有偿行为的情况下,则必须同时具备客观要件与主观要件。

客观要件:(1)债权人须以自己的名义行使撤销权;(2)债权人对债务人存在有效债权;(3)债务人实施了减少财产的处分行为;(4)债务人的处分行为有害于债权的实现。

主观要件:有偿行为的撤销,以债务人的恶意为成立要件,以受益人的恶意为行使件;无偿行为的撤销,不要求主观要件。

※**法条链接**

《民法典》第五百三十八条　债务人以放弃其债权、放弃债权担保、无偿转让财产等方式无偿处分财产权益,或者恶意延长其到期债权的履行期限,影响债权人的债权实现的,债权人可以请求人民法院撤销债务人的行为。

第五百三十九条　债务人以明显不合理的低价转让财产、以明显不合理的高价受让他人财产或者为他人的债务提供担保,影响债权人的债权实现,债务人的相对人知道或者应当知道该情形的,债权人可以请求人民法院撤销债务人的行为。

2.撤销权的行使

撤销权的行使范围以债权人的债权为限。债权人行使撤销权的必要费用,由债务人负担。债务人、第三人的行为被撤销的,其行为自始无效。撤销权自债权人知道或者应当知道撤销事由之日起一年内行使。自债务人的行为发生之日起五年内没有行使撤销权的,该撤销权消灭。

相关案例

> 甲欠乙30万元,乙多次催要,甲一直不愿偿还。后来,甲将价值10万元的面包车赠与丙,将价值20万元的房屋以12万元的价格出卖给丁,丙和丁对于甲的欠债情况均不知情。此时,甲已无财产清偿乙的债权。
>
> 本案中,甲将面包车赠与丙,已经对乙的债权造成损害,具备了债权人撤销权的成立条件。因此,乙有权行使债权人撤销权,请求法院撤销甲的赠与行为。甲将房屋出卖给丁的行为虽然是以明显不合理的低价进行的,且也导致甲无财产清偿乙的债权,但根据《民法典》第五百三十九条的规定,有偿行为的撤销,需要以受益人的恶意为行使件。本案中,受让人丁并不知情,其主观无恶意,因此乙对甲的出卖行为不享有债权人撤销权。

第五节 合同的担保

一、合同担保概述

合同的担保是指法律规定或者当事人约定的确保债务人履行债务,保障债权人的债权得以实现的法律措施。合同担保方式为一般分为五种:保证、抵押、质押、留置和定金。其中保证、抵押、质押和定金,都是因当事人的合同而订立,称为约定担保。留置则是直接依据法律的规定而设立,称为法定担保。抵押、质押、留置,是以一定的财产为担保的基础,为物的担保,由《民法典》的第二部分物权编来规定。此部分内容在本书第四章第四节作过详细分析,本节不再赘述。定金是以一定的金钱为担保的基础,称为钱的担保。保证是以保证人的财产和信用为担保的基础,属于人的担保。

二、保证

(一)保证与保证合同

保证是第三人与债权人约定,当债务人不履行其到期债务或者发生当事人约定的情形时,该第三人按照约定履行债务或者承担责任的担保方式。其中,"第三人"被称为保证人,"债权人"既是主债的债权人,也是保证合同的债权人。

在我国,保证合同也是《民法典》明确认可的典型合同,即有名合同;同时,保证合同也是主债权债务合同的从合同。主债权债务合同无效的,保证合同无效,但是法律另有规定的除外。

(二)保证人

保证合同的当事人为保证人和债权人。自然人、法人或者非法人组织均可为保证人,保证人也可以是两个以上。但法律对保证人仍有相应的限制,这些限制主要有以下几点:(1)主债务人不得同时为自己债务的保证人;(2)机关法人不得为保证人,但是经国务院批准为使用外国政府或者国际经济组织贷款进行转贷的除外;(3)以公益为目的的非营利法人、非法人组织不得为保证人。

(三)保证方式

1.一般保证与连带保证

一般保证是指保证人与债权人约定,当债务人不能履行债务时,由保证人承担保证责任的行为。在一般保证中,保证人在主合同纠纷经审判或仲裁,并就债务人财产强制执行后仍不能履行债务时,才依法承担保证责任。一般保证最重要的特点就是保证人享有先诉抗辩权。所谓先诉抗辩权,是指一般保证的保证人在主合同纠纷未经审判或者仲裁,并就债务人财产依法强制执行仍不能履行债务前,对债权人可以拒绝承担保证责任。可见,先诉抗辩权的存在使一般保证中的保证人所承担的责任成为一种纯粹的补充责任。《民法典》第六百八十六条第二款明确规定,当事人对保证方式没有约定或者约定不明确的,按照一般保证承担保证责任。

连带保证是指保证人与债权人约定,保证人与债务人对债务承担连带责任的行为。连带责任保证的债务人,在主合同规定的债务履行期限届满没有履行债务的,债权人可以要求债务人履行债务,也可以要求保证人在其保证范围内承担保证责任。

※**法条链接**

《民法典》第六百八十七条 当事人在保证合同中约定,债务人不能履行债务时,由保证人承担保证责任的,为一般保证。

一般保证的保证人在主合同纠纷未经审判或者仲裁,并就债务人财产依法强制执行仍不能履行债务前,有权拒绝向债权人承担保证责任,但是有下列情形之一的除外:

(一)债务人下落不明,且无财产可供执行;

(二)人民法院已经受理债务人破产案件;

(三)债权人有证据证明债务人的财产不足以履行全部债务或者丧失履行债务能力;

(四)保证人书面表示放弃本款规定的权利。

2.单独保证与共同保证

从保证人的数量来划分,保证可以分为单独保证与共同保证。单独保证是指只有一个保证人担保同一债权的保证。共同保证是指数个保证人担保同一债权的保证。根据《民法典》的规定,同一债务有两个以上保证人的,保证人应当按照保证合同约定的保证份额,承担保证责任;没有约定保证份额的,债权人可以请求任何一个保证人在其保证范围内承担保证责任。

(四)保证责任

1.保证责任的范围

保证责任的范围是指保证担保的债权范围。根据《民法典》第六百九十一条的规定,保证的范围包括主债权及其利息、违约金、损害赔偿金和实现债权的费用。当事人另有约定的,按照其约定。

2.保证期间与保证诉讼时效

保证期间是确定保证人承担保证责任的期间,不发生中止、中断和延长。债权人与保证人可以约定保证期间,但是约定的保证期间早于主债务履行期限或者与主债务履行期限同时届满的,视为没有约定;没有约定或者约定不明确的,保证期间为主债务履行期限届满之日起六个月。

债权人与债务人对主债务履行期限没有约定或者约定不明确的,保证期间自债权人请求债务人履行债务的宽限期届满之日起计算。

一般保证的债权人未在保证期间对债务人提起诉讼或者申请仲裁的,保证人不再承担保证责任。连带责任保证的债权人未在保证期间请求保证人承担保证责任的,保证人不再承担保证责任。

一般保证的债权人在保证期间届满前对债务人提起诉讼或者申请仲裁的,从保证人拒绝承担保证责任的权利消灭之日起,开始计算保证债务的诉讼时效。连带责任保证的债权人在保证期间届满前请求保证人承担保证责任的,从债权人请求保证人承担保证责任之日起,开始计算保证债务的诉讼时效。

3.主合同变更与保证责任承担

债权人和债务人未经保证人书面同意,协商变更主债权债务合同内容,减轻债务的,保证人仍对变更后的债务承担保证责任;加重债务的,保证人对加重的部分不承担保证责任。债权人和债务人变更主债权债务合同的履行期限,未经保证人书面同意的,保证期间不受影响。

债权人转让全部或者部分债权,未通知保证人的,该转让对保证人不发生效力。保证人与债权人约定禁止债权转让,债权人未经保证人书面同意转让债权的,保证人对受让人不再承担保证责任。

债权人未经保证人书面同意,允许债务人转移全部或者部分债务,保证人对未经其同意转移的债务不再承担保证责任,但是债权人和保证人另有约定的除外。

第三人加入债务的,保证人的保证责任不受影响。

相关案例

> 甲公司向乙公司购买价值50万元的彩电,约定收货三个月后付款,并由丙公司提供一般保证担保。后甲公司在征得乙公司同意后,将50万元债务转移给丁公司。债务清偿期届满,乙公司要求丁公司偿还50万元货款及利息,此时丁公司因违法经营被依法查处,公司的账户被冻结,法定代表人也不知去向。于是,乙公司找到丙公司,要求其承担保证责任。丙公司至此才知道甲公司已将其债务转让给丁公司,遂要求认定甲公司的债务转移无效,并以此为由拒绝承担责任。
>
> 本案中,首先,甲公司转让债务的行为有效,《民法典》第五百五十一条规定,债务人将债务的全部或者部分转移给第三人的,应当经债权人同意。因此,甲公司与丁公司间的债务转让具有法律效力。其次,虽然甲公司债务转移生效,但丙公司不再承担保证责任。《民法典》第六百九十七条第一款规定,债权人未经保证人书面同意,允许债务人转移全部或者部分债务,保证人对未经其同意转移的债务不再承担保证责任。本案中,乙公司许可甲公司转让债务给丁公司,但未取得保证人丙公司的同意,所以丙公司不继续承担保证责任。

4.保证人的权利

保证人对债权人的权利包括:第一,保证人基于保证合同本身的抗辩。在债权人向保证人主张保证债务履行请求权时,保证人可以依照保证合同约定或者法律规定的事由,对抗债权人的请求权。此时,保证人是基于一般债务人的身份而主张相应的抗辩,如保证合同未成立的抗辩、保证债务已消灭的抗辩、保证期间已经过的抗辩等。第二,保证人援引债务人的抗辩权。保证债务属于从属性债务,债务人对债权人所享有的任何抗辩,保证人均可以主张以对抗债权人的履行请求。且保证人是以自己的名义而非债务人或债务人的代理人的名义主张抗辩权,即使债务人放弃抗辩权,保证人仍有权向债权人主张抗辩。第三,拒绝履行权。债务人对债权人享有抵销权或者撤销权的,保证人可以在相应范围内拒绝承担保证责任。

保证人对债务人的权利包括:第一,追偿权(求偿权)。保证人承担保证责任后,除当事人另有约定外,有权在其承担保证责任的范围内向债务人追偿。保证人履行保证债务实际上是为债务人履行债务,而非履行自身债务,因而可以向因其清偿而得利的债务人追偿。第二,清偿承受权。保证人的清偿承受权也称保证人的代位权,是指保证人承担保证责任后,除当事人另有约定外,有权在其承担保证责任的范围内享有债权人对债务人的权利,但是不得损害债权人的利益。

三、定金

(一)定金的概念与特征

定金是指合同当事人为了确保合同的履行,约定由一方当事人在合同履行之前预先向对方给付一定数额的货币作为担保。在理论上,定金的形式包括立约定金、成约定金、证约定金、解约定金以及违约定金。《民法典》主要在"违约责任"一章里对违约定金作了规定。

根据《民法典》第五百八十六条第一款的规定,当事人可以约定一方向对方给付定金作为债权的担保,定金合同自实际交付时成立。因此,定金也是一种合同,定金的交付在当事人之间产生了合同关系,定金合同具有如下特点:

1.定金合同的标的物具有特定性。一般为金钱的给付,因此定金作为一种担保方式,也被称为金钱担保。

2.定金具有担保合同的履行和制裁违约的双重功能。就违约定金而言,一方面,当事人预先设立定金,可以督促双方自觉履行合同,通过定金罚则的运用可以起到担保合同履行的功能。另一方面,定金既可以作为担保方式,也可以作为违约责任形式,我国现行法律所规定的定金主要就是违约定金。

3.定金合同是从合同。就违约定金而言,定金是当事人在合同履行前预先交付的,其目的在于担保合同的履行,定金合同以主合同的成立和生效为前提条件。主合同无效或者被撤销,影响定金的效力。

4.定金合同是实践合同。根据《民法典》的规定,定金的成立以实际交付为前提条件,也就是说即使当事人就定金的设立达成了协议,如果没有实际交付定金,也不能发生定金合同成立的效力。

※**知识链接**

定金与押金的区别:押金是担保物权的一种,具体地讲是质押担保的一种特殊形式,即为了担保债务的履行,债务人或者第三人将一定数额的金钱或者等价物移交债权人占有,在债务人不履行合同债务的时候,债权人可从押金中优先受偿。目前,我国现行法律对于押金尚无明确的规定,依据法无禁止即自由原则,应当允许当事人在经济活动中采取约定给付一定数额的押金这种担保方式,其本质上属于质押的范畴。

定金与订金的区别:订金只是一个习惯用语,并非法律概念。订金在日常经济活动中被广泛采用,一般情况下,交付订金视作交付预付款,不具有与"定金"相同的担保性质,不管是哪一方原因造成合同不能履行,给付"订金"一方都可以主张全额返还。

(二)定金的罚则

《民法典》第五百八十六条第二款规定,定金的数额由当事人约定;但是,不得超过主合同标的额的百分之二十,超过部分不产生定金的效力。实际交付的定金数额多于或者少于约定数额的,视为变更约定的定金数额。定金的罚则主要适用于以下两种情形:(1)给付定金的一方不履行债务或者履行债务不符合约定,致使不能实现合同目的的,无权请求返还定金;(2)收受定金的一方不履行债务或者履行债务不符合约定,致使不能实现合同目的的,应当双倍返还定金。

相关案例

> 2022年1月,李先生看到刘女士在网上发布的房屋出租广告,便与刘女士取得联系并确定了租房事宜。次日,李先生微信转账给刘女士1万元,刘女士同意并接受转账。后由于李先生工作地点变动,双方最终未签订租房合同,李先生要求刘女士退还1万元订金。刘女士拒绝退还,她认为此前要求李先生支付的为租房"定金",不是"订金"。李先生不履行租房义务,无权请求返还定金。
>
> 定金应以书面形式明确约定(约定不明确视为没有约定),本案中所涉的1万元双方并未明确约定为定金,刘女士也不能举证证明双方对该1万元明确约定了符合定金性质的内容,故其主张该1万元作为定金处理的请求,在法律上无法得到支持。

第六节 合同的变更和转让

依法成立的合同受法律保护,对当事人具有法律约束力,当事人应当按照合同约定履行自己的义务,不得擅自变更或者解除合同。合同订立后,因各种原因使得合同的内容或者主体发生变更,称为合同的变更或合同的转让。

一、合同的变更概述

(一)合同变更的概念和特征

合同的变更,有狭义和广义之分。狭义的合同的变更,单指合同内容的变更,是对原订合同的内容进行修改或补充。它是指合同在没有履行或者没有完全履行之前,由于实现合同的条件发生变化,合同关系的当事人依据法律规定的条件和程序,对原合同的某些条款进行修改或补充。

广义的合同变更,包括合同内容的变更和合同主体的变更。主体的变更,即合同的转让,是指新的主体取代原合同关系的主体,即新的债权人、债务人代替了原来的债权人、债务人,但合同的内容并没有发生变化。其中,债权人变更的,称为债权让与或者债权转;债务人变更的,称为债务承担或者债务转移;原合同当事人将债权债务一并转移给第三人的称为概括转让。

本节所指的变更即狭义的、合同内容的变更,这种变更具有以下特征:第一,从原则上讲,合同的变更必须经双方当事人协商一致,并在原合同的基础上达成新的协议。第二,合同的变更只是对原合同关系的内容作某些修改和补充,而不是对全部合同内容予以变更。如果合同内容全部发生变化,实际上导致了原合同关系的消灭,产生了一个新合同。最后,合同的变更也会产生新的债权债务关系。

(二)合同变更的效力

首先,合同变更后,如果当事人在合同变更前已经履行了部分义务,则合同的变更原则上不具有溯及力,即当事人的履行行为仍然是有效的。

其次,合同变更后,当事人应该按照变更后的合同内容作出履行。合同变更的内容属于当事人对其利益作出的新的安排,任何一方违反变更后的合同内容都构成违约,合同没有变更的部分,以及合同变更后的部分对当事人都具有法律拘束力。

再次,合同的变更原则上不影响违约责任的承担。即使在法院或者仲裁机构变更了合同内容以后,因为合同继续有效,所以当事人对先前的违约行为仍应当承担违约责任。

最后,合同变更以后对保证人产生一定的效力。根据《民法典》第六百九十五条第一款的规定,债权人和债务人未经保证人书面同意,协商变更主债权债务合同内容,减轻债务的,保证人仍对变更后的债务承担保证责任;加重债务的,保证人对加重的部分不承担保证责任。

二、债权让与

(一)债权让与的概念和特征

债权让与,即合同债权的转让,是指合同债权人将合同的权利全部或者部分转让给第三人的行为。债权让与具有以下特征:

首先,合同债权让与的主体是债权人(转让人)与第三人(受让人)。

其次,债权转让的对象是合同的债权。债权是一种财产权,因此可以作为转让的标的。

最后,合同债权的转让既可以全部转让,也可以部分转让。如果是合同权利的全部转让,则第三人完全取代转让人的地位而成为合同当事人,原合同关系消灭,从而产生了一个新的合同关系。如果是权利的部分转让,则受让人作为第三人加入原合同关系之中，与原债权人共同享有债权。

(二)债权让与的条件

1.须有有效的合同债权存在

须有有效的合同债权存在是合同债权让与的根本前提。如果合同根本不存在，或者已经被宣告无效或被撤销、被解除，所发生的转让行为便是无效的，转让人应对善意的受让人所遭受的损失承担损害赔偿责任。

2.转让双方之间须达成合意

此合同的当事人是转让人和受让人，当事人订立债权转让合同应具备合同的有效条件。如有合同无效的情形，则转让合同不能生效。在转让合同有可撤销或可变更的事由时，当事人可以请求撤销或变更。如果转让合同被撤销，但受让人已经接受债务人履行的，应作为不当得利返还给原债权人。

3.转让的合同债权须具有可让与性

对于不具有可让与性的合同债权，权利人不得转让。所谓不具有可让与性，是指依据债权的性质以及法律规定或者当事人约定，某项特定的债权只能由债权人享有，不得转让给他人。

※**法条链接**

《民法典》第五百四十五条 债权人可以将债权的全部或者部分转让给第三人，但是有下列情形之一的除外：

（一）根据债权性质不得转让；

（二）按照当事人约定不得转让；

（三）依照法律规定不得转让。

当事人约定非金钱债权不得转让的，不得对抗善意第三人。当事人约定金钱债权不得转让的，不得对抗第三人。

4.必须通知债务人

《民法典》第五百四十六条第一款规定，债权人转让债权，未通知债务人的，该转让对债务人不发生效力。也就是说，债权人转让权利时，只需将其转让权利的情况及时通知债务人，而不必征得债务人的同意。

5.须依法办理有关手续

如果法律、行政法规规定，转让合同债权应当办理批准、登记等手续的，则债权人在转让债权时应当办理这些手续。

(三)债权让与的法律效力

1.对受让人的效力

《民法典》第五百四十七条第一款规定，债权人转让债权的，受让人取得与债权有关的从权利，但是该从权利专属于债权人自身的除外。可见，合同权利转让后，受让人取得合同权利及属于主权利的从权利。

2.对债务人的效力

对债务人的效力主要包括以下几点：(1)债务人不得再向原债权人履行债务；(2)债务人应向受让人履行债务，并免除债务人对转让人所负的责任；(3)债务人在合同权利转让时所享有的对抗原债权人的抗辩权依然存在。

三、债务转移

(一)合同债务转移的概念与类型

合同债务的转移又称债务承担，是指在不改变合同的前提下，债权人、债务人通过与第三人订立转让债务的协议，将债务全部或部分转移给第三人承担的法律现象。

债务承担包括两种情况：一种是免责的债务承担，是债务人将合同义务全部转移给第三人，由该第三人取代债务人的地位，成为新的债务人。根据《民法典》第五百五十一条的规定，债务人将债务的全部或者部分转移给第三人的，应当经债权人同意。债务人或者第三人可以催告债权人在合理期限内予以同意，债权人未作表示的，视为不同意。二是债务人将合同义务部分地转移给第三人，由债务人和第三人共同承担债务，称为并存的债务承担。根据《民法典》第五百五十二条规定，第三人与债务人约定加入债务并通知债权人，或者第三人向债权人表示愿意加入债务，债权人未在合理期限内明确拒绝的，债权人可以请求第三人在其愿意承担的债务范围内和债务人承担连带债务。

(二)合同债务转移的条件

合同债务转移只有符合一定条件，才能产生效力。根据我国法律的规定，合同债务转移须具备如下条件：

1.必须存在有效的合同债务。当事人转移的合同债务只能是有效存在的债务。债务本身不存在，或者合同订立后被宣告无效或被撤销，则不能发生债务转移的后果。

2.转让的合同债务必须具有可转移性。根据法律的规定或合同的约定不得转移的债务，不得转移。例如，因扶养请求权而发生的债务，不得转移。

3.必须存在合同债务转移的协议。合同债务的转移，须由当事人达成转移的协议。合同债务转移协议的订立有两种形式：一是债务人与第三人订立协议。债务人与第三人之间可以订立承担债务的协议，该协议一旦成立便生效。第三人作为债务承担人将取代原债务人，原债务人被免除债务。二是在免责的债务承担的情形下，可以由债权人与第三人订立协议。在债权人与第三人之间订立合同债务转移协议时，可以认为债权人已经同意由该第三人履行债务，故债权人与第三人之间订立的合同债务转移的协议一旦成立便生效。

4.必须经过债权人的同意或债权人未明确拒绝。一般来说，债权转让不会给债务人造成损害，但债务的转移则有可能损害债权人的利益，如果允许债务人随意转让债务，一旦受让人没有能力履行债务，或者有能力履行而不愿意履行债务，将直接导致债权人的债权不能实现。根据《民法典》第五百五十一条、第五百五十二条的规定，免责的债务承担应当经债权人同意；对并存的债务承担而言，无论是债务人与第三人订立债务转移协议,还是第三人向债权人表示愿意承担债务,只要债权人未在合理期限内明确拒绝,均可成立并存的债务承担。

5.必须依法办理有关手续。如果法律、行政法规规定,转移合同债务应当办理批准、登记等手续的,则在转移合同债务时应当办理这些手续。

(三)合同义务转移的效力

1.新债务人负有清偿债务的义务。对于免责的债务承担而言,合同债务全部转移的,新债务人将取代原债务人的地位而成为当事人,原债务人将不再作为债的一方当事人。如果新债务人不履行或不适当履行债务,债权人只能向新债务人而不能向原债务人请求履行债务或要求其承担违约责任。对于并存的债务承担而言,无论多少新的债务人加入,原债务人和新加入的债务人都要共同对债权人承担连带责任。原债务人与新债务人之间应承担的债务份额应依转移协议确定。

2.新债务人可以主张原债务人对债权人的抗辩。新债务人享有的抗辩既包括合同履行中的抗辩权,如同时履行抗辩权、不安抗辩权、先履行抗辩权等,也包括其他抗辩,如诉讼时效抗辩、合同撤销和无效的抗辩、合同不成立的抗辩等。

3.新债务人不得主张原债务人对债权人的抵销权。《民法典》第五百五十三条规定,原债务人对债权人享有债权的,新债务人不得向债权人主张抵销。从这个法条所处的位置来看,其不仅适用于免责的债务承担,也适用于并存的债务承担。

4.从债务的转移。合同债务转移后,从债务与主债务是密切联系在一起的,不能与主债务相互分离而单独存在。所以,当主债务发生转移以后,从债务也要发生转移,新债务人应当承担与主债务有关的从债务。

四、合同权利义务的概括转让

(一)合同权利义务概括转让的概念和特征

合同权利和义务概括转让,是指由原合同当事人一方将其债权债务一并转移给第三人,由第三人概括地继受这些债权债务。合同权利和义务的概括转让具有如下特征:

第一,合同权利和义务的概括转让不同于前述合同权利的转让和合同义务的承担,而是概括地转移合同债权债务。合同当事人一方与第三人达成概括转让权利义务的协议后,必须经另一方当事人同意后方可生效,因为概括转让权利义务,包括了义务的转移。在取得另一方同意之后,承担人将完全代替原合同当事人一方的地位,原合同当事人的一方将完全退出合同关系。

第二,合同权利和义务的概括转让主要适用于双务合同。由于合同权利和义务的概括转让,将要出让整个权利和义务,因而只有双务合同中的当事人一方才可以概括转让,故单务合同一般不发生合同权利义务概括转让的问题。

第三,合同权利义务的概括转让,既可以依据当事人的合意而发生,也可以因为法律的规定而产生,如因企业合并、分立而发生的合同权利和义务的概括转让。

(二)合同权利义务概括转让的类型

合同权利和义务的概括转让,可以依据当事人之间订立的合同而发生,也可以因法律的规定而发生。在法律规定的转让中,主要包括如下类型:

第一,合同概括转让,也称为合同承担,是指一方当事人与第三人之间订立合同,并经原合同的另一方当事人同意,由第三人承担合同一方当事人在合同中的全部权利和义务。例如,在房屋租赁合同签订之后,承租人经出租人同意,将承租人的地位全部转让给第三人,承租人不再成为合同当事人,而由第三人取代其在合同中的地位。第三人不仅要承担承租人所负的债务(如交付租金),也享有承租人所享有的权利(如使用房屋)。在合同当事人一方与第三人达成概括转让权利义务的协议后,必须经另一方当事人同意后方可生效。

第二,企业合并和分立。所谓企业合并,是指两个以上的企业合并在一起成立一个新的企业,由新的企业承担原先的两个企业的债权债务,或者一个企业被撤销之后,将其债权债务一并转移给另一个企业。在企业合并的情况下,因为由多个企业合并成一个企业,因此由合并后的企业行使合同权利,履行合同义务。所谓企业分立,是指依照法定程序,将原企业分立为两个或两个以上的新企业。企业的分立引起的债权债务转移,是指在撤销一个企业的基础上,成立一个或数个新的企业,被撤销企业的债权债务转移给新的企业承担。

(二)合同权利义务概括转让的效力

合同权利和义务概括转让要适用《民法典》合同编关于合同债权让与和合同债务承担的规则,这些法律规定的内容具体包括:

第一,根据合同性质、当事人约定和法律规定不得转让的权利,不得因债权债务的概括转让而转让;

第二,如果某些从权利专属于债权人,则受让人无法因合同权利义务的概括转让而享有该从权利;

第三,债务人对原债权人所享有的抗辩权,仍可以对抗受让人;

第四,新债务人应当承担与主债务有关的从债务,但该从债务专属于原债务人的除外;

第五,法律、行政法规规定转让权利或者转让义务应当办理批准、登记手续的,应依照其规定。

相关案例

2020年6月,原告李某与被告武某签订《转让协议》一份,双方约定原告李某将其经营甲醇的店面及店内相关资产以70000元的价格转让给被告武某。合同签订后,被告武某支付了定金10000元,剩余转让费未给付。原告索要剩余转让费未果后,向人民法院起诉,要求被告给付转让费60000元。同年11月15日,被告武某以原告李某未协助其办理《危险化学品经营许可证》以及未能办理厢式货车的过户手续等导致合同目的不能实现为由,提起反诉,要求解除双方签订的《转让协议》,

并要求反诉被告返还已支付的定金10000元。另查明,原告李某在转让经营甲醇的店面之前未办理过《危险化学品经营许可证》。

法院审理后认为,原告李某与被告武某签订的《转让协议》虽系双方自愿签订,但该转让行为违反国家法律、行政法规的强制性规定。原告转让给被告的店面系经营甲醇生产的店面,甲醇属于燃烧的化学品,根据《危险化学品安全管理条例》第三十三条的规定,国家对危险化学品经营实行许可制度。未经许可,任何单位和个人不得经营危险化学品。本案中,原被告均未办理《危险化学品经营许可证》,并且个人经营生产甲醇的行为本身属违法行为,在该店面未取得经营许可证的情况下,原告将违法经营的店转让给被告,该转让行为明显违反国家法律、行政法规的强制性规定,原被告签订的《转让协议》属无效合同。武某从《转让协议》中取得李某的财产应当全部予以返还,李某应给付武某定金10000元。

第七节 合同的终止

一、合同终止概述

合同的终止是指合同当事人之间的权利义务客观上不复存在。合同终止后,当事人之间的债权债务关系消灭。

※**法条链接**

《民法典》第五百五十七条 有下列情形之一的,债权债务终止:

(一)债务已经履行;

(二)债务相互抵销;

(三)债务人依法将标的物提存;

(四)债权人免除债务;

(五)债权债务同归于一人;

(六)法律规定或者当事人约定终止的其他情形。

合同解除的,该合同的权利义务关系终止。

二、合同的解除

(一)合同解除的概念

1.合同的解除是指合同成立后,因当事人一方的意思表示或者双方的协议,使基于合同而发生的债权债务关系归于消灭的行为。

※**知识链接**

从广义上讲,合同的解除也属于合同终止的一种原因,但是合同的解除与合同终止的其他原因存在以下区别:一方面,解除不仅仅是合同终止的原因,也是守约方所享有的一种违约救济手段;另一方面,在解除的情形下,合同权利义务关系并未完全终止,因为当事人之间还要依据合同进行清算,守约方有权依据合同约定向违约方主张损害赔偿。此外,解除仅导致合同权利义务关系消灭,而其他终止原因将导致债权债务关系终止。基于以上原因,《民法典》第五百五十七条第一款并未将终止与其他原因一并规定,而是单独在第二款规定:"合同解除的,该合同的权利义务关系终止。"

(二)合同解除的种类

合同解除主要包括协议解除、约定解除和法定解除三种。

1.协议解除

协议解除,又称事后协商解除,是在合同成立以后、履行或者完全履行之前,当事人通过协商而解除合同。《民法典》第五百六十二条第一款规定,当事人协商一致,可以解除合同。

2.约定解除

约定解除,是指当事人在合同中约定,在合同成立以后,履行或者完全履行之前,当事人一方在某种解除合同的条件成立时享有解除权,并可以通过行使合同解除权,使合同关系消灭。《民法典》第五百六十二条第二款规定,当事人可以约定一方解除合同的事由。解除合同的事由发生时,解除权人可以解除合同。

相关案例

> 2015年9月18日,某置业公司与王某签订《商品房买卖合同》,王某购买某置业公司开发的房屋一套,该商品房总价款为807933元。双方约定,合同签订后,由出卖人通知买受人办理公积金贷款,除90000元可于2016年3月1日付款,其余贷款缴纳全额房款不足部分于2015年10月31日前缴纳;买受人逾期付款的违约责任中约定,逾期超过30日后,出卖人有权解除合同;出卖人解除合同的,买受人按累计应付款的3%向出卖人支付违约金。合同签订后,王某支付房款25万元,尚欠557933元未支付。2019年6月5日,某置业公司向王某发出解除合同通知书,王某不予同意。2020年9月7日,置业公司起诉要求解除合同,王某承担违约责任。
>
> 二审法院审理后认为,案涉合同约定买受人逾期付款的,"逾期超过30日后,出卖人有权解除合同"。王某迟延支付剩余房款超过一个月,置业公司即享有涉案房屋买卖合同的解除权。2019年6月5日,某置业公司向王某发出解除合同通知书,已超过一年的除斥期间,且某置业公司未提供证据证明其在解除权发生之日起一年内向王某主张过权利,故某置业公司的解除权已经消灭,对于其解除涉案房屋买卖合同的主张,不予支持。遂判决驳回置业有限公司的诉讼请求。

3.法定解除

法定解除是指当事人基于法律规定的事由行使解除权而解除合同。法定解除属于一种单方解除合同的方式。法定解除由法律直接规定解除合同的条件,在具备条件时,当事人单方可以行使解除权以解除合同。

《民法典》规定,有下列情形之一的,当事人可以解除合同:(1)因不可抗力致使不能实现合同目的;(2)在履行期限届满之前,当事人一方明确表示或者以自己的行为表明不履行主要债务;(3)当事人一方迟延履行主要债务,经催告后在合理期限内仍未履行;(4)当事人一方迟延履行债务或者有其他违约行为,致使不能实现合同目的;(5)法律规定的其他情形。

※知识链接

不可抗力是指不能预见、不能避免且不能克服的客观情况。主要包括以下几种情形:

1. 自然灾害,如台风、洪水、地震等;
2. 政府行为,如征收、征用;
3. 社会异常事件,如罢工、骚乱。

三、抵销

(一)抵销的概念和要件

抵销是指当事人双方互负债务时,各以其债权充当债务之履行,而使其债务与对方债务在等额范围内归于消灭的行为。其中,为抵销的债权,即债务人的债权,称为主动债权;被抵销的债权,即债权人的债权,称为被动债权。

抵销具备的要件有以下几点:

1. 必须是双方当事人互负债务、互享债权。当事人之间的债权债务关系必须合法有效,且受动债权的债务人须为主动债权的债权人。

2. 双方互负的债务,必须与其给付种类相同。当事人互负债务,标的物种类、品质不相同的,经双方协商一致,也可以抵销,但是此为合意抵销,不是法定抵销。

3. 必须是主动债权已届清偿期。债权人通常仅在清偿期届满时,才可以请求债务人清偿,如果在清偿期届满之前允许抵销的话,就等于在清偿期前强制债务人清偿,牺牲期限利益,不合理。所以,主动债权已届清偿期才允许抵销。如果当事人抛弃期限利益在履行期限届满之前清偿的,即使受动债权未届清偿期,也应当允许抵销。

4. 必须是非依债的性质不能抵销。依照法律规定,不能抵销的债务有:因侵权行为所负的债务,债务人不得以其债权为抵销;法律禁止扣押的债权,例如劳动报酬、抚恤金等,债务人不得主张抵销;约定应向第三人为给付的债务,第三人请求债务人履行时,债务人不得以自己对于他方当事人享有债权而主张抵销。他方当事人请求债务人向第三人履行时,债务人不得以第三人对自己负有债务而主张抵销。

(二)抵销的方法和效力

根据《民法典》第五百六十八条第二款的规定,当事人主张抵销的,应当通知对方,通知自到达对方时生效。抵销不得附有条件或期限。

抵销使债的关系依抵销数额消灭。双方债权额相同时,其互享的债权或互负的债务全部归于消灭;双方债权额不同时,就其相等额而消灭。当抵销生效时,双方债权的消灭效力溯及抵销权发生之时。

四、提存

(一)提存的概念与要件

提存是指由于债权人的原因而无法向其交付合同标的物时,债务人将标的物交付给提存部门,从而消灭合同关系的一项制度。将标的物交付提存的债务人称为提存人,债权人为提存受领人,由国家设立并保管提存物的机关为提存机关,交付保管的物为提存物。

根据《民法典》第五百七十条的规定,有下列情形之一,难以履行债务的,债务人可以将标的物提存:(1)债权人无正当理由拒绝受领;(2)债权人下落不明;(3)债权人死亡未确定继承人、遗产管理人,或者丧失民事行为能力未确定监护人;(4)法律规定的其他情形。标的物不适于提存或者提存费用过高的,债务人依法可以拍卖或者变卖标的物,提存所得的价款。

(二)提存的效力

债务人将标的物或者将标的物依法拍卖、变卖所得价款交付提存部门时,提存成立。提存成立的,视为债务人在其提存范围内已经交付标的物。

标的物提存后,毁损、灭失的风险由债权人承担。提存期间,标的物的孳息归债权人所有,提存费用由债权人负担。债权人可以随时领取提存物。但是,债权人对债务人负有到期债务的,在债权人未履行债务或者提供担保之前,提存部门根据债务人的要求应当拒绝其领取提存物。债权人领取提存物的权利,自提存之日起五年内不行使而消灭,提存物扣除提存费用后归国家所有。但是,债权人未履行对债务人的到期债务,或者债权人向提存部门书面表示放弃领取提存物权利的,债务人负担提存费用后有权取回提存物。

五、免除

免除,是指由债权人免除债务人的债务,从而全部或部分终止合同权利义务关系的行为。债权人免除债务人部分或者全部债务的,债权债务部分或者全部终止,但是债务人在合理期限内拒绝的除外。免除应当符合以下法律行为的构成要件。

(一)债务免除人应当享有合法的债权,或对债权享有处分权

一方面,债权人对于被免除的债务,必须享有合法的债权或处分权,否则将构成无权处分。另一方面,债务免除必须处分自己的债权,而不能处分他人的债权。如果是代理他人作出免除债务的意思表示,必须获得债权人的明确授权,并有权对债权作出处

分。如系共同债权,则一个债权人免除债务人的债务时应当取得其他债权人的同意。

(二)债务免除人应当具有行为能力

由于免除行为解除了债务负担,使债权人遭受了一定程度的不利,因此,只有具有完全行为能力,能够独立判断自己行为性质和后果的人,才能实施免除行为。无行为能力人或者限制行为能力人未征得其法定代理人的同意,不得实施免除行为。债务免除的意思表示必须向债务人作出。

(三)免除的意思表示应当向债务人明确作出

债权人免除债务应当向债务人作出免除的意思表示,适用意思表示的一般规定。该意思表示以债务人作为相对人,免除应当通知债务人或者债务人的代理人,向第三人为免除的意思表示不发生法律效力。免除为放弃债权的行为,向债务人或者债务人的代理人表示后,即产生债务消灭的法律后果,因此,债权人作出免除的意思表示不得撤销。

(四)免除不得损害第三人的利益

债权人虽然有权免除债务人的债务,但是该权利的行使以不损害第三人的利益为限。例如,《民法典》第五百三十八条规定的撤销权。

(五)债务人未在合理期限内拒绝

《民法典》第五百七十五条规定,债权人免除债务人部分或者全部债务的,债权债务部分或者全部终止,但是债务人在合理期限内拒绝的除外。

※知识链接

《民法典》第五百七十五条在原《合同法》第一百零五条的基础上,增加了但书部分的规定。过去人们常认为债务免除是一种单方行为,一种无偿行为,而《民法典》编纂对债务免除的制度构造进行了调整。一方面,债务免除的效果不取决于债务人的接受,可以直接发生债权债务部分或全部终止的法律效果,即属于"单方行为";另一方面,债务人可以通过行使拒绝权的方式使得债务免除自始不发生效果,即债务人可以拒绝承受债务免除的法律后果,也就是学理上所称的"修正的单方行为"。

六、混同

混同,是指债权和债务同归于一人,致使合同关系消灭的事实。混同是一种法律事实而非法律行为,故而只要债权和债务同归于一人的事实发生,无需当事人作出任何意思表示,合同关系以及其他债的关系即归于消灭。

混同成立的原因有两个方面:第一,债权债务的概括承受。例如,在公司合并的情形下,合并各方的债权债务同归于合并后的公司。第二,特定承受,即债权人承受债务人对自己的债务,或债务人受让债权人对自己的债权,比如继承。

相关案例

> 齐某与冯某是同学。2020年2月5日,齐某因生意上的需要向冯某借款1万元。借款当日,齐某给冯某出具了一张借据。随后二人交往甚密,产生恋情并于10月登记结婚。2021年12月,二人因感情破裂,到当地民政部门办理了离婚登记手续,但对借款1万元之事未做处理。2022年1月,冯某持借据向法院提起诉讼,请求法院判令齐某偿还借款1万元。齐某对借款1万元无异议,但称他与冯某结婚后,该债务因混同应归于消灭,不同意偿还借款。
>
> 结婚并不能产生债的混同。债的混同是指债权人与债务人合二为一,成为一个民事主体,这是产生债的混同的必要条件。债权人与债务人结婚虽然有某种形式的合并,但仍是各自独立的民事主体,就仍有债的履行之必要,因此,二者债权债务关系仍然存在。即使债权人在婚姻存续期间没有要求债务人履行义务,也是债权人处分自己民事权利的表现,与债的混同没有任何关系。结合本案,债权人冯某与债务人齐某结婚后,冯某虽然在婚姻关系存续期间没有向齐某主张权利,双方也未有其他协议,但这并不表明冯某就放弃了权利,冯、齐二人之间的债权债务关系仍然存在。

第八节 违约责任

一、违约责任的概念和特征

(一)违约责任的概念

违约责任,也称违反合同的民事责任,是指合同当事人一方不履行合同义务或履行合同义务不符合合同约定所应承担的民事责任。合同一旦生效,即在当事人之间产生法律约束力,各方当事人均应按照合同的约定履行合同义务。

违约并不一定产生违约责任。例如,在一定情况下,虽然有违约行为,但因存在法定的或约定的免责事由而可以免除责任。

(二)违约责任的特征

1. 违约责任是合同当事人不履行合同义务所产生的责任。如果当事人违反的不是合同义务,而是法律规定的其他义务,则应负其他责任。
2. 违约责任具有相对性。违约责任只能在特定的当事人之间即合同关系的当事人之间发生,合同关系以外的人不负违约责任,合同当事人也不对其承担违约责任。
3. 违约责任具有补偿性。即违约责任的目的在于弥补或补偿因违约行为造成的损害后果。
4. 违约责任可由双方当事人约定。当事人可以在法律规定的范围内,对一方的违约责任作出事先安排。此外,当事人还可以通过设定免责条款限制和免除其在将来可能承担的责任。

二、违约责任的构成要件

违约责任的构成要件可分为一般构成要件和特殊构成要件。一般构成要件是指违约当事人承担违约责任形式必须具备的要件,特殊构成要件是指各种具体的违约责任形式所要求的要件。一般违约责任的构成要件主要包括以下几个。

(一)有违约行为

违约行为是指合同当事人不履行合同义务或者履行合同义务不符合约定的行为。违约行为具有以下特点:

1.违约行为的主体是合同关系中的当事人。根据合同的相对性原则,只有合同当事人才有可能构成违约,而第三人的行为不构成违约行为。

2.违约行为是以有效的合同关系的存在为前提的。如果合同关系不存在,则不可能发生违约行为,任何一方当事人也不能基于合同请求另一方承担违约责任。

3.违约行为在性质上都违反了合同义务。合同义务主要是由当事人通过协商而约定的,但法律为维护公共秩序和交易安全,也为当事人设定了一些必须履行的义务。

4.违约行为在后果上都导致了对合同债权的侵害。

(二)不存在法定和约定的免责事由

违约责任的免责事由问题涉及违约责任的归责原则。在违约行为发生以后,违约当事人并非一定承担违约责任。如果其有法定的或约定的免责事由,则不承担违约责任。前者如不可抗力,后者如合同中的免责条款。

三、违约责任的承担形式

(一)实际履行

作为一种违约后的补救方式,实际履行也称继续履行,是指在一方当事人违反合同时,另一方有权要求其按照合同的约定继续履行合同义务。当事人一方不履行合同义务或者履行合同义务不符合约定的,应当承担继续履行等违约责任;当事人一方未支付价款、报酬、租金、利息,或者不履行其他金钱债务的,对方可以要求其支付;当事人一方不履行非金钱债务或者履行非金钱债务不符合约定的,对方可以请求履行。

(二)采取补救措施

采取补救措施是指违约方所采取的旨在消除违约后果的补救方式。当事人不履行合同义务或者履行合同义务不符合约定的,应当承担采取补救措施等违约责任。《民法典》规定,当事人履行不符合约定的,应当按照当事人的约定承担违约责任。对违约责任没有约定或者约定不明确,依据合同履行相关规则仍不能确定的,受损害方根据标的的性质以及损失的大小,可以合理选择请求对方承担修理、重作、更换、退货、减少价款或者报酬等违约责任。

(三)违约损害赔偿

违约损害赔偿又称赔偿损失,是指违约方因不履行合同或者不完全履行合同义务而给对方造成损失,依法应当承担的赔偿损失的责任。当事人一方不履行合同义务或者履行合同义务不符合约定的,应当承担赔偿损失等违约责任。

违约损害赔偿既可以单独使用,也可以与其他救济措施一并使用。当事人一方不履行合同义务或者履行合同义务不符合约定的,在履行义务或者采取补救措施后,对方还有其他损失的,应当赔偿损失。

(四)支付违约金

违约金是当事人通过协商预先确定的、在违约发生后作出的独立于履行行为的给付。当事人可以约定一方违约时应当根据违约情况向对方支付一定数额的违约金。根据《民法典》第五百八十五条的规定,当事人可以约定一方违约时应当根据违约情况向对方支付一定数额的违约金,也可以约定因违约产生的损失赔偿额的计算方法。约定的违约金低于造成的损失的,人民法院或者仲裁机构可以根据当事人的请求予以增加;约定的违约金过分高于造成的损失的,人民法院或者仲裁机构可以根据当事人的请求予以适当减少。当事人就迟延履行约定违约金的,违约方支付违约金后,还应当履行债务。

(五)适用定金罚则

《民法典》第五百八十八条规定,当事人既约定违约金,又约定定金的,一方违约时,对方可以选择适用违约金或者定金条款。定金不足以弥补一方违约造成的损失的,对方可以请求赔偿超过定金数额的损失。违约定金与违约金关系十分密切。

复习思考题

一、单项选择题

1.下列属于《民法典》中规定的合同的基本原则的是(   )。

A.诚实信用原则　　　　　　　　B.协作原则

C.经济合理原则　　　　　　　　D.情势变更原则

2.下列各项合同中,属于合同法调整的合同是(   )。

A.监护协议

B.融资租赁合同

C.收养合同

D.国家机关与劳动者之间的劳动合同

3.根据合同法律制度的规定,下列情形中,要约没有发生法律效力的是(   )。

A.撤回要约的通知与要约同时到达受要约人

B.撤销要约的通知在受要约人发出承诺通知之前到达

C.同意要约的通知到达要约人

D.受要约人对要约的内容作出实质性变更

4.下列各项关于要约的生效时间的确定,正确的是(　　)。

A.自要约人发出要约时生效

B.自要约到达受要约人时生效

C.自受要约人发出承诺时生效

D.自双方当事人签字或者盖章时生效

5.根据《民法典》的规定,属于无效合同类型的是(　　)。

A.因重大误解订立的合同

B.显失公平的合同

C.以欺诈、胁迫的手段订立的合同

D.恶意串通,损害国家、集体或者第三人利益的合同

6.甲、乙两公司的住所地分别位于北京和海口。甲向乙购买一批海南产香蕉,3个月后交货。但合同对于履行地点和价款均无明确约定,双方也未能就有关内容达成补充协议,依照合同其他条款及交易习惯也无法确定。根据合同法律制度的规定,下列关于合同履行价格的表述中,正确的是(　　)。

A.按合同订立时海口的市场价格履行

B.按合同订立时北京的市场价格履行

C.按合同履行时海口的市场价格履行

D.按合同履行时北京的市场价格履行

7.郑某和张某拟订了一份书面合同。双方在甲地谈妥合同的主要条款,郑某于乙地在合同上签字,其后,张某于丙地在合同上盖章,合同的履行地为丁地。根据《民法典》的规定,该合同成立的地点是(　　)。

A.甲地　　　　　　　　　　　　B.乙地

C.丙地　　　　　　　　　　　　D.丁地

8.甲、乙双方签订买卖合同,约定甲支付货款一周后乙交付货物。甲未在约定日期付款,却请求乙交货。根据合同法律制度的规定,对于甲的请求,乙可行使的抗辩权是(　　)。

A.先履行抗辩权

B.同时履行抗辩权

C.不安抗辩权

D.先诉抗辩权

9.下列关于合同转让的说法中,错误的是(　　)。

A.债权人转让债权的,应当征得债务人同意

B.债务人转让债务的,应当经债权人同意

C.当事人一方经对方同意,可以将自己在合同中的权利和义务一并转让给第三人

D.债务人转移义务的,新债务人应当承担与债务有关的从债务

10.关于定金合同,下面说法中正确的是(　　)。

A.定金合同是诺成性合同

B.定金合同是合同担保的方式之一,属于从合同

C.定金份额不得超过主合同标的的25%

D.收受定金的一方违约时要返还定金

二、多项选择题

1.合同是当事人意思表示一致的协议。合同必须包含的要素有(　　)。

A.必须有两个以上的当事人

B.当事人之间必须有隶属关系

C.必须相互作出意思表示

D.各个意思表示是一致的

2.下列各项中,属于不得撤销要约的情形有(　　)。

A.要约已经到达受要约人

B.要约人确定了承诺期限

C.要约人明示要约不可撤销

D.受要约人已对要约作出承诺

3.根据合同法律制度的规定,属于无效格式条款的有(　　)。

A.有两种以上解释的格式条款

B.恶意串通损害国家利益的格式条款

C.损害社会公共利益的格式条款

D.违反法律强制性规定的格式条款

4.甲、乙双方签订了买卖合同,在合同履行过程中,发现该合同履行费用的负担问题约定不明。根据合同法律制度的规定,这种情况下,可供甲乙双方选择的履行规则有(　　)。

A.双方协议补充

B.按交易习惯确定

C.由履行义务一方负担

D.按合同有关条款确定

5.根据《民法典》的规定,下列情形中,属于合同解除法定事由的有(　　)。

A.合同当事人一方的法定代表人变更

B.作为合同当事人一方的法人分立

C.由于不可抗力致使合同目的不能实现

D.合同当事人一方迟延履行债务致使合同目的不能实现

三、案例模拟

2020年5月,A企业通过某购物平台与B公司签订消毒水等防控物品买卖合同,

合同成立后,A企业即将货物交给C运输公司运往B公司所在地,但该批货物由于司机疲劳驾驶发生车祸,毁损大半。B公司遂要求A企业补交货物,并承担违约责任。A企业则认为自己不存在过错,拒绝补交货物,要求B公司找C运输公司。

2020年7月,A企业因生产口罩需要,急需4吨熔喷布,该企业同时向D公司和E公司发函,函件称:"如贵厂有GB19083-2010标准的熔喷布,吨价不超2万元,请接信10日内发货4吨,货到付款,运费由供货方自行承担。"D公司接信当天回复愿意以2.2万元每吨的价格发货4吨,并于第三天送货上门,A企业当天验收并接收了货物。E公司接到信函后,积极准备货源,于接信第七天将4吨熔喷布装车,送至A企业,结果遭到拒收。E公司不服,遂向法院提起诉讼。

请根据以上案情,回答下列问题:
(1)A企业与B公司之间的买卖合同何时成立?
(2)B公司能否要求A企业补交货物以及承担违约责任?
(3)D公司的发货行为如何定性,双方的合同何时成立?
(4)E公司与A企业是否存在生效的合同关系,为什么?

第六章 知识产权法律制度

学习目标

【知识目标】

1. 熟悉知识产权的概念和特征。
2. 掌握著作权主体、客体和内容的具体规定。
3. 掌握专利权主体、客体和内容的具体规定。
4. 熟悉专利权的取得条件和程序,了解专利侵权行为。
5. 掌握商标法关于商标注册的有关规定,熟悉商标侵权行为,了解驰名商标保护规定。

【技能目标】

1. 培养学生知识产权的法律意识。
2. 能够运用所学的理论知识分析知识产权保护实践中出现的问题并提出解决的方案。

【思政目标】

1. 培养学生对知识产权的保护意识,尊重知识成果。
2. 培养学生开拓进取积极创新,增强责任担当意识。

本章知识体系构建

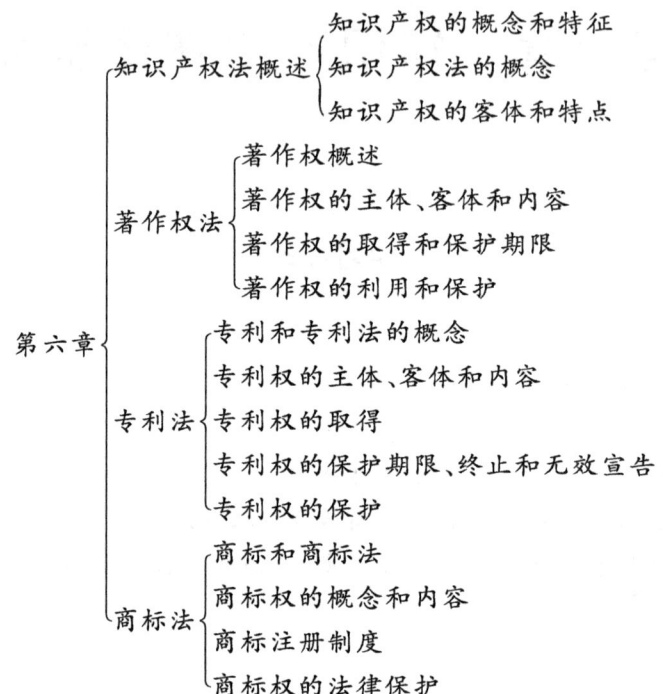

※引导案例

"茶颜悦色"与"茶颜观色"商标之争

2019年10月,"茶颜观色"注册商标专用权人广州甲餐饮有限公司(以下简称甲公司)以长沙"茶颜悦色"商标侵权为由,向长沙市岳麓区人民法院起诉,请求判令"茶颜悦色"商标权人湖南乙文化产业发展集团有限公司(以下简称乙公司)及授权使用人等赔偿各项损失,并公开发表致歉声明,消除不利影响。长沙市岳麓区人民法院经审理,于2020年4月8日判决驳回甲公司的全部诉讼请求。

2020年8月17日,乙公司作为原告将甲公司、广州丙餐饮管理有限公司(以下简称丙公司)、长沙市天心区丁饮品店(以下简称丁饮品店)作为被告,以被告使用的商业标识与其有一定影响力的商品装潢高度近似为由,向长沙市天心区人民法院起诉。长沙市天心区人民法院一审判决:甲公司、丙公司立即停止在全国范围内使用与乙公司相同或近似装潢的广告宣传、加盟许可招商宣传、虚假宣传不正当竞争行为,并向乙公司赔偿经济损失及合理维权费用,同时在《中国知识产权报》上刊发消除影响声明。

因不服一审判决,甲公司向长沙市中级人民法院提起上诉。长沙市中级人民法院作出二审判决:驳回上诉,维持原判。

第一节 知识产权法概述

一、知识产权的概念和特征

(一)知识产权的概念

知识产权是人们基于创造知识的劳动对所产生的知识产品依法享有的专有权。其实质在于其智力创造性,包括著作权、专利权、商标权、发明权、发现权、商业秘密、厂商名称、地理标记等智力成果权的总称。狭义的知识产权包括专利权、商标权和著作权。

(二)知识产权的特征

知识产权与其他民事权利相比,有以下几点法律特征。

1.知识产权的保护对象是非物质性的信息

知识产权所保护的对象,大部分是智力活动所创造的成果,即通常所说的智力成果,如文学艺术和科学作品、新产品新方法的发明创造,或者是商业活动的标志,如商标等。这些都具有财产价值,而且都具有非物质性。

所谓非物质性,是指知识产权保护的对象并无物质性存在,它仅是一种信息。知识产权法所保护的,正是人们对这种信息的控制和支配。非物质财产不同于无形财产,知识产权的保护对象确实是无形的,但是它与其他财产的本质区别在于它的非物质性,而不是无形性。

2.知识产权是绝对权、支配权

所谓绝对权,是指权利的效力可以对抗一切人,即除权利人之外的任何人都负有不得侵害、干涉其权利的消极义务,而没有协助其实现权利的积极义务。这是知识产权与属于相对权的债权的一个重要区别。

所谓支配权是权利人需根据自己的意志,对权利的保护对象进行直接支配,并排除他人干涉的权利。知识产权的权利人对作为其权利保护对象的信息可以进行商业性利用,也可以不利用;可以用法律许可的任何一种方式利用,也可以按自己的意志进行处分。他人未经许可,不得进行商业性使用。在这方面,知识产权与物权没有什么区别。因此,知识产权被称为"准物权"。这是知识产权与债权的又一区别。

二、知识产权法的概念

知识产权法是调整因创造、使用智力成果而产生的以及在确认、保护和行使智力成果所有人的知识产权的过程中所发生的各种社会关系的法律规范的总称。

※知识链接

我国知识产权法律渊源

1.知识产权法律,如著作权法、专利法、商标法和反不正当竞争法等。

2.知识产权行政法规,如《著作权法实施条例》《计算机软件保护条例》《专利法实施细则》《商标法实施条例》等。

3.知识产权地方性法规、自治条例和单行条例,如《深圳经济特区企业技术秘密保护条例》等。

4.知识产权行政规章,如国家工商行政管理局《关于禁止侵犯商业秘密行为的若干规定》等。

5.知识产权司法解释,如《最高人民法院关于审理专利纠纷案件适用法律问题的若干规定》等。

6.我国参加的知识产权国际条约,如《巴黎公约》。

三、知识产权的客体和特点

(一)知识产权的客体

知识产权的客体是知识产品,创造知识的劳动是知识产权的源泉,知识产品是知识产权发生的根据。知识产品是指创造知识的劳动所产生的精神产品,如艺术产品,技术、信息等知识产品,科学上的新发现、技术上的新发明等都属于知识产品。

(二)知识产品的特点

1.创造性

具有创造性是知识产品能够得到法律保护的根本原因。作为知识产权客体的知识产品,与人类已有的知识相比,必须有所突破、有所创新。例如,商标权客体的商标标志,必须满足商标法规定的"显著性",这是商标获得商标法保护的实质要件,也要求在商标设计中体现创造性,以使所设计出的商标与众不同。

2.知识性

知识性是知识产品的本质特征,知识产品通过向社会传播一定的知识信息而实现其最终价值。知识性或者说由知识性所决定的非物质性是知识产品区别于有形财产的主要特征。

3.共享性

共享性是知识性的延伸。承载着知识产品的信息可以被无限复制和传播,而知识产品的共享性正是通过这种复制来体现的,如用印刷、复印、数字化等方式复制作品。另外,在信息技术时代,知识产品经数字化后可以通过网络下载实现网络共享。

第二节 著作权法

一、著作权概述

(一)著作权的概念和特征

1.著作权的概念

著作权也称版权,有狭义和广义之别。狭义的著作权指文学、艺术和科学作品的作者或者其他著作权人依法对作品所享有的独占权利,包括著作人身权和著作财产权。广义的著作权除了狭义的著作权所指内容外,还包括著作邻接权。我国著作权法称之为"与著作权有关的权利",即作品传播者依法所享有的权利。著作邻接权也包括人身权利和财产权利两个部分。

2.著作权的特征

(1)著作权是专有产权。著作权是专有产权是指只有作者或者法律特别认可的人才能享有著作权,它不为所有民事主体所享有而只是民事主体中具有特定身份的人才享有。而物权、债权、人身权等其他民事权利则具有公民或法人的民事主体资格即可享有。

(2)著作权具有人格权属性。知识产权包含人身权利和财产权利两部分。但与其他知识产权相比,著作权具有人格权属性。专利权、商标权等知识产权中的人身权利属身份权,如表明发明人身份的权利、表明注册商标专用人身份的权利,其中不含人格权因素。而著作权则不同,其所包含的人身权利既包括表明作者身份的权利,也包括表明作者人格的权利。正是著作权包含着人格权因素,所以著作权法禁止著作权中的署名权转让。

(3)著作权具有可分割性。可分割性是指内容可分割。由于著作权法禁止著作权中的署名权转让,因此对某些特殊作品,如视听作品和某些职务作品,由作者享有署名权,而著作权的其他权利则转归特定关系人如制片人或者作者所在的单位享有。

3.中国著作权原则

(1)保护作者权益原则,包括财产权和人身权;

(2)鼓励作品传播的原则;

(3)作者利益与公众利益协调一致的原则,合理使用、法定许可使用、强制许可使用等制度;

(4)与国际著作权发展趋势保持一致的原则,如《伯尔尼公约》《世界版权公约》。

(二)著作权法

著作权法也称版权法,是确认和保护作者及其他著作权人对其文学、艺术和科学作品所享有的专有权的法律规范的总称。

《中华人民共和国著作权法》(以下简称《著作权法》)于 1990 年 9 月 7 日由第七届全国人民代表大会常务委员会第十五次会议通过,根据 2001 年 10 月 27 日第九届全国人民代表大会常务委员会第二十四次会议《关于修改〈中华人民共和国著作权法〉的决定》第一次修正,根据 2010 年 2 月 26 日第十一届全国人民代表大会常务委员会第十三次会议《关于修改〈中华人民共和国著作权法〉的决定》第二次修正,根据 2020 年 11 月 11 日第十三届全国人民代表大会常务委员会第二十三次会议《关于修改〈中华人民共和国著作权法〉的决定》第三次修正,修改后的《著作权法》自 2021 年 6 月 1 日起施行。

相关案例

> **《巴顿传记》的著作权**
>
> 20 世纪 40 年代,阿克斯特女士写了一部美国红十字会创始人克雷娜·巴顿生平的电影文学剧本。为了电影的上座率,剧本没有完全按照历史的事实行事,而是增加了一些虚构的情节和人物。例如,塑造了一个巴顿的恋人(这在历史上是不存在的)。此后不久,布鲁恩编写并出版了《巴顿传记》。这部作品中出现了七位阿克斯特女士剧本中塑造的人物。这些人物的性格、特征等与电影剧本中的人物极为相似。不过,这七位人物中,有些属于电影剧本作者的虚构(包括巴顿的恋人),有些则是历史确实存在过的。
>
> 请问:布鲁恩编写的传记是否构成侵权?如果构成,侵犯了何者的权利?

二、著作权的主体、客体和内容

(一)著作权的主体

著作权的主体亦称著作权人,即依法对文学、艺术和科学作品享有著作权的人,包括自然人、法人和其他组织。在一定条件下,国家也可能成为著作权主体。

1.著作权主体的分类

根据著作权的取得方式分为原始主体和继受主体。

(1)原始主体,是指在作品完成后,直接根据法律规定或合同约定,在不存在其他基础性权利的前提下对作品享有著作权的人。一般情况下为作者,特殊情况下作者以外的自然人或组织也可能成为著作权原始主体。

(2)继受主体,通过受让、继承、受赠或法律规定的其他方式取得全部或一部分著作权的人。

2.著作权人

根据《著作权法》的规定,著作权人包括作者和其他依照本法享有著作权的自然人、法人或者非法人组织。

(1)作者,是指文学、艺术和科学作品的创作者。根据《著作权法》的规定,创作作品的公民是作者;由法人或者其他组织主持,代表法人或者其他组织意志创作,并由法人或者其他组织承担责任的作品,法人或者其他组织视为作者。计算机软件的著作权属于软件开发者。

作者须具备的条件：①作者是直接参与创作的人，即借助语言、文字、色彩、线条等进行创作，反映自己创作个性以及特点的人；②确认作者的方法是，如无相反证明，在作品上署名的人即为作者；③作者通过创作活动，产生了著作权法规定的作品。

(2)其他著作权人，是指除作者以外，其他依法享有著作权的公民、法人、非法人单位或国家。

3.特殊作品著作权主体的确定

《著作权法》规定了特殊情形下如何确定著作权人：

(1)演绎作品。改编、翻译、注释、整理已有作品而产生的作品，著作权由改编、翻译、注释、整理人享有，但行使著作权时不得侵犯原作品的著作权。

(2)合作作品。两个以上作者合作创作的作品，著作权由合作作者共同享有。没有创作的人，不能成为合作作者。合作作品可以分割使用的，作者对各自创作的部分可以单独享有著作权，但行使著作权时不得侵犯合作作品整体的著作权。

(3)汇编作品。汇编若干作品、作品的片段或者不构成作品的数据或者其他材料，其内容的选择或者编排体现独创性的作品，为汇编作品。汇编作品著作权由汇编人享有，但行使著作权时不得侵犯原作品的著作权。

(4)影视作品。电影作品和以类似摄制电影的方法创作的作品，其著作权由制片者享有，但编剧、导演、摄影、作词、作曲等作者享有署名权，并有权按照与制片者签订的合同获得报酬。电影作品和以类似摄制电影的方法创作的作品中的剧本、音乐等可以单独使用的作品的作者有权单独行使其著作权。

(5)职务作品。公民为完成法人或者其他组织的工作任务而创作的作品是职务作品，除法律、行政法规规定或者合同约定著作权由法人或者其他组织享有以外，著作权由作者享有，但法人或者其他组织有权在其业务范围内优先使用。作品完成两年内，未经单位同意，作者不得许可第三人以与单位使用相同的方式使用该作品。

《著作权法》规定有下列情形之一的职务作品，作者享有署名权，著作权的其他权利由法人或者其他组织享有，法人或者其他组织可以给予作者奖励：①利用法人或者其他组织的物质技术条件创作，并由法人或者其他组织承担责任的工程设计图、产品设计图、地图、计算机软件等职务作品；②法律、行政法规规定或者合同约定著作权由法人或者其他组织享有的职务作品。

(6)委托作品。委托人和受托人通过合同约定，由作者按照其意志和具体要求而创作的特定作品，如单位悬赏征集的厂标、厂徽、厂歌等，其著作权的归属由委托人和受托人通过合同约定，合同未作明确约定或者没有订立合同的，著作权属于受托人。

(7)美术作品。美术作品包绘画、书画、雕塑、建筑等作品。美术作品原件所有权的转移不视为作品著作权的转移，但美术作品原件的展览权由原件所有人享有。

(8)匿名作品。匿名作品指作者隐去姓名，其中包括不署名或不写其真实姓名的作品，亦称作者身份不明的作品。《著作权法实施条例》规定，作者身份不明的作品，由作品原件的合法持有人行使除署名权以外的著作权，作者身份确定后，由作者或者其继承人行使著作权。

相关案例

> **全网"挖呀挖"视频爆火,表演者是否构成侵权问题**
>
> "在小小的花园里面挖呀挖呀挖,种小小的种子开小小的花。"2023年五一假期前后,一首《挖呀挖呀挖》的儿歌风靡全网。凭借着这首儿歌,其中一位视频发布者武汉黄老师也因此走红,仅仅一周时间涨粉400万。相关话题也多次冲上热搜,甚至引发了网友自发模仿、改编。经了解,黄老师在直播间唱这首歌时,有了网友打赏的收益,所以这涉及商业行为。根据公开资料,这原是一首绕口令式的手指谣,适合幼儿园中班以上的小朋友学习,原名为《花园种花》。
>
> 请问:黄老师的行为是否会构成侵权?如果构成,侵犯了何者的权利?
>
> 分析:《著作权法》明确规定,未经著作权人的许可,通过信息网络向公众传播他人作品的,构成著作权侵权。因此,《花园种花》的原创作者可以要求黄老师承担停止侵害、消除影响、赔礼道歉、赔偿损失等民事责任。

(二)著作权的客体

著作权的客体是指著作权的保护对象,又称作品。作品,是指文学、艺术和科学领域内具有独创性并能以一定形式表现的智力成果。单纯的思想或情感本身不能成为著作权客体。

1.作品的种类

根据《著作权法》的规定,作品包括以下种类:

(1)文字作品。文字作品是指小说、诗词、散文、论文等以文字、数字、符号等形式表现的作品,包括以文字表现的小说、诗歌、散文、著作、译著、工具书、期刊、统计报表等。此外,根据《TRIPS协议》第十条,计算机程序也应属于文字作品。

(2)口述作品。口述作品也称语言作品,指即兴的演说、授课、布道、法庭辩论等口头语言形式表现的作品。作者首次表现的形式是口述形式的,就是口述作品。口述作品通常产生于即兴创作的过程中,如即兴诗词、歌唱,不需要任何物质载体固定。

(3)音乐、戏剧、曲艺、舞蹈、杂技艺术作品。音乐作品指歌曲、交响乐等能够演唱或者演奏的带词或者不带词的作品。戏剧作品是指话剧、歌剧、地方戏等供舞台演出的作品,是将人的连续动作与人的说唱表白有机地编排在一起,通过表演来反映某一事物变化过程的作品。曲艺作品是指相声、快板、大鼓、评书、弹词等以说唱为主要形式表演的作品。舞蹈作品是指通过连续的动作、姿势、表情等表现思想感情的作品。杂技艺术作品是指杂技、魔术、马戏等通过形体动作和技巧表现的作品。

(4)美术、建筑作品。美术作品是指绘画、书法、雕塑等以线条、色彩或者其他方式构成的具有审美意义的平面或立体的造型艺术作品。建筑作品指以建物或者建筑物形式表现的有审美意义的作品。

(5)摄影作品。摄影作品是指借助器械,在感光材料或者其他介质上记录客观物体形象的艺术作品。我国著作权法没有要求摄影作品具有特殊的独创成分,只要作者在记录客观物体形象时,取景、选位、选择光影比例等行为都足以构成摄影作品,而不是翻拍他人的摄影作品、美术作品或其他作品等。

(6)视听作品。视听作品包括有声电影、电视、录像作品和其他录制在磁带、唱片或类似这一方面上的配音图像作品等。

(7)工程设计图、产品设计图、地图、示意图等图形作品和模型作品。工程设计图、产品设计图纸,是指为生产和施工绘制的图样和对图样的文字说明。著作权法保护的工程设计产品、设计图纸及其说明,仅指以印刷、复印、翻拍等平面复制形式使用图及其说明。依照图纸进行施工的行为,不受著作权法保护。建筑设计图不属于工程设计图,而属于建筑作品。

地图是指表明地球表面自然和人文事项的作品,如地理图、水文图、气象图、军用地图、人口图等。

示意图是指用线条和符号说明内容较为复杂的事物及原理,如三峡工程示意图、长征三号捆绑火箭示意图等。

模型作品是《伯尔尼公约》列入的保护客体之一。它是指为展示、试验或观测等用途,根据物体的形状和结构,按照一定比例制成的立体作品。它也是修订后的《著作权法》新增的作品类型。

(8)计算机软件。计算机软件是计算机程序及其文档的总称,计算机文档属于文字作品,所以对计算机软件的保护主要是对计算机程序的保护。

(9)符合作品特征的其他智力成果。

2.不受《著作权法》保护的作品

(1)法律、法规,国家机关的决议、决定、命令和其他具有立法、行政、司法性质的文件,及其官方正式译文。

(2)单纯事实消息。各国都不予以法律保护。

(3)历法、数表、通用表格和公式。

相关案例

"泡泡堂"与"QQ堂"是否构成侵权问题

韩国 Nexon 株式会社开发了"泡泡堂"游戏。玩法是由玩家在各种场地内放置"炸弹"攻击对手,同时防止被对方的"炸弹"所伤。腾讯公司推出了游戏规则类似的"QQ堂"游戏。Nexon 株式会社称"QQ堂"在游戏形式等诸多方面抄袭了"泡泡堂"游戏,构成了包括对其操作方法等多种作品著作权的侵权。两款游戏都使用"太阳帽、天使之环、天使之翼"等名称,都"以笑表示胜利,以哭表示失败"等。

请问:是否构成侵权?

分析:(1)两款游戏的源代码是由原、被告独立编写,不存在计算机软件侵权问题;

(2)道具名称不受著作权法保护;

(3)游戏规则和操作方式在著作权法上属于思想范畴,不受著作权法保护。

(三)著作权的内容

著作权的内容是指著作权人享有的权利和承担的义务。根据《著作权法》的规定,著作权人对其作品享有人身权和财产权。

1.著作人身权

著作人身权又称精神权利,指作者对其作品所享有的各种与人身相联系或密不可分而无直接财产内容的权利。作者终生享有著作人身权,作者死亡后,其著作人身权可依法由其继承人、受遗赠人或国家的著作权保护机关予以保护。具体包括以下几个方面:

(1)发表权。它是作者依法决定其作品是否公之于众和以何种方式公之于众的权利。发表权是著作权人的首要、一次性权利。

(2)署名权。它是作者为表明其作者身份,在作品上注明其姓名或名称的权利,包括在自己的作品上署名和不署名两方面的权利。应注意的是,当作者的作品署名发表后,其他任其何人以出版、广播、表演、翻译、改编等形式进行传播和使用此作品时,必须注明原作品作者的名字。

(3)修改权。它是作者修改或者授权他人修改其作品的权利,包括作者有权自己修改作品和授权他人修改作品。但作者行使修改权时,在一定条件下还会受到某些限制。例如,美术作品原件出售后,著作权人如想修改作品,必须征得美术作品原件所有人的同意。例外情况是报社、杂志社可对投稿作品作文字性修改、删节,无须征得作者同意。

(4)保护作品完整权。它是保护作品不被歪曲、篡改的权利。保护作品完整权的保护期不受限制。作者死亡后,保护作品完整权由作者的继承人或者受遗赠人行使;无人继承又无人受遗赠的,则由著作权行政管理部门保护。

2.著作财产权

著作财产权是指著作权人依法享有的自己利用或者许可他人利用其作品并获得报酬的权利,包括使用权和获得报酬权两个方面,具体包括以下几种:

(1)复制权,是指以印刷、复印、拓印、录音、录像、翻录、翻拍、数字化等方式将作品制作一份或者多份的权利;

(2)发行权,是指以出售或者赠与方式向公众提供作品的原件或者复制件的权利;

(3)出租权,即有偿许可他人临时使用视听作品、计算机软件的原件或者复制件的权利,计算机软件不是出租的主要标的的除外;

(4)展览权,著作权人有权公开陈列美术作品、摄影作品的原件或者复制件的权利;

(5)表演权,也称公演权、上演权,即公开表演作品,以及用各种手段公开播送作品的表演的权利;

(6)放映权,即通过放映机、幻灯机等技术设备公开再现美术、摄影、视听作品等的权利;

(7)广播权,即以有线或者无线方式公开传播或者转播作品,以及通过扩音器或者其他传送符号、声音、图像的类似工具向公众传播广播的作品的权利;

(8)信息网络传播权,即以有线或者无线方式向公众提供作品,使公众可以在其选定的时间和地点获得作品的权利;

(9)摄制权,著作权人有权以摄制视听作品的方法将作品固定在载体上的权利;

(10)改编权,即改编作品,创作出具有独创性的新作品的权利;

(12)翻译权,即将作品从一种语言文字转换成另一种语言文字的权利;

(13)汇编权,即将作品或者作品的片段通过选择或者编排,汇集成新作品的权利;

(14)应当由著作权人享有的其他权利。

三、著作权的取得和保护期限

(一)著作权的取得

根据《著作权法》的规定,中国公民、法人或者非法人组织的作品,不论是否发表,依照本法享有著作权。著作权自作品完成创作之日起产生,我国著作权法对著作权的产生实行自动保护的原则。

外国人、无国籍人的作品根据其作者所属国或者经常居住地国同中国签订的协议或者共同参加的国际条约享有的著作权,受《著作权法》保护。外国人、无国籍人的作品首先在中国境内出版的,依照《著作权法》享有著作权。未与中国签订协议或者共同参加国际条约的国家的作者以及无国籍人的作品首次在中国参加的国际条约的成员国出版的,或者在成员国和非成员国同时出版的,也受《著作权法》保护。

(二)著作权的保护期限

在我国,作者的署名权、修改权和保护作品完整权的保护期不受限制,由作者终身享有。作者死亡的,由作者的合法继承人或者有关行政主管部门保护其不受侵犯。公民的作品发表权及著作财产权(如复制权、发行权、出租权等权利)的保护期为作者终生及其死亡后五十年,截止于作者死亡后第五十年的12月31日;如果是合作作品,则截止于最后死亡的作者死亡后第五十年的12月31日。

法人或者其他组织的作品、著作权(署名权除外)由法人或者其他组织享有的职务作品,以及电影作品和以类似摄制电影的方法创作的作品、摄影作品,其发表权及著作财产权的保护期为五十年,截止于作品首次发表后第五十年的12月31日。但作品自创作完成后五十年内未发表的,不再受法律保护。

作者身份不明的作品,其使用权和获得报酬权的保护期为五十年,截止于作品首次发表后第五十年的12月31日。但作者身份一经确定,则适用《著作权法》的一般规定。

四、著作权的利用和保护

(一)著作权的利用

1.著作权的许可使用

著作权的许可使用是指著作权人将自己的作品以一定的方式,在一定的地域和期限内许可他人使用的行为,是著作权人实现其著作财产权的主要方式。其特征是:(1)不改变著作权主体;(2)被许可人只能按照约定的方式、地域、期限等使用该作品;(3)非专有使用权的许可人不可能因权利被侵害而以自己的名义提起诉讼。

2.著作权的转让

著作权的转让是指著作权人将其作品使用权的一部分或全部在法定有效期内有期限或无期限地转移给他人的法律行为。其特征是:(1)对象为财产权;(2)导致著作权主体变更;(3)著作权的转让与作品载体所有权无关。

(二)著作权的保护

侵犯著作权的行为,必须具备三个条件:(1)侵犯的作品必须是受著作权法保护的作品;(2)行为人未经著作权人的同意,擅自对其作品进行使用,或者使用作品的行为超过了法律规定的限制范围;(3)侵权行为主要表现为侵犯了作者或其他著作权人对作品的专有权。

第三节 专利法

一、专利和专利法的概念

(一)专利的概念

专利是专利权的简称。专利权是指一项发明创造,即发明、实用新型或外观设计向国家专利局提出的专利申请,经依法审查合格后,向专利申请人授予的在规定的时间内对该发明创造享有的专有权。专利权是国家对科技进步、发明创造活动的一种鼓励措施,通过对创新技术的专有权的保护,保障创新者的利益,提高研发动力,促进科技进步。

(二)专利权的特征

专利权是狭义知识产权的重要组成部分之一,具有知识产权的普遍特征,同时又含有与其他知识产权相区别的特殊性。

1.独占性

独占性指专利权人对其发明创造所享有的独占性的制造、使用、销售和进口的权利。也就是说,其他任何单位或个人未经专利权人许可不得进行为生产、经营目的的制造、使用、销售和进口其专利产品,使用其专利方法,或者未经专利权人许可为生产、经营目的制造、使用、销售和进口依照其方法直接获得的产品。否则,就是侵犯专利权。

2.地域性

地域性是指一个国家依照其专利法授予的专利权,仅在该国法律管辖的范围内有效,对其他国家没有任何约束力,外国对其专利权不承担保护的义务。如果一项发明创造只在我国取得专利权,那么专利权人只在我国享有专有权或独占权。如果有人在其他国家和地区生产、使用或销售该发明创造,则不属于侵权行为。搞清楚专利权的地域性特点是很有意义的。

3.时间性

所谓时间性是指专利权人对其发明创造所拥有的专有权,只在法律规定的时间内有效,期限届满后,专利权人对其发明创造就不再享有制造、使用、销售和进口的专有权。这样,原来受法律保护的发明创造就成了社会的公共财富,任何单位或个人都可以无偿地使用。

我国专利法规定,发明专利权的期限为20年,实用新型的期限为10年,外观设计专利权的期限为15年,均自专利申请日计算。

(三)专利法的概念

专利法是调整在确认和保护发明创造的专有权及在利用专有的发明创造过程中产生的社会关系的法律规范的总称。

※知识链接

专利法律法规的颁布与修正

1950年8月11日,中国政务院颁布了《保障发明权与专利权暂行条例》,这是新中国历史上颁布的首部有关专利的法规。1984年3月12日,第六届全国人民代表大会常务委员会第四次会议通过了《中华人民共和国专利法》(以下简称《专利法》)。它是在借鉴德国、日本等发达国家专利制度和国际专利条约的基础上,融入中国特色制定而成的。《专利法》于1985年4月1日起实施,是世界知识产权界的一件大事,《专利法》在制定后分别于1992年9月4日、2000年8月25日、2008年12月27日进行了三次修正。2015年4月1日,国家知识产权局公布《中华人民共和国专利法修改草案(征求意见稿)》,这次的专利法修订草案包括加大专利保护力度、维护权利人合法权益、促进专利的实施和运用、完善专利代理法律制度等四大部分。根据2020年10月17日第十三届全国人民代表大会常务委员会第二十二次会议《关于修改〈中华人民共和国专利法〉的决定》进行了第四次修正。

二、专利权的主体、客体和内容

(一)专利权的主体

专利权的主体即专利权人,是指依法申请并取得专利权的单位和个人。专利权的主体包括发明人、共同发明创造人、受让人和外国人四个。

1.发明人

发明人或设计人,是指对发明创造的实质性特点作出创造性贡献的人。《专利法》上的发明人必须满足如下条件:(1)发明人必须是直接参加发明创造活动的人。在发明创造过程中,只是负责组织管理工作或者仅仅为有关物质技术条件的获得和利用提供了方便的人不能被认为是发明人。(2)发明人必须是对发明创造的实质性特点有创造性贡献的人。仅仅提出了发明所要解决的问题,而未对如何解决该问题提出具体的建设性意见的人,或者仅仅提出一般性意见的人,或者单纯从事辅助性工作(如打字、制图等)的人,均不能被称为发明人。

发明人包括职务发明人和非职务发明人。职务发明人是指发明人或者设计人在执行本单位的任务时或者主要利用本单位的物质技术条件所完成的发明创造。职务发明创造申请专利的权利属于该单位,申请被批准后,该单位为专利权人。该单位可以依法处置其职务发明创造申请专利的权利和专利权,促进相关发明创造的实施和运用。

非职务发明人是指发明人或者设计人既非执行本单位的任务,也非主要利用本单位的物质条件所完成的发明创造。非职务发明创造,申请专利的权利属于发明人或者设计人;申请被批准后,该发明人或者设计人为专利权人。《专利法》第七条规定,对发明人或者设计人的非职务发明创造专利申请,任何单位或者个人不得压制。

2.共同发明创造人

发明创造是由两个或者两个以上的人共同完成的,对该发明创造的实质性特点作出创造性贡献的全体人员即是该发明创造的共同发明人或者设计人。《专利法》第八条规定,两个以上单位或者个人合作完成的发明创造、一个单位或者个人接受其他单位或者个人委托所完成的发明创造,除另有协议的以外,申请专利的权利属于完成或者共同完成的单位或者个人;申请被批准后,申请的单位或者个人为专利权人。

3.受让人

受让人是指通过合同或继承而依法取得该专利权的单位或个人。专利申请权和专利权可以转让。专利申请权转让之后,如果获得了专利,那么受让人就是该专利权的主体;专利权转让后,受让人成为该专利权的新主体。

4.外国人

外国人包括具有外国国籍的自然人和法人。根据《专利法》的规定,在中国有经常居所或者营业所的外国人,享有与中国公民或者单位同等的专利申请权和专利权。在中国没有经常居所或者营业所的外国人、外国企业或者外国其他组织在中国申请专利的,依照其所属国同中国签订的协议或者共同参加的国际条约,或者依照互惠原则办理。

(二)专利权的客体

专利权的客体是指专利权保护的对象,即依法可以取得专利权的发明创造。根据《专利法》的规定,专利权的客体包括发明、实用新型和外观设计三种。

1.发明

发明,是指对产品、方法或者其改进所提出的新的技术方案。发明分为产品发明、方法发明和改进发明。发明和科学发现是两个截然不同的概念。发明是指所创造的产品或提出的生产方法是前所未有的;科学发现则是指揭示自然界已经存在但尚未被人们所认识的事物。

发明有以下特征:(1)发明是利用自然规律或自然现象所做出的技术方案;(2)发明

必须是一种新的、具体的技术方案;(3)发明必须符合国家法律和社会道德的要求。

2.实用新型

实用新型,俗称"小发明",是指对产品的形状、构造或者其结合所提出的适于实用的新的技术方案。实用新型专利只保护产品,该产品应该是经过工业方法制造的、占据一定空间的实体。它与发明的主要区别在于:(1)发明既包括产品发明也包括方法发明,而实用新型是指具有确定形状的产品发明;(2)实用新型同发明相比,对产品创造性要求较低;(3)实用新型专利审批程序比发明专利简单,保护期限比发明短。

3.外观设计

外观设计,是指对产品的整体或者局部的形状、图案或者其结合以及色彩与形状、图案的结合所作出的富有美感并适于工业应用的新设计。外观设计同发明、实用新型的区别是,它只涉及美化产品的外表和形状,而不涉及产品的制造和设计技术。外观设计的特征有:(1)必须以产品为依托;(2)必须是产品形状、图案或者其结合以及色彩与形状、图案结合的设计;(3)必须富有美感;(4)适合工业上应用。

根据《专利法》的规定,不予保护的对象包括:(1)科学发现;(2)智力活动的规则和方法;(3)疾病的诊断和治疗方法;(4)动物和植物品种;(5)原子核变换方法以及用原子核变换方法获得的物质;(6)对平面印刷品的图案、色彩或者二者的结合作出的主要起标识作用的设计。

相关案例

> 王某经营私营店,该店处于繁华地段,顾客很多,经过长期的观察,他发现各种商品的摆放位置不同,就会导致销售额的变化。于是经过研究,王某发明了一种最大限度地增加营业额的商品摆放方法。就此方法申请专利。
>
> 问题:该申请可否得到国家知识产权局的批准?为什么?
>
> 分析:不可以。发明创造必须是对产品、方法或者其改进提出的新的技术方案。此发明必须是应用自然规律解决人类的生产、生活中的某一特定的领域的技术问题的技术方案。而王某的发明不是利用自然规律,而是利用人的心理规律,是属于思维活动规律的结果,属于智力活动规律和方法,不能获得专利法的保护。

(三)专利权的内容

1.专利权人的主要权利

(1)独占实施权。它是指专利权人对其专利产品或者专利方法依法享有的进行制造、销售或者使用的专有权利。这是专利权人最基本的权利,包括有自己实施专利的权利,即自己制造使用、销售专利产品和使用专利方法的权利;禁止权,即禁止他人在未经许可的情况下,以生产经营为目的制造、使用、许诺销售、销售、进口其专利产品,或者使用其专利方法以及使用、许诺销售、销售、进口依照该专利方法直接获得的产品。同样,外观设计专利权被授予后,任何单位或者个人未经专利权人许可,也都不得为生产经营目的制造、许诺销售、销售、进口其外观设计专利产品。

(2)进口权。它是指专利权人在专利权的有效期限内依法享有的禁止他人未经许可或授权,以经营为目的进口专利产品的权利。

(3)转让权。专利权人有权将其专利申请权或者获得的专利所有权依法转让给他人。转让时,当事人应当订立书面合同,并向国务院专利行政部门登记,由国务院专利行政部门予以公告。专利申请权或者专利权的转让自登记之日起生效。

(4)实施许可权。专利权人有许可他人实施其专利技术并获得专利使用费的权利。专利权人应与被许可人订立书面实施许可合同,并自合同生效之日起三个月内向专利局备案。

(5)标记权。专利权人有权在其专利产品的包装上、说明书上、产品广告上标明专利标记和专利号。

(6)放弃权。专利权人有权在专利权保护期限届满前的任何时候,以书面形式声明或以不交年费的方式放弃其专利权。

(7)请求权。当专利权受到不法侵害时,专利权人有权请求国家机关排除侵权行为,并有要求赔偿损失的权利。

2.专利权人的义务

依据《专利法》和相关国际条约的规定,专利权人应履行的义务包括:

(1)按规定缴纳专利年费的义务。专利年费又叫专利维持费。《专利法》规定,专利权人应当自被授予专利权的当年开始交纳年费。

(2)不得滥用专利权的义务。不得滥用专利权是指专利权人应当在法律所允许的范围内选择其利用专利权的方式并适度行使自己的权利,不得损害他人的知识产权和其他合法权益。

三、专利权的取得

(一)专利权的申请原则

1.申请优先原则

申请优先原则是指两个以上的申请人分别就同样的发明创造申请专利的,专利权授予最先申请的人。两个以上的申请人在同一日分别就同样的发明创造申请专利的,应当在收到国务院专利行政部门的通知后自行协商确定申请人。判断申请在先的标准是专利的申请日。申请日是指国务院专利行政部门收到专利申请文件之日。如果该申请文件是邮寄的,以寄出的邮戳日为申请日。如果两个以上申请人在同一日分别就同样的发明创造申请专利,应当在收到国务院专利行政部门的通知后自行协商确定申请日。

2.申请单一性原则

申请单一性原则是指一件发明或者实用新型专利申请应当限于一项发明或者实用新型。属于一个总的发明构思的两个以上的发明或者实用新型,可以作为一件申请。

3.优先权原则

优先权原则是指申请人在某一公约成员国首次提出专利申请后,在一定期限内就相同主题的发明创造又向其他缔约国提出申请时,申请人有权要求以第一次申请的日期作为以后申请的日期。

※**知识链接**

《专利法》就这两种优先权分别作了规定。国际优先权是指申请人自发明或者实用新型在外国第一次提出专利申请之日起12个月内,或者自外观设计在外国第一次提出专利申请之日起6个月内,又在中国就相同主题提出专利申请的,依照该外国同中国签订的协议或者共同参加的国际条约,或者依照相互承认优先权的原则,可以享有优先权。国内优先权是指申请人自发明或者实用新型在中国第一次提出专利申请之日起12个月内,或者自外观设计在中国第一次提出专利申请之日起6个月内,又向国务院专利行政部门就相同主题提出申请的,可以享有优先权。申请人要求外观设计专利优先权的,应当在申请时提出书面声明,并且在3个月内提交第一次提出的专利申请文件的副本。申请人未提出书面声明或者逾期未提交专利申请文件副本的,视为未要求优先权。

(二)专利权的取得条件

1.授予发明和实用新型专利的条件

(1)新颖性,是指该发明或者实用新型不属于现有技术,也没有任何单位或者个人就同样的发明或者实用新型在申请日以前向国务院专利行政部门提出过申请,并记载在申请日以后公布的专利申请文件或者公告的专利文件中。

※**知识链接**

一般来说,公开的方式有以下几种情况:(1)书面公开方式,就是以书面的形式将发明或者实用新型的技术内容表达出来;(2)口头公开方式,即通过谈话、讲课、广播等语言形式将其公开;(3)使用公开方式,就是通过使用发明或者实用新型技术内容的方式公开专利。另外,根据《专利法》的规定,如果采用书面公开方式的,则一律丧失新颖性,而采用口头公开方式和使用公开方式的只限于国内。同时,我国专利法根据实际情况,还规定了专利权在一定期限内不丧失新颖性的例外情况,即申请专利的发明创造在申请日以前6个月内,有下列情形之一的,不丧失新颖性:(1)在中国政府主办或者承认的国际展览会上首次展出的;(2)在规定的学术会议或者技术会议上首次发表的,学术会议或者技术会议是指国务院有关主管部门或者全国性学术团体组织召开的学术会议或者技术会议;(3)他人未经申请人同意而泄露其内容的。

(2)创造性,是指与现有技术相比,该发明具有突出的实质性特点和显著的进步,该实用新型具有实质性特点和进步。

(3)实用性,是指该发明或者实用新型能够制造或者使用,并且能够产生积极效果。

2.授予外观设计专利的条件

《专利法》规定,授予专利权的外观设计,应当不属于现有设计;也没有任何单位或者个人就同样的外观设计在申请日以前向国务院专利行政部门提出过申请,并记载在申请日以后公告的专利文件中。授予专利权的外观设计与现有设计或者现有设计特征的组合相比,应当具有明显区别。授予专利权的外观设计不得与他人在申请日以前已经取得的合法权利相冲突。

(三)专利权的取得程序

1.专利权的申请

《专利法》规定,申请发明或者实用新型专利的,应当提交请求书、说明书及其摘要和权利要求书等文件。申请外观设计专利的,应当提交请求书、该外观设计的图片或者照片以及对该外观设计的简要说明等文件。

2.专利权的审查和批准

我国发明的审查实行早期公开、迟延审查制度。发明专利的审查程序则比较复杂,主要经过以下的步骤:

(1)初步审查与早期公开。初步审查,亦称形式审查,是指对专利申请文件的格式、内容及法律要求等事项进行的审查。国务院专利行政部门收到发明专利申请后,经初步审查认为符合《专利法》要求的,自申请日起满18个月,即行公布。国务院专利行政部门可以根据申请人的请求早日公布其申请。

(2)实质审查。实质审查是指对发明创造是否具有新颖性、创造性和实用性进行审查。发明专利申请自申请日起3年内,国务院专利行政部门可以根据申请人随时提出的请求,对其申请进行实质审查。申请人无正当理由逾期不请求实质审查的,该申请即被视为撤回。经过实质审查,凡不符合《专利法》规定的,应当通知申请人,要求其在规定的期限内陈述意见,或者对申请进行修改;无正当理由逾期不答复的,该申请即被认为是撤回。国务院专利行政部门认为必要的时候,可以自行对发明专利申请进行实质审查。

(3)授予专利权。发明专利申请经实质审查没有发现驳回理由的,由国务院专利行政部门作出授予发明专利权的决定,发给发明专利证书,同时予以登记和公告。发明专利权自公告之日起生效。

(4)专利申请的驳回。国务院专利行政部门对发明专利申请进行实质审查后,认为不符合《专利法》规定的,应当通知申请人,要求其在指定的期限内陈述意见,或者对其申请进行修改。发明专利申请经申请人陈述意见或者进行修改后,国务院专利行政部门仍认为不符合《专利法》规定的,应予以驳回。

实用新型和外观设计专利的审查实行初步审查制度。即经初步审查,实用新型和外观设计专利申请由国务院专利行政部门作出授予实用新型专利权或者外观设计专利权的决定,发给相应的专利证书,同时予以登记和公告。实用新型和外观设计专利权自公告之日起生效。

3.专利权的撤销和复审

发明创造被授予专利权以后,并不意味着程序的终结。《专利法》规定:自专利局公告授予专利权之日起6个月内,任何单位或者个人认为授予专利权的发明创造有符合《专利法》规定的专利性条件的,即发明、实用新型不具备新颖性、创造性规定的专利性条件的,外观设计专利不具备新颖性、独创性的(即同现有的外观设计相同或者相近似的),可以请求专利局全部或者部分地撤销授予的专利权。

撤销程序对实用新型和外观设计专利是十分重要的。因为这两种专利只经过初步审查,对是否符合专利性条件并未作过审查。对发明专利增加公众监督也是有益的。通过撤销程序可以提高授权专利的质量,加强专利权的稳定性,有利于专利权人实施和转让专利,也有利于保护公众利益,减少专利实施中的法律纠纷。

国务院专利行政部门设立专利复审委员会。专利申请人对国务院专利行政部门驳回申请的决定不服的,可以自收到通知之日起3个月内,向专利复审委员会请求复审。专利复审委员会复审后作出决定,并通知专利申请人。专利申请人对专利复审委员会的复审决定不服的,可以自收到通知之日起3个月内向人民法院起诉。

四、专利权的保护期限、终止和无效宣告

(一)专利权的保护期限

根据《专利法》的规定,发明专利权的期限为20年,实用新型专利权的期限为10年,外观设计专利权的期限为15年,均自申请日起计算。

自发明专利申请日起满4年,且自实质审查请求之日起满3年后授予发明专利权的,国务院专利行政部门应专利权人的请求,就发明专利在授权过程中的不合理延迟给予专利权期限补偿,但由申请人引起的不合理延迟除外。另外,专利权人应当自被授予专利权的当年开始缴纳年费。

(二)专利权的终止

专利权终止也称专利权消灭,是指专利权失去法律效力,原专利权人不再对其发明创造享有独占实施权。专利权终止后,专利技术进入公有领域,成为公有技术,任何人均可无偿使用。导致专利权终止的法律事实有:(1)专利权的保护期限届满;(2)在专利权的保护期限内,专利权人没有按法律的规定缴纳专利年费;(3)在专利权的保护期限届满前,专利权人以书面形式声明放弃其专利权;(4)专利权人死亡,无继承人或受遗赠人的。

(三)专利权的无效宣告

专利权的无效是指已经取得的专利权因不符合《专利法》的规定,根据有关单位和个人的请求经专利复审委员会审核后被宣告无效。《专利法》规定,国务院专利行政部门对宣告专利权无效的请求应当及时审查和作出决定,并通知请求人和专利权人。宣告专利权无效的决定,由国务院专利行政部门登记和公告。对国务院专利行政部门宣告专利权无效或者维持专利权的决定不服的,可以自收到通知之日起3个月内向人民法院起诉。人民法院应当通知无效宣告请求程序的对方当事人作为第三人参加诉讼。宣告无效的专利权视为自始即不存在。

五、专利权的保护

(一)专利权的保护范围

《专利法》规定,发明或者实用新型专利权的保护范围以其权利要求的内容为准,说明书及附图可以用于解释权利要求的内容。外观设计专利权的保护范围以表示在图片或者照片中的该产品的外观设计为准,简要说明可以用于解释图片或者照片所表示的该产品的外观设计。

(二)侵犯专利权的行为

侵犯专利权的行为是指在专利权的有效期限内,任何他人未经专利权人的同意,以盈利为目的实施其专利的行为。侵害专利权的行为主要包括以下几种。

1.未经专利权人许可实施其专利的行为

未经专利权人许可实施其专利的行为主要有以下三种:(1)以生产经营为目的制造、使用、许诺销售、销售、进口其专利产品;(2)使用专利方法,以及使用、许诺销售、销售、进口依照该专利方法直接获得的产品;(3)外观设计专利权被授予后,未经专利权人许可,以生产经营为目的制造、销售、进口其外观设计专利产品。

2.假冒他人专利的行为

假冒他人专利的行为主要有以下四种:(1)未经许可,在其制造或者销售的产品、产品的包装上标注他人的专利号;(2)未经许可,在广告或者其他宣传材料中使用他人的专利号,使人将所涉及的技术误认为是他人的专利技术;(3)未经许可,在合同中使用他人的专利号,使人将合同涉及的技术误认为是他人的专利技术;(4)伪造或者变造他人的专利证书、专利文件或者专利申请文件。

3.冒充专利产品、专利方法的行为

冒充专利产品、专利方法的行为主要有以下五种:(1)制造或者销售标有专利标记的非专利产品;(2)专利权被宣告无效后,继续在制造或者销售的产品上标注专利标记;(3)在广告或者其他宣传材料中将非专利技术称为专利技术;(4)在合同中将非专利技术称为专利技术;(5)伪造或者变造专利证书、专利文件或者专利申请文件。

《专利法》规定,有下列情形之一的,不视为侵犯专利权:(1)专利产品或者依照专利方法直接获得的产品,由专利权人或者经其许可的单位、个人售出后,使用、许诺销售、销售、进口该产品的;(2)在专利申请日前已经制造相同产品、使用相同方法或者已经作好制造、使用的必要准备,并且仅在原有范围内继续制造、使用的;(3)临时通过中国领陆、领水、领空的外国运输工具,依照其所属国同中国签订的协议或者共同参加的国际条约,或者依照互惠原则,为运输工具自身需要而在其装置和设备中使用有关专利的;(4)专为科学研究和实验而使用有关专利的;(5)为提供行政审批所需要的信息,制造、使用、进口专利药品或者专利医疗器械的,以及专门为其制造、进口专利药品或者专利医疗器械的。

(三)侵犯专利权的法律责任

1.行政责任

对专利侵权行为,管理专利工作的部门有权责令侵权行为人停止侵权行为,责令改正、罚款等,管理专利工作的部门应当事人的请求,还可以就侵犯专利权的赔偿数额进行调解。

2.民事责任

(1)停止侵权。停止侵权是指专利侵权行为人应当根据管理专利工作部门的处理决定或者人民法院的裁判,立即停止正在实施的专利侵权行为。

(2)赔偿损失。侵犯专利权的赔偿数额,按照专利权人因被侵权所受到的损失或者侵权人获得的利益确定;被侵权人所受到的损失或者侵权人获得的利益难以确定的,可以参照该专利许可使用费的倍数合理确定。

(3)消除影响。在侵权行为人实施侵权行为给专利产品在市场上的商誉造成损害时,侵权行为人就应当采用适当的方式承担消除影响的法律责任,承认自己的侵权行为,以消除对专利产品造成的不良影响。

3.刑事责任

侵犯他人专利情节严重的,对直接责任人依照《刑法》追究刑事责任。从事专利管理工作的国家机关工作人员及其他有关国家机关工作人员玩忽职守、滥用职权、徇私舞弊,构成犯罪的,依法追究刑事责任;尚不构成犯罪的,依法给予行政处分。

相关案例

> 2017年1月,格某仕磁控管制造部接触核心技术的员工刘某某,接受某公司的聘任合同,成立了由该公司100%控股的"美某公司",并使用格某仕专利技术大量生产磁控管产品。由于被侵权的商业机密具有极高的经济价值和商业价值,格某仕在2020年7月向当地公安机关报案并获得立案。同年10月,格某仕就此事向广州知识产权法院提起民事诉讼并获得受理批准。
>
> 在经历广州知识产权的不涉及侵权判决后,2023年10月最高法知民终1584号民事判决书作出终审判决:"美某公司"立即停止制造、使用侵害格某仕核心技术磁控管的相关模具产品,并销毁相关模具;在判决生效10日内"美某公司"赔偿格某仕经济损失1000万元。

第四节 商标法

一、商标和商标法

(一)商标

1.商标的概念

商标是生产经营者在其商品或者服务项目上使用的,由文字、图形、字母、数字、三维标志、颜色组合和声音以及上述要素的组合构成,具有显著特征、便于识别商品或者服务来源的专用标记。任何能够将自然人、法人或者其他组织的商品与他人的商品区别开的标志,均可以作为商标申请注册。

2.商标的特征

(1)可视性。商标具有可视性是区分市场上不同的生产经营者所提供的商品或服务,是构成商标的必要条件,声音和气味并不是构成商标的必要条件。

(2)显著性。商标由于使用而具有显著性。只有附着在商品上,用来表明商品来源并区别于其他同类商品的标志才是商标。所以,通用标志、通用商品名称等虽然也出现在商品或包装上,但不具有区别来源的功能,不称为商标。

(3)非冲突性。拟申请作为商标的标志不得与他人的在先权利相冲突(但不限于著作权、地理标志权、商号权、姓名权、肖像权、外观设计专利等),商标一经注册,禁止其他经营者使用。

3.商标的分类

(1)按照商标的结构组成或状态分类

①文字商标,指仅由文字组成,不含文字以外的任何图形成分的商标。文字是语言的书写符号,包括汉字、拼音字母、少数民族文字、外国文字、数字等。我国的文字商标以汉字为主。

②图形商标,指无任何文字,仅由图形构成的商标。图形可以是具象的图形,也可以是抽象的图形,只要具有显著特征,易于识别,都可以作为商标。

③组合商标,指由文字与图形组合而成的商标。组合商标兼具文字商标与图形商标的优点,具有呼叫便利、准确和明显的标志性的特点,因而被普遍采用。

④立体商标,即三维标志,是指以商品的外形或包装作为商标。例如,可口可乐的瓶子后来作为了立体商标。

(2)按照商标使用者不同分类

①商品商标,是指使用于商品上的商标,如我国出口的"龙"牌茶叶商标。

②服务商标,就是用于服务项目上的商标。特征的行业标记不同于服务商标。作用是使不同行业之间相区别。比如,保险业、银行业、旅游业、广告业、运输业、电信业、

学校、医院等皆属服务领域。

③集体商标,是指以团体、协会或者其他组织名义注册,供该组织成员在商事中使用,以表明使用者在该组织中的成员资格的标志。例如,南京熊猫电子集团成员使用的"熊猫"商标,"三九"商标。

④证明商标,是指由对某种商品或者服务具有监督能力的组织所控制,而由该组织以外的单位或者个人使用于其商品或者服务,用以证明该商品或者服务的原产地、原料、制造方法、质量或者其他特定品质的标志。例如,国际上流行的纯羊毛标志、绿色食品标志都是一种证明商标。

(3)按照商标信誉划分

按照商标信誉划分分为普通商标和驰名商标。驰名商标指在市场上享有较高声誉并为相关公众所熟知的注册商标,如"鸿星尔克"牌运动服装、"白象"牌方便面、"茅台"牌白酒均是驰名商标。

(二)商标法

商标法是调整在商标的确认、使用、保护和管理过程中发生的各种社会关系的法律规范的总称。现行的《中华人民共和国商标法》(以下简称《商标法》)是1982年8月23日由第五届全国人大常委会第二十四次会议通过的。除《商标法》外,国家还出台了关于商标的法律规范,如《中华人民共和国商标法实施细则》《商标代理管理办法》《商标评审规则》《驰名商标认定和管理暂行规定》《商标印制管理办法》等。

《商标法》从1983年3月1日开始实施,根据1993年2月22日第七届全国人民代表大会常务委员会第三十次会议第一次修正,根据2001年10月27日第九届全国人民代表大会常务委员会第二十四次会议第二次修正,根据2013年8月30日第十二届全国人民代表大会常务委员会第四次会议第三次修正,根据2019年4月23日第十三届全国人民代表大会常务委员会第十次会议《关于修改〈中华人民共和国建筑法〉等八部法律的决定》第四次修正,《商标法》的修正条款自2019年11月1日起施行。

二、商标权的概念和内容

(一)商标权的概念

商标权指注册商标所有人依法对其注册商标享有的专用权,又叫做商标专用权。从广义上来说是指注册商标所有人依法对其注册商标享有的专用权以及注册商标使用人在法定条件下对未注册商标享有的使用权。《商标法》规定的商标注册主体包括自然人、法人或者其他组织。两个以上的自然人、法人或者其他组织可以共同向商标局申请注册同一商标,共同享有和行使该商标专用权。

(二)商标权的内容

1.使用权

使用权,是指注册商标所有人在核定使用的商品上使用核准注册的商标的权利。

商标的使用方式主要是直接使用于商品、商品包装、商品容器,也可以是间接地将商标使用于商品交易文书、商品广告宣传、展览及其他业务活动中。使用权的效力范围,以核准注册的商标和核定使用的商品为限。

2.禁止权

禁止权,是指商标所有人禁止任何第三方未经其许可在相同或类似商品上使用与其注册商标相同或近似的商标的权利。禁止权的效力范围大于使用权的效力范围,不仅包括核准注册的商标、核定使用的商品,还扩张到与注册商标相近似的商标和与核定商品相类似的商品。

3.许可权

许可权,是指注册商标所有人许可他人使用其注册商标的权利。商标使用许可关系中,许可人应当提供合法的被许可使用的注册商标,监督被许可人使用其注册商标的商品质量。被许可人应在合同约定的范围内使用被许可商标,保证被许可使用商标的商品质量,以及在生产的商品或包装上应标明自己的名称和商品产地。

4.转让权

转让权,是指注册商标所有人将其注册商标转移给他人所有的权利。转让注册商标,除了由双方当事人签订合同之外,转让人和受让人应共同向商标局提出申请,经商标局核准,并予以公告。未经核准登记的,转让合同不具有法律效力。

5.商标的续展注册

注册商标的有效期为10年,但商标所有人需要继续使用该商标并维持专用权的,可以通过续展注册延长商标权的保护期限。续展注册应当在有效期满前12个月内办理;在此期间未能提出申请的,有6个月的宽展期。宽展期仍未提出申请的,注销其注册商标。每次续展注册的有效期为10年,自该商标上一届有效期满次日起计算。续展注册没有次数的限制。

三、商标注册制度

商标注册是指商标使用人将其使用的商标依照《商标法》及《商标法实施条例》规定的注册条件和程序,向商标管理机关提出注册申请,经商标局依法审核批准,在商标注册簿上登记,发给商标注册证,并予以公告,授予注册人以商标专用权的法律活动。经过商标局核准注册并刊登在商标公告上的商标称为注册商标。商标注册人对注册商标享有的专用权具有排他性,他人不得侵犯。《商标法》规定:自然人、法人或其他组织在生产经营活动中,对其商品或服务需要取得商标专用权的,应当向商标局申请商标注册。不以使用为目的的恶意商标注册申请,应当予以驳回。

(一)商标注册的原则

1.申请在先原则为主,使用在先原则为辅

两个或者两个以上的商标注册申请人,在同一种商品或者类似商品上,以相同或者近似的商标申请注册的,初步审定并公告申请在先的商标,申请在先的商标,申请人获得商标专用权。同一天申请的,初步审定并公告使用在先的商标,驳回其他人的申请,不予公告。同日使用或者均未使用的,申请人之间可以协商解决,超过三十天协商不成的,由商标局裁定或者由各申请人抽签决定。

同时,依据《商标法》的规定,申请商标注册不得损害他人现有的在先权利,也不得以不正当手段抢先注册他人已经使用并有一定影响的商标。

相关案例

> 某市华明灯饰公司于2018年开始生产一种新型节能灯,以"华明"作为其灯具的商标并在市场上销售该产品,但并未在商标局注册。由于该灯质量优良,造型优美,因此在广大消费者中享有了较高的声誉。
>
> 该市东方公司于2022年也开始生产这种类型的节能灯,在了解华明公司并未注册"华明"商标时,于2022年10月在商品分类表第11类(台灯、照明灯等)商品上,以"华明"商标向国家知识产权局商标局提出商标注册申请。华明公司知道后,以"华明"商标是本公司所使用的在消费者中有一定影响的商标为理由,向商标局提出异议。
>
> 请思考上述问题该如何解决?

2.自愿注册为主,强制注册为辅原则

一般情况下,商标是否需要注册由商标的用户自行决定,商标没有注册也可以使用,这是自愿注册的原则。使用非注册商标时,不得自称注册商标,也不得使用商标法禁止使用的字符、图形、数字、字母等。如果他人将此未注册商标注册了,没有注册商标注册的用户应该停止使用该商标。我国绝大多数商品是否注册商标是由商标用户决定的,所以我国的商标注册是自愿注册的原则。

但是,这个原则不是绝对的。少数与人民生活密切相关、直接涉及人民健康的商品,必须使用注册商标,否则禁止在市场上销售。我国目前规定人用药品和烟草制品必须使用注册商标。对于必须注册的商标在没有注册商标的情况下销售和生产的产品,工商行政部门管理机关禁止其销售商品和广告宣传、查封或者没收其商标标识,可以视情节处以违法经营额10%以下的罚款。

3.分类申请原则

一份申请只限于一件商标。如果不同类别的商品申请填报相同的商标,应根据产品分类表注册申请提交;如果用于同一类的其他商品上使用的,应单独提交注册申请。

(二)商标注册的条件

1.申请人的条件

商标注册申请人可以是企业、事业单位、社会团体、个体工商业者或者是外国人、外国企业。自然人、法人或者其他组织对其生产、制造、加工、拣选或者经销的商品或者对其提供的服务项目,需要取得商标专用权的,应当向商标局申请商标注册。

2.申请注册商标的条件

(1)商标必须符合法定的构成要素。《商标法》规定,任何能够将自然人、法人或者其他组织的商品与他人的商品区别开的标志,包括文字、图形、字母、数字、三维标志、颜色组合和声音等,以及上述要素的组合,均可以作为商标申请注册。以三维标志申请注册商标的,仅由商品自身的性质产生的形状、为获得技术效果而需有的商品形状或者使商品具有实质性价值的形状,不得注册。

(2)商标应具有显著性特征。申请注册的商标,应当有显著特征,便于识别,并不得与他人在先取得的合法权利相冲突。商标的显著特征,是指商标应当具备的足以使相关公众区分商品来源的特征。例如,"原生态"腊肠、"麻辣"豆腐干,都是具有显著性特征的。

3.关于禁止注册或使用某些标志的规定

《商标法》关于禁止注册或使用某些标志的规定为:(1)同中华人民共和国的国家名称、国旗、国徽、国歌、军旗、军徽、军歌、勋章等相同或近似的,以及同中央国家机关的名称、标志、所在地特定地点的名称或标志性建筑物的名称、图形相同的;(2)同外国的国家名称、国旗、国徽、军旗等相同或近似的,但经该国政府同意的除外;(3)同政府间国际组织的名称、旗帜、徽记等相同或近似的,但经该组织同意或不易误导公众的除外;(4)与表明实施控制、予以保证的官方标志、检验印记相同或近似的,但经授权的除外;(5)同"红十字""红新月"的名称、标志相同或近似的;(6)带有民族歧视性的;(7)带有欺骗性,容易使公众对商品的质量等特点或产地产生误认的;(8)有害于社会主义道德风尚或者有其他不良影响的。

县级以上行政区划的地名或者公众知晓的外国地名,不得作为商标。但是地名具有其他含义或作为集体商标、证明商标组成部分的除外;已经注册的使用地名的商标继续有效。

4.不得作为商标注册的标志

下列标志不得作为商标注册:(1)仅有本商品的通用名称、图形、型号的;(2)仅直接表示商品的质量、主要原料、功能、用途、重量、数量及其他特点的;(3)其他缺乏显著特征的。

以上所列标志经过使用取得显著特征,并便于识别的,可以作为商标注册。

相关案例

> "遵义会议"可作为白酒商标?
>
> 贵州省遵义市茅台镇一家白酒企业用"遵义会议"注册酒商标。遵义市老城红军街一家白酒销售店门口挂起一块匾额,匾额上写着"遵义会议酒"几个大字。店内墙上贴有"纪念遵义会议,弘扬长征精神"的对联,货架上摆放着一瓶瓶白酒,包装盒上印有遵义会议会址图案和"遵义会议"字样,每瓶酒售价最低200余元,最高近400元。
>
> 这种"遵义会议酒"由遵义市茅台镇三来酒业生产销售。据店铺负责人介绍,

三来酒业到有关部门申请用"遵义会议"注册酒商标,已被受理。如果在受理期内没有人提出异议,他们将获得注册商标。

分析:遵义和会议分别是地名和通用名词。根据《商标法》的规定,县级以上行政区划的地名,或者公众知晓的外国地名,不得作为商标使用。会议作为通用名词,也不能注册。"有害于社会主义道德风尚或者有其他不良影响的"标志不仅不得作为商标获得注册,而且不得作为商标使用。

(三)商标注册的程序

1.商标注册的申请

商标注册申请人应向所在地的市、县工商行政管理部分提出申请,按照规定的商品分类表填报使用商标的商品类别和商品名称,提出注册申请。商标注册申请等有关文件,可以书面方式或者数据电文方式提出。

2.商标注册的审查和核准

商标权的审查和核准流程主要包括形式审查、实质审查、初步审定和公告、异议复审和诉讼、核准注册。

(1)形式审查是对申请书文件、手续是否符合法律规定的审查。

(2)实质审查是对商标是否具备注册条件的审查,包括以下几个方面:是否违背商标法的禁用条款;是否具备法定的构成要素;是否与他人在同一种或类似的商品上注册的商标混同;是否与在先的商标及已撤销、失效并不满1年的注册商标混同;申请注册商标不得损害他人现有的在先权利,也不得以不正常手段抢注他人已经使用并有一定影响的商标。

(3)初步审定和公告是对申请注册的商标经过形式审查和实质审查,认为符合商标法的有关规定,可以核准注册的程序。初步审定的商标要在《商标公告》上公布。

(4)商标异议是对初步审定的商标,不符合规定的,予以驳回,书面通知申请人并说明理由。对驳回申请不服的,可以自收到通知之日起15日内向商标评审委员会申请复审。当事人对商标评审委员会的决定不服的,可以自收到通知之日起30日内向人民法院提起诉讼。

对初步审定的商标,自公告之日起3个月内,任何人均可以提出异议。商标局依法对提起的异议进行裁定,当事人对该裁定不服的,可依法提起复审,对复审裁定不服的,可依法提起诉讼。

(5)核准注册是指公告期满无异议的,予以核准注册,发商标注册证,并予公告。经裁定异议不能成立而核准注册的,商标注册申请人取得商标专用权的时间自初审公告3个月期满之日起计算。

四、商标权的法律保护

(一)注册商标期限、续展、变更和转让

1.注册商标的期限和续展

注册商标的有效期限为十年,自核准注册之日起计算。注册商标有效期满,需要继续使用的,应当在期满前十二个月内申请续展注册。在此期间未能提出申请的,可以给予六个月的宽限期,但要按规定缴纳迟延费。宽限期满仍未提出续展申请的,注销其注册商标。每次续展注册的有效期为十年,续展期满后仍可续展。续展注册经核准后,予以公告。

2.注册商标的变更

《商标法》第四十一条规定,注册商标需要变更注册人的名义、地址或者其他注册事项的,应当提出变更申请。变更商标注册人名义或者地址的,商标注册人必须将其全部注册商标一并变更。商标所有人需改变注册商标的文字、图形或者扩大注册商标所使用的商品范围的,均涉及注册商标本身的改变,不属于"变更"的范畴,不能按变更手续办理,而需以新商标重新提出申请。

3.注册商标的转让

(1)注册商标的转让。转让注册商标的,转让人和受让人应当签订转让协议,并共同向商标局提出申请。受让人应当保证使用该注册商标的商品的质量。商标注册人对其在同一种商品上注册的近似的商标,或者在类似商品上注册的相同或者近似的商标,应当一并转让。对容易导致混淆或者有其他不良影响的转让,商标局不予核准,书面通知申请人并说明理由。转让注册商标经核准后,予以公告。受让人自公告之日起享有商标专用权。

(2)注册商标的使用许可。商标注册人可以通过签订商标使用许可合同,许可他人使用其注册商标。许可人应当监督被许可人使用其注册商标的商品的质量。被许可人应当保证使用该注册商标的商品的质量。经许可使用他人注册商标的,必须在使用该注册商标的商品上标明被许可人的名称和商品产地。许可人应当将其商标使用许可报商标局备案,由商标局公告。商标使用许可未经备案不得对抗善意第三人。

(3)商标转让注意事项。商标转让时,应注意以下几点:①注册商标转让,必须是商标权整体转让,不单独分割转让;②企业如果在同种或类似的商品上注册了几个相同或近似商标,不能单独转让其中一个;③注册商标所有人,如果正在许可他人使用其注册商标的期限内,则须征得被许可人同意,才能将注册商标转让给第三人;④转让的注册商标必须是有效而非无效的,特殊商品注册商标的转让,受让人应当提供有关部门的证明文件。

(二)注册商标的无效宣告

《商标法》第四十四条规定,已经注册的商标,违反本法第四条、第十条、第十一条、第十二条、第十九条第四款规定的,或者是以欺骗手段或者其他不正当手段取得注册

的,由商标局宣告该注册商标无效;其他单位或者个人可以请求商标评审委员会宣告该注册商标无效。

商标局作出宣告注册商标无效的决定,应当书面通知当事人。当事人对商标局的决定不服的,可以自收到通知之日起十五日内向商标评审委员会申请复审。商标评审委员会应当自收到申请之日起九个月内作出决定,并书面通知当事人。有特殊情况需要延长的,经国务院工商行政管理部门批准,可以延长三个月。当事人对商标评审委员会的决定不服的,可以自收到通知之日起三十日内向人民法院起诉。

(三)商标使用的管理

《商标法》所称的商标使用,是指将商标用于商品、商品包装或者容器以及商品交易文书上,或者将商标用于广告宣传、展览以及其他商业活动中,用于识别商品来源的行为。

1.撤销注册商标

商标注册人在使用注册商标的过程中,自行改变注册商标,注册人名义、地址或者其他注册事项的,由地方工商行政管理部门责令限期改正;期满不改正的,由商标局撤销其注册商标。注册商标成为其核定使用的商品的通用名称或者没有正当理由连续三年不使用的,任何单位或者个人可以向商标局申请撤销该注册商标。商标局应当自收到申请之日起九个月内作出决定。有特殊情况需要延长的,经国务院工商行政管理部门批准,可以延长三个月。

注册商标被撤销、被宣告无效或者期满不再续展的,自撤销、宣告无效或者注销之日起一年内,商标局对与该商标相同或者近似的商标注册申请,不予核准。

2.违反商标使用规定的处罚

(1)对法律、行政法规规定必须使用注册商标的商品未经核准注册在市场销售的,由地方工商行政管理部门责令限期申请注册,违法经营额五万元以上的,可以处违法经营额百分之二十以下的罚款;(2)没有违法经营额或者违法经营额不足五万元的,可以处一万元以下的罚款;将未注册商标充注册商标使用的,或者使用未注册商标违反《商标法》第十条规定的,由地方工商行政管理部门予以制止,限期改正,并可以予以通报,给予与上款同样的经济处罚;(3)违反《商标法》第四条第五款生产、经营者不得将"驰名商标"字样用于商品、商品包装或者容器上,或者用于广告宣传、展览以及其他商业活动中规定的,由地方工商行政管理部门责令改正,处十万元罚款。

(四)注册商标专用权的保护

《商标法》对注册商标专用权的保护作了规定。未注册商标不享有专用权,因此,目前我国对商标权的保护仅是对注册商标专用权的保护。

1.注册商标专用权的权利范围

《商标法》的规定,注册商标的专用权,以核准注册的商标和核定使用的商品为限。这就为注册商标的权利范围作了界定。

(1)以核准注册的商标为限,即注册商标所有人实际使用的商标必须与核准注册的商标相一致。如果注册商标所有人实际使用的商标与核准注册的商标不一致,不仅不受《商标法》保护,而且可能招致承担违法使用注册商标的法律后果。

(2)以核定使用的商品为限,即注册商标所有人实际使用注册商标的商品与核定使用的商品必须一致,否则同样可能招致承担违法使用注册商标的后果。

2.侵犯商标权的法律责任

法律责任是行为人对违法侵权行为应承担的法律后果。法律责任具有确定性及强制性的特点。所谓确定性,是指在出现什么样的情况下,由谁承担法律责任及承担何种法律责任,是由法律明确规定的。法律未明确规定的行为,行为人不承担责任。根据《商标法》的有关规定,侵犯商标权应承担的法律责任分为行政责任、民事责任和刑事责任。

(1)行政责任。依照《商标法》规定,因侵犯商标专用权行为引起纠纷的,由当事人协商解决。不愿协商或协商不成的,商标注册人或利害关系人可以向人民法院起诉,也可以向侵权人所在地或侵权行为地县级以上工商行政管理机关控告或检举。工商行政管理机关依照《商标法》及其他相关规定查处侵犯商标专用权的行为。依据《商标法》的规定,工商行政管理部门认定侵权行为成立的,可采取责令立即停止侵权行为,没收、销毁侵权商品和专门用于制造侵权商品、伪造注册商标标志的工具的措施,以制止侵犯商标权行为,并可处以非法经营额三倍以下的罚款,非法经营额无法计算的罚款数额为十万元以下。

(2)民事责任。对于侵犯商标权行为,被侵权人既可以向工商行政管理机关提出控告,要求给予行政制裁;也可以直接向人民法院起诉,要求侵权人承担侵权的民事责任。《最高人民法院关于审理商标民事纠纷案件适用法律若干问题的解释》第二十一条第二款规定,行政管理部门对同一侵犯注册商标专用权行为已经给予行政处罚的,人民法院不再予以民事制裁。《商标法》第六十四条第二款规定,销售不知道是侵犯注册商标专用权的商品,能证明该商品是自己合法取得的并能说明提供者的,不承担赔偿责任。

此外,商标注册人或者利害关系人有证据证明他人正在实施或者即将实施侵犯注册商标专用权的行为,如不及时制止,将会使其合法权益受到难以弥补的损害的,可以在起诉前向人民法院申请采取责令停止有关行为和财产保全的措施;为制止侵权行为,在证据可能灭失或者以后难以取得的情况下,商标注册人或者利害关系人可以在起诉前向人民法院申请保全证据。

(3)刑事责任。根据《商标法》和《刑法》的规定,侵犯注册商标权构成犯罪的有:假冒注册商标罪;伪造、擅自制造他人注册商标标志或者销售伪造、擅自制造注册商标标志罪;销售明知是假冒注册商标的商品罪。这几种犯罪侵犯的客体都是注册商标专用权,所以将其统称为侵犯注册商标罪。这些犯罪都是为谋取非法利益,故意违反商标法、严重侵犯商标注册人的合法权益、破坏社会经济正常秩序的行为。依照《商标法》的规定,侵犯注册商标构成犯罪的,除赔偿侵权人的损失外,依法追究刑事责任。依据《刑法》的规定,构成侵犯注册商标犯罪的,处三年以下有期徒刑或者拘役,并处或者单处罚金;情节特别严重的或者销售金额巨大的,处三年以上七年以下有期徒刑,并处罚金。

单位犯罪的,对单位处罚金,并对其直接负责的主管人员和其他直接责任人员依照上述规定处以刑罚。

(五)对驰名商标的特殊保护

驰名商标是指在中国为相关公众广为知晓并享有较高声誉的商标。其特征是:(1)经过一定期限的公开使用,并为公众所认识和接受,但不要求是注册商标;(2)所代表的商品是优质产品,具有良好的社会信誉。

《商标法》第十三条规定,为相关公众所熟知的商标,持有人认为其权利受到侵害时,可以依照本法规定请求驰名商标保护。就相同或者类似商品申请注册的商标是复制、摹仿或者翻译他人未在中国注册的驰名商标,容易导致混淆的,不予注册并禁止使用。就不相同或者不相类似商品申请注册的商标是复制、摹仿或者翻译他人已经在中国注册的驰名商标,误导公众,致使该驰名商标注册人的利益可能受到损害的,不予注册并禁止使用。

驰名商标应当根据当事人的请求,作为处理涉及商标案件需要认定的事实进行认定。认定驰名商标应当考虑下列因素:(1)相关公众对该商标的知晓程度;(2)该商标使用的持续时间;(3)该商标的任何宣传工作的持续时间、程度和地理范围;(4)该商标作为驰名商标受保护的记录;(5)该商标驰名的其他因素。

※**知识链接**

1987年,国家工商行政管理局商标局从商标异议案件中,认定美国必胜客国际有限公司的"PIZZA HUT"的商标及屋顶图形商标为驰名商标,这是中国加入《巴黎公约》后认定的第一件驰名商标。然后,认定英国尤尼利弗公司的"Lux力士"等国外商标为驰名商标。

20世纪90年代初,中国贵州茅台酒厂的"贵州茅台"、上海自行车三厂的"凤凰"、青岛啤酒厂的"青岛"、琴岛制冷集团公司的"琴岛—利勃海尔"、上海卷烟厂的"中华"、烟台北极星钟表(集团)公司的"北极星"、上海自行车厂的"永久"、上海霞飞日用化工厂的"霞飞"、四川宜宾五粮液酒厂的"五粮液"和四川省曲酒厂的"泸州"等10个商标首次获得了"中国驰名商标"证书。

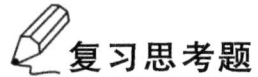

复习思考题

一、单项选择题

1.我国著作权法中,著作权与下列哪一项系同一概念(　　)。
A.作者权　　　　　　　　B.出版权
C.版权　　　　　　　　　D.专有权

2.我国著作权法中对公民作品的发表权的保护期限是(　　)。
A.作者有生之年加死后50年　　B.作品完成后50年

C.没有限制 D.作者有生之年

3.根据《著作权法》的规定,下列各项中不适用于著作权法保护的是( )。

A.时事新闻 B.《新闻学》一书
C.新闻评论 D.《新闻调查》节目

4.根据《专利法》的有关规定,下列( )情况可以被授予专利权。

A.甲发明了仿真伪钞 B.乙发明了对糖尿病特有的治疗方法
C.丙发现某植物新品种 D.丁发明了某植物新品种的生产方法

5.根据《著作权法》的规定,著作权不包括以下哪些权利( )。

A.署名权 B.修改权
C.内部研讨权 D.信息网络传播权

6.作品的构成要件应当是( )。

A.新颖性 B.创造性
C.独创性 D.可欣赏性

7.在中国,实用新型和外观设计专利申请( )。

A.须经过实质审查后授权 B.经初审合格后即授权
C.递交申请后即可授权 D.经过形式审查和实质审查后才可授权

8.两个以上的申请人分别就相同内容的发明创造向国务院专利行政部门提出申请,应该将专利权授予( )。

A.同时申请的两个人 B.先申请人
C.先使用人 D.发明人

9.范某于2018年4月5日向中国专利局提交一项产品的发明专利申请,2019年2月8日又将该技术申请实用新型专利,并要求享有本国优先权。该专利申请经审查合格后于2020年3月6日被授予专利权。该项专利的保护期限及起算日期是( )。

A.保护期为10年,自2018年4月5日起计算
B.保护期为10年,自2019年2月8日起计算
C.保护期为10年,自2020年3月6日起计算
D.保护期为20年,自2020年3月6日起计算

10.根据《专利法》的规定,实用新型专利的保护期限为( )。

A.5年 B.10年
C.15年 D.20年

11.同中华人民共和国的国家名称、国旗、国徽、军旗、勋章相同或者近似的,以及同中央国家机关所在地特定地点的名称或者标志性建筑物的名称、图形相同的商标( )。

A.不得作为商标使用 B.可以作为商标使用
C.经审核可以作为商标使用 D.以上都不是

12.张某创作学术论文一篇,根据《著作权法》的规定,下列说法中正确的是( )。

A.张某只有在论文发表后才能享有著作权

B.张某的论文不论是否发表都能享有著作权

C.张某的论文需经登记后才能享有著作权

D.张某的论文需加著作权标记后才能享有著作权

二、多项选择题

1.根据《专利法》的规定,下列领域中能够授予专利权的是(　　)。

A.新创造的能够被应用的技术方案

B.改进和完善企业的经营管理方面的措施

C.对机器的构造提出的新方案

D.对产品的图案作出富有美感且适合工业应用的新设计

2.下列关于作品的表述错误的是(　　)。

A.创作是作品产生的前提条件

B.作品的载体是借助于作品所传达出来的表达作者思想或情感的信息

C.作品的载体只能是唯一的

D.构成著作权法意义上的作品必须是高质量的

3.属于受我国著作权法保护的作品(　　)。

A.民间文学艺术　　　　　　B.计算机软件

C.示意图　　　　　　　　　D.杂技艺术

4.下列关于计算机软件著作权归属的表述正确的有(　　)。

A.计算机软件著作权原则上属于软件开发者

B.由两个以上的自然人、法人或者其他组织合作开发的软件,其著作权的归属可以由合作开发者签订书面合同约定

C.由国家机关下达任务开发的软件,著作权的归属与行使由项目任务书或者合同规定;项目任务书或者合同中未作明确规定的,软件著作权由接受任务的法人或者其他组织享有。

D.自然人在法人或者其他组织中任职期间所开发的软件是从事本职工作活动所预见的结果或者自然结果的情况下,该软件著作权由该法人或者其他组织享有

5.下列哪项行为可以不经著作权人许可,不向其支付报酬(　　)。

A.甲因为很喜欢乙的小说,复印了其创作的由丙出版社出版的一部100万字的作品供个人欣赏

B.甲为乙的一部作品撰写书评,引用了该作品

C.甲在班级聚会上演唱了乙未发表的一首歌曲

D.为报道时事新闻,在报纸、期刊、广播电台、电视台等媒体中不可避免地再现或者引用已经发表的作品

6.在我国,可以成为专利权主体的人包括(　　)。

A.外国人　　　　　　　　　B.单位

C.发明人、设计人　　　　　D.发明人、设计人的继承人

7.在发明专利的审查授权程序中,(　　)属于实质审查的内容。

A.该发明是否具备新颖性、创造性和实用性
B.专利申请是否符合单一性原则
C.是否有优先权,优先权的主张能否成立
D.申请专利的发明是否违反国家法律,社会公德或妨害社会公共利益,是否属于不授予专利权的发明

8.下列行为中,不属于对专利权的合理使用的行为的有( )。
A.学校在进行一项教学实验时未经许可使用他人的一项相关专利
B.某学校受某公司委托开发一种新产品时未经许可使用他人的一项相关专利技术
C.某公司在生产其产品时未经允许使用了他人的一项相关专利
D.某公司在广告宣传活动中未经许可使用了他人的一项专利方法

9.甲完成了一项发明创造,并申请了专利,( )可以成为该发明创造的专利权人。
A.购买该发明创造技术的乙
B.通过技术使用合同,取得该发明创造使用权的丙
C.提高合同购买甲用该技术生产产品的丁
D.甲死亡后其唯一继承人戊

10.在我国,专利权终止的原因主要有( )。
A.专利权期限届满
B.专利权人没有按照规定缴纳年费
C.专利权人以书面声明放弃其专利权
D.专利权无人继承

三、案例模拟

甲从书画市场上购得乙的摄影作品《鸟巢》,与其他摄影作品一起用于营利性展览。丙偷偷将《鸟巢》翻拍后以自己的名义刊登在某杂志上,丁经丙同意将刊登在该杂志上的《鸟巢》又制作成挂历销售。关于本案有四种说法,分别是:(1)甲无权将《鸟巢》进行营利性展览;(2)丙的行为构成剽窃;(3)丙的行为侵犯了乙的发表权;(4)丁应停止销售,但因无过错免于承担赔偿责任。

请逐一分析以上说法的正误,并说明理由。

第七章 非法人企业法律制度

学习目标

【知识目标】
1.理解合伙企业的概念和特征。
2.了解普通合伙企业和有限合伙企业的法律制度。
3.掌握企业设立的条件、出资方式、事务执行、入伙、退伙等。
4.了解合伙企业的解散和清算。

【能力目标】
1.能区分各种企业的不同点。
2.能掌握各种企业的相关法律规定并运用其进行案例分析。
3.能够运用所学法律知识分析和解决企业中的各种法律问题。

【思政目标】
1.培养学生的诚信意识,提升道德素质。
2.培养学生的法治思维,增强责任担当。

本章知识体系构建

第七章
- 企业法概述
  - 企业的概念和分类
  - 企业法的概念
  - 合伙企业法概述
- 普通合伙企业
  - 普通合伙企业概述
  - 普通合伙企业的设立
  - 普通合伙企业的财产
  - 普通合伙企业的事务执行
  - 普通合伙企业与第三人的关系
  - 普通合伙企业的入伙和退伙
- 有限合伙企业
  - 有限合伙企业概述
  - 有限合伙企业的设立
  - 有限合伙企业的事务执行
  - 有限合伙企业的入伙和退伙
  - 普通合伙企业和有限合伙企业的区别
- 合伙企业的解散和清算
  - 合伙企业的解散
  - 合伙企业的清算
- 个人独资企业
  - 个人独资企业概述
  - 个人独资企业的权利与义务
  - 个人独资企业的设立
  - 个人独资企业事务的管理
  - 个人独资企业的解散与清算

※**引导案例**

2020年1月,自然人甲、乙、丙和上市公司丁公司决定设立一合伙企业,并签订书面协议,内容如下:(1)甲货币出资10万元,乙以实物折价出资8万元,经其他人同意,丙以劳务出资6万元,丁公司货币出资20万元;(2)甲、乙和丁公司作为普通合伙人,丙作为有限合伙人;(3)企业由货币出资的甲和丁公司执行合伙企业事务,对外代表企业,但签订大于10万元的销售合同应经其他合伙人同意。协议未约定经营期限,乙、丙均不参与企业的经营管理。

后合伙企业修改协议取得营业执照,并发生以下事实:

2020年5月,甲擅自以合伙企业名义与红天公司签订15万元的合同,红天公司不知道其内部限制。乙获知后,向红天公司表示不承认。

2021年1月,乙退出合伙企业,并未给企业造成任何不利影响。4月,新合伙人戊货币出资4万元作为普通合伙人入伙。2021年5月,合伙企业的债权人绿光公司就合伙人乙退伙前的24万元债务要求现合伙人和乙共同承担连带责任。乙以自己退伙为由,戊以自己新入伙为由拒绝承担。

请根据以上事实,回答下列问题:
1.原合伙协议哪些地方违反《中华人民共和国合伙企业法》的规定?
2.甲跟红天公司的合同是否有效?为什么?
3.乙的主张是否成立?为什么?
4.戊的主张是否成立?为什么?

第一节　企业法概述

一、企业的概念和分类

企业是市场经济活动的主要主体,企业法是规定市场主体的设立、组织与活动的法。不同的企业类型由不同法律进行规范。

理解企业的含义和分类是学习企业法的基础,我国不同的企业法对不同企业的含义都有规定。企业的类型与企业法的分类有密切关系,前者是后者的基础。

(一)企业的概念

企业是依法成立并具有法定组织形式及法律地位、以盈利为目的的从事生产经营及服务的独立核算的经济组织。企业有如下特征:

1.企业是社会经济组织。企业是一定的人员和一定的财产的结合,体现了社会经济特性和社会组织特性。

2.企业是以盈利为目的从事生产经营活动的社会经济组织。企业必须是从事生产经营活动的社会组织。生产经营活动是指创造社会财富的活动,包括生产、交易、服务等经营活动。同时,企业从事生产经营活动是以盈利为目的的。

3.企业是实行独立核算的社会经济组织。核算含有计量、记录、计算的意思。实行独立核算是要单独计算成本费用,以收抵支,计算盈亏,对经济业务作出全面反映和控制。不实行独立核算的社会经济组织不能称为企业。

4.企业是依法设立的具有一定法律地位的经济组织。企业一旦成立就在一定程度上独立于其设立人,而成为一个独立的市场竞争的主体。企业在生产经营活动中以企业的名义而不是以设立人的名义与外界发生各种联系,形成各种法律关系,由此而产生的法律责任也由企业来承担。当然,由于企业组织方式的不同,其与出资者的关系紧密程度就不同,因而其独立程度不同,承担责任的方式也不相同。法人型企业独立性较强,在责任的承担上也仅以法人财产为限;合伙和个人独资企业设立人的独立性相对就比较弱,出资人对企业的责任比较大,如对企业的债务要承担连带责任等。

(二)企业的分类

依据不同的标准,可将企业分为不同类型。

1.按企业的经济性质,可将企业分为全民所有制企业、集体所有制企业、私营企业、混合所有制企业。采用这种划分方法除了可明确企业财产所有权的归属外,还方便国家对不同经济性质的企业采用不同的经济政策和监管办法。

2.按企业所属行业,可将企业划分为工业企业、农业企业、商业企业、矿业企业、各种服务性企业等。这种划分一方面有利于经济统计,为国家经济布局提供参数;另一方面也是出于管理的需要。

3.按企业的法律地位,可将企业划分为法人企业和非法人企业。这样划分能明确反映出企业的法律地位及责任能力,不仅有利于国家管理,而且也有利于企业间的经济交往活动。

由于各国的情况不同,对企业的划分标准也可能不同,或者是在同一种划分标准下,其具体划分内容也不同。如我国按经济性质将企业划分为全民所有制企业、集体所有制企业、私营企业等,多数国家并非如此。又如对合伙企业,有的国家认为其可具有法人资格,有的国家则认为其不具有法人资格。

二、企业法的概念

企业法是规范和调整企业设立、存续、终止的各种法律关系的法律规范的总称,它是企业设立、进行生产经营以及终止的行为规范,同时也是国家对企业进行管理调控的法律依据。

我国制定了一系列企业法律法规:1999年8月30日第九届全国人民代表大会常务委员会第十一次会议通过《中华人民共和国个人独资企业法》(以下简称《个人独资企业法》),自2000年1月1日起施行;1997年2月23日第八届全国人民代表大会常务委员会第二十四次会议通过《中华人民共和国合伙企业法》(以下简称《合伙企业法》),第十届全国人民代表大会常务委员会第二十三次会议于2006年8月27日修订,2007年6月1日起施行;1993年12月29日第八届全国人民代表大会常务委员会第五次会议通过《中华人民共和国公司法》(以下简称《公司法》),经1999年、2004年、2005年、2013年、2018年的修正及修订,自2018年10月26日施行;2019年3月15日第十三届全国人民代表大会第二次会议通过《中华人民共和国外商投资法》,自2020年1月1日起施行。

属于企业法的法律法规主要包括个人独资企业法、合伙企业法、外商投资企业法、公司法四个部分。本章只涉及个人独资企业法和合伙企业法。

三、合伙企业法概述

(一)合伙企业的概念

合伙是指两个以上的人为着共同目的,互相约定共同出资、共同经营、共享收益、共担风险的自愿联合。合伙首先体现为一种合同关系,当合伙关系因依照合伙企业法进行登记并取得营业资格后,便体现为合伙企业。在我国,合伙企业专指自然人、法人和其他组织依照《合伙企业法》在中国境内设立的普通合伙企业和有限合伙企业。

(二)合伙企业的特征

1.合伙企业是合伙人共同出资、共同经营、共享收益、共担风险的自愿联合。在共同出资、共同经营、共享收益、共担风险四项特征之中,最关键的是共担风险。共担风险指的是合伙人共同承担经营风险,这是合伙关系不同于其他合同关系的关键之处。共担风险与共享收益在逻辑上是一致的。共享收益,意味着企业有经营收益(即利润)时合伙人才能分配利润,没有利润或者亏损的时候当然就不能分享收益。因此,约定一方当事人无论企业盈亏,均有权获得固定金额回报的协议,违背了合伙人共享收益和共担风险的基本原则,不构成合伙协议。

2.合伙企业的信用基础最终取决于普通合伙人的偿付能力。尽管《合伙企业法》规定,合伙企业首先以自有财产清偿债务,但对其债务兜底的最终还是承担无限连带责任的普通合伙人。这是合伙企业区别于有限责任公司和股份有限公司的一个重要特征。正是由于这个特征,合伙企业的普通合伙人在设立合伙时都会慎重考察和选择其他普通合伙人,普通合伙人对外转让财产份额时,也须受其他普通合伙人的制约。这些特点都导致普通合伙人的财产份额缺乏流动性,无法形成活跃的交易市场。反过来,这就使得普通合伙企业很难通过吸引普通合伙人加入而获得资金。

3.合伙企业无法人资格,但具有许多类似法人的特点。我国法律根据传统民法理论观点,历来不承认合伙企业具有民事主体地位。因此,在法律上,无论是民事合伙,还是合伙企业,都不具有法人资格。但是,经济生活的现实需求要求合伙企业具有一定的独立于合伙人的法律地位。我国合伙企业法恰当地反映了这种现实需求。依据该法成立的合伙企业,实际上具有相当多的类似法人的特征。例如,合伙企业可以对外以自己的名义从事法律行为,建立法律关系,而无须依赖合伙人的主体资格;合伙企业拥有自己的、与合伙人财产相区别的财产,合伙企业的债务应当先以合伙企业的财产清偿,合伙企业的财产不足以清偿时,普通合伙人才承担清偿责任;合伙企业可以以自己的名义起诉和应诉。

(三)合伙企业法的概念

合伙企业法有广义和狭义之分。狭义的合伙企业法是指由国家最高立法机关依法制定的、规范合伙企业合伙关系的专门法律,即《合伙企业法》。该法由第八届全国人民代表大会常务委员会第二十四次会议于1997年2月23日通过,自1997年8月1日起施行,2006年8月第十届全国人民代表大会常务委员会第二十三次会议进行了修订,本次修订主要规定了有限合伙。广义的合伙企业法是指国家立法机关或者其他有权机关依法制定的、调整合伙企业合伙关系的各种法律规范的总称。除合伙企业法外,国家有关法律、行政法规和规章中关于合伙企业的法律规范,都属于广义合伙企业法的范畴。《合伙企业法》仅适用于其所规定的合伙企业,不适用于契约性合伙活动。

(四)合伙企业法的基本原则

1.协商原则。在以书面形式订立合伙协议时,依法由全体合伙人协商一致。

2.自愿、平等、公平、诚实信用原则。订立合伙协议、设立合伙企业,应当遵循自愿、平等、公平、诚实信用的原则。自愿是指全体合伙人根据自己的真实意愿作出签订合伙协议、设立合伙企业的意思表示。平等是指全体合伙人具有平等法律地位、享受平等的法律待遇以及享有平等的法律保护。公平是指全体合伙人在签订合伙协议、设立合伙企业的过程中,应当本着公平的观念实施自己的行为。诚实信用是指全体合伙人应诚实、守信,以善意的方式处理有关问题。

3.守法守德原则。合伙企业及其合伙人必须遵守法律、行政法规,遵守社会公德、商业道德,承担社会责任。

4.合法权益受法律保护原则。一是受法律保护的对象是合法的财产和权益,也就是合伙企业及其合伙人财产应属于合法占有的财产,其权益也属于依法所享有的权益。二是严禁任何单位和个人侵犯合伙企业及其合伙人合法占有的财产和依法应享有的权益。

5.依法纳税原则。合伙企业从事生产经营以及与生产经营有关的活动所取得的各项收入,按照国家有关税收规定,由合伙人分别缴纳个人所得税,合伙企业不缴纳企业所得税。

第二节 普通合伙企业

一、普通合伙企业概述

普通合伙企业,是指由普通合伙人组成,合伙人对合伙企业债务依照《合伙企业法》规定承担无限连带责任的一种合伙企业。普通合伙企业具有以下特点。

1.由普通合伙人组成。所谓普通合伙人,是指在合伙企业中对合伙企业的债务依法承担无限连带责任的自然人、法人和其他组织。

2.除法律另有规定外,合伙人对合伙企业债务依法承担无限连带责任。所谓无限连带责任,包括两个方面:一是无限责任,即所有的合伙人不仅以自己投入合伙企业的资金和合伙企业的其他资金对债权人承担清偿责任,而且在合伙企业财产不够清偿时,还要以自己所有的财产对债权人承担清偿责任;二是连带责任,即当合伙企业不能清偿到期债务时,所有的合伙人对合伙企业的债务都有责任向债权人偿还,不管自己在合伙协议中所确定的承担比例如何。一个合伙人不能清偿合伙企业债务的,其他合伙人都有清偿的责任。但是,当某一合伙人偿还合伙企业的债务超过自己所应承担的数额时,有权向其他合伙人追偿。

二、普通合伙企业的设立

(一)设立条件

根据《合伙企业法》的规定,设立普通合伙企业,应当具备下列条件:

1.有两个以上合伙人。合伙企业合伙人至少为两人以上,对于合伙企业合伙人数的最高限额,《合伙企业法》未作规定,由设立人根据所设企业的具体情况决定。

关于合伙人的资格,《合伙企业法》作了以下限定:合伙人可以是自然人,也可以是法人或者其他组织。除法律另有规定外,这些人的组成不受限制。合伙人为自然人的,应当具有完全民事行为能力。无民事行为能力人和限制民事行为能力人不得成为普通合伙企业的合伙人。国有独资公司、国有企业、上市公司以及公益性的事业单位、社会团体不得成为普通合伙人。

2.有书面合伙协议。合伙协议,是指由各合伙人通过协商,共同决定相互间的权利义务,达成的具有法律约束力的协议。订立合伙协议、设立合伙企业,应当遵循自愿、平等、公平、诚实信用原则。

合伙协议应当依法由全体合伙人协商一致,以书面形式订立。合伙协议应当载明下列事项:合伙企业的名称和主要经营场所的地点,合伙目的和合伙经营范围,合伙人的姓名或者名称、住所,合伙人的出资方式、数额和缴付期限,利润分配、亏损分担方式,合伙事务的执行,入伙与退伙,争议解决办法,合伙企业的解散与清算,违约责任等。

合伙协议经全体合伙人签名、盖章后生效。合伙人按照合伙协议享有权利,履行义务。修改或者补充合伙协议,应当经全体合伙人一致同意;但是,合伙协议另有约定的除外。合伙协议未约定或者约定不明确的事项,由合伙人协商决定;协商不成的,依照《合伙企业法》和其他有关法律、行政法规的规定处理。

3.有合伙人认缴或者实际缴付的出资。合伙协议生效后,合伙人应当按照合伙协议的规定缴纳出资。合伙人可以用货币、实物、知识产权、土地使用权或者其他财产权利出资,也可以用劳务出资。合伙人的劳务出资形式是有别于公司出资形式的重要不同之处。合伙人以实物、知识产权、土地使用权或者其他财产权利出资,需要评估作价的,可以由全体合伙人协商确定,也可以由全体合伙人委托法定评估机构评估。合伙人以劳务出资的,其评估办法由全体合伙人协商确定,并在合伙协议中载明。合伙人应当按照合伙协议约定的出资方式、数额和缴付期限履行出资义务。以非货币财产出资的,依照法律、行政法规的规定,需要办理财产权转移手续的,应当依法办理。

相关案例

> 姜某于2016年承包经营某砖瓦厂。陈某于同年向姜某汇款25万元，但未参与该厂经营与劳动。姜某在2020年向陈某出具投资证明并载明：陈某投资某砖瓦厂25万元，某砖瓦厂复垦拆迁，全额款项按拆迁比例分成。2020年11月，姜某陆续通过某居委会领取了310余万元补偿款，其未与陈某结账还款。陈某遂主张返还投资款25万元及收益50万元。
>
> 个人合伙应当签订书面合伙协议，即便合伙人之间签订了名为合伙的书面协议后，仍需审查各方权利义务是否符合个人合伙共同出资、共同经营、共同劳动、共担风险、共负盈亏的基本特征。合伙协议约定一方按照协议向合伙组织提供物品的使用权或资金，并以此取得固定收入（利息），不参加合伙经营、劳动、盈余分配，也不承担合伙经营风险责任的，不能认定为合伙人，应认定双方系民间借贷的法律关系。

4.有合伙企业的名称和生产经营场所。普通合伙企业应当在其名称中标明"普通合伙"字样，其中，特殊的普通合伙企业，应当在其名称中标明"特殊普通合伙"字样。

5.法律、行政法规规定的其他条件。

(二)设立登记

根据《合伙企业法》和国务院发布的《市场主体登记管理条例》的规定，合伙企业应当向登记机关登记以下事项：(1)名称；(2)合伙类型；(3)经营范围；(4)主要经营场所；(5)合伙人的出资额；(6)执行事务合伙人；(7)合伙人名称或者姓名、住所、承担责任方式；(8)法律、行政法规规定的其他事项。此外，合伙企业还应当向登记机关备案以下事项：(1)合伙协议；(2)合伙期限；(3)合伙人认缴或者实际缴付的出资数额、缴付期限和出资方式；(4)合伙企业登记联络员；(5)合伙企业受益所有人（即最终控制或享有企业收益的人）相关信息；(6)法律、行政法规规定的其他事项。

合伙企业申请办理登记，应当提交下列材料：(1)申请书；(2)申请人资格文件、自然人身份证明；(3)合伙企业主要经营场所相关文件；(4)合伙协议；(5)法律、行政法规和国务院市场监督管理部门规定提交的其他材料。申请人可以委托其他自然人或者中介机构代其办理合伙企业登记。登记机关应当对申请材料进行形式审查。登记申请不符合法律、行政法规规定，或者可能危害国家安全、社会公共利益的，登记机关不予登记并说明理由。申请人申请合伙企业设立登记，登记机关依法予以登记的，签发营业执照。营业执照签发日期为合伙企业的成立日期。法律、行政法规或者国务院决定规定设立合伙企业须经批准的，应当在批准文件有效期内向登记机关申请登记。合伙企业设立分支机构，应当向分支机构所在地的登记机关申请登记。

合伙企业变更登记事项，应当自作出变更决议、决定或者法定变更事项发生之日起30日内向登记机关申请变更登记。合伙企业变更登记事项属于依法须经批准的，申请人应当在批准文件有效期内向登记机关申请变更登记。合伙企业变更经营范围，属于依法须经批准的项目的,应当自批准之日起 30 日内申请变更登记。许可证或者批准文件被吊销、撤销或者有效期届满的,应当自许可证或者批准文件被吊销、撤销或者有效期届满之日起 30 日内向登记机关申请变更登记或者办理注销登记。合伙企业变更主要经营场所跨登记机关辖区的,应当在迁入新的主要经营场所前,向迁入地登记机关申请变更登记。迁出地登记机关无正当理由不得拒绝移交市场主体档案等相关材料。合伙企业变更登记涉及营业执照记载事项的,登记机关应当及时为合伙企业换发营业执照。合伙企业变更上述备案事项的,应当自作出变更决议、决定或者法定变更事项发生之日起 30 日内向登记机关办理备案。

三、普通合伙企业的财产

(一)合伙企业财产的构成

根据《合伙企业法》的规定,合伙人的出资、以合伙企业名义取得的收益和依法取得的其他财产,均为合伙企业的财产。从这一规定可以看出,合伙企业财产由以下三部分构成:

1.合伙人的出资。《合伙企业法》规定,合伙人可以用货币、实物、知识产权、土地使用权或者其他财产权利出资,也可以用劳务出资。这些出资形成合伙企业的原始财产。

2.以合伙企业名义取得的收益。合伙企业作为一个独立的经济实体,可以有自己的独立利益。因此,以其名义取得的收益作为合伙企业获得的财产,当然归属于合伙企业,成为合伙财产的一部分。以合伙企业名义取得的收益,主要包括合伙企业的公共积累资金、未分配的利润、合伙企业债权、合伙企业取得的工业产权和非专利技术等财产权利。

3.依法取得的其他财产,即根据法律、行政法规的规定合法取得的其他财产,如合法接受的赠与财产等。

(二)合伙企业财产的性质

合伙企业的财产具有独立性和完整性两方面的特征。所谓独立性,是指合伙企业的财产独立于合伙人,合伙人出资以后,一般说来,便丧失了对其作为出资部分的财产的所有权或者持有权、占有权,合伙企业的财产权主体是合伙企业,而不是单独的每一个合伙人。所谓完整性,是指合伙企业的财产作为一个完整的统一体而存在,合伙人对合伙企业财产权益的表现形式,仅是依照合伙协议所确定的财产收益份额或者比例。

根据《合伙企业法》的规定,合伙人在合伙企业清算前,不得请求分割合伙企业的财产;但是,法律另有规定的除外。合伙人在合伙企业清算前私自转移或者处分合伙企业财产的,合伙企业不得以此对抗善意第三人。在确认善意取得的情况下,合伙企业的损失只能向合伙人进行追索,而不能向善意第三人追索。合伙企业也不能以合伙人无权处分其财产而对抗善意第三人的权利要求,例如,不能以合伙人无权处分其财产而主张其与善意第三人订立的合同无效。

(三)合伙企业财产份额的转让

合伙人财产份额的转让是指合伙企业的合伙人向其他人转让其在合伙企业中的全部或部分财产份额的行为。合伙人转让其财产份额的行为会导致入伙、退伙或合伙人出资比例的改变等后果。由于普通合伙企业在性质上具有强烈的人合性,合伙人之间必须相互信任,而合伙财产份额的转让必然会影响到合伙企业和其他合伙人的利益,因此《合伙企业法》对此作了比较严格的规定:

1.除合伙协议另有约定外,合伙人向合伙人以外的人转让其在合伙企业中的全部或者部分财产份额时,须经其他合伙人一致同意。合伙人财产份额的外部转让,只有经其他合伙人一致同意,才表明其他合伙人同意与受让人共同维持原合伙企业,合伙企业才能存续下去。如果其他合伙人不同意接受受让人,则合伙企业无法存续下去。这项原则是在合伙协议中没有规定的情况下才有法律效力。如果合伙协议有另外的约定,即合伙协议约定,合伙人向合伙人以外的人转让其在合伙企业中的全部或者部分财产份额时,无须经过其他合伙人一致同意,比如约定2/3以上合伙人同意或者一定出资比例同意的情况下,则应执行合伙协议的规定。

2.合伙人之间转让在合伙企业中的全部或者部分财产份额时,应当通知其他合伙人。这一规定适用于合伙人财产份额的内部转让。合伙人财产份额的内部转让因不涉及合伙人以外的人参加,合伙企业存续的基础没有发生实质性变更,因此无须经过其他合伙人一致同意,只需要通知其他合伙人即可产生法律效力。

3.合伙人向合伙人以外的人转让其在合伙企业中的财产份额的,在同等条件下,其他合伙人有优先购买权;但是,合伙协议另有约定的除外。所谓优先购买权,是指在合伙人转让其财产份额时,在多数人接受转让的情况下,其他合伙人基于同等条件可优先于其他非合伙人购买的权利。优先购买权的发生存在两个前提:一是合伙人财产份额的转让没有约定的转让条件、转让范围的限制。也就是说,合伙协议没有"另有约定"或者另外的限制,如有另外约定或者限制,则应依约定或者限制办理。二是同等条件。同等的条件,主要是指购买的价格条件,当然也包括其他条件。这一规定的目的在于维护合伙企业现有合伙人的利益,维护合伙企业在现有基础上的稳定。

相关案例

> 李某、王某、于某、侍某、石某与案外人共同合伙经营某客运专线。李某、王某、于某将其50万元份额共折价20万元转让给侍某、石某。后侍某、石某主张该份额转让未经其他合伙人同意,也侵犯了合伙体债权人的利益,故应认定转让合同无效。
>
> 合伙协议未约定合伙人内部之间转让份额须经全体合伙人一致同意的情况下,合伙人之间转让合伙份额时无须征得其他合伙人同意,其转让行为应认定为合法有效。该案例中,各方签订的合伙协议并未约定内部转让份额须经全体合伙人同意,故该转股协议书并未侵犯案外人的合法权益,应为合法有效。

四、普通合伙企业的事务执行

(一)合伙企业事务的执行
根据《合伙企业法》的规定,合伙人执行合伙企业事务,可以有以下两种形式:

1.全体合伙人共同执行合伙事务。这是合伙事务执行的基本形式,也是在合伙企业中经常使用的一种形式,尤其是在合伙人较少的情况下更为适宜。合伙协议未约定或者全体合伙人未决定委托执行事务合伙人的,全体合伙人均为执行事务合伙人。在采取这种形式的合伙企业中,按照合伙协议的约定,各个合伙人都直接参与经营,处理合伙企业的事务,对外代表合伙企业。

2.委托一个或者数个合伙人执行合伙事务。按照合伙协议的约定或者经全体合伙人决定,可以委托一个或者数个合伙人对外代表合伙企业,执行合伙事务。《合伙企业法》明确规定,委托一个或者数个合伙人执行合伙事务的,其他合伙人不再执行合伙事务。这一规定主要是考虑到按照合伙协议的约定或者经全体合伙人决定,将合伙事务委托给部分合伙人执行,没有必要再由其他合伙人执行,否则容易引起矛盾与冲突。

(二)普通合伙人在执行合伙事务中的权利和义务

1.权利

合伙人对执行合伙事务享有同等的权利。合伙企业的特点之一就是合伙经营,各合伙人无论其出资多少,都有权平等享有执行合伙企业事务的权利。执行合伙事务的合伙人对外代表合伙企业。合伙人在代表合伙企业执行事务时是以合伙企业事务执行人的身份组织实施企业生产经营活动的。合伙企业事务执行人虽以企业名义活动,其权利来自法律的直接规定。

不执行合伙事务的合伙人的监督权利。《合伙企业法》规定,不执行合伙事务的合伙人有权监督执行事务合伙人执行合伙事务的情况。这有利于维护全体合伙人的共同利益,同时也可以促进合伙事务执行人更加认真谨慎地处理合伙企业事务。

合伙人查阅合伙企业会计账簿等财务资料的权利。合伙经营是一种以盈利为目的的经济活动,合伙人之间的财产共有关系、共同经营关系、连带责任关系决定了全体合伙人形成了以实现合伙目的为目标的利益共同体。每个合伙人都有权利而且有责任关心、了解合伙企业的全部经营活动。因此,查阅合伙企业会计账簿等财务资料,作为了解合伙企业经营状况和财务状况的有效手段,成为合伙人的一项重要权利。

合伙人有提出异议的权利和撤销委托的权利。在合伙人分别执行合伙事务的情况下,由于执行合伙事务的合伙人的行为所产生的亏损和责任要由全体合伙人承担,因此,《合伙企业法》规定,合伙人分别执行合伙事务的,执行事务合伙人可以对其他合伙人执行的事务提出异议。提出异议时,应当暂停该项事务的执行。如果发生争议,依照有关规定作出决定。受委托执行合伙事务的合伙人不按照合伙协议或者全体合伙人的决定执行事务的,其他合伙人可以决定撤销该委托。上述"依照有关规定作出决定"是指合伙人对合伙企业有关事项作出决议,按照合伙协议约定的表决办法办理。合伙协议未约定或者约定不明确的,实行合伙人一人一票并经全体合伙人过半数通过的表决办法。

2.义务

合伙事务执行人向不参加执行事务的合伙人报告企业的经营状况和财务状况。《合伙企业法》规定,由一个或者数个合伙人执行合伙事务的,执行事务合伙人应当定期向其他合伙人报告事务执行情况以及合伙企业的经营状况和财务状况,其执行合伙事务所产生的收益归合伙企业,所产生的费用和亏损由合伙企业承担。

合伙人不得自营或者同他人合作经营与本合伙企业相竞争的业务。各合伙人组建合伙企业是为了合伙经营、共享收益,如果某一合伙人自己又从事或者与他人合作从事与合伙企业相竞争的业务,势必影响合伙企业的利益,背离合伙的初衷;同时还可能形成不正当竞争,使合伙企业处于不利地位,损害其他合伙人的利益。因此,《合伙企业法》规定,合伙人不得自营或者同他人合作经营与本合伙企业相竞争的业务。合伙人违反《合伙企业法》规定或者合伙协议的约定,从事与本合伙企业相竞争的业务的,该收益归合伙企业所有;给合伙企业或者其他合伙人造成损失的,依法承担赔偿责任。

合伙人不得同本合伙企业进行交易。合伙企业中每一个合伙人都是合伙企业的投资者,如果自己与合伙企业交易,就包含了与自己交易,也包含了与别的合伙人交易,而这种交易极易损害他人利益。因此,《合伙企业法》规定,除合伙协议另有约定或者经全体合伙人一致同意外,合伙人不得同本合伙企业进行交易。合伙人违反《合伙企业法》的规定或者合伙协议的约定,与本合伙企业进行交易的,该收益归合伙企业所有;给合伙企业或者其他合伙人造成损失的,依法承担赔偿责任。

合伙人不得从事损害本合伙企业利益的活动。合伙人在执行合伙事务的过程中,不得为了自己的私利,坑害其他合伙人的利益,也不得与其他人恶意串通,损害合伙企业的利益。《合伙企业法》规定,合伙人执行合伙事务,或者合伙企业从业人员利用职务上的便利,将应当归合伙企业的利益据为己有的,或者采取其他手段侵占合伙企业财产的,应当将该利益和财产退还合伙企业;给合伙企业或者其他合伙人造成损失的,依法承担赔偿责任。

(三)普通合伙企业事务执行的决议办法

《合伙企业法》规定,合伙人对合伙企业有关事项作出决议,按照合伙协议约定的表决办法办理。合伙协议未约定或者约定不明确的,实行合伙人一人一票并经全体合伙人过半数通过的表决办法。《合伙企业法》对合伙企业的表决办法另有规定的,从其规定。这一规定确定了合伙事务执行决议的三种办法:

1.由合伙协议对决议办法作出约定。这种约定有两个前提:一是不与法律相抵触,即法律有规定的按照法律的规定执行,法律未作规定的可在合伙协议中约定。二是在合伙协议中作出的约定,应当由全体合伙人协商一致共同作出。至于在合伙协议中所约定的决议办法,是采取全体合伙人一致通过,还是采取三分之二以上多数通过,或者采取其他办法,由全体合伙人视所决议的事项而作出约定。

2.实行合伙人一人一票并经全体合伙人过半数通过的表决办法。这种办法也有一个前提,即合伙协议未约定或者约定不明确的,才实行合伙人一人一票并经全体合伙人过半数通过的表决办法。需要注意的是,对各合伙人,无论出资多少和以何物出资,表决权数应以合伙人的人数为准,即每一个合伙人对合伙企业有关事项均有同等的表决权,使用经全体合伙人过半数通过的表决办法。

3.依照《合伙企业法》的规定作出决议。依照《合伙企业法》的规定,应当经全体合伙人一致同意的事项,除合伙协议另有约定外,须经全体合伙人一致同意。

※**法条链接**

《合伙企业法》第三十一条 除合伙协议另有约定外,合伙企业的下列事项应当经全体合伙人一致同意:

(一)改变合伙企业的名称;

(二)改变合伙企业的经营范围、主要经营场所的地点;

(三)处分合伙企业的不动产;

(四)转让或者处分合伙企业的知识产权和其他财产权利;

(五)以合伙企业名义为他人提供担保;

(六)聘任合伙人以外的人担任合伙企业的经营管理人员。

(四)合伙企业的损益分配

1.合伙损益

合伙损益包括两方面的内容:一是合伙利润。合伙利润,是指以合伙企业的名义所取得的经济利益,它反映了合伙企业在一定期间的经营成果。二是合伙亏损。合伙亏损,是指以合伙企业的名义从事经营活动所形成的亏损。

2.合伙损益分配原则

合伙企业的利润分配、亏损分担,按照合伙协议的约定办理;合伙协议未约定或者约定不明确的,由合伙人协商决定;协商不成的,由合伙人按照实缴出资比例分配、分担;无法确定出资比例的,由合伙人平均分配、分担。合伙协议不得约定将全部利润分配给部分合伙人或者由部分合伙人承担全部亏损。

相关案例

> 江某、何某、刘某、张某合伙向某公司供应砂石建材,后江某、何某作为合伙人代表向法院提起诉讼,主张某公司向其支付相应款项,案件的诉讼费、保全费、律师代理费合计15万元均系江某一人缴纳。后案件胜诉,但上述诉讼费、保全费、律师代理费未能执行到位。江某遂主张何某应承担15万元费用的一半。
>
> 江某支付的该15万元款项系用于合伙体为主张共同债权而产生的费用,江某主张应由其和何某各半负担没有依据,应由全体合伙人按照合伙份额对该笔款项进行分担,遂判决何某按其占有的合伙份额承担费用。

(五)非合伙人合伙事务的执行

在合伙企业中,往往由于合伙人经营管理能力不足,需要在合伙人之外聘任非合伙人担任合伙企业的经营管理人员,参与合伙企业的经营管理工作。关于被聘任的经营管理人员的职责,《合伙企业法》作了明确规定,主要有:(1)被聘任的合伙企业的经营管理人员应当在合伙企业授权范围内履行职务;(2)被聘任的合伙企业的经营管理人员,超越合伙企业授权范围履行职务的,或者在履行职务过程中因故意或者重大过失给合伙企业造成损失的,依法承担赔偿责任。

五、普通合伙企业与第三人的关系

普通合伙企业与第三人的关系是指合伙企业的对外关系,涉及合伙企业和合伙人债务清偿及合伙企业对外代表权等问题。

(一)普通合伙企业的对外代表权

普通合伙企业的合伙人原则上都享有对外代表企业的权利。合伙协议也可以约定由某一个或者几个合伙人代表企业行使权利,或者对某些合伙人的代表企业权利进行限制。但是,此项限制属于内部约定事项,不得对抗善意第三人。这里所指的善意第三人,是指不知道合伙企业所作的内部限制,或者不知道合伙企业对合伙人行使权利所作限制的事实,本着合法交易的目的,诚实地通过合伙企业的事务执行人,与合伙企业之间建立民事、商事法律关系的法人、非法人团体或自然人。不得对抗善意第三人,主要是针对给第三人造成的损失而言,即当执行合伙事务的合伙人给善意第三人造成损失时,合伙企业不能因为对合伙人执行合伙事务以及对外代表合伙企业权利进行了限制,就不对善意第三人承担责任。

(二)普通合伙企业债务的清偿

1.合伙企业财产率先用于清偿合伙企业债务。《合伙企业法》规定,合伙企业对其债务,应先以其全部财产进行清偿。所谓合伙企业的债务,是指在合伙企业存续期间产生的债务。

2.合伙人的无限连带清偿责任。《合伙企业法》规定,合伙企业不能清偿到期债务的,合伙人承担无限连带责任。

3.合伙人之间的债务分担和追偿。《合伙企业法》规定,合伙人由于承担无限连带责任,清偿数额超过规定的亏损分担比例的,有权向其他合伙人追偿。合伙企业的亏损分担,按照合伙协议的约定办理;合伙协议未约定或者约定不明确的,由合伙人协商决定;协商不成的,由合伙人按照实缴出资比例分担;无法确定出资比例的,由合伙人平均分担。

4.个人债务的清偿。合伙人的自有财产不足以清偿其与合伙企业无关的债务的,该合伙人可以其从合伙企业中分取的收益清偿;债权人也可以请求人民法院强制执行该合伙人在合伙企业中的财产份额来清偿。强制执行时,应通知全体合伙人,其他合伙人有优先购买权;其他合伙人未购买又不同意转让该财产份额给他人的,依照退伙程序办理退伙结算。

六、普通合伙企业的入伙和退伙

(一)入伙

入伙是指在合伙企业存续期间,合伙人以外的第三人加入合伙,从而取得合伙人资格。入伙必须经全体合伙人一致同意,合伙协议另有约定的除外;必须依法订立书面入伙协议。订立入伙协议时,原合伙人应当向新合伙人如实告知原合伙企业的经营状况和财务状况。入伙的新合伙人与原合伙人享有同等权利,承担同等责任。入伙协议另有约定的,从其约定。新入伙的普通合伙人对入伙前合伙企业的债务承担无限连带责任。另外,入伙属于登记事项变更情形,应该在法定的日期内办理变更登记。

(二)退伙

退伙是指在合伙企业存续期间,合伙人退出合伙企业,从而丧失合伙人资格。如果全体合伙人宣布退伙,则构成合伙企业解散而非退伙。退伙有自愿退伙和法定退伙两种。

1.自愿退伙。自愿退伙是指合伙人基于自愿而退伙,自愿退伙可以分为协议退伙和通知退伙两种。

※**法条链接**

《合伙企业法》第四十五条 合伙协议约定合伙期限的,在合伙企业存续期间,有下列情形之一的,合伙人可以退伙:

(一)合伙协议约定的退伙事由出现;

(二)经全体合伙人一致同意;

(三)发生合伙人难以继续参加合伙的事由;

(四)其他合伙人严重违反合伙协议约定的义务。

第四十六条 合伙协议未约定合伙期限的,合伙人在不给合伙企业事务执行造成不利影响的情况下,可以退伙,但应当提前三十日通知其他合伙人。

第四十七条 合伙人违反本法第四十五条、第四十六条的规定退伙的,应当赔偿由此给合伙企业造成的损失。

2.法定退伙。法定退伙是指合伙人因出现法律规定的事由而退伙,法定退伙分为当然退伙和除名两种。

※**法条链接**

《合伙企业法》第四十八条 合伙人有下列情形之一的,当然退伙:

(一)作为合伙人的自然人死亡或者被依法宣告死亡;

(二)个人丧失偿债能力;

(三)作为合伙人的法人或者其他组织依法被吊销营业执照、责令关闭、撤销,或者

被宣告破产;

（四）法律规定或者合伙协议约定合伙人必须具有相关资格而丧失该资格;

（五）合伙人在合伙企业中的全部财产份额被人民法院强制执行。

合伙人被依法认定为无民事行为能力人或者限制民事行为能力人的,经其他合伙人一致同意,可以依法转为有限合伙人,普通合伙企业依法转为有限合伙企业。其他合伙人未能一致同意的,该无民事行为能力或者限制民事行为能力的合伙人退伙。

退伙事由实际发生之日为退伙生效日。

第四十九条　合伙人有下列情形之一的,经其他合伙人一致同意,可以决议将其除名:

（一）未履行出资义务;

（二）因故意或者重大过失给合伙企业造成损失;

（三）执行合伙事务时有不正当行为;

（四）发生合伙协议约定的事由。

对合伙人的除名决议应当书面通知被除名人。被除名人接到除名通知之日,除名生效,被除名人退伙。

被除名人对除名决议有异议的,可以自接到除名通知之日起三十日内,向人民法院起诉。

退伙将产生两种法律后果:一是财产继承,二是财产清算与损益分配。

财产继承。合伙人死亡或者被依法宣告死亡的,对该合伙人在合伙企业中的财产份额享有合法继承权的继承人,按照合伙协议的约定或者经全体合伙人一致同意,从继承开始之日起,取得该合伙企业的合伙人资格。继承人不愿意成为合伙人,合伙企业应当向合伙人的继承人退还被继承合伙人的财产份额。合伙人的继承人为无民事行为能力人或者限制民事行为能力人的,经全体合伙人一致同意,可以依法成为有限合伙人,普通合伙企业依法转为有限合伙企业。全体合伙人未能一致同意的,合伙企业应当将被继承合伙人的财产份额退还该继承人。

财产清算与损益分配。《合伙企业法》规定,合伙人退伙,其他合伙人应当与该退伙人按照退伙时的合伙企业财产状况进行结算,退还退伙人的财产份额。退伙人对给合伙企业造成的损失负有赔偿责任的,相应扣减其应当赔偿的数额。退伙时有未了结的合伙企业事务的,待该事务了结后进行结算。退伙人在合伙企业中财产份额的退还办法,由合伙协议约定或由全体合伙人决定,可以退还货币,也可以退还实物。退伙人对基于其退伙前的原因发生的合伙企业债务承担无限连带责任。合伙人退伙时,合伙企业财产少于合伙企业债务的,如果合伙协议约定亏损分担比例的,退伙人应当按照约定比例分担亏损;未约定的,退伙人应当与其他合伙人平均分担亏损。

相关案例

徐某与胡某签订合伙协议共同经营酒店,徐某以其厨师手艺入伙,约定合伙时间为10年。但徐某在酒店经营至第7年时,在未征得胡某同意情况下单方退伙,导致胡某在徐某离开酒店后独自经营5个月后停业。胡某遂向徐某主张赔偿损失。

在协议约定的合伙期限内,合伙人未经其他合伙人同意,无理由擅自退伙,给其他合伙人造成损失的,应进行赔偿,但该部分损失仅限于可得利益。徐某退伙系因自身原因,并非胡某导致,且其擅自退伙导致酒店无法经营,故徐某应向胡某赔偿因其退伙给胡某造成的损失。胡某主张徐某赔偿其剩余4年合伙期间经营的可得利益损失,该部分损失应予支持。

第三节 有限合伙企业

一、有限合伙企业概述

有限合伙企业是指由普通合伙人和有限合伙人共同组成,其中普通合伙人对合伙企业债务承担无限连带责任,有限合伙人则以其出资额为限承担有限责任的营利性组织。有限合伙企业中,有两种合伙人,即普通合伙人和有限合伙人,他们分别对企业的债务承担无限连带责任和有限责任。如果说普通合伙是合伙人的联合体的话,那么,有限合伙并未形成这样的合伙人联合体,而只是一种投资形式。

※知识链接

有限合伙企业和普通合伙企业与有限责任公司相比较,具有以下显著特征:

(1)在经营管理上,普通合伙企业的合伙人,一般均可参与合伙企业的经营管理。有限责任公司的股东有权参与公司的经营管理(含直接参与和间接参与)。而在有限合伙企业中,有限合伙人不执行合伙事务,而由普通合伙人从事具体的经营管理。

(2)在风险承担上,普通合伙企业的合伙人之间对合伙债务承担无限连带责任,有限责任公司的股东对公司债务以其各自的出资额为限承担有限责任。而在有限合伙企业中,不同类型的合伙人所承担的责任则存在差异,其中有限合伙人以其各自的出资额为限承担有限责任,普通合伙人之间承担无限连带责任。

二、有限合伙企业的设立

(一)设立条件

1.有限合伙企业人数

《合伙企业法》规定,有限合伙企业由2个以上50个以下合伙人设立;但是,法律另有规定的除外。有限合伙企业至少应当有1个普通合伙人。按照规定,自然人、法人和其他组织可以依照法律规定设立有限合伙企业,但国有独资公司、国有企业、上市公司以及公益性的事业单位、社会团体不得成为有限合伙企业的普通合伙人。

在有限合伙企业存续期间,有限合伙人的人数可能发生变化。然而,无论如何变化,有限合伙企业中必须包括有限合伙人与普通合伙人两部分,否则,有限合伙企业应当进行组织形式变化。《合伙企业法》规定,有限合伙企业仅剩有限合伙人的,应当解散;有限合伙企业仅剩普通合伙人的,应当转为普通合伙企业。

2.有限合伙企业名称

《合伙企业法》规定,有限合伙企业名称中应当标明"有限合伙"字样。按照企业名称登记管理的有关规定,企业名称中应当含有企业的组织形式。为便于社会公众以及交易相对人对有限合伙企业的了解,有限合伙企业名称中应当标明"有限合伙"的字样,而不能标明"普通合伙""特殊普通合伙""有限公司""有限责任公司"等字样。

3.有限合伙企业协议

有限合伙企业协议是有限合伙企业生产经营的重要法律文件。有限合伙企业协议除符合普通合伙企业合伙协议的规定外,还应当载明下列事项:普通合伙人和有限合伙人的姓名或者名称、住所;执行事务合伙人应具备的条件和选择程序;执行事务合伙人权限与违约处理办法;执行事务合伙人的除名条件和更换程序;有限合伙人入伙、退伙的条件和程序以及相关责任;有限合伙人和普通合伙人相互转变程序。

4.有限合伙人的出资

《合伙企业法》规定,有限合伙人可以用货币、实物、知识产权、土地使用权或者其他财产权利作价出资。有限合伙人不得以劳务出资。有限合伙人应当按照合伙协议的约定按期足额缴纳出资;未按期足额缴纳的,应当承担补缴义务,并对其他合伙人承担违约责任。按期足额出资是有限合伙人必须履行的义务,因此,有限合伙人应当按照合伙协议的约定按期足额缴纳出资。合伙人未按照协议的约定履行缴纳出资义务的,首先应当承担补缴出资的义务,同时还应对其他合伙人承担违约责任。

5.有限合伙企业登记事项

《合伙企业法》规定,有限合伙企业登记事项中应当载明有限合伙人的姓名或者名称及认缴的出资数额。

(二)有限合伙企业的财产

1.有限合伙人财产份额出质

《合伙企业法》规定,有限合伙人可以将其在有限合伙企业中的财产份额出质,但是合伙协议另有约定的除外。所谓有限合伙人将其在有限合伙企业中的财产份额出质,是指有限合伙人以其在合伙企业中的财产份额对外进行权利质押。有限合伙人在有限合伙企业中的财产份额,是有限合伙人的财产权益,在有限合伙企业存续期间,有限合伙人可以对该财产权利进行一定的处分。有限合伙人将其在有限合伙企业中的财产份额进行出质,产生的后果仅仅是有限合伙企业的有限合伙人存在变更的可能,这对有限合伙企业的财产基础并无根本的影响。因此,有限合伙人可以按照《民法典》相关法律规定进行财产份额的出质。但是,有限合伙企业合伙协议可以对有限合伙人的财产份额出质作出约定,如有特殊约定的,应按特殊约定进行。

2.有限合伙人财产份额转让

《合伙企业法》规定,有限合伙人可以按照合伙协议的约定向合伙人以外的人转让其在有限合伙企业中的财产份额,但应当提前30日通知其他合伙人。这是因为有限合伙人向合伙人以外的其他人转让其在有限合伙企业中的财产份额,并不影响有限合伙企业债权人的利益。但是,有限合伙人对外转让其在有限合伙企业中的财产份额应当依法进行,一是要按照合伙协议的约定进行转让,二是应当提前30日通知其他合伙人。有限合伙人对外转让其在有限合伙企业的财产份额时,其他合伙人有优先购买权。

3.有限合伙人债务的清偿

《合伙企业法》规定,有限合伙人的自有财产不足清偿其与合伙企业无关的债务的,该合伙人可以以其从有限合伙企业中分取的收益用于清偿,债权人也可以依法请求人民法院强制执行该合伙人在有限合伙企业中的财产份额用于清偿。人民法院强制执行有限合伙人的财产份额时,应当通知全体合伙人。在同等条件下,其他合伙人有优先购买权。

三、有限合伙企业的事务执行

有限合伙企业与普通合伙企业不同,由享有不同权利和义务的两类合伙人组成:普通合伙人执行合伙事务,承担无限连带责任;有限合伙人不执行合伙事务,仅承担有限责任。可见,有限合伙人只是一种不参与具体管理事务的财务投资者。

(一)有限合伙企业事务执行人

《合伙企业法》规定,有限合伙企业由普通合伙人执行合伙事务。如合伙协议约定数个普通合伙人执行合伙事务,这些普通合伙人均为合伙事务执行人。如合伙协议无约定,全体普通合伙人是合伙事务的共同执行人。合伙事务执行人除享有与一般合伙人相同的权利外,还有接受其他合伙人的监督和检查、谨慎执行合伙事务的义务,若因自己的过错造成合伙财产损失的,应向合伙企业或其他合伙人负赔偿责任。

(二)禁止有限合伙人执行合伙事务

《合伙企业法》规定,有限合伙人不执行合伙事务,不得对外代表有限合伙企业。但是,对涉及有限合伙人根本权益的事项,有限合伙人有必要享有一定的参与权、监督权和救济权。根据《合伙企业法》的规定,有限合伙人的下列行为,不视为执行合伙事务:(1)参与决定普通合伙人入伙、退伙;(2)对企业的经营管理提出建议;(3)参与选择承办有限合伙企业审计业务的会计师事务所;(4)获取经审计的有限合伙企业财务会计报告;(5)对涉及自身利益的情况,查阅有限合伙企业财务会计账簿等财务资料;(6)在有限合伙企业中的利益受到侵害时,向有责任的合伙人主张权利或者提起诉讼;(7)执行事务合伙人怠于行使权利时,督促其行使权利或者为了本企业的利益以自己的名义提起诉讼;(8)依法为本企业提供担保。

另外,《合伙企业法》规定,第三人有理由相信有限合伙人为普通合伙人并与其交易的,该有限合伙人对该笔交易承担与普通合伙人同样的责任。有限合伙人未经授权以有限合伙企业名义与他人进行交易,给有限合伙企业或者其他合伙人造成损失的,该有限合伙人应当承担赔偿责任。

(三)有限合伙人的权利

1.有限合伙人可以同本企业进行交易。《合伙企业法》规定,有限合伙人可以同本有限合伙企业进行交易;但是,合伙协议另有约定的除外。因为,有限合伙人并不参与有限合伙企业事务的执行,对有限合伙企业的对外交易行为,有限合伙人并无直接或者间接的控制权,有限合伙人与本有限合伙企业进行交易时,一般不会损害本有限合伙企业的利益。普通合伙人如果禁止有限合伙人同本有限合伙企业进行交易的,应当在合伙协议中作出约定。

2.有限合伙人可以经营与本企业相竞争的业务。《合伙企业法》规定,有限合伙人可以自营或者同他人合作经营与本有限合伙企业相竞争的业务。但是,合伙协议另有约定的除外。与普通合伙人不同,有限合伙人一般不承担竞业禁止义务。普通合伙人如果禁止有限合伙人自营或者同他人合作经营与本有限合伙企业相竞争的业务,应当在合伙协议中作出约定。

相关案例

> 甲、乙、丙、丁四名合伙人各出资10万元共同投资设立了A有限合伙企业(以下简称A企业),甲、乙是普通合伙人,丙、丁是有限合伙人,合伙人出资全部缴清。A企业欠债权人B企业100万元到期无法偿付,此时A企业的全部财产仅剩下60万元。
>
> 本案例的债务清偿顺序如下:(1)由于是企业债务,应先以企业全部财产60万元清偿;(2)不足清偿的40万元,B企业有权要求甲、乙承担连带责任;(3)不足清偿的40万元,B企业无权要求丙、丁自掏腰包,因为丙、丁作为有限合伙人只承担有限责任,当企业财产全部用于清偿债务时,丙、丁的有限责任也就承担完毕了。

四、有限合伙企业的入伙和退伙

(一)入伙

对入伙前有限合伙企业的债务,有限合伙企业的新入伙的有限合伙人以其认缴的出资额为限承担有限责任。

(二)退伙

根据《合伙企业法》第七十八条的规定,有限合伙人有下列情形之一的,当然退伙:(1)作为有限合伙人的自然人死亡或者被宣告死亡;(2)作为合伙人的法人或其他组织依法被吊销营业执照、责令关闭、撤销或者宣告破产;(3)法律规定或者合伙人协议约定合伙人必须具有相关资格而丧失该资格;(4)合伙人在合伙企业中的全部财产份额被人民法院强制执行。

有限合伙人退伙后,基于其退伙前的原因而发生的有限合伙企业债务,以其退伙时从有限合伙企业中取回的财产承担责任。

五、普通合伙企业和有限合伙企业的区别

普通合伙企业和有限合伙企业的区别如表 7-1 所示。

表 7-1　普通合伙企业和有限合伙企业的区别

类别	普通合伙企业	有限合伙企业
合伙人的规定	有 2 个以上合伙人。合伙人为自然人的,应当具有完全民事行为能力	①2 个以上 50 个以下的合伙人;②由普通合伙人和有限合伙人组成;③至少有 1 个普通合伙人
出资方式的规定	货币、实物、土地使用权、知识产权、劳务或者其他财产权利	①同左;②有限合伙人不得以劳务出资
事务执行规定	共同执行和委托执行	①由普通合伙人执行合伙事务;②有限合伙人不执行合伙事务,不得对外代表有限合伙企业
竞业禁止的规定	合伙人不得自营或者同他人合作经营与本合伙企业相竞争的业务	有限合伙人可以自营或者同他人合作经营与本有限合伙企业相竞争的业务;但是,合伙协议另有约定的除外
关联交易的规定	除合伙协议另有约定或者经全体合伙人一致同意外,合伙人不得同本合伙企业进行交易	有限合伙人可以同本有限合伙企业进行交易;但是,合伙协议另有约定的除外
出质的规定	合伙人以其在合伙企业中的财产份额出质的,须经其他合伙人一致同意	有限合伙人可以将其在有限合伙企业中的财产份额出质。但是,合伙协议另有约定的除外
财产转让的规定	除合伙协议另有约定外,合伙人向合伙人以外的人转让其在合伙企业中的全部或者部分财产份额时,须经其他合伙人一致同意	有限合伙人可以按照合伙协议的约定向合伙人以外的人转让其在有限合伙企业中的财产份额,但应当提前 30 日通知其他合伙人
入伙人对入伙前企业债务的责任	对入伙前合伙企业的债务承担无限连带责任	新入伙的有限合伙人对入伙前有限合伙企业的债务,以其认缴的出资额为限承担责任
退伙人对退伙前企业债务的责任	退伙人对基于其退伙前的原因发生的合伙企业债务,承担无限连带责任	有限合伙人退伙后,对基于其退伙前的原因发生的有限合伙企业债务,以其退伙时从有限合伙企业中取回的财产承担责任

第四节 合伙企业的解散和清算

一、合伙企业的解散

合伙企业的解散,是指各合伙人解除合伙协议,合伙企业终止活动。根据《合伙企业法》的规定,合伙企业有下列情形之一的,应当解散:(1)合伙期限届满,合伙人决定不再经营;(2)合伙协议约定的解散事由出现;(3)全体合伙人决定解散;(4)合伙人已不具备法定人数 30 天;(5)合伙协议约定的合伙目的已经实现或者无法实现;(6)依法被吊销营业执照、责令关闭或者被撤销;(7)法律、行政法规规定的其他原因。

二、合伙企业的清算

合伙企业解散的,应当进行清算。根据《合伙企业法》和《市场主体登记管理条例》,合伙企业清算应当遵守以下规定。

(一)确定清算人或清算组

合伙企业解散,应当由清算人进行清算。清算人由全体合伙人担任;经全体合伙人过半数同意,可以自合伙企业解散事由出现后 15 日内指定一个或者数个合伙人,或者委托第三人担任清算人。自合伙企业解散事由出现之日起 15 日内未确定清算人的,合伙人或者其他利害关系人可以申请人民法院指定清算人。

(二)清算人的职责

清算人在清算期间执行下列事务:(1)清理合伙企业财产,分别编制资产负债表和财产清单;(2)处理与清算有关的合伙企业未了结事务;(3)清缴所欠税款;(4)清理债权、债务;(5)处理合伙企业清偿债务后的剩余财产;(6)代表合伙企业参加诉讼或者仲裁活动。

(三)通知和公告债权人清算人

自被确定之日起 10 日内将合伙企业解散事项通知债权人,将清算人成员、清算人的负责人名单通过国家企业信用信息公示系统公告,并于 60 日内在报纸上公告。清算人可以通过国家企业信用信息公示系统发布债权人公告。债权人应当自接到通知书之日起 30 日内,未接到通知书的自公告之日起 45 日内,向清算人申报债权。债权人申报债权、应当说明债权的有关事项,并提供证明材料。清算人应当对债权进行登记。清算期间、合伙企业存续,但不得开展与清算无关的经营活动。

(四)财产清偿顺序

合伙企业财产在支付清算费用和职工工资、社会保险费用、法定补偿金以及缴纳所欠税款、清偿债务后的剩余财产,依照《合伙企业法》关于利润分配和亏损分担的规定进行分配。合伙企业财产清偿问题主要包括以下三方面的内容:

1.合伙企业的财产首先用于支付合伙企业的清算费用。清算费用包括:(1)管理合伙企业财产的费用,如仓储费、保管费、保险费等;(2)处分合伙企业财产的费用,如聘任工作人员的费用等;(3)清算过程中的其他费用,如通告债权人的费用、调查债权的费用、咨询费用、诉讼费用等。

2.合伙企业的财产支付合伙企业的清算费用后的清偿顺序。合伙企业的财产支付合伙企业的清算费用后的清偿顺序依次为:合伙企业职工工资、社会保险费用和法定补偿金、缴纳所欠税款、清偿债务。其中,法定补偿金主要是指法律、行政法规和规章所规定的应当支付给职工的经济补偿金,如《中华人民共和国劳动法》规定的解除劳动合同的经济补偿金等。

3.分配财产。合伙企业财产依法清偿后仍有剩余时,对剩余财产依照《合伙企业法》的规定进行分配,即按照合伙协议的约定办理;合伙协议未约定或者约定不明确的,由合伙人协商决定;协商不成的,由合伙人按照实缴出资比例分配;无法确定出资比例的,由合伙人平均分配。

(五)注销登记

清算人应当自清算结束之日起 30 日内向登记机关申请注销登记。合伙企业申请注销登记前,应当依法办理分支机构注销登记。合伙企业未发生债权债务或者已将债权债务清偿完结,未发生或者已结清清算费用、职工工资、社会保险费用、法定补偿金、应缴纳税款(滞纳金、罚款),并由全体投资人书面承诺对上述情况的真实性承担法律责任的,可以按照简易程序办理注销登记。合伙企业应当将承诺书及注销登记申请通过国家企业信用信息公示系统公示,公示期为 20 日。在公示期内无相关部门、债权人及其他利害关系人提出异议的,合伙企业可以于公示期届满之日起 20 日内向登记机关申请注销登记。合伙企业注销依法须经批准的,或者合伙企业被吊销营业执照、责令关闭、撤销,或者被列入经营异常名录的,不适用简易注销程序。人民法院裁定强制清算或者裁定宣告破产的,有关清算人、破产管理人可以持人民法院终结强制清算程序的裁定或者终结破产程序的裁定,直接向登记机关申请办理注销登记。

清算结束,清算人应当编制清算报告,经全体合伙人签名、盖章后,在 15 日内向企业登记机关报送清算报告,申请办理合伙企业注销登记。经企业登记机关注销登记,合伙企业终止。合伙企业注销后,原普通合伙人对合伙企业存续期间的债务仍应承担无限连带责任。

(六)合伙企业不能清偿到期债务的处理

合伙企业不能清偿到期债务的,债权人可以依法向人民法院提出破产清算申请,也可以要求普通合伙人清偿。合伙企业依法被宣告破产的,普通合伙人对合伙企业的债务仍应承担无限连带责任。

(七)清算人法律责任

1.清算人未依照《合伙企业法》的规定向企业登记机关报送清算报告,或者报送清算报告隐瞒重要事实,或者有重大遗漏的,由企业登记机关责令改正。由此产生的费用和损失,由清算人承担和赔偿。

2.清算人执行清算事务,牟取非法收入或者侵占合伙企业财产的,应当将该收入和侵占的财产退还合伙企业;给合伙企业或者其他合伙人造成损失的,依法承担赔偿责任。

3.清算人违反《合伙企业法》的规定,隐匿、转移合伙企业财产,对资产负债表或者财产清单作虚假记载,或者在未清偿债务前分配财产,损害债权人利益的,依法承担赔偿责任。

第五节 个人独资企业

一、个人独资企业概述

(一)个人独资企业的概念

1988年的《中华人民共和国私营企业暂行条例》第七条规定,独资企业是指一人投资经营的企业。独资企业投资者对企业债务负无限责任。这是第一次明确规定了独资企业这种企业形式。根据1999年8月30日第九届全国人民代表大会常务委员会第十一次会议通过,2000年1月1日起实施的《个人独资企业法》第二条的规定,本法所称个人独资企业,是指依照本法在中国境内设立,由一个自然人投资,财产为投资人个人所有,投资人以其个人财产对企业债务承担无限责任的经营实体。

(二)个人独资企业的特征

《个人独资企业法》规定,法律、行政法规禁止从事营利性活动的人不得作为投资人申请设立个人独资企业。从该法的规定看,独资企业具有以下法律特征:

1.个人独资企业是由一个自然人投资设立的,其投资者人数是单一的。这里的自然人只限于具有完全民事行为能力的中国公民。作为一个经营实体,个人独资企业以盈利为目的,这就意味着个人独资企业具有从事经营活动的资格,可以在核准登记的范围内从事经营活动。个人独资企业应当以企业的名义开展经营活动。

2.个人独资企业的财产为投资人个人所有,即投资人对个人独资企业的财产依法享有所有权。个人独资企业的全部资产,包括以独资企业名义所获得的利润,归投资者个人所有。当投资人直接运用投资财产从事经营时,投资人既是财产的所有者又是经营者,达成所有者与经营者的统一。但也正是由于"独资",投资人对个人独资企业具有完全的控制权,且法律没有强制规定企业所有权与企业经营权分离的机制,投资人可以视企业的情况自主选择经营管理方式。

3.个人独资企业不具有法人资格。个人独资企业是自然人从事商业经营的一种组织形式,但其本身却不是独立的法律主体,没有自己的法律人格,其虽可以企业名义独立开展经营活动,但最终法律责任由独资企业和投资人共同承担。个人独资企业设置的财产目录和业务账簿,用于记载投入企业经营的财产情况和企业业务状况,其主要目的是填写纳税账表和使企业主了解、掌握企业的经营状况。

4.投资人以其个人财产对企业的债务承担无限责任。正因如此,个人独资企业债权人债权的实现在很大程度上依赖于投资人的信用和偿债能力,所以《个人独资企业法》对个人独资企业的资本并未作任何强制性的规定。

二、个人独资企业的权利与义务

(一)个人独资企业的权利

作为企业的一种具体类型,个人独资企业与其他企业一样依法享有自主从事经营活动的权利,所以国家通过立法采取各种具体措施严格保护个人独资企业的合法权益不受侵犯。《个人独资企业法》第五条明确规定,国家依法保护个人独资企业的财产和其他合法权益。此外,《个人独资企业法》还规定了个人独资企业的发展权:个人独资企业可以依法申请贷款、取得土地使用权,并享有法律、行政法规规定的其他权利。任何单位和个人不得违反法律、行政法规的规定,以任何方式强制个人独资企业提供财力、物力、人力。对于上述违法强制行为,个人独资企业有权拒绝;如有上述违反法律、行政法规规定的强制行为的,应按有关法律、行政法规予以处罚,并追究有关责任人员的责任。

(二)个人独资企业的义务

《个人独资企业法》对个人独资企业的义务也进行了详细规定:

1.个人独资企业从事经营活动必须遵守法律、行政法规,遵守诚实信用原则,不得损害社会公共利益。在现代社会,法律的任务之一就是保护社会经济秩序和社会公共利益,因此个人独资企业的经营活动不得扰乱社会经济秩序、损害社会公共利益。诚实信用原则是市场经济活动中必须遵守的最基本的原则。

2.个人独资企业应当依法履行纳税义务。《个人独资企业法》仅规定了个人独资企业应当依法履行纳税义务,而对个人独资企业纳税的具体内容未加规定。个人独资企业如何履行纳税义务,还有待相关税收法律、法规的具体规定,以避免重复纳税。

3.个人独资企业应当依法设置会计账簿,进行会计核算。在有关会计的专门法律中对企业设置账簿、进行会计核算等事项已经作了具体规定,个人独资企业的财务会计管理应当与之相衔接。

4.个人独资企业有保障职工权益的义务。

※法条链接

《个人独资企业法》第六条 个人独资企业应当依法招用职工。职工的合法权益受法律保护。

个人独资企业职工依法建立工会,工会依法开展活动。

第二十二条 个人独资企业招用职工的,应当依法与职工签订劳动合同,保障职工的劳动安全,按时、足额发放职工工资。

第二十三条 个人独资企业应当按照国家规定参加社会保险,为职工缴纳社会保险费。

第三十九条 个人独资企业违反本法规定,侵犯职工合法权益,未保障职工劳动安全,不缴纳社会保险费用的,按照有关法律、行政法规予以处罚,并追究有关责任人员的责任。

三、个人独资企业的设立

(一)个人独资企业设立的条件

我国对个人独资企业在立法上采取了准则主义,即只要符合设立的条件,企业即可登记成立,无须经过有关部门的批准。当然,个人独资企业不得从事法律、行政法规禁止经营的业务。如果个人独资企业拟从事法律、行政法规规定须报经有关部门审批的业务,应当在申请设立登记时提交有关部门的批准文件。《个人独资企业法》第八条规定了设立个人独资企业应当具备的条件:

1.投资人只能是一个自然人。个人独资企业中的"人"只能是自然人,因此个人独资企业属于自然人企业,自然人之外的法人、其他组织不能投资设立个人独资企业,自然人以外的团体或社会组织虽然也常有单独投资经营的情形,但从不被视为独资企业。设立个人独资企业,投资人应当具备完全的民事行为能力,法律、行政法规禁止从事营利性活动的人,不得作为投资人申请设立个人独资企业。

※知识链接

按照现行法律、行政法规的规定,禁止从事营利性活动的人员主要是国家公务员和现役军人。国家公务员包括行政机关公务人员和司法人员(包括法官、检察官、人民警察等)。根据《中华人民共和国公务员法》第五十九条第十六项规定,公务员应当遵纪守法,不得违反有关规定从事或者参与营利性活动,在企业或者其他营利性组织中兼任职务。

《中华人民共和国公职人员政务处分法》第三十六条规定,违反规定从事或者参与营利性活动,或者违反规定兼任职务、领取报酬的,予以警告、记过或者记大过;情节较重的,予以降级或者撤职;情节严重的,予以开除。

2.有合法的企业名称。个人独资企业的名称应当与公司企业和合伙企业区别开来,名称应当与其责任形式及所从事的营业相符合。

3.有投资人申报的出资。由于个人独资企业的投资人以其个人财产对企业债务承担无限责任,这种责任形式本身就是对交易安全的一种保障,债权人可以通过追究投资人个人的财产责任来保障自己的债权实现。《个人独资企业法》并没有规定个人独资企业的最低资本数额要求。

4.有固定的生产经营场所和必要的生产经营条件。这是个人独资企业开展经营活动的物质基础。

5.有必要的从业人员。从业人员是企业开展经营活动必不可少的要素和条件,关于从业人员的人数,法律并没有作具体规定,由企业视经营情况而定。

(二)个人独资企业的设立程序

1.申请

凡具备开办个人独资企业条件的自然人设立个人独资企业,必须向企业所在地的工商行政管理部门提出申请,并提交设立申请书、投资人身份证明、生产经营场所使用证明等文件。委托代理人申请设立登记时,应当出具投资人的委托书和代理人的合法证明。个人独资企业设立登记工作流程如图7-1所示。

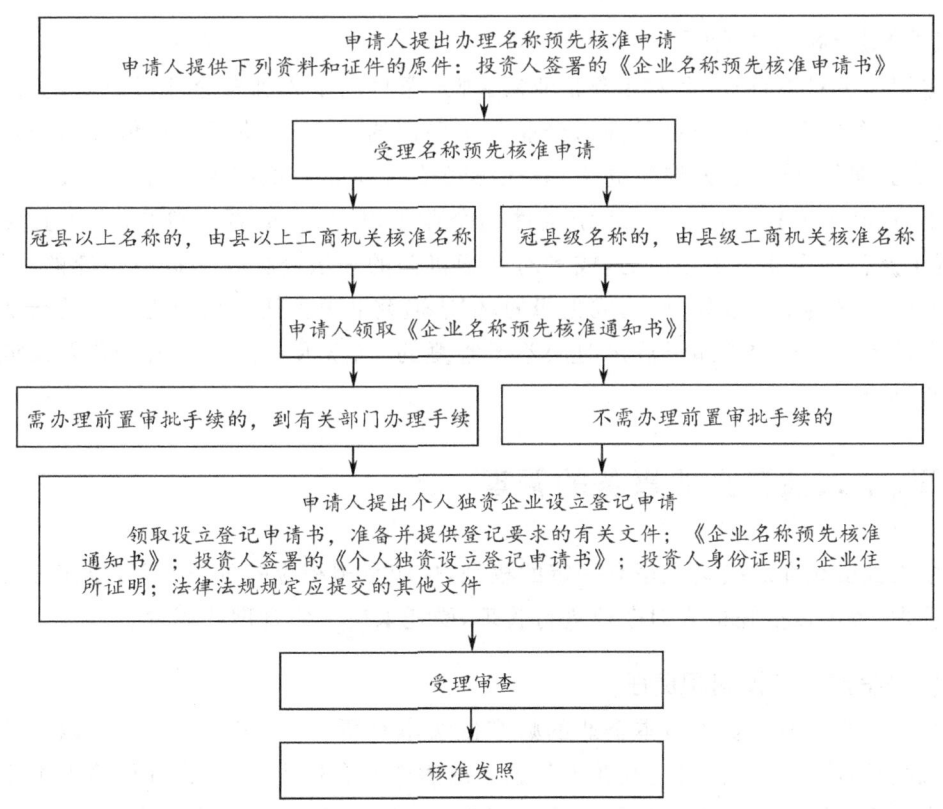

图 7-1 个人独资企业申请设立程序

2.登记并发给营业执照

登记机关应当在收到设立申请文件之日起 15 日内,对符合法定条件的予以登记,发给营业执照;对不符合法定条件的不予登记,并给予书面答复,说明理由。

个人独资企业营业执照的签发日期为个人独资企业成立日期。在领取个人独资企业营业执照前,投资人不得以个人独资企业名义从事经营活动。

(三)个人独资企业的登记管理

个人独资企业存续期间登记事项发生变更的,应当在作出变更决定之日起15日内向登记机关申请办理变更登记。为了规范个人独资企业的经营行为,强化对个人独资企业登记和管理,《个人独资企业法》规定,提交虚假文件或采取其他欺骗手段,取得企业登记的,责令改正,处以5000元以下的罚款;情节严重的,并处吊销营业执照。涂改、出租、转让营业执照的,责令改正,没收违法所得,处以3000元以下的罚款;情节严重的吊销营业执照。伪造营业执照的,责令停业,没收违法所得,处以5000元以下的罚款。构成犯罪的,依法追究刑事责任。个人独资企业成立后无正当理由超过6个月未开业的,或者开业后自行停业连续6个月以上的,吊销营业执照。企业对其名称享有专用权,违反《个人独资企业法》的规定,个人独资企业使用的名称与其在登记机关登记的名称不相符合的,责令限期改正,处以2000元以下的罚款。

(四)登记机关的责任

登记机关对不符合《个人独资企业法》规定条件的个人独资企业予以登记,或者对符合《个人独资企业法》规定条件的企业不予登记的,对直接责任人员依法给予行政处分;构成犯罪的,依法追究刑事责任。登记机关的上级部门的有关主管人员强令登记机关对不符合《个人独资企业法》规定条件的企业予以登记,或者对符合《个人独资企业法》规定条件的企业不予登记的,或者对登记机关的违法登记行为进行包庇的,对直接责任人员依法给予行政处分;构成犯罪的,依法追究刑事责任。登记机关对符合法定条件的申请不予登记或者超过法定时限不予答复的,当事人可依法申请行政复议或者提起行政诉讼。

四、个人独资企业事务的管理

个人独资企业的投资人享有一定的权利,也应承担相应的责任,其可以亲自对企业进行管理,也可以委托他人对企业进行管理,受托人应尽到管理的职责。

(一)投资人的权利和责任

个人独资企业投资人对本企业的财产依法享有所有权,其有关权利可以依法进行转让或继承,所以个人独资企业并不是独立的财产所有权主体,个人独资企业的财产与投资人的个人财产并没有明确的界限。因而《个人独资企业法》第三十一条规定,个人独资企业财产不足以清偿债务的,投资人应当以其个人的其他财产予以清偿。如果个人独资企业投资人在申请企业设立登记时明确以其家庭共有财产作为个人出资,应当依法以家庭共有财产对企业债务承担无限责任。

(二)个人独资企业事务的管理

《个人独资企业法》第十九条第一款规定,个人独资企业投资人可以自行管理企业事务,也可以委托或者聘用其他具有民事行为能力的人负责企业的事务管理。可见,个人独资企业的事务有两种管理方式:一是自行管理,二是委托他人管理。这两种方式均不会改变投资人与个人独资企业在财产权利和责任承担等方面的关系。为了保护投资人、受托人和第三人的正当权益,投资人委托或者聘用他人管理个人独资企业事务,应当与受托人或者被聘用的人签订书面合同,明确委托的具体内容和授予的权利范围。需要特别指出的是,投资人对受托人或者被聘用的人员职权的限制,不得对抗善意第三人。

为了保护投资人的合法权益,《个人独资企业法》专门规定了受托人或者被聘用人员的义务和责任。

首先,受托人或者被聘用的人员应当履行诚信及勤勉义务,按照与投资人签订的合同负责个人独资企业的事务管理。如果在管理个人独资企业事务时违反双方订立的合同,给投资人造成损害的,承担相应民事赔偿责任。

其次,投资人委托或者聘用的管理个人独资企业事务的人员不得有下列行为:(1)利用职务上的便利,索取或者收受贿赂;(2)利用职务或者工作上的便利侵占企业财产;(3)挪用企业的资金归个人使用或者借贷给他人;(4)擅自将企业资金以个人名义或者以他人名义开立账户储存;(5)擅自以企业财产提供担保;(6)未经投资人同意,从事与本企业相竞争的业务;(7)未经投资人同意,同本企业订立合同或者进行交易;(8)未经投资人同意,擅自将企业商标或者其他知识产权转让给他人使用;(9)泄露本企业的商业秘密;(10)法律、行政法规禁止的其他行为。

投资人委托或者聘用的人员违反规定从事上述行为,侵犯个人独资企业财产权益的责令退还侵占的财产;给企业造成损失的,依法承担赔偿责任;有违法所得的,没收违法所得;构成犯罪的,依法追究刑事责任。

五、个人独资企业的解散与清算

(一)个人独资企业的解散条件

个人独资企业的解散,即个人独资企业的终止。《个人独资企业法》第二十六条规定,个人独资企业应当解散的情形包括:(1)投资人决定解散;(2)投资人死亡或者被宣告死亡,无继承人或者继承人决定放弃继承;(3)被依法吊销营业执照;(4)法律、行政法规规定的其他情形。

(二)个人独资企业的清算

企业清算工作的主要内容包括:通知或者向债权人公告,接受债权人的债权申报,对债权进行审查、财产清理、财产分配等。

根据《个人独资企业法》的规定,个人独资企业解散,由投资人自行清算或者由债权人申请人民法院指定清算人进行清算。投资人自行清算的,应当在清算前15日内书面通知债权人,无法通知的,应当予以公告。债权人应当在接到通知之日起60日内,向投资人申报其债权。个人独资企业解散后,原投资人对个人独资企业存续期间的债务仍应承担偿还责任,但债权人在5年内未向债务人提出偿债请求的,该责任消灭。

(三)财产的分配

在清算工作中,财产分配制度的主要内容是财产分配的顺序和内容。个人独资企业解散,其财产应当按照下列顺序清偿:(1)所欠职工工资和社会保险费用;(2)所欠税款;(3)其他债务。

清算期间,个人独资企业不得开展与清算目的无关的经营活动。个人独资企业及其投资人在清算前或者清算期间隐匿或者转移财产、逃避债务的,依法追回其财产,并按照有关规定予以处罚;构成犯罪的,依法追究刑事责任。

个人独资企业清算结束后,投资人或者人民法院指定的清算人应当编制清算报告,并于15日内向登记机关办理注销登记。

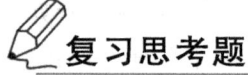
复习思考题

一、单项选择题

1.根据合伙企业法律制度的规定,下列关于普通合伙企业设立的表述中,正确的是(   )。

A.合伙人只能为自然人

B.合伙人不得用劳务出资

C.合伙协议可以采取口头形式

D.合伙企业名称应当标有"普通合伙"字样

2.某普通合伙企业委托合伙人杨某执行合伙事务。根据合伙企业法律制度的规定,下列关于杨某执行合伙事务的权利义务的表述中,正确的是(   )。

A.只能由杨某对外代表该合伙企业

B.除合伙协议另有约定外,杨某可以自行决定改变该合伙企业主要经营场所的地点

C.除合伙协议另有约定外,杨某可以自行处分该合伙企业的不动产

D.杨某可以自营与该合伙企业竞争的业务

3.根据合伙企业法律制度的规定,下列关于合伙企业财产的说法,正确的是(   )。

A.合伙企业的原始财产是指全体合伙人实际缴纳的财产

B.合伙人以土地使用权出资,需要评估作价的,不可以由合伙人自行协商

C.合伙人在合伙清算前擅自转让合伙财产的,合伙企业不得以此对抗善意第三人

D.合伙企业清算的合伙财产应先用于缴纳税款

4.根据合伙企业法律制度规定,下列情形中,经普通合伙企业其他合伙人一致同意,可以决议将合伙人除名的是( )。

A.合伙人未履行出资义务

B.合伙人死亡

C.合伙人个人丧失偿债能力

D.合伙人在合伙企业中的全部财产份额被人民法院强制执行

5.根据《合伙企业法》的有关规定,普通合伙人承担合伙企业债务责任的方式是( )。

A.对外承担连带责任,对内承担按份责任

B.对内对外均承担连带责任

C.对内对外均承担按份责任

D.对内承担连带责任,对外承担按份责任

二、多项选择题

1.根据合伙企业法律制度的规定,下列关于普通合伙人的出资,表述正确的有( )。

A.普通合伙人必须一次性缴纳出资

B.普通合伙人可以土地使用权出资

C.实物作价可由全体合伙人协商确定

D.劳物作价可由全体合伙人协商确定

2.根据合伙企业法律制度的规定,除合伙协议另有约定外,普通合伙企业的下列事务中,应当经全体合伙人一致同意的有( )。

A.改变合伙企业的名称

B.以合伙企业的名义为他人提供担保

C.聘任合伙人以外的人担任合伙企业的经营管理人员

D.合伙人之间转让在合伙企业中的部分财产份额

3.根据合伙企业法律制度的规定,下列可以作为有限合伙人出资形式的有( )。

A.专利权 B.房屋所有权

C.土地使用权 D.劳务

4.根据合伙企业法律制度的规定,下列各项中,属于合伙企业应当解散的情形有( )。

A.合伙人已不具备法定人数满30天

B.合伙期限届满,合伙人决定不再经营

C.合伙协议约定的解散事由出现

D.合伙企业被责令停业整顿

5.根据合伙企业法律制度的规定,除合伙协议另有约定外,有限合伙人可以从事的行为有( )。

A.同本企业进行交易　　　　　　B.将其在合伙企业中的财产份额出质
C.执行合伙企业事务　　　　　　D.经营与本企业相竞争的业务

三、案例模拟

1.甲、乙、丙、丁共同出资设立有限合伙企业,其中甲、乙为普通合伙人,丙、丁为有限合伙人。甲乙共同执行企业事务,在合伙企业经营期间,发生以下事项:(1)甲委托丙去客户公司送材料,遇到A公司,丙代表合伙企业与A公司签订了200万元的买卖合同。A公司按照合同约定向合伙企业发货,由于合伙企业的全部财产只有160万元,不足以支付200万元的货款。(2)丙与合伙企业进行了20万元的交易,合伙人甲认为,由于丙同本合伙企业交易未经全部合伙人一致通过,因此,有限合伙人丙不得同本合伙企业进行交易。

请根据以上案情,回答下列问题:

(1)各合伙人对合伙企业不能清偿A公司的40万元如何承担责任?

(2)甲对丙不得同本合伙企业进行交易的主张是否符合法律规定?

2.甲、乙、丙、丁共同投资设立了A有限合伙企业(以下简称A企业),甲、乙分别为普通合伙人,各自出资10万元,丙、丁分别为有限合伙人,各自出资15万元。甲执行合伙事务,对外代表A企业。本年6月份乙和丙分别征得甲的同意后,以自己在A企业中的份额出质,为自己向银行借款提供质押担保;8月份,C公司要求A企业偿还欠款100万元;10月份代表人甲同D公司签订了一份12万元的合同,A企业内部约定甲无权单独与第三人签订10万元以上的合同,合伙人乙认为此合同无效,要求撤回。

请根据以上案情,回答下列问题:

(1)乙和丙的出质是否有效?为什么?

(2)假设C公司的债权A企业无能力偿还,哪些合伙人要承担责任?

(3)A企业与D公司的合同是否成立?为什么?

第八章 公司法律制度

学习目标

【知识目标】

1. 掌握公司的基本概念和发展历程。
2. 掌握公司的设立条件和程序。
3. 掌握公司的内部治理机构及其职权。
4. 掌握公司的一般制度。

【能力目标】

1. 能学会公司的基本制度,对公司管理和运作有深入的认识。
2. 熟悉公司法的条文及其规范,认识到法律规范的重要性。
3. 培养实务中运用公司法发现问题的能力。

【思政目标】

1. 培养学生的诚信意识,提升道德素质。
2. 培养学生的法治思维,增强责任担当。

本章知识体系构建

第八章
- 公司法概述
  - 公司的概念、特征和种类
  - 公司法的概念和特征
- 有限责任公司
  - 有限责任公司的概念和特征
  - 有限责任公司的设立
  - 有限责任公司的组织机构
- 股份有限公司
  - 股份有限公司的概念和特征
  - 股份有限公司的设立
  - 股份有限公司的组织机构
  - 股份有限公司的股份
  - 上市公司
- 公司的财务会计制度
  - 公司财务会计制度的概念
  - 财务会计在公司中的作用
  - 公司财务会计工作的基本要求
  - 利润分配
- 公司的重大变更
  - 公司的合并
  - 公司的分立
  - 公司的增资
  - 公司的减资
- 公司的解散和清算
  - 公司解散
  - 公司清算

※引导案例

甲、乙、丙、丁四人共同出资设立了某有限责任公司,公司注册资本为500万元。其中,甲以一台机器设备出资,经评估作价120万元;乙以一项专利出资,经评估作价150万元;丙以货币出资150万元;丁之前有在公司做高管的经验,以其经验作为劳务出资,经四人同意后,作价80万元。

半年后,公司董事会议拟增加注册资本,公司监事会全部七名成员坚决反对,但董事会坚持决议。于是,监事会中的两名成员联名通知全体股东,提议召开临时股东会议,除两名股东因故未参加股东会以外,其他股东全部参加。到会的股东最终以三分之二资本通过了公司增加注册资本的董事会决议。

问题:

1. 某有限责任公司设立时,各股东的出资是否符合公司法的规定?
2. 临时股东会议的召集程序是否合法?请说明理由。
3. 临时股东会议通过的决议是否有效?请说明理由。

第一节 公司法概述

一、公司的概念、特征和种类

(一)公司的概念

公司是指股东依照公司法的规定,以出资方式设立,股东以其认缴的出资额或认购的股份为限对公司承担责任,公司以其全部独立法人财产对公司债务承担责任的企业法人。根据《公司法》和《民法典》的规定,公司是指股东承担有限责任的营利性法人。其含义有如下三点。

1.公司是法人

公司具有民事权利能力和行为能力,法律地位独立于股东、管理人员和员工。除法律规定须经政府许可才能经营的项目外,公司可以自己名义从事章程设定的营业范围内的各种法律行为,行使民事权利。公司可以拥有自己的财产。与他人签订合同,包括为他人提供担保、对外投资、起诉和应诉。公司以其全部财产对自己的债务承担责任。

2.公司是营利性法人

《民法典》第七十六条规定,以取得利润并分配给股东等出资人为目的而成立的法人,为营利法人。追求利润、实现营利,是企业的典型特征。因此,营利法人的概念与《公司法》使用的企业法人概念是相通的。

3.公司股东通常承担有限责任

根据《公司法》的规定,通常情况下,股东仅对公司承担出资义务,没有义务以自己的财产偿付公司债务。例外情况是,股东如滥用公司法人独立地位和股东有限责任,逃避债务,严重损害公司债权人利益,则其有可能丧失有限责任保护。

(二)公司的特征

1.合法设立。公司必须依照《公司法》规定的相关条件和程序设立。

2.以盈利为目的。营利性是公司设立的出发点和归宿,也是公司的基本属性,经营者设立公司就是为了获取利润。

3.法人性。《公司法》规定,公司是企业法人,应当依法向公司登记机关申请设立登记。

4.股东责任的有限性。股东对公司承担有限责任,公司以其全部资产对外承担责任。

(三)公司的种类

根据不同标准,公司可以分为不同的类型。

1.根据公司的信用标准划分

(1)人合公司是指以股东个人信用为基础的公司,无限责任公司是最典型的人合公司。

(2)资合公司是指以股东的出资额为基础的公司,股份有限公司是典型的资合公司。

(3)人合兼资合公司,指同时具有人的信用和资本信用两种因素的公司。有限责任公司即属这种公司。

2.根据公司的控制和被控制关系划分

(1)母公司是指通过持有其他公司的股份而能实际控制其他公司经营活动的公司。

(2)子公司是指其一定比例的股份被其他公司持有,经营活动受其他公司控制的公司。

3.根据公司的组织系统划分

(1)总公司或称本公司是指依法首先设立或同时设立,具有独立法人资格,并管辖全部企业组织系统的公司。

(2)分公司是公司依法设立的以本公司名义进行经营活动,其法律后果由本公司承担的分支机构。分公司不是独立的公司,不具有企业法人资格,不是独立的法律主体。

4.根据股东承担的责任划分

(1)有限责任公司是指股东以其认缴的出资额为限对公司承担责任,公司以其全部财产对公司的债务承担责任的企业法人。

(2)股份有限公司是指全部资本由等额股份构成,股东以其认购的股份为限对公司承担责任,公司以其全部财产对公司债务承担责任的企业法人。

(3)无限责任公司是由负无限责任的股东组成的公司,所有的股东无论出资额多少,都对公司债务承担无限责任。

(4)两合公司是由负无限责任的股东和有限责任的股东组成的公司。根据约定,无限责任股东对公司债务承担无限责任,有限责任股东以出资额为限对公司承担责任。

二、公司法的概念和特征

(一)公司法的概念

公司法是调整公司的设立、组织与活动、解散、清算及其他对内对外法律关系的法律规范的总称。公司法调整的对象和范围包括公司设立过程、存续期间和终止过程中的法律行为和法律关系。公司法有广义和狭义之分。广义的公司法是指国家关于公司的设立、组织与活动的各种法律、法规和规章的总称,狭义的公司法是指关于公司的设立、组织与活动的单个法律。

(二)公司法的特征

1.公司法是一种组织法

组织法指规定某种社会组织的设立、变更、终止、内部组织机构及其运作的法律规范的总称。公司法规定公司的设立条件、设立程序、公司的组织机构以及公司组织的变更、公司终止的条件和程序,着重调整投资人与公司的关系,公司与其内部成员的关系,公司领导成员的权利与义务关系以及公司在设立、变更和消灭过程中与其他人和有关单位的关系,体现出组织法的特征。

2.公司法是一种行为法

行为法是指调整由法律主体的行为或活动而产生的社会关系的法律规范的总称。公司法是一部规定公司的行为活动的法律,它规定与公司的组织特点有关的经营活动,如股票的发行、转让等;但与公司的组织特点有关的经营活动,如公司对外签订合同等不属于公司法的调整对象。

3.公司法的内容中强制性规范较多

公司是现代企业制度的主要形式,是市场经济主体中的主体,对社会经济生活的影响重大,所以必须对公司的设立、活动等作出必要的强行规定。

4.公司法是具有较强国际性的法律

虽然公司法主要调整的是本国公司,但世界各国关于公司的基本分类及模式等大体相同,所以具有国际趋同性。从公司法的适用来看,我国公司法适用于外商投资的有限责任公司,外国的法人、自然人在我国法律规定的范围内可以成为股份有限公司的发起人,我国公司法对外国公司的分支机构作了专门规定。

第二节 有限责任公司

一、有限责任公司的概念和特征

在公司发展的历史上,有限责任公司是出现最晚的一种公司类型。它于1892年首创于德国,但推行十分迅速,目前已经成为世界各国最普遍采用的公司组织形式之一。有限责任公司是公司的重要形式,一般为中小企业广泛采用。其优点在于股东人数不多,便于沟通;组织机构简单,可节约营运成本;公司设立也相对简便。

(一)有限责任公司的概念

有限责任公司也称有限公司,是指由1个以上50个以下的股东设立的、股东以其认缴的出资额为限对公司承担有限责任,公司以其全部财产对公司债务承担责任的企业法人。

(二)有限责任公司的特征

1.股东人数受限制

我国公司法承认了1人公司,因此有限责任公司的股东人数为1人以上50人以下,股东人数超过50人则要变更公司形式为股份有限公司。

2.股东责任的有限性

有限责任公司的股东仅以其出资额为限对公司的债务承担责任,而对公司的债权人不承担任何责任。这是它与无限公司的根本区别。

3.股东出资的非股份性

股东出资不划分为金额相等的股份,这是有限责任公司与股份有限公司的重要区别之一。有限责任公司的资本一般不分为等额股份,股东出资也不以股份为单位计算,而直接以出资额计算。

4.公司资本的封闭性

有限责任公司的资本只能由全体股东认缴,不能向社会募集股份,也不能发行股票。公司发给股东出资数额的证明书称股单,股单也不能在证券市场上流通转让。另外,对股东出资的转让一般有严格的限制。

5.机构设置的灵活性

有限责任公司设立程序简便,只有发起设立而无募集设立;组织机构也较简单、灵活,其股东会由全体股东组成,董事会由股东会选举产生;规模较小、股东人数较少的有限责任公司可以不设董事会和监事会,而由执行董事和执行监事来代替。

二、有限责任公司的设立

(一)设立条件

1.股东符合法定人数

根据《公司法》的规定,有限责任公司由50个以下股东出资设立。一个自然人股东或者一个法人股东可以单独依法设立有限责任公司。国家单独出资、由国务院或者地方人民政府委托本级人民政府国有资产监督管理机构履行出资人职责的,可以单独设立国有独资的有限责任公司。

2.有符合公司章程规定的全体股东认缴的出资额

根据《公司法》的规定,有限责任公司的注册资本为在公司登记机关登记的全体股东认缴的出资额。法律、行政法规以及国务院决定对有限责任公司注册资本实缴、注册资本最低限额另有规定的,从其规定。股东可以用货币、实物、知识产权、土地使用权出资,也可以用能以货币估价并可以依法转让的非货币财产作价出资(如股权、债权、矿业权等)。股东不得以劳务、信用、自然人姓名、商誉或者设定担保的财产等作价出资。

一般认为公司资本有三大原则:首先,资本确定原则,即公司章程必须确定符合法定资本最低限额的注册资本总额,且应由发起人全部认足或募足,否则,公司便不能成立。其次,资本维持原则,在公司存续期间公司应维持与其资本额相当的实有资产。最后,资本不变原则,即公司注册资本一旦确定,原则上不得改变,增加或减少都必须经过严格的法定程序。

※知识链接

公司股东的出资方式应符合以下规定:(1)股东以货币出资的,应当将货币出资足额存入有限责任公司在银行开设的账户。(2)股东以非货币财产出资的,应当评估作价,核实财产,不得高估或者低估作价;法律、行政法规对评估作价有规定的,从其规定。

同时还应当依法办理财产转移手续。(3)股东认足公司章程规定的出资后,由全体股东指定的代表或者共同委托的代理人向公司登记机关报送公司登记申请书、公司章程等文件,申请设立登记。(4)有限责任公司成立后,发现作为设立公司出资的非货币财产的实际价额明显低于公司章程所定价额的,应当由交付该出资的股东补足其差额;公司设立时的其他股东承担连带责任。(5)股东应当按期足额缴纳公司章程中规定的各自所认缴的出资额。股东不按约定或法律规定缴纳出资的,除应当向公司足额缴纳外,还应当向已按期足额缴纳出资的股东承担违约责任。

3.股东共同制定章程

《公司法》第十一条规定,设立公司必须依法制定公司章程。公司章程对公司、股东、董事、监事、高级管理人员具有约束力。公司章程包括两方面的内容:

(1)法定内容,包括:①公司名称和住所;②公司经营范围;③公司注册资本;④股东的姓名或者名称;⑤股东的出资方式、出资额和出资时间;⑥公司的机构及其产生办法、职权、议事规则;⑦公司法定代表人;⑧股东会会议认为需要规定的其他事项。

(2)任意内容,是指股东认为应当订入公司章程而法律没有明确规定的内容。

4.有公司名称,建立符合有限责任公司要求的组织机构

公司作为独立的企业法人,必须有自己的名称。公司名称,一方面标明公司的法律性质,便于国家有关部门管理,便于社会公众识别;另一方面有利于保障公司的合法权益。公司的名称一经确定,该公司对这一名称即享有名称权,他人不得再使用这一名称;作为构成公司形象的主要因素,是公司"商誉"的重要组成部分,属于公司的无形资产,也是《巴黎公约》所确认的工业产权的保护对象之一。

公司成立之后没有相应的组织机构就无法运行。符合有限责任公司要求的组织机构,是指《公司法》中规定应设立的机构,即指股东会、董事会或执行董事、监事会或执行监事等。

5.有公司住所

公司以其主要办事机构所在地为住所。经公司登记机关登记的公司的住所只能有一个,公司的住所应当在其公司登记机关辖区内。确定公司住所的主要意义有:(1)在民事诉讼中,可根据住所地来确认地域管辖;(2)可以确定送达诉讼文书的处所;(3)住所是确定债务履行地的依据;(4)住所是确定公司行政管辖机关的依据;(5)在涉外民事关系中,住所是决定该关系适用何国法律的依据之一。

(二)设立程序

《公司法》及《中华人民共和国公司登记管理条例》对有限责任公司设立的程序做了明确的规定。同股份有限责任公司相比,其设立程序较为简单。

1.发起人发起。有限责任公司只能以发起设立方式设立。投资者通常首先签署发起设立协议,对公司的投资者、各方投资比例、公司名称等基本事项予以明确约定。

2.办理公司名称的预先核准登记手续。预先核准的公司名称要符合法律对公司名称构成的要求,同时公司名称不得与他人的公司名称相同或相近。通过预先核准的公

司名称可以保留6个月的优先使用权利。

3.起草和签署公司章程。制定公司章程是公司设立的必经程序。公司章程须经全体股东同意并签名、盖章,报登记主管机关批准后,发生法律效力。

4.设立审批。法律、行政法规规定设立公司必须报经批准的,应当在公司登记前依法办理批准手续。

5.缴纳出资。缴纳出资是公司设立中履行设立协议或公司章程规定的出资义务的行为。

6.确立公司的组织机构。根据《公司法》的规定,除一人公司和国有独资公司外,有限责任公司应设立股东会,作为公司的权力机构;除规模较小、股东人数较少的有限责任公司外,一般还应设立董事会和监事会。

7.申请设立登记。股东认足公司章程规定的出资后,由全体股东指定的代表或者共同委托的代理人向公司登记机关报送公司登记申请书、公司章程等文件,申请设立登记。

8.登记机关发给营业执照。依法设立的公司,由公司登记机关发给公司营业执照。公司营业执照签发日期为公司成立日期。公司营业执照应当载明公司的名称、住所、注册资本、经营范围、法定代表人姓名等事项。公司营业执照记载的事项发生变更的,公司应当依法办理变更登记,由公司登记机关换发营业执照。从此时起,有限责任公司宣告成立,并取得法人资格。

三、有限责任公司的组织机构

(一)股东会

1.股东会的组成

有限责任公司的股东会由股东组成。股东是指取得公司股份或认缴公司出资,作为公司成员并对公司享有股权的人。股东在公司成立之前可以先予产生。除国家有某些限制的特别规定外,有权代表国家投资的政府部门或机构、企业法人、具有法人资格的事业单位和社会团体、自然人,均可以按照规定成为有限责任公司的股东。

2.股东的权利和义务

股东向公司认缴出资后,就成为公司的股东,享有相应的权利。股东权利是股东基于股东资格而对公司及其组织机构享有的权利。股东权利是一种成员权。成员权须于团体内部、按团体规则行使,脱离团体则失其权能。而且,每一成员的权利必须受制于其他成员的权利。这是股东权利的基本特征。

股东作为出资者按投入公司的资本额享有所有者的资产受益、参与重大决策和选择管理者等的权利,具体为:

(1)参加股东会并根据出资份额或持股比例享有表决权;

(2)选举和被选举为董事会、监事会成员;

(3)依法或依约定获取股利、转让出资;

(4)有限责任公司股东可以优先购买其他股东转让的出资;

(5)优先认购公司新增的注册资本;

(6)了解公司经营状况和财务状况,查阅、复制公司章程、股东会会议记录、董事会会议决议、监事会会议决议和财务会计报告,但股东有非法目的的除外;

※**知识链接**

查阅权。股东作为公司资本的提供者和经营风险的最终承担者,有权知悉公司的人事、财务、经营、管理等方面情况。为了避免有限责任公司的股东滥用查阅权而影响公司的正常经营活动,防止股东泄露公司商业机密而损害公司的利益,《公司法》对有限责任公司的股东查阅公司会计账簿有一定的限制。

《公司法》第三十三条第二款规定,股东要求查阅公司会计账簿的,应当向公司提出书面请求,说明目的。公司有合理根据认为股东查阅会计账簿有不正当目的,可能损害公司合法利益的,可以拒绝提供查阅,并应当自股东提出书面请求之日起十五日内书面答复股东并说明理由。《最高人民法院关于适用〈中华人民共和国公司法〉若干问题的规定(四)》(以下简称《公司法解释四》)列举了三种"不正当目的"的具体样态。依其规定,有限公司如证明股东有下列情形之一,则人民法院应认定该股东的查阅请求具有"不正当目的":

(一)股东自营或者为他人经营的业务与公司主营业务有"实质性竞争关系",除非公司章程另有规定或者全体股东另有约定;

(二)股东查阅公司会计账簿,是为了向他人通报有关信息,而他人一旦获知该信息,公司合法利益即可能遭受损害;

(三)股东在向公司提出查阅请求之日前的三年内,曾通过查阅公司会计账簿,向他人通报有关信息损害公司合法利益。

此外,人民法院还可以根据司法解释的指引认定其他情形构成不正当目的。

为便利胜诉股东行使查阅权,《公司法解释四》规定,股东依生效判决查阅公司文件材料的,在该股东在场的情况下,可以由会计师、律师等或者依据执业行为规范负有保密义务的中介机构执业人员辅助进行。公司董事、高管有义务依法制作、保存公司资料。如果公司董事、高管未依法履行职责,导致公司未制作或者保存股东有权查阅的资料,造成股东损失的,应承担赔偿责任。股东行使查阅权,同时也负有保密义务。《公司法解释四》规定,股东查阅信息后如泄露公司商业秘密导致公司损害,则须对公司承担赔偿责任。辅助股东查阅的会计师、律师等专业人员,负有相同义务,适用同一规则。

(7)诉讼权,董事、高级管理人员违反法律、行政法规或者公司章程的规定,损害股东利益的,股东可以向人民法院提起诉讼;

(8)异议股东股份回购请求权,是指股东大会作出对股东权益产生重大和实质性影响的决议时,对该决议有异议的股东,有权要求公司以公平价格回购其所持出资额或者股份,从而退出公司。

※**法条链接**

《公司法》第七十四条 有下列情形之一的,对股东会该项决议投反对票的股东可以请求公司按照合理的价格收购其股权：

（一）公司连续五年不向股东分配利润，而公司该五年连续盈利，并且符合本法规定的分配利润条件的；

（二）公司合并、分立、转让主要财产的；

（三）公司章程规定的营业期限届满或者章程规定的其他解散事由出现，股东会会议通过决议修改章程使公司存续的。

自股东会会议决议通过之日起六十日内，股东与公司不能达成股权收购协议的，股东可以自股东会会议决议通过之日起九十日内向人民法院提起诉讼。

(9)公司终止后，依法分得公司的剩余财产；

(10)公司章程规定的其他权利。

股东负有以下义务：(1)足额缴纳所认缴的出资；(2)依其所缴的出资额或者所持公司股份承担公司债务；(3)公司成立后，股东不得抽逃出资；(4)公司股东滥用股东权利给公司或者其他股东造成损失的，应当依法承担赔偿责任；(5)公司股东滥用公司法人独立地位和股东有限责任，逃避债务，严重损害公司债权人利益的，应当对公司债务承担连带责任，这在理论上就是"公司法人人格否认"制度。

※知识链接

公司法人人格否认制度，又称"刺破公司面纱"制度或"揭开公司面纱"制度，指为阻止公司独立人格的滥用和保护公司债权人利益及社会公共利益，就具体法律关系中的特定事实，否认公司与其背后的股东各自独立的人格及股东的有限责任，责令公司的股东（包括自然人股东和法人股东）对公司债权人或公共利益直接负责，以实现公平、正义目标之要求而设置的一种法律制度。公司法人人格的否认具有以下特征：(1)公司人格的否认以公司取得法人资格为前提；(2)公司人格否认是在具体法律关系中否认公司的独立人格；(3)公司人格否认的后果是由滥用权利的股东直接清偿公司的债务。

相关案例

> A公司为有限责任公司，股东为B公司和甲某。2022年，B公司与C公司签订股权转让协议，约定B公司将其在A公司持有的80%股权转让给C公司，签署协议当天，C公司向B公司支付了股权转让费，但未办理股权变更登记。甲某知晓该事项后三十日内向法院起诉，认为B公司未保障其优先购买权，请求主张按照同等条件购买该转让股权。
>
> 法院审理后认为，有限责任公司的股东向股东以外的人转让股权，未就其股权转让事项征求其他股东意见，损害了其他股东的优先购买权，其他股东主张按照同等条件购买该转让股权，予以支持。

3.股东会的职权

股东会是公司的最高权力机构。根据《公司法》第三十七条的规定，股东会的职权包括：(1)决定公司的经营方针和投资计划；(2)选举和更换非由职工代表担任的董事、监事，决定有关董事、监事的报酬事项；(3)审议批准董事会的报告；(4)审议批准监事会或者监事的报告;(5)审议批准公司的年度财务预算方案、决算方案;(6)审议批准公司的利润分配方案和弥补亏损方案;(7)对公司增加或者减少注册资本作出决议;(8)对发行公司债券作出决议;(9)对公司合并、分立、解散、清算或者变更公司形式作出决议;(10)修改公司章程;(11)公司章程规定的其他职权。

4.股东会决议

有限责任公司股东会的议事方式和表决程序,除《公司法》有规定的以外,由公司章程规定。股东会会议作出修改公司章程、增加或者减少注册资本的决议,以及公司合并、分立、解散或者变更公司形式的决议,必须经代表三分之二以上表决权的股东通过。

股东会决议由股东按照出资比例或者章程规定行使表决权。

对《公司法》所列股东会职权,股东以书面形式一致表示同意的,可以不召开股东会会议,直接作出决定,并由全体股东在决定文件上签名、盖章。

相关案例

> 甲公司为有限责任公司,其章程规定,召开股东会会议,应当于会议召开 15 日以前通知全体股东,股东会会议由股东按照出资比例行使表决权。甲公司原股东为朱某、韩某、魏某,现登记股东为朱某、王某、魏某,其中韩某与朱某系夫妻关系。
> 工商档案中,甲公司第四届第二次股东会决议显示:同意原股东韩某退出股东会,并将其持有的股份 12 万元转让给朱某,签字处分别有全体股东手写签名字样。韩某以股东会决议上其签字非其本人签署为由,主张该股东会决议不成立。甲公司认可未实际召开股东会,且股东会决议非韩某本人签字,但主张决议签署得到韩某的同意和授权,应属合法有效。因甲公司未实际召开股东会,且韩某在事后不予认可,该股东会决议不能成立。

5.股东会的召集及形式

首次股东会会议由出资最多的股东召集和主持,并依法行使职权。

设董事会的有限责任公司股东会会议由董事会召集,董事长主持;董事长不能履行职务或不履行职务的,由副董事长主持;副董事长不能履行职务或不履行职务的,由半数以上董事共同推举 1 名董事主持。有限责任公司不设董事会的,股东会会议由执行董事召集和主持。如上述人员或机构不能尽召集之责时,可由监事会或无监事会之公司监事召集和主持股东会会议。以上人员或机构都不能尽召集之责时,代表十分之一以上表决权的股东可以自行召集和主持股东会会议。

除公司章程另有规定或者全体股东另有约定的外,召开股东会会议,应当于会议召开 15 日前通知全体股东。

有限责任公司股东会会议的形式分为定期会议和临时会议两种。定期会议应当按照公司章程的规定召开。代表十分之一以上表决权的股东,三分之一以上的董事,监事会或者不设监事会的公司的监事提议召开临时会议的,应当召开临时会议。

(二)董事会和经理

1.董事会的性质

在公司组织结构下,股东并不直接参与公司经营管理。无论是股份有限公司还是有限责任公司,股东都只能通过选举董事组成董事会(或者在有限责任公司中设执行董事),由董事会聘任经理来负责公司的日常经营管理活动,监事会负责监督。股东组成的股东大会只对重大事项才有决策权。股东只有以董事、监事或者高级管理人员的身份才能参与公司经营管理。在实践中,控股股东往往自己或者委托他人担任公司的董事长或者总经理,以方便控制公司。

2.董事会的组成和职权

(1)董事会的组成。有限责任公司设董事会,其成员为3—13人。两个以上的国有企业或者其他两个以上的国有投资主体投资设立的有限责任公司,其董事会成员中应当有公司职工代表,其他有限责任公司董事会成员中也可以有公司职工代表。董事会中的职工代表由公司职工通过职工代表大会、职工大会或者其他形式民主选举产生。

董事会设董事长1人,可以设副董事长。董事长、副董事长的产生办法由公司章程规定。

(2)董事会的职权。董事会对股东会负责,行使下列职权:召集股东会会议,并向股东会报告工作;执行股东会的决议;决定公司的经营计划和投资方案;制定公司的年度财务预算方案、决算方案;制定公司的利润分配方案和弥补亏损方案;制定公司增加或者减少注册资本及发行公司债券的方案;制定公司合并、分立、变更公司形式及解散的方案;决定公司内部管理机构的设置;决定聘任或者解聘公司经理及其报酬事项,并根据经理的提名决定聘任或者解聘公司副经理、财务负责人及其报酬事项;制定公司的基本管理制度;公司章程规定的其他职权。

(3)董事的任期。董事任期由公司章程规定,但每届任期不得超过3年。董事任期届满,连选可以连任。董事任期届满未及时改选,或者董事在任期内辞职导致董事会成员低于法定人数的,在改选出的董事就任前,原董事仍应当依照法律、行政法规和公司章程的规定,履行董事职务。

3.董事会会议

董事会会议由董事长召集和主持;董事长不能履行职务或者不履行职务的,由副董事长召集和主持;副董事长不能履行职务或者不履行职务的,由半数以上董事共同推举一名董事召集和主持。

董事会应当将所议事项的决定作成会议记录,出席会议的董事应当在会议记录上签名。董事会决议的表决,实行一人一票制度。董事会的议事方式和表决程序由公司章程规定,《公司法》另有规定的除外。

4.董事会的义务

《公司法》第一百四十七条规定,董事、监事、高级管理人员应当遵守法律、行政法规和公司章程,对公司负有忠实义务和勤勉义务。一般将公司管理者的义务区分为忠实义务和勤勉义务。

(1)忠实义务,是指公司的管理层应当以公司或者整体股东的利益最大化为目标,不得损害公司或者整体股东的利益,更不得在自身利益与公司利益或者股东整体利益相冲突时偏向自身利益。忠实义务的违反往往发生在利益冲突的场合,或者发生在公司管理层为了自身利益而侵害公司利益的情况下。《公司法》因此专门列举了一些常见的利益冲突情况,明确规定了在这种情况下利益冲突的处理原则,包括:公司董事、监事、高级管理人员不得利用职权收受贿赂或者其他非法收入,不得侵占公司的财产。

※**知识链接**

公司董事、高级管理人员不得有下列行为:(1)用公司资金;(2)将公司资金以其个人名义或者以其他个人名义开立账户存储;(3)违反公司章程的规定,未经股东会、股东大会或者董事会同意,将公司资金借贷给他人或者以公司财产为他人提供担保;(4)违反公司章程的规定或者未经股东会、股东大会同意,与本公司订立合同或者进行交易;(5)未经股东会或者股东大会同意,利用职务便利为自己或者他人谋取属于公司的商业机会,自营或者为他人经营与所任职公司同类的业务;(6)接受他人与公司交易的佣金归为己有;(7)擅自披露公司秘密;(8)违反对公司忠实义务的其他行为。公司董事、高级管理人员违反上述规定所得的收入应当归公司所有。

(2)勤勉义务,是指公司管理者应当在执行公司职务时勤勉尽责。换句话说,就是在执行职务时应当尽最大努力为公司或者股东的整体利益服务。勤勉义务有两层的含义,一方面是积极的要求,即要求公司管理者勤勉尽责;另一方面是消极的抗辩,是对公司管理者的一种保护,即公司管理者在勤勉尽责的情况下,就尽到了职责,不能因为决策中潜藏的商业风险而追究其责任。

5.经理

有限责任公司可以设经理,由董事会决定聘任或者解聘。经理对董事会负责。公司经理是负责公司日常经营管理的人员,是董事会的辅助管理人员。

经理依法行使下列职权:主持公司的生产经营管理工作,组织实施董事会决议;组织实施公司年度经营计划和投资方案;拟订公司内部管理机构设置方案;拟订公司的基本管理制度;制定公司的具体规章;提请聘任或者解聘公司副经理、财务负责人;决定聘任或者解聘除应由董事会决定聘任或者解聘以外的负责管理人员;董事会授予的其他职权。

公司章程对经理职权另有规定的,从其规定。经理列席董事会会议。

(三)监事会

1.监事会的性质

监事会是由依法产生的监事组成,对董事和经理的经营管理行为及公司财务进行监督的常设机构。它代表全体股东对公司经营管理进行监督,行使监督职能,是公司的监督机构。

2.监事会的组成和职权

(1)监事会的组成。股份有限公司监事会的成员不得少于3人。监事会应当包括股东代表和适当比例的公司职工代表,其中职工代表的比例不得低于三分之一,具体比例由公司章程规定。监事会中的职工代表由公司职工通过职工代表大会、职工大会或者其他形式民主选举产生。董事、高级管理人员不得兼任监事。上市公司的监事应具有法律、会计等方面的专业知识或工作经验,监事会的人员和结构应确保监事会能够独立有效地行使对董事、经理和其他高级管理人员及公司财务的监督和检查权。监事会设主席一人,可以设副主席。监事会主席和副主席由全体监事过半数选举产生。监事会主席召集和主持监事会会议;监事会主席不能或者不履行职务的,由监事会副主席召集和主持监事会会议;监事会副主席不能或者不履行职务的,由半数以上监事共同推举一名监事召集和主持监事会会议。

(2)监事会的职权。监事会或者不设监事会的监事行使下列职权:检查公司财务;对董事、高级管理人员执行公司职务的行为进行监督,对违反法律、行政法规、公司章程或者股东会决议的董事、高级管理人员提出罢免的建议;当董事、高级管理人员的行为损害公司的利益时,要求董事、高级管理人员予以纠正;提议召开临时股东会会议,在董事会不履行《公司法》规定的召集和主持股东会会议职责时召集和主持股东会会议;向股东会会议提出提案;依法对董事、高级管理人员提起诉讼;公司章程规定的其他职权。监事会行使职权所必需的费用,由公司承担。

此外,监事会发现公司经营情况异常,可以进行调查;必要时,可以聘请会计师事务所等协助其工作,费用由公司承担。

3.监事的任期

监事的任期每届为3年。监事任期届满,连选可以连任。监事任期届满未及时改选,或者监事在任期内辞职导致监事会成员低于法定人数的,在改选出的监事就任前,原监事仍应当依照法律、行政法规和公司章程的规定,履行监事职务。

4.监事会会议

有限责任公司监事会每年至少召开一次会议。监事可以提议召开临时监事会会议。监事会的议事方式和表决程序由公司章程规定,法律另有规定的除外。监事会决议应当经半数以上监事通过。监事会应当将所议事项的决定作成会议记录,出席会议的监事应当在会议记录上签名。

5.董监高的限制和义务

公司董事、监事、高级管理人员是代表公司组织机构行使职权的人员,在公司中处于重要地位,并依法具有法定的职权。因此,为了保证这类人员具有正确履行职责的能力与条件,《公司法》规定了他们应当具有相应的资格。

※**法条链接**

《公司法》第一百四十六条规定 有下列情形之一的,不得担任公司的董事、监事、高级管理人员:

(一)无民事行为能力或者限制民事行为能力;

(二)因贪污、贿赂、侵占财产、挪用财产或者破坏社会主义市场经济秩序,被判处刑罚,执行期满未逾五年,或者因犯罪被剥夺政治权利,执行期满未逾五年。

(三)担任破产清算的公司、企业的董事或者厂长、经理,对该公司、企业的破产负有个人责任的,自该公司、企业破产清算完结之日起未逾三年。

(四)担任因违法被吊销营业执照、责令关闭的公司、企业的法定代表人,并负有个人责任的,自该公司、企业被吊销营业执照之日起未逾三年。

(五)个人所负数额较大的债务到期未清偿。

公司违反前款规定选举、委派董事、监事或者聘任高级管理人员的,该选举、委派或者聘任无效。

董事、监事、高级管理人员在任职期间出现本条第一款所列情形的,公司应当解除其职务。

第三节　股份有限公司

一、股份有限公司的概念和特征

股份有限公司,简称股份公司,是指全部资本分成等额股份,股东承担有限责任,公司以其全部资产对公司债务承担责任的公司。股份公司具有以下特征:

1.典型的资合性。股份有限公司的信用基础为公司资本,而非股东个人信用。股东之间主要以财产为连接,彼此之间无须存在特殊的信赖和信任。股份具有流通性,股东也在不断的变化中。

2.公司发起人的人数受到特殊限制。《公司法》第七十八条规定,设立股份有限公司,应当有2人以上200人以下为发起人,其中须有半数以上在中国境内有住所。

3.公司资本的股份性。股份是股东对股份有限公司的出资所形成的公司资本,经等比例分割后所形成的均等份额。

4.公司股票的流通性。股票是公司签发的证明股东所持股份的凭证,是股份的表现形式。股票原则上可以自由买卖,如上市交易则要在证券交易所挂牌交易。

5.股东责任的有限性。股份有限公司的股东以其认购的股份为限对公司承担责任。

6.公司信息公开程度较高。由于股票可自由交易,这使股份有限公司更适于成为公众的投资对象。为保护投资者的利益,公司在发行股票和持续经营中应当承担向公众或者投资者公开相关信息的责任。

二、股份有限公司的设立

(一)设立条件

1.发起人符合法定人数。根据《公司法》的规定,发起人为2人以上200人以下,其中须有半数以上的发起人在中国境内有住所。股份有限公司发起人承担公司筹办事务。发起人应当签订发起人协议,明确各自在公司设立过程中的权利和义务。《公司法解释三》规定:为设立公司而签署公司章程、向公司认购出资或者股份并履行公司设立职责的人,应当认定为公司的发起人,可见发起人的主要特征是履行公司设立职责的股东。

2.注册资本。《公司法》规定,股份公司采取发起设立方式设立的,注册资本为在公司登记机关登记的全体发起人认购的股本总额;股份公司采取募集设立方式设立的,注册资本为在公司登记机关登记的实收股本总额。另外,《公司法》还规定,以募集设立方式设立股份有限公司的,发起人认购的股份不得少于公司股份总数的35%,法律、行政法规另有规定的,从其规定。公司的注册资本由公司章程规定,登记机关按照公司章程规定予以登记。公司注册资本发生变化,应当修改公司章程并向公司登记机关依法申请办理变更登记。股东出资额或者发起人认购股份、出资时间及方式由公司章程规定。发生变化的,应当修改公司章程并向公司登记机关依法申请办理公司章程或者公司章程修正案备案。

3.公司章程。股份有限公司的发起人应当制订公司章程,采用募集方式设立的须经创立大会通过。公司章程是由设立公司的股东共同制定,对公司、股东、董事、监事、高级管理人员具有约束力的调整公司内部关系和经营行为的公司规范性文件。公司章程是公司设立的必备条件之一,也是一个体现公司自治规则和自治手段的文件;公司法中任意性的规定,主要授权由公司章程规定;此外,公司章程是一个公开性的文件,其记载的内容都是公开的,股东、债权人以及有关人士可通过不同的途径进行查阅。

股份有限公司章程应当载明下列事项:(1)公司名称和住所;(2)公司经营范围;(3)公司设立方式;(4)公司股份总数、每股金额和注册资本;(5)发起人的姓名或者名称、认购的股份数、出资方式和出资时间;(6)董事会的组成、职权、任期和议事规则;(7)公司法定代表人;(8)监事会的组成、职权、任期和议事规则;(9)公司利润分配办法;(10)公司的解散事由与清算办法;(11)公司的通知和公告办法;(12)股东大会会议认为需要规定的其他事项。此外,上市公司应在其公司章程中规定股东大会的召开和表决程序,包括通知、登记、提案的审议、投票、计票、表决结果的宣布、会议决议的形成、会议记录及其签署、公告等,还应在公司章程中规定股东大会对董事会的授权原则,授权内容应明确具体。

公司章程的制定和修改。根据《公司法》的规定,股份有限公司的发起人应当制订公司章程,采用募集方式设立的须经创立大会通过。公司章程的修改必须经过股东大会,并且应当经过出席会议的代表三分之二以上表决权的股东通过。

4.公司名称。股份有限公司的设立需要有相应的名称、住所,必须在名称中标明股份有限公司或者股份公司字样。必须符合有关法律、行政法规的规定。公司必须建立与法律规定相一致的组织机构。

5.有公司住所。公司以其主要办事机构所在地为住所。

(二)设立方式

根据《公司法》的规定,股份有限公司可以采取发起设立或者募集设立方式设立。发起设立,是指由发起人认购公司应发行的全部股份而设立公司。募集设立,是指由发起人认购公司应发行股份的一部分,其余股份向社会公开募集或者向特定对象募集而设立公司。在发起设立方式下,发起人认缴全部出资后,按照公司章程的规定缴纳出资额;在募集设立方式下,发起人以及认购人应当一次缴纳出资额。

(三)设立程序

根据股份有限公司设立方式的不同,程序略有不同,即公开募集设立还需要经过向社会公开招募股份等相关程序,其他程序与发起设立方式相同。

1.签订发起人协议。该协议包括各个发起人的基本情况、认缴股份数额、认缴股份方式等发起设立股份有限公司过程中的相关权利义务。

2.报经有关部门批准。这主要是涉及依据法律、行政法规规定设立公司必须报经批准的,应当在公司登记前依法办理批准手续,也是前置审批方面的内容。除了法律、行政法规有特别规定的外,设立股份公司不需要经过特别批准,可以直接向企业登记机关注册设立。

3.制定公司章程。采用发起设立方式设立的公司,由全体发起人共同制定章程。采用募集设立方式设立的公司,发起人制订,创立大会出席会议的认股人所持表决权的过半数通过。

4.认购股份。以发起设立方式设立股份有限公司的,发起人应当书面认足公司章程规定其认购的股份。以非货币财产出资的,应当依法办理其财产权的转移手续。公开募集设立股份有限公司的认购股份程序较为严格,应先经过国务院证券监督管理机构核准;公开信息,发布招股说明书和财务会计报告等信息;由证券经营机构承销股票;与银行签订收股款协议;认购人缴纳股款并获得缴款证明;验资机构验资等。发起人、认股人缴纳股款或者交付抵作股款的出资后,除未按期募足股份、发起人未按期召开创立大会或者创立大会决议不设立公司的情形外,不得抽回其股本。

5.选举董事会和监事会,由董事会依法向公司登记机关申请设立登记。发起设立方式设立公司的,发起人首次缴纳出资后,应当选举董事会和监事会,由董事会依法向公司登记机关申请设立登记。募集设立方式设立公司的,发起人应当在足额缴纳股款、验资证明出具之日后 30 日内召开公司创立大会。发起人应当在创立大会召开 15 日前将会议日期通知各认股人或者予以公告。创立大会应有代表股份总数过半数的发起人、认股人出席,方可举行。

※知识链接

创立大会行使下列职权:(1)审议发起人关于公司筹办情况的报告;(2)通过公司章程;(3)选举董事会成员;(4)选举监事会成员;(5)对公司的设立费用进行审核;(6)对发起人用于抵作股款的财产的作价进行审核;(7)发生不可抗力或者经营条件发生重大变化直接影响公司设立的,可以作出不设立公司的决议。创立大会对上述事项作出决议,必须经出席会议的认股人所持表决权过半数通过。

董事会应于创立大会结束后30日内,依法向公司登记机关申请设立登记。

6.发行股票。股份有限公司成立后,即向股东正式交付股票,公司成立前不得向股东交付股票。公司发行的股票,可以为记名股票也可以为无记名股票。公司向发起人、法人发行的股票,应当为记名股票。公司发行记名股票的,应当置备股东名册,记载下列事项:(1)股东的姓名或名称及住所;(2)各股东所持股份数;(3)各股东所持股票的编号;(4)各股东取得股份的日期。公司发行无记名股票的,公司应当记载其股票数量、编号及发行日期。

7.公告。公告登记的内容应当与登记机关核准登记的内容一致。

三、股份有限公司的组织机构

公司组织机构是代表公司活动,行使相应职权的权力机关、决策机关、监督机关和执行机关所组成的公司机关。公司组织机构是公司法规定的,具有强制性,也是公司得以设立的必要条件。股份有限公司的组织机构包括股东大会、董事会、监事会及高级管理人员。根据《公司法》的规定,高级管理人员,是指公司的经理、副经理、财务负责人、上市公司董事会秘书和公司章程规定的其他人员。

(一)股东大会

1.股东大会的职权与形式

股东大会是由全体股东组成的公司权力机构。其职权与有限责任公司股东会职权相同。

※知识链接

根据上市公司章程指引的有关要求,上市公司股东大会还有以下职权:(1)对公司聘用、解聘会计师事务所作出决议;(2)审议公司在一年内购买、出售重大资产超过公司最近一期经审计总资产的30%事项;(3)审议批准变更募集资金用途事项;(4)审议股权激励计划;(5)审议批准下列对外担保行为:①本公司及本公司控股子公司的对外担保总额,达到或超过最近一期经审计净资产的50%以后提供的任何担保;②公司的对外担保总额,达到或超过最近一期经审计总资产的30%后提供的任何担保;③为资产负债率超过70%担保对象提供的担保;④单笔担保额超过最近一期经审计净资产的10%担保;⑤对股东、实际控制人及其关联方提供的担保。

股东大会分为年会与临时大会。股东大会年会应当每年召开一次。上市公司的年度股东大会应当于上一会计年度结束后的6个月内举行。

有下列情形之一的,应当在两个月内召开临时股东大会:(1)董事人数不足《公司法》规定人数或者公司章程所定人数的三分之二时;(2)公司未弥补的亏损达实收股本总额三分之一时;(3)单独或者合计持有公司10%以上股份的股东请求时;(4)董事会认为必要时;(5)监事会提议召开时;(6)公司章程规定的其他情形。

2.股东大会的召集

股东大会会议由董事会召集,董事长主持;董事长不能或者不履行职务的,由副董事长主持;副董事长不能或者不履行职务的,由半数以上董事共同推举一名董事主持。董事会不能或者不履行召集股东大会会议职责的,监事会应当及时召集和主持;监事会不召集和主持的,连续90日以上单独或者合计持有公司10%以上股份的股东可以自行召集和主持。

召开股东大会会议,应当将会议召开的时间、地点和审议的事项于会议召开20日前通知各股东;临时股东大会应当于会议召开15日前通知各股东;发行无记名股票的,应当于会议召开30日前公告会议召开的时间、地点和审议事项。

上市公司应在保证股东大会合法、有效的前提下,通过各种方式和途径,包括充分运用现代信息技术手段,扩大股东参与股东大会的比例。股东大会时间、地点的选择应有利于让尽可能多的股东参加会议。

单独或者合计持有公司3%以上股份的股东,可以在股东大会召开10日前提出临时提案并书面提交董事会;董事会应当在收到提案后两日内通知其他股东,并将该临时提案提交股东大会审议。临时提案的内容应当属于股东大会职权范围,并有明确议题和具体决议事项。股东大会不得对向股东通知中未列明的事项作出决议。无记名股票持有人出席股东大会会议的,应当于会议召开5日前至股东大会闭会时将股票交存于公司。

3.股东大会会议的表决和议事规则

股东出席股东大会会议,所持每一股份有一表决权。股东可以委托代理人出席股东大会会议,代理人应当向公司提交股东授权委托书,并在授权范围内行使表决权。公司持有的本公司股份没有表决权。上市公司董事会、独立董事和符合有关条件的股东可向上市公司股东征集其在股东大会上的投票权。投票权征集应采取无偿的方式进行,并应向被征集人充分披露信息。

股东大会决议的事项分为普通事项与特别事项两类。股东大会对普通事项作出决议,必须经出席会议的股东所持表决权过半数通过。股东大会对修改公司章程、增加或者减少注册资本,以及公司合并、分立、解散或者变更公司形式的特别事项作出决议,必须经出席会议的股东所持表决权的三分之二以上通过。需要注意的是,《公司法》未规定出席股东大会的最低人数和持股比例要求,因此只要满足了提前通知的程序要求,只要有一名股东出席,持有无论多少比例的股权,该股东大会的召开都是有效的。

累积投票制,是指股东大会选举董事或者监事时,每一股份拥有与应选董事或者监事人数相同的表决权,股东拥有的表决权可以集中使用。累积投票制的实施有利于中小股东按照其持股比例选举代表进入公司管理层,参与董事会的活动,保护其利益。根据《上市公司治理准则》的规定,控股股东控股比例在30%上的上市公司,应当采用累积投票制。采用累积投票制度的上市公司应在公司章程里规定该制度的实施细则。其他股份有限公司也可以依据公司章程的规定或者股东大会的决议,实行累积投票制。

股东大会应当对所议事项的决定作成会议记录,主持人、出席会议的董事应当在会议记录上签名。会议记录应当与出席股东的签名册及代理出席的委托书一并保存。

上市公司召开股东大会,还应当遵守中国证监会发布的《上市公司股东大会规则》。

※**法条链接**

《公司法》第十六条　公司向其他企业投资或者为他人提供担保,依照公司章程的规定,由董事会或者股东会、股东大会决议;公司章程对投资或者担保的总额及单项投资或者担保的数额有限额规定的,不得超过规定的限额。

公司为公司股东或者实际控制人提供担保的,必须经股东会或者股东大会决议。

前款规定的股东或者受前款规定的实际控制人支配的股东,不得参加前款规定事项的表决。该项表决由出席会议的其他股东所持表决权的过半数通过。

(二)董事会和经理

1.董事会的概念

董事会是依法由股东大会选举产生的董事组成,代表公司并行使经营决策权的常设机关。董事会是公司的决策机关。有限责任公司董事任期及职权的规定,适用于股份有限公司董事。

2.董事会的组成

股份有限公司董事会的成员为5—19人。董事应当遵守前述有关董事义务的规定。董事由股东大会选举产生。董事会成员中可以有公司职工代表。董事会中的职工代表由公司职工通过职工代表大会、职工大会或者其他形式民主选举产生。上市公司应在其公司章程中规定规范、透明的董事选聘程序,保证董事选聘公开、公平、公正、独立。上市公司应和董事签订聘任合同,明确公司和董事之间的权利义务、董事的任期、董事违反法律法规和公司章程的责任以及公司因故提前解除合同的补偿等内容。

3.董事会机构设置

董事会设董事长一人,可以设副董事长。董事长和副董事长由董事会以全体董事的过半数选举产生。董事长召集和主持董事会会议,检查董事会决议的实施情况。副董事长协助董事长工作,董事长不能或者不履行职务的,由副董事长履行职务;副董事长不能或者不履行职务的,由半数以上董事共同推举一名董事履行职务。

上市公司董事会可以按照股东大会的有关决议,设立战略、审计、提名、薪酬与考核等专门委员会。专门委员会成员全部由董事组成,其中审计委员会、提名委员会、薪酬与考核委员会中独立董事应占多数并担任召集人,审计委员会中至少应有一名独立董事是会计专业人士。

4.董事会会议的召开

董事会每年度至少召开两次会议,每次会议应当于会议召开10日前通知全体董事和监事。代表十分之一以上表决权的股东、三分之一以上董事或者监事会,可以提议召开董事会临时会议。董事长应当自接到提议后10日内,召集和主持董事会会议。董事会召开临时会议,可以另定召集董事会的通知方式和通知时限。

董事会会议应有过半数的董事出席方可举行。董事会作出决议必须经全体董事的过半数通过。董事会决议的表决实行一人一票。董事会会议应由董事本人出席,董事因故不能出席,可以书面委托其他董事代为出席,委托书中应载明授权范围。

董事会应当对会议所议事项的决定作成会议记录,出席会议的董事应当在会议记录上签名。董事应当对董事会的决议承担责任。董事会的决议违反法律、行政法规或者公司章程、股东大会决议,致使公司遭受严重损失的,参与决议的董事对公司负赔偿责任。但经证明在表决时曾表明异议并记载于会议记录的,该董事可以免除责任。

相关案例

> 某股份有限公司董事会有9名董事。该公司召开董事会会议,甲、乙、丙、丁、戊5名董事出席,其余4名董事缺席。会议表决前,丁因故提前退席,亦未委托他人代为表决。会议最终由4名董事一致作出一项决议。根据公司法律制度的规定,如无特殊规定董事会决议应有半数以上董事同意才能通过,表决结果未达到公司法或者公司章程规定的通过比例,因此该决议并未成立。

5.经理

股份有限公司设经理,由董事会决定聘任或者解聘,公司董事会可以决定由董事会成员兼任经理。经理对董事会负责,行使下列职权:(1)主持公司的生产经营管理工作,组织实施董事会决议;(2)组织实施公司年度经营计划和投资方案;(3)拟订公司内部管理机构设置方案;(4)拟订公司的基本管理制度;(5)制定公司的具体规章;(6)提请聘任或者解聘公司副经理、财务负责人;(7)决定聘任或者解聘除应由董事会决定聘任或者解聘以外的负责管理人员;(8)董事会授予的其他职权。经理列席董事会会议。

为保证上市公司与控股股东在人员、资产、财务上严格分开,上市公司的总经理必须专职,总经理在集团等控股股东单位不得担任除董事以外的其他职务。

(三)监事会

1.监事会的概念

监事会是由依法产生的监事组成,对董事和经理的经营管理行为及公司财务进行监督的常设机构。它代表全体股东对公司经营管理进行监督,行使监督职能,是公司的监督机构。有限责任公司监事任期、职权等规定,适用于股份有限公司监事。

2.监事会成员的组成

股份有限公司监事会的成员不得少于3人。监事会应当包括股东代表和适当比例的公司职工代表,其中职工代表的比例不得低于三分之一,具体比例由公司章程规定。监事会中的职工代表由公司职工通过职工代表大会、职工大会或者其他形式民主选举产生。董事、高级管理人员不得兼任监事。上市公司的监事应具有法律、会计等方面的专业知识或工作经验,监事会的人员和结构应确保监事会能够独立有效地行使对董事、经理和其他高级管理人员及公司财务的监督和检查权。

3.监事会机构设置

监事会应当包括股东代表和适当比例的公司职工代表,其中职工代表的比例不得低于三分之一,具体比例由公司章程规定。监事会中的职工代表由公司职工通过职工代表大会、职工大会或者其他形式民主选举产生。

监事会设主席一人,可以设副主席。监事会主席和副主席由全体监事过半数选举产生。监事会主席召集和主持监事会会议;监事会主席不能履行职务或者不履行职务的,由监事会副主席召集和主持监事会会议;监事会副主席不能履行职务或者不履行职务的,由半数以上监事共同推举一名监事召集和主持监事会会议。

4.监事会会议的召开

股份有限公司监事会每6个月至少召开一次会议。监事可以提议召开临时监事会会议。监事会的议事方式和表决程序,除法律有规定的外,由公司章程规定。上市公司应在公司章程中规定规范的监事会议事规则。监事会会议应严格按规定程序进行。监事会应当对所议事项的决定作成会议记录,出席会议的监事应当在会议记录上签名。

四、股份有限公司的股份

股份,是指构成股份公司资本的份额。通过股份,公司所有者权益实现了单位化和标准化的划分。不同类别的股份意味着不同的股东权益。而拥有某类股份的数量又表示股东权益的大小。股份一方面便于公司和股东识别、计算每一股东的权益,从而降低了公司治理的成本;另一方面,也方便了公司资本的定价、计算和交易。因此,股份这一工具也降低了公司融资和公众投资的成本。

股份公司的股份须每股金额相等。每股金额相等,应指所有股份都要有票面金额(即面值)。而且即便是不同类别股份,其面值也应相同(但实际上普通股和优先股经常不同)。

(一)股份的形式和记载的内容

股份采用纸面形式或者国务院证券监督管理机构规定的其他形式。纸面形式的股票应当载明下列主要事项:(1)公司名称;(2)公司成立日期;(3)股票种类、票面金额及代表的股份数;(4)股票的编号。股票由法定代表人签名,公司盖章。股份有限公司成立后,即向股东正式交付股票。公司成立前不得向股东交付股票。

目前,我国上市公司股份的发行、交易均已通过计算机采用电子信息等无纸化方式进行。股东持有的股票登记在证券登记结算机构的账户中,证券登记结算机构应当根据证券登记结算的结果,确认股票持有人持有股票的事实。

(二)股份的发行

股份公司设立时的股份发行,被称为设立发行,此后的股份发行,被称为新股发行,实际上相当于股份公司增资。

股份发行应当实行公平、公正的原则,同种类的每一股份应当具有同等权利。同次发行的同种类股份,每股的发行条件和价格应当相同;任何单位或者个人所认购的股份,每股应当支付相同价额。

公司发行新股,依照公司章程的规定由股东大会或者董事会对下列事项作出决议:(1)新股种类及数额;(2)新股发行价格;(3)新股发行的起止日期;(4)向原有股东发行新股的种类及数额。

公司经国务院证券监督管理机构核准公开发行新股时,必须公告新股招股说明书和财务会计报告,并制作认股书。公司公开发行新股应当由依法设立的证券公司承销,签订承销协议,并同银行签订代收股款协议。公司发行新股,可以根据公司经营情况和财务状况,确定其作价方案。公司发行新股募足股款后,必须向公司登记机关办理变更登记,并公告。

股份的公开发行需要经过证券监督管理机构的核准,必须符合法定的条件和程序。

(三)股份的转让

1.转让方式

(1)记名股票转让。根据《公司法》的规定,记名股票,由股东以背书方式或者法律、行政法规规定的其他方式转让;转让后由公司将受让人的姓名或者名称及住所记载于股东名册。股东大会召开前20日内或者公司决定分配股利的基准日前5日内,不得进行股东名册的变更登记,但法律对上市公司股东名册变更登记另有规定的,从其规定。

记名股票被盗、遗失或者灭失,股东可以依照《民事诉讼法》规定的公示催告程序,请求人民法院宣告该股票失效。人民法院宣告该股票失效后,股东可以向公司申请补发股票。

(2)无记名股票的转让。根据《公司法》的有关规定,无记名股票的转让,由股东将该股票交付给受让人后即发生转让的效力。

(3)上市公司股票的转让。根据《公司法》的规定,上市公司的股票,依照有关法律、行政法规及证券交易所交易规则上市交易。

2.转让限制

股份有限公司的股份以自由转让为原则,以法律限制为例外。具体限制如下:

(1)转让场所的限制。根据《公司法》的规定,股东持有的股份可以依法转让。股东转让其股份,应当在依法设立的证券交易场所进行或者按照国务院规定的其他方式进行。上市公司的股票,依照有关法律、行政法规及证券交易所交易规则上市交易。

(2)发起人转让股份的限制。一般认为,限制股份公司发起人股份转让的目的是,防止发起人利用发起股份公司"圈钱"后向公众投资者转嫁投资风险。而限制公开发行前已发行股份的转让,目的是保持公司上市前后股权结构稳定、防止公司一上市就发生重大股权结构变化。根据《公司法》的规定,发起人持有的本公司股份,自公司成立之日起1年内不得转让。因司法强制执行、继承、遗赠、依法分割财产等导致股份变动的除外。

(3)非公开发行股份转让的限制。公司公开发行股份前已发行的股份,自公司股票在证券交易所上市交易之日起1年内不得转让。因司法强制执行、继承、遗赠、依法分割财产等导致股份变动的除外。

(4)董事、监事、高级管理人员转让股份的限制。根据《公司法》的规定,公司董事、监事、高级管理人员应当向公司申报所持有的本公司的股份及其变动情况,在任职期间每年转让的股份不得超过其所持有本公司股份总数的25%,持本公司股份自公司股票上市交易之日起1年内不得转让。上述人员离职后半年内,不得转让其所持有的本公司股份;但是因司法强制执行、继承、遗赠、依法分割财产等导致股份变动的除外。上市公司董事、监事和高级管理人员所持股份不超过1000股的,可一次全部转让,不受上述转让比例的限制。公司章程可以对公司董事、监事、高级管理人员转让其所持有的本公司股份作出其他限制性规定。

要求董事、监事和高级管理人员披露持股情况以及限制其股份转让,主要目的是监督和防止董事、监事和高级管理人员进行有利益冲突的交易。

※**知识链接**

上市公司董事、监事和高级管理人员在下列期间不得买卖本公司股份:(1)上市公司定期报告公告前30日内;(2)上市公司业绩预告、业绩快报公告前10日内;(3)自可能对本公司股票交易价格产生重大影响的重大事项发生之日或在决策过程中,至依法披露后2个交易日内;(4)证券交易所规定的其他期间。

(5)股份的回购。我国公司法规范股份回购的态度基本上是传统资本维持模式的思路:原则上禁止,例外情形允许。不过,与传统资本维持模式立法不同的是,我国公司法没有对股份回购设置与利润分配一致的财务规则。

※**知识链接**

根据《公司法》的规定,公司不得收购本公司股份,但有下列情形之一的除外:(1)减少公司注册资本;(2)与持有本公司股份的其他公司合并;(3)将股份用于员工持股计划或者股权激励;(4)股东因对股东大会作出的公司合并、分立决议持异议,要求公司收购其股份;(5)将股份用于转换上市公司发行的可转换为股票的公司债券;(6)上市公司为维护公司价值及股东权益所必需。

五、上市公司

(一)上市公司的特殊性

上市公司是指其股票在证券交易所上市交易的股份有限公司。除具备一般股份公司的一般属性外,上市公司还具有下列特殊性。

1.上市公司是股份有限公司的特殊形态。有限责任公司无论是否发行股权性质的权利证书,都无法成为上市公司。

2.上市公司股票在证券交易所上市。证券交易所是依照法律规定设立的、专门接受公司股票上市并以"证券交易所"命名的法人组织。唯有股票在证券交易所上市交易的股份有限公司才是上市公司。如果股票在证券交易所以外的其他证券交易场所上市交易,则不能成为上市公司。

3.上市公司是公众持股的特殊公司。为了保护公众投资者的利益,上市公司应遵守特殊的规则。根据《中华人民共和国证券法》(以下简称《证券法》)的相关规定,上市公司必须更严格地履行信息披露义务,必须设立上市公司特有的公司机关,必须遵守特有的决议规则,必须接受证券监督管理机构的监督。

(二)股票上市的条件

股份有限公司申请股票上市,应当符合《证券法》规定的下列条件:

1. 具备健全且运行良好的组织机构;
2. 具有持续经营能力;
3. 最近三年财务会计报告被出具无保留意见审计报告;
4. 发行人及其控股股东、实际控制人最近三年不存在贪污、贿赂、侵占财产、挪用财产或者破坏社会主义市场经济秩序的刑事犯罪;
5. 经国务院批准的国务院证券监督管理机构规定的其他条件。

(三)上市公司的信息披露义务

根据《证券法》的规定,上市公司有持续信息公开的义务,依法披露其信息,信息必须真实、准确、完整,不得有虚假记载、误导性陈述或重大遗漏。上市公司主要通过编制定期或临时报告履行信息披露义务,如中期报告、年度报告、重大事件临时报告等。

第四节 公司的财务会计制度

一、公司财务会计制度的概念

公司的财务会计制度是对存在于法律、行业通行规则和公司章程之中的公司财务会计处理规则的总称,是利用货币价值形式反映公司财务状况和经营成果,加强内部经营管理,提高经济效益的一项重要制度。公司财务会计制度由财务制度和会计制度两部分组成。公司财务制度是运用财务手段处理货币资金的筹集、支配和使用活动的法律制度;公司会计制度则是公司办理会计事务应遵循的规则、方法和程序的总称。公司建立自己的财务会计制度是公司立法中一项重要的法律制度,是公司的法定要求,也是避免公司财务风险的重要举措。

二、财务会计在公司中的作用

公司是以盈利为目的、具有法人资格的经济组织,公司通过自己的经济活动,创造更多的财富,使自身的资产增加获取利润。只有使公司的财务会计管理规范化、明确化,才能使公司的经营活动有合理的基础,使股东及公司债权人的权益得到切实的保障。

具体来看,公司的财务会计工作的作用表现为:

1.投资者除参加决定一些重大事项外,一般不参与日常的生产经营活动,投资者只有通过公司财务状况来了解公司的生产经营状况,作为公司的债权人就更是如此。所以,公司的财务会计工作有利于保护投资者和债权人的利益。

2.公司财务会计制度的规范化和公开化,可使社会各方面都能方便地了解到公司的经营状况和盈利能力。对经营状况比较好的公司,可以起到吸收社会投资的作用。

3.各公司在统一的财务会计制度规定下筹集分配资金,记录反映经济业务,这有利于政府掌握情况,制定政策,实施管理。

4.保障公司高效运转。健全的财务会计制度是公司依法合理地筹措、利用资金,提高经济效益的有效手段,是加强和改善公司内部经营管理的重要措施,可以促进公司的高效运转。

5.有利于执法部门的监督。公司一经设立就应履行法律、行政法规等规定的各项义务,如纳税等。国家执法部门监督的重要手段之一就是检查公司的财务会计制度及财务会计的运行情况。

三、公司财务会计工作的基本要求

《公司法》对公司的财务会计工作的基本要求主要有以下几方面:

1.公司必须依照法律、法规和有关部门的规定建立本公司的财务会计制度,并编制各项财务会计报表。公司应当在每一会计年度终了时制作财务会计报告,并依法经会计师事务所审计。公司财务会计报告是指公司对外提供的反映公司某一特定日期财务状况和某一会计期间经营成果、现金流量等的文件。按《企业财务会计报告条例》的规定,财务会计报告分为年度、半年度、季度和月度财务会计报告。年度、半年度财务会计报告应当包括会计报表、会计报表附注、财务情况说明书。会计报表应当包括资产负债表、利润表、现金流量表及相关附表。

2.公司的财务会计信息应依法披露。有限责任公司应当按照公司章程规定的期限将财务会计报告送交各股东。股份有限公司的财务会计报告应当在召开股东大会年会的20日前置备于本公司,供股东查阅;公开发行股票的上市公司必须公告的财务会计报告包括年度财务会计报告、半年度财务会计报告和季度财务会计报告。

3.公司应当向聘用的会计师事务所提供真实、完整的会计凭证、会计账簿、财务会计报告及其他会计资料,不得拒绝、隐匿、谎报。

4.公司除法定的会计账簿外,不得另立会计账簿。公司的资产也不得以任何个人名义开立账户存储。

5.公司应当依照法定程序聘任或解聘会计师事务所。

四、利润分配

利润分配是公司股东获取投资收益的渠道之一,对于有限责任公司来说,还是主要渠道,因此对股东的投资行为有较大影响。公司利润分配需符合法律规定或章程约定。

(一)利润

利润是指企业在一定时期(一年)内生产经营的财务成果,包括营业利润、投资净收益以及营业外收支净额。公司利润按下列顺序分配:(1)弥补以前年度亏损(在不超过税法规定的弥补期限之内);(2)缴纳所得税;(3)弥补在税前利润弥补亏损之后仍存在的亏损;(4)提取法定公积金;(5)提取任意公积金;(6)支付股利。股东会或董事会违反规定,在弥补亏损和提取法定公积金、法定公益金之前向股东分配利润的,必须将违反规定分配的利润退还公司。

(二)公积金

公积金是公司为预防亏损、增加财力和扩大营业规模而依照法律与公司章程规定或股东大会决议,从公司利润或公司资本收益中提取的一种储备金。提取公积金制度是国家规定的一项强制性制度,各国公司法一般都有规定。

1.公积金的类型

公积金分为资本公积金和盈余公积金。(1)资本公积金是直接由资本原因所形成的公积金,主要来自超过票面金额发行股份所得的溢价款、法定财产重估增值、接受捐赠的资产价值等。(2)盈余公积金是从公司盈余中提取的公积金。盈余公积金又分为法定盈余公积金和任意盈余公积金两种。法定盈余公积金按照税后利润(减弥补亏损)的10%提取,当盈余公积金累计金额已达注册资本50%以上时可不再提取;任意盈余公积金按照公司章程规定或股东会决议提取和使用。

2.公积金的作用

(1)弥补亏损。公司可使用盈余公积金弥补亏损。(2)转增资本。经股东会决议,资本公积金和盈余公积金可转为股本,从而增加公司的注册资本,增强公司的经营实力。股份有限公司用盈余公积金转增股本时,留存的法定盈余公积金不少于转增前公司注册资本的25%。

(三)股利

股利又称红利,是公司盈利中分派给股东的部分。投资人向公司投资的目的就是获得股利。一般来说,公司在纳税、弥补亏损和提取法定公积金前,不得分配股利。公司持有的本公司股份也不得分配利润。

公司弥补亏损和提取公积金后所余税后利润,有限责任公司依照股东所持出资比例或者章程约定分配;股份有限公司按照股东持有的股份比例分配,但股份有限公司章程规定不按持股比例分配的除外。

第五节　公司的重大变更

一、公司的合并

公司合并是指两个以上的公司依照法定程序,不需要经过清算程序,直接合并为一个公司的行为。公司合并的方式有两种:一是吸收合并,即指一个公司吸收其他公司加入本公司,被吸收的公司解散;二是新设合并,即指两个以上公司合并设立一个新的公司,合并各方解散。

(一)合并的程序

《公司法》规定法定合并必须满足的程序有:

1.签订合并协议。公司合并,应当由合并各方签订合并协议。合并协议应当包括以下主要内容:(1)合并各方的名称、住所;(2)合并后存续公司或者新设公司的名称、住所;(3)合并各方的债权债务处理办法;(4)合并各方的资产状况及其处理办法;(5)存续公司或新设公司因合并而增资所发行的股份总额、种类和数量;(6)合并各方认为需要载明的其他事项。

2.参与合并的公司各方作出合并决议。合并决议由股东大会作出并采取特别多数表决方式。

3.通知债权人。公司应当自作出合并决议之日起10日内通知债权人,并于30日内在报纸上公告。债权人自接到通知书之日起30日内,未接到通知书的自公告之日起45日内,可以要求公司清偿债务或者提供相应的担保。

4.依法进行登记。公司合并后,应当依法向公司登记机关办理相应的变更登记、注销登记、设立登记。

(二)债权、债务的承接

公司合并时,合并各方的债权、债务,应当由合并后存续的公司或者新设的公司承继。换句话说,这时消灭公司的债权债务直接转移到存续公司或者新设公司,不需要经过原公司债权人的同意。为了保护债权人利益,《公司法》规定了债权人通知的程序,要求参与合并的公司(无论其是否消灭)必须在作出合并决议之日起10日内通知债权人,并于30日内在报纸上公告。债权人自接到通知书之日起30日内,未接到通知书的自公告之日起45日内,可以要求公司清偿债务或者提供相应的担保。

(三)合并中股东的保护

公司合并是参与合并各方公司的公司行为,由各方公司通过股东大会作出合并决议,参与合并公司的股东只能通过在本公司股东大会决议时投票表达自己的意见,法定

合并不需要征求每一个股东的同意。因此,《公司法》规定了合并和分立中的股东保护制度:

1.特别多数表决制度。公司合并或者分立构成重大事项,必须经过股东大会的特别多数表决,即有限公司必须经代表三分之二以上表决权的股东通过;股份公司必须经出席会议的股东所持表决权的三分之二以上通过。

2.异议股东股份收买请求权。在有限公司中,股东如果在股东会对合并或者分立决议时投反对票,可以请求公司按照合理的价格收购其股权,自股东会会议决议通过之日起60日内,股东与公司不能达成股权收购协议的,股东可以自股东会会议决议通过之日起90日内向人民法院提起诉讼。

在股份公司中,股东因对股东大会作出的公司合并或者分立决议持异议,可以要求公司收购其股份,公司在收购其股份后,应当在6个月内转让或者注销。

二、公司的分立

公司分立是指一个公司依法分为两个以上的公司。公司分立的方式有两种:一是派生分立,即公司以其部分财产另设一个或者数个新的公司,原公司存续;二是新设分立,即公司以其全部财产分别归入两个以上的新设公司,原公司解散。

(一)分立的程序

公司分立的程序与公司合并的程序基本一样,要签订分立协议,编制资产负债表及财产清单,作出分立决议,通知债权人,办理工商变更登记等。需要注意的是,公司分立程序中的通知债权人程序与公司合并程序略有不同。按照《公司法》的规定,在公司分立的情况下,公司应当自作出分立决议之日起10日内通知债权人,并于30日内在报纸上公告,没有赋予债权人请求公司清偿债务或者提供相应担保的权利。

(二)分立中债权人的保护

公司分立程序中虽然也设置了债权人通知程序,但并未给债权人提供请求公司清偿债务或者提供相应担保的权利,相比公司合并来说,债权人保护程度较弱,不过基本原则是一样的。《公司法》明确规定,公司分立前的债务由分立后的公司承担连带责任。但是,公司在分立前与债权人就债务清偿达成的书面协议另有约定的除外。换句话说,除非经过债权人同意,否则分立后的所有存续公司都对分立前的公司债务承担连带责任。

债权人向分立后的企业主张债权,企业分立时对原企业的债务承担有约定,并经债权人认可的,按照当事人的约定处理;企业分立时对原企业债务承担没有约定或者约定不明,或者虽然有约定但债权人不予认可的,分立后的企业应当承担连带责任。但是,分立的企业在承担连带责任后,各分立的企业间对原企业债务承担有约定的,按照约定处理;没有约定或者约定不明的,根据企业分立时的资产比例分担。

三、公司的增资

公司增加注册资本,简称增资。新增资本无论由原股东还是原股东以外的人投入,都属于出资,适用公司设立时股东出资或者认股的规范。

公司增资通常包含以下步骤:

1.公司董事会制订和提出增资方案。

2.公司就增资形成股东会或者股东大会决议,有限公司股东会的该项决议须经代表三分之二以上表决权的股东通过,股份公司股东大会的该项决议须经出席会议的股东所持表决权的三分之二以上通过;决议应依章程规定,对原有股东是否享有及如何行使增资优先认缴权或者新股优先认购权作出相应安排。

3.公司通常与增资入股者订立"增资协议""新股认购协议"或类似协议。

4.履行可能的批准程序,如涉及国有股权时,须经国有资产管理部门批准。

5.修订公司章程,包括修订注册资本、股东名单、股东出资额等条款,该项修改章程的股东会或者股东大会决议,通常与第二步中的增资决议合并或者同时作出。

6.增资入股者依约缴纳其认缴的出资或者认购的股份。

7.办理相应的公司登记变更手续,包括变更注册资本、变更股东登记事项、提交修订后的公司章程或者公司章程修正案。

四、公司的减资

注册资本减少简称减资,是指公司根据需要,依照法定条件和程序,减少公司的注册资本额。公司为避免资本闲置,向股东返还出资或者减免股东认而未缴的出资,可依法定程序减少注册资本。

公司减资过程通常包含三个部分:作出减资决议、对债权人提供保护和实施减资行为。

1.公司董事会制定减资方案,提交股东会或者股东大会表决。减资方案的内容应当包括:减少注册资本的数额,各股东具体承担的减少注册资本的数额,各股东的减资方式、减资日期等。有限公司股东会作出减资决议,须经代表三分之二以上表决权的股东通过;股份公司股东大会作出减资决议,须经出席会议的股东所持表决权的三分之二以上通过。

2.公司应当编制资产负债表及财产清单。

3.通知债权人和对外公告。减资可能减少公司的责任财产,也可能减免股东出资义务,因此有必要保护债权人的利益。《公司法》规定,公司应当自作出减少注册资本决议之日起10日内通知债权人,并于30日内在报纸上公告。《公司法》对"债权人"未作限定,应解释为公司的全部债权人,包括合同债权人和侵权债权人。除因债权人之故而无法通知的,公司均应予以通知。通知书应于减资决议作出之日起10日内发出。债权人自接到通知书之日起 30 日内,未接到通知书的自公告之日起 45 日内,有权要求公司清偿债务或者提供相应的担保。

4.实施减资,主要是向股东支付减资财产、调整公司会计账目等。

5.变更工商登记和税务登记。公司减少注册资本的,应当自公告之日起 45 日后申请变更登记,并应当提交公司在报纸上登载减少注册资本公告的有关证明和公司债务清偿或者债务担保情况的说明。

第六节 公司的解散和清算

一、公司解散

(一)公司解散的概念与特征

公司解散,是指公司发生章程规定或者法定的除破产以外的解散事由而停止业务活动,并进入清算程序的过程。其特征为:

1.公司解散事由发生后,公司并未终止,仍然具有法人资格,可以自己的名义开展与清算相关的活动,直到清算完毕并注销后才消灭其主体资格;

2.除公司因合并或者分立而解散,不必进行清算外,公司解散必须经过法定清算程序;

3.公司解散的目的是终止其法人资格。

(二)公司解散的原因

根据《公司法》的规定,公司解散的原因有以下五种情形:

1.公司章程规定的营业期限届满或者公司章程规定的其他解散事由出现;

2.股东会或者股东大会决议解散;

3.因公司合并或者分立需要解散;

4.依法被吊销营业执照、责令关闭或者被撤销;

5.人民法院依法予以解散。

公司有上述第 1 项情形的,可以通过修改公司章程而存续。公司依照规定修改公司章程的,有限责任公司须经持有三分之二以上表决权的股东通过,股份有限公司须经出席股东大会会议的股东所持表决权的三分之二以上通过。上述前 3 项原因都属于公司自愿解散,必须经过公司股东大会决议。后两项则是公司外部原因,也可称之为强制解散。

※**法条链接**

根据《最高人民法院关于适用《〈中华人民共和国公司法〉若干问题的规定(二)》(以下简称《公司法解释二》)规定 有下列事由之一,公司继续存续会使股东利益受到重大损失,通过其他途径不能解决,提起解散公司诉讼,人民法院应予受理;

（一）公司持续二年以上无法召开股东会或者股东大会，公司经营管理发生严重困难的；

（二）股东表决时无法达到法定或者公司章程规定的比例，持续二年以上不能作出有效的股东会或者股东大会决议，公司经营管理发生严重困难的；

（三）公司董事长期冲突，且无法通过股东会或者股东大会解决，公司经营管理发生严重困难的；

（四）经营管理发生其他严重困难，公司继续存续会使股东利益受到重大损失的情形。

二、公司清算

（一）清算的概述

公司清算，是指公司解散或者被依法宣告破产后，依照一定的程序结束公司事务，收回债权，偿还债务，清理资产，并分配剩余财产，终止消灭公司的过程。公司被依法宣告破产的，依照有关企业破产的法律实施破产清算。

公司解散后进入清算程序是为了公平地分配公司财产，保护股东和债权人的利益，同时也是为了保护职工利益。因此，《公司法》第一百八十三条规定，当公司出现解散事由时（因公司合并或者分立需要解散的除外），公司应当在解散事由出现之日起15日内成立清算组，开始清算。如果公司不自行清算，则债权人和股东可以申请人民法院指定清算组进行清算。有下列情形之一，债权人、公司股东、董事或者其他利害关系人申请人民法院指定清算组进行清算的，人民法院应予受理：

1.公司解散逾期不成立清算组进行清算的；

2.虽然成立清算组但故意拖延清算的；

3.违法清算可能严重损害债权人或者股东利益的。

（二）清算义务人和清算组

清算义务人，是指有义务组织公司清算的人，包括有限公司的股东、股份公司的董事和控股股东。根据《公司法》的规定，公司应当在解散事由出现之日起15日内成立清算组，开始清算。有限责任公司的清算组由股东组成，股份有限公司的清算组由董事或者股东大会确定的人员组成。逾期不成立清算组进行清算的，债权人可以申请人民法院指定有关人员组成清算组进行清算。人民法院应当受理该申请，并及时组织清算组进行清算。根据《公司法解释二》的规定，人民法院受理公司清算案件，应当及时指定有关人员组成清算组。清算组成员可以从下列人员或者机构中产生：

1.公司股东、董事、监事、高级管理人员；

2.依法设立的律师事务所、会计师事务所、破产清算事务所等社会中介机构；

3.依法设立的律师事务所、会计师事务所、破产清算事务所等社会中介机构中具备相关专业知识并取得执业资格的人员。

人民法院指定的清算组成员有下列情形之一的，人民法院可以根据债权人、股东的

申请,或者依职权更换清算组成员;
1.有违反法律或者行政法规的行为;
2.丧失执业能力或者民事行为能力;
3.有严重损害公司或者债权人利益的行为。

(三)清算组的职权

根据《公司法》的规定,清算组在清算期间行使下列职权:
1.清理公司财产,分别编制资产负债表和财产清单;
2.通知、公告债权人;
3.处理与清算有关的公司未了结的业务;
4.清缴所欠税款以及清算过程中产生的税款;
5.清理债权、债务;
6.处理公司清偿债务后的剩余财产;
7.代表公司参与民事诉讼活动。

清算组在公司清算期间代表公司进行一系列民事活动,全权处理公司经济事务和民事诉讼活动。根据《公司法》的规定,清算组成员应当忠于职守,依法履行清算义务。清算组成员不得利用职权收受贿赂或者其他非法收入,不得侵占公司财产。清算组成员因故意或者重大过失给公司或者债权人造成损失的,应当承担赔偿责任。

(四)清算程序

1.通知债权人。清算组应当自成立之日起10日内将公司解散清算事宜通知全体已知债权人,将清算组成员、清算组负责人通过国家企业信用信息公示系统公告,并于60日内在报纸上公告。清算组可以通过国家企业信用信息公示系统发布债权人公告。

2.债权申报和登记。债权人应当自接到通知书之日起30日内,未接到通知书的自公告之日起45日内,向清算组申报其债权。债权人申报债权,应当说明债权的有关事项,并提供证明材料。清算组应当对债权进行核定登记。在申报债权期间,清算组不得对债权人进行清偿。

3.清理公司财产,制订清算方案。清算组应当对公司财产进行清理,编制资产负债表和财产清单,制订清算方案。

4.清偿债务。公司财产在分别支付清算费用、职工的工资、社会保险费用和法定补偿金,缴纳所欠税款,清偿公司债务后的剩余财产、有限责任公司按照股东的出资比例分配,股份有限公司按照股东持有的股份比例分配。清算期间,公司存续,但不得开展与清算无关的经营活动。

5.公告公司终止。公司清算结束后,清算组应当制作清算报告,报股东会、股东大会或者人民法院确认,并报送公司登记机关,申请注销公司登记,公告公司终止。人民法院组织清算的,清算组应当自成立之日起6个月内清算完毕。因特殊情况无法在6个月内完成清算的,清算组应当向人民法院申请延长。

6.清算组应当自清算结束之日起30日内向登记机关申请注销登记。公司申请注销登记前,应当依法办理分支机构注销登记。

(五)清算组的责任

清算组的成员应当忠于职守,依法履行清算义务。清算组成员不得利用职权收受贿赂或者其他非法收入,不得侵占公司财产。清算组成员因故意或者重大过失给公司或者债权人造成损失的,应当承担赔偿责任。

相关案例

> 法院2020年生效判决认定,B公司对A公司享有债权,2021年,经过执行程序,B公司未获得足额清偿。2020年,A公司召开股东会决议,决定公司停止经营活动、进行清算,公司清算组由甲、乙、丙三位股东组成。2021年4月,A公司对截至2020年12月31日公司账目的应收账款情况等发表声明;会计师事务所同月出具A公司清算报告,结论为A公司债权债务已清理完毕,并且已经在报纸上发布注销公告。同月,A公司作出股东会决议,同意公司注销,同意清算审计报告结果。2021年5月,A公司注销。2023年,B公司得知A公司注销,遂以清算责任纠纷为由提起诉讼,要求A公司股东向B公司承担连带赔偿责任。
>
> 法院审理后认为,A公司清算义务人对公司欠付B公司债务数额明知,但仅以报纸公告方式进行通知,其并未依公司法关于债权人申报债权的规定,履行在清算组成立之日起10日内通知债权人的义务,致使B公司无法申报债权而未获清偿。A公司股东主观存在过错,其不当履行清算义务,应赔偿由此给债权人造成的损失。

(六)公司在清算期间的行为限制

公司进入清算程序后,其行为受到以下限制:

1.清算期间,公司不再从事新的经营活动,仅局限于清理公司已经发生但尚未了结的事务,包括清偿债务、实现债权以及处理公司内部事务等。

2.清算期间,公司的代表机构为清算组。清算组负责处理未了事务,代表公司对外进行诉讼。在公司依法清算结束并办理注销登记前,有关公司的民事诉讼,仍应当以公司的名义进行。在清算组未成立前,由原公司法定代表人代表公司进行诉讼。成立清算组后,由清算组负责人代表公司参加诉讼。

3.清算期间、公司财产在未按照法定程序清偿前,不得分配给股东。

复习思考题

一、单项选择题

1.下列关于股份有限公司设立的表述中,不符合公司法律制度规定的是(　　)。

A.股份有限公司采取募集设立方式设立的,注册资本为在公司登记机关登记的实收股本总额

B.股份有限公司可以采取发起设立或者募集设立的方式设立

C.股份有限公司采取发起设立方式设立的,发起人应当书面认足公司章程规定其认购的股份

D.股份有限公司的发起人中须有半数以上为中国公民

2.根据公司法律制度的规定,下列人员中,可以担任公司监事的是(　　)。

A.职工代表　　　　　　　B.财务负责人

C.总经理　　　　　　　　D.董事长

3.2022年1月,孙某、张某、赵某共同出资设立一有限责任公司。孙某以房屋作价出资100万元。2022年5月,李某入股该公司。后查明,孙某出资的房屋价值仅为70万元。孙某出资不足责任承担的下列表述中,正确的是(　　)。

A.应当由孙某补缴出资差额,张某、赵某与李某承担连带责任

B.应当由孙某补缴出资差额,张某与赵某承担连带责任

C.应当由孙某补缴出资差额,无法补足的,减少相应的公司注册资本

D.应当由孙某补缴出资差额,张某与赵某承担补充责任

4.根据公司法律制度的规定,下列各项中,不属于有限责任公司监事会职权的是(　　)。

A.检查公司财务

B.解聘公司财务负责人

C.提议召开临时股东会会议

D.建议罢免违反公司章程的经理

5.赵某、钱某、孙某、李某为甲有限责任公司(下称"甲公司")的股东,分别持股40%、30%、20%和10%。公司章程对表决权行使及股东会议事规则无特别规定。为扩大公司规模,甲公司董事会制订了吸收合并乙公司的方案。为此,甲公司召开股东会会议,赵某和钱某赞成合并,孙某和李某表示反对。下列关于甲公司此次股东会决议能否通过的表述中,正确的是(　　)。

A.该决议必须经甲公司的三分之二以上股东同意才能通过,因孙某和李某不同意而不能通过

B.该决议必须经甲公司代表四分之三以上表决权的股东同意才能通过,赵某和钱某所持表决权不足四分之三,因此,该决议不能通过

C.该决议必须经甲公司代表三分之二以上表决权的股东同意才能通过,赵某和钱某所持表决权已达三分之二以上,因此,该决议通过

D.该决议必须经甲公司的全体股东一致同意才能通过,因孙某和李某不同意而不能通过

6.公司解散逾期不成立清算组进行清算,且债权人未提起清算申请的,根据公司法律制度的规定,相关人员可以申请人民法院指定清算组对公司进行清算。下列各项中,

属于该相关人员的是（　　）。

A.公司股东　　　　　　　　B.公司董事

C.公司监事　　　　　　　　D.公司经理

二、多项选择题

1.根据公司法律制度的规定，股份有限公司的以下材料中，股东可以要求查阅的有（　　）。

A.公司章程　　　　　　　　B.股东名册

C.财务会计报告　　　　　　D.会计账簿

2.根据公司法律制度的规定，下列关于股份有限公司监事会的表述中，正确的有（　　）。

A.职工代表的比例不得少于监事会成员的三分之一

B.总经理可以兼任监事

C.监事会设主席1人

D.监事会成员不得少于3人

3.根据公司法律制度的规定，下列情况中，可以导致公司决议不成立的有（　　）。

A.会议未对决议事项进行表决

B.会议的表决结果未达到公司章程规定的通过比例

C.出席会议的股东所持表决权不符合公司章程规定

D.会议召集程序违反公司章程的规定

4.甲有限责任公司注册资本为120万元，股东人数为9人，董事会成员为5人，监事会成员为5人。股东一次缴清出资，该公司章程对股东表决权行使事项未作特别规定。根据公司法律制度的规定，该公司出现的下列情形中，属于应当召开临时股东会的有（　　）。

A.出资20万元的某股东提议召开　　B.公司未弥补的亏损达到40万元

C.2名董事提议召开　　　　　　　　D.2名监事提议召开

5.根据公司法律制度的规定，下列各项中，属于清算组在清算期间可以行使的职权有（　　）。

A.清理公司财产

B.处理与清算有关的公司未了结的业务

C.清缴所欠税款以及清算过程中产生的税款

D.代表公司参与民事诉讼活动

6.下列公司、股东的行为中，可以作为公司人格混同认定依据的有（　　）。

A.股东无偿使用公司资金，不作财务记载

B.股东用公司的资金偿还股东债务，不作财务记载

C.先从原公司抽走资金，然后再成立经营目的相同或者类似的公司，逃避原公司债务的

D.母子公司之间进行利益输送

三、案例模拟

1. 张三、李四、王五、赵六四人共同出资设立了甲有限责任公司,公司注册资本550万元。其中,张三之前有管理公司的经验,以其经验作为劳务出资,经四人同意后,作价100万元;李四以货币出资160万元;王五以一块土地使用权作为出资,作为公司办公地点,经评估作价150万元;赵六以一项专利出资,经评估作价140万元。

次月,公司召开临时股东会对修改公司章程事项进行了表决,公司章程对表决权未作特别规定,李四和王五赞同,张三和赵六表示反对,最终公司章程修改案获得通过。

半年后,甲有限责任公司和乙有限责任公司合并变成丙股份有限公司,该股份有限公司董事会召开年度会议。董事会成员为20人,本人出席会议的5人,另有3人因故不能出席而委托他人参加会议,其中甲委托董事长代为出席,乙委托某监事代为出席,丙委托其下属出席。董事会会议日程包括:(1)决定公司投资方案;(2)决定公司内部管理机构的设置调整;(3)制定公司若干具体规章。以上各事项均经出席会议董事的过半数通过。

问题:请指出该公司上述活动中的违法之处,并加以说明。

2. 甲、乙、丙共同出资设立了A有限责任公司,公司注册资本为400万元。其中,甲以一台机器设备出资,作价120万元;乙以一项专利出资,作价150万元;丙以货币出资130万元。经丙提议,公司召开了股东临时会议,补选公司职工丁和财务总监戊担任公司的监事。同时,股东会对修改公司章程事项进行了表决,甲和乙赞同,丙表示反对,最终公司章程修改案获得通过。

请根据以上案情,回答下列问题:

(1) A有限责任公司股东的出资,是否符合规定,并说明原因。

(2) 丙是否可以提议召开股东会临时会议?为什么?

(3) 股东会补选公司职工丁和财务总监戊担任公司的监事,是否符合规定,并说明原因。

(4) 股东会关于修改公司章程的决议,是否合法?为什么?

第九章　市场秩序法律制度

学习目标

【知识目标】

1. 理解消费者的概念。
2. 掌握消费者的基本权益,了解经营者的义务所包含的内容。
3. 了解哪些行为属于垄断行为。
4. 掌握不正当竞争行为的类型,以及如何对其监督和制裁。

【能力目标】

1. 能够识别市场中的不正当竞争行为。
2. 能处理现实中的产品质量损害赔偿。
3. 能分辨现实中侵犯消费者权益、不履行经营者义务的行为,并能依法维护自身权益。

【思政目标】

1. 培养学生竞争意识,鼓励依法竞争。
2. 培养学生规则意识,增强底线思维。

本章知识体系构建

第九章
- 消费者权益保护法
  - 消费及消费者权益
  - 消费者的权利
  - 经营者的义务
  - 消费争议与法律责任
- 产品质量法
  - 产品质量法概述
  - 产品质量的监督管理
  - 产品质量责任和义务
  - 产品质量损害赔偿
  - 产品质量法律责任
- 反不正当竞争法
  - 反不正当竞争法概述
  - 反不正当竞争行为
  - 对不正当竞争行为的监督检查
  - 不正当竞争行为的法律责任
- 反垄断法
  - 反垄断法概述
  - 垄断协议
  - 滥用市场支配地位及其法律规制
  - 经营者集中
  - 行政性垄断

※引导案例

2020年10月25日,网红辛某的团队在直播时向粉丝推荐了一款燕窝产品,随后被职业打假人王某发布多篇博文揭露:(1)辛某推荐的燕窝是风味饮料不是燕窝;(2)辛某推荐的燕窝属于不符合食品安全标准的食品,消费者可要求退一赔十;(3)若进价4.2元,忽悠消费者说赔钱卖、贴钱卖属于欺诈,并发布了中广测出具的检测报告,直指辛某所售的即食燕窝产品"就是糖水",且"该糖水不含蛋白质和氨基酸,检测结果唾液酸含量高达万分之一点四",而市场上每100g含量的唾液酸售价是500元,0.014g价值也只有7分钱左右,加上包装材料、内容物、加工费、工业成本不超过1块钱。

2022年5月9日,河南省消费者协会就"燕窝事件"诉某手、辛某等侵害消费者权益案件在郑州市中院开庭,诉请包括退赔、永封辛某账号等。

问题:

1.本案中辛某的团队侵犯了消费者的哪些权利?

2.购买者可以向辛某提起哪些主张,法律依据是什么?

3.河南省消费者协会为什么可以作为案件当事人提起诉讼?

第一节 消费者权益保护法

一、消费及消费者权益

(一)消费者的内涵

消费作为社会再生产的一个重要环节,是生产、交换、分配的目的与归宿,它包括生产消费和生活消费两大方面。其中生活消费是指为了满足个人物质和文化生活需要而进行的各种物质和精神产品及劳动行为的消费行为,涵盖个人衣食住行各方面。

《消费者权益保护法》第二条规定,消费者为生活消费需要购买、使用商品或者接受服务,其权益受本法保护。根据法律规定,消费者具有以下特征:

1.消费的主体是个体社会成员,即自然人,不包括法人和其他社会组织

2.消费的客体包括商品和服务,并且这一客体必须是消费者从经营者处取得的,而不能是消费者通过自产、自制方式获取的。

3.消费者的消费方式包括购买、使用商品和接受服务。消费者获得商品和服务可以是通过有偿的方式,也可以通过无偿的方式,如经营者进行有奖销售的奖品赠送、买一送一中的赠品、免费试用品等。实际使用或者消耗上述免费商品和服务的人,也是消费者。

4.消费者的消费性质必须是生活消费,包括对商品的消费和服务的消费,原则上不包括生产消费,例外是农民购买、使用直接用于农业生产的生产资料。

※**法条链接**

《消费者权益保护法》第六十二条 农民购买、使用直接用于农业生产的生产资料,参照本法执行。

(二)消费者权益保护法的概念

消费者权益保护法是调整消费者在购买、使用商品或者接受服务过程中发生的经济关系的法律规范的总称。它是经济法的重要部门法,在经济法的市场规制法中占有尤其重要的地位。消费者权益保护法有广义和狭义之分。广义的消费者权益保护法是指调整生活消费关系的所有的法律法规,包括《消费者权益保护法》《反不正当竞争法》《产品质量法》《中华人民共和国食品安全法》(以下简称《食品安全法》)等,以及其他法律法规中有关消费者权益保护的规范。狭义的消费者权益保护法仅指《消费者权益保护法》,该法于1993年10月31日通过,1994年1月1日起施行。后经2009年8月27日第十一届全国人民代表大会常务委员会第十次会议、2013年10月25日第十二届全国人民代表大会常务委员会第五次会议两次修正,并于2014年3月15日生效。

消费者权益保护法的颁布实施,是我国第一次以立法的形式全面确认消费者的权利和经营者的义务。它对于保护消费者的合法权益,加强对商品和服务的社会监督,促

进社会主义市场经济的发展,维护社会安定团结,促进社会主义市场经济健康发展具有十分重要的意义。

(三)消费者权益保护法的基本原则

《消费者权益保护法》确立了下列四项原则:

1.经营者应当依法提供商品和服务的原则。这一原则要求经营者向消费者提供商品和服务时应当遵守《消费者权益保护法》《产品质量法》《广告法》等保护消费者利益的法律法规,向消费者提供的商品和服务应当符合相关法律法规所规定的标准,保证其提供的商品和服务符合保障人身、财产安全的要求。

2.自愿、平等、公平、诚实信用的原则。经营者与消费者进行交易活动时应当彼此尊重、平等相待,双方意思表达应当真实且符合等价交换和商业惯例。应当诚实、重承诺、守信用,以善意方式履行义务。

3.国家保护原则。《消费者权益保护法》第五条规定,国家保护消费者的合法权益不受侵害。国家采取措施,保障消费者依法行使权利,维护消费者的合法权益。这一原则是由国家的职能和性质,以及消费者的弱者地位决定的,体现了国家对生活消费关系的适度干预,是消费者权益保护法最为重要的原则。

4.社会监督原则。《消费者权益保护法》第六条规定,保护消费者的合法权益是全社会的共同责任。国家鼓励、支持一切组织和个人对损害消费者合法权益的行为进行社会监督。大众传播媒介应当做好维护消费者合法权益的宣传,对损害消费者合法权益的行为进行舆论监督。这一原则的实质是在国家保护的基础上将对消费者权益的保护扩大到全社会范围,动用一切社会力量,对经营者及其他可能或者实际侵害消费者的行为进行预防、控制、规范和监督。

二、消费者的权利

《消费者权益保护法》第二章规定的消费者的权利,从第七条至第十五条总共有九项。在消费者权益保护制度中,消费者的权利作为消费者权益在法律上的体现,是各国消费者权益保护法的核心。

(一)安全保障权

安全保障权,是消费者较基本、重要的权利,是指消费者在购买、使用商品和接受服务时享有人身、财产安全不受损害的权利,简称安全权。该权利是宪法赋予公民的人身权、财产权在消费领域的体现。为了使这一权利真正得到体现,消费者有权要求经营者提供的商品和服务符合保障人身、财产安全的要求。消费者的安全权包括以下内容:人身安全权包括消费者的生命安全权和健康安全权,财产安全权即消费者的财产享有无故不受损失的权利。

为了使这一权利真正得到体现,消费者有权要求经营者提供的商品必须具有合理的安全性,即不得提供有可能对消费者人身及财产造成损害的不安全、不卫生的产品;

经营者向消费者提供的服务必须有可靠的安全保障;经营者提供的消费场所应具有必要的安全保障,使消费者能在安全的环境中选购商品或者接受服务。

相关案例

> 2021年10月,吴某到某商业有限公司经营的商场购物,于当日15时许购物完毕后行走至商场一楼,被商场员工徐某(负责收集分散在各处的购物手推车然后推行至商场三楼处)推行的购物车撞后摔倒。后吴某被送到医院治疗。经鉴定,吴某构成九级伤残。吴某起诉要求某商业有限公司承担损害赔偿责任。
>
> 法院审理后认为,《消费者权益保护法》规定,宾馆、商场、餐馆、银行、机场、车站、港口、影剧院等经营场所的经营者,应当对消费者尽到安全保障义务。本案中,吴某到商场购买商品,商场应当对其尽到安全保障义务。但吴某在购买商品完毕后,在商场的经营区域内因商场员工履行职务行为而遭受损害,商场的经营者理应承担民事赔偿责任。故判决某商业有限公司赔偿吴某各项损失共计376293.97元。

(二)知情权

知情权,又称知悉真情权、获取信息权,消费者享有知悉其购买、使用的商品或者接受的服务的真实情况的权利。消费者有权根据商品或者服务的不同情况,要求经营者提供商品的价格、产地、生产者、用途、性能、规格、等级、主要成分、生产日期、有效期限、检验合格证明、使用方法说明书、售后服务,或者服务的内容、规格、费用等有关情况。

该项权利表明:消费者在购买、使用商品或者接受服务时,有权询问、了解商品或者服务的有关真实情况;提供商品或者服务的经营者有义务真实地向消费者说明有关情况。

相关案例

> 2021年1月初,常德市某区市场监管局相继接到10余位消费者对同一楼盘的投诉,反映自己购买的期房卫生间没有窗户,存在与广告宣传、购房合同不符的情况,多次与开发商协商未果,请求维权。
>
> 某区市场监管局经调查了解到,发现该楼盘原始设计图纸上涉诉商品房卫生间并未设计窗户,但在消费者提供的由楼盘开发商印制的户型图、宣传册等广告上与其他有窗户的户型一致,未明确标明房屋卫生间没有窗户。执法人员认为,楼盘开发商涉嫌虚假宣传,侵害消费者知情权。

(三)自主选择权

《消费者权益保护法》第九条规定,消费者享有知悉其购买、使用的商品或者接受的服务的真实情况的权利。自主选择权是消费者获得称心如意的商品和服务的基本保证,该权利包括以下几个方面:

1.消费者有自主选择提供商品或者服务的经营者的权利,任何经营者不得强迫消费者接受其提供的商品或者服务;

2.消费者有根据自己的意愿选择商品品种或者服务方式的权利,任何经营者不得干涉,不得强迫消费者接受其不需要的商品或者服务;

3.消费者有权自主决定购买或者不购买任何一种商品、接受或者不接受任何一项服务;

4.消费者在自主选择商品或者服务时,有权进行比较、鉴别和挑选。

相关案例

2018年5月苏州大学的小刘同学在中国某网下载文献时,因需付费7元而在"充值中心"里充了50元。令小刘不解的是,根据中国某网规定,这50元没用完不给退,交出去的钱成了泼出去的水。于是,小刘将中国某网的运营商同方某网(北京)技术有限公司告上了法院,要求撤销最低充值金额限制,退还账户全部余额。

法院审理后查明,中国某网充值中心上列明多种充值方式,其中某付宝的充值最低限额为50元,而账户余额不支持转出功能。法院认为,该网站对于最低充值额的设定占用了消费者的多余资金,且收取退款手续费也增加了消费者的负担。故该规定侵犯了消费者的自主选择权,限制了消费者的权利,是对消费者不公平、不合理的规定,应认定无效。

(四)公平交易权

公平交易权是消费者在与经营者进行的消费交易中所享有的获得公平的交易条件的权利。市场交易的基本规则是自由、公平、诚实信用、遵守法律规范、不得违反公认的商业道德。因此,消费者和经营者都享有公平交易的权利。但由于在市场交易中,消费者往往处于弱势,更需要突出强调享有公平交易的权利以便从法律上给予保护。根据《消费者权益保护法》的规定,这项权利主要体现在以下两个方面:

1.消费者有权获得质量保障、价格合理、计量正确等公平交易条件;

2.消费者有权拒绝经营者的强制交易行为。

※**知识链接**

在日常生活中,常见的侵犯消费者公平交易权的行为有:(1)虚假宣传行为,比如网购刷单行为、虚假评价等;(2)餐饮企业另行收取消毒餐具的费用;(3)霸王条款的存在;(4)购买商品时,食品过期、商品质量不合格、购买的商品重量没有达到所约定的重量等;(5)经营者的强制交易行为,即强买强卖行为。

(五)依法求偿权

求偿权是消费者对其在购买、使用商品或者接受服务过程中受到人身或者财产损害时,所享有的赔偿请求权。享有求偿权的主体是因购买、使用商品或者接受服务而受到人身、财产损害的消费者,包括以下几种类型:

1.商品的购买者。

2.商品的使用者。
3.服务的接受者。
4.第三人。第三人是指除商品的购买者、使用者或者服务的接受者之外的,因为偶然原因而在事故现场受到损害的其他人。

赔偿的范围包括人身损害赔偿和财产损害赔偿,所赔的范围既可以要求物质赔偿如支付违约金、赔偿金以及采取退货、换货、维修等补救措施,在缺陷产品造成人身伤残或者死亡时也可以要求精神损害赔偿。

(六)结社权

消费者的结社权是消费者为了维护自身的合法权益而依法组织社会团体的权利。赋予消费者以结社权,使消费者通过有组织的活动,维护自身合法权益是非常必要的,这也是国家鼓励全社会共同保护消费者合法权益的体现。

在消费领域,作为个人的消费者往往是孤立分散、势单力薄,与经营者相比双方无论是经济实力还是法律知识差距悬殊,因此孤立的消费者往往无法与有组织的经营者抗衡,双方这种在实践中的不平等地位,显然对消费者是不利的。为了实现真正的平等,消费者除了通过国家和社会的保障之外,成立维权组织是必要的。1984年12月中国消费者协会在北京成立,是依法成立的对商品和服务进行社会监督的保护消费者合法权益的社会组织。1997年以来,中国消费者协会每年推出一个年主题,全国联动,全方位、深层次地开展维权活动。此外,每年3月15日——国际消费者权益日,中国消费者协会与全国各地的消费者协会联合,通过街头宣传、举办展览、专题讲座、文艺晚会、知识竞赛等形式,开展维权宣传活动。

(七)获取知识权

获取知识权,也称受教育权,是消费者享有的获得有关消费和消费者权益保护方面的知识的权利。它是从知情权中引申出来的一项权利,这一权利包括两方面的内容:

1.获得有关消费方面的知识,如有关消费观的知识,有关商品和服务的基本知识,有关市场的基本知识;

2.获得有关消费者权益保护方面的知识,如消费者权益保护的法律、法规和政策,以及保护机构和争议解决途径等方面的知识。

(八)受尊重权

消费者的受尊重权,是消费者在购买、使用商品和接受服务时,享有人格尊严、民族风俗习惯得到尊重的权利,享有姓名权、肖像权、隐私权等个人信息得到保护的权利。人格尊严是消费者的人身权的重要组成部分,包括姓名权、名誉权、荣誉权、肖像权等。消费者的人格尊严受到尊重是消费者最基本的权利之一。尊重消费者的人格尊严和民族风俗,是社会文明进步的表现,也是尊重和保障人权的重要内容。

相关案例

张某到某超市购物,在超市卖场出口处被工作人员认为是偷盗并被查验口袋。

查验无果后,张某要求该超市调取监控录像并报警。张某认为某超市的行为已严重侵害其名誉权,要求某超市立即向其书面道歉并赔偿精神损害抚慰金一万元。

法院审理后认为,消费者的人格尊严、人身自由受法律保护,经营者侵害消费者的人格尊严、侵犯消费者人身自由权利的,应当停止侵害、恢复名誉、消除影响、赔礼道歉,并赔偿损失。经法院主持调解,某超市当庭向张某道歉并一次性补偿张某1500元。

(九)监督权

消费者的监督权,是指消费者对于商品和服务以及消费者保护工作进行监察和督导的权利。消费者的监督权包含了检举权、控告权、批评权和建议权等权利。根据《消费者权益保护法》的规定,监督权主要有以下三方面的内容:

1.消费者有权对经营者提供商品和服务的全过程进行监督,在其权利受到侵害时有权进行检举、控告;

2.消费者有权对国家机关及其工作人员在保护消费者权益工作中的违法失职行为进行检举、控告;

3.消费者有权对保护消费者权益工作提出批评和建议。

三、经营者的义务

经营者是向消费者提供其生产、销售的商品或者提供服务的公民、法人或者其他经济组织,它是以盈利为目的从事生产经营活动并与消费者相对应的另一方当事人。经营者的义务是经营者在为消费者提供商品或者服务时,依照法律规定或者当事人约定应当履行的义务。消费者权利的实现,恰恰要依靠经营者义务的履行,我国消费者权益保护法第三章较为全面地规定了在保护消费者权益方面经营者应负有下列义务。

(一)依法定或约定履行义务

经营者向消费者提供商品或者服务,应当依照《消费者权益保护法》《产品质量法》及其他有关法律、法规的规定履行义务。经营者和消费者有约定的,应当按照约定履行义务,但双方的约定不得违背法律、法规的规定。经营者向消费者提供商品或者服务,应当恪守社会公德,诚信经营,保障消费者的合法权益;不得设定不公平、不合理的交易条件,不得强制交易。

(二)听取意见和接受监督的义务

提供真实信息的义务是与消费者享有的批评、监督权相对应的经营者的义务,经营者应当听取消费者对其提供的商品或者服务的意见,接受消费者的监督。

(三)安全保障义务

经营者应当保证其提供的商品或者服务符合保障人身、财产安全的要求。安全保障义务包括以下几个方面：

1.经营者提供的商品或者服务必须符合安全标准,应说明和标明正确使用商品的方法以及防止危害发生的方法。

2.对可能危及人身、财产安全的商品和服务,应当向消费者作出真实的说明和明确的警示,并说明或者标明正确使用商品或者接受服务的方法以及防止危害发生的方法。

3.经营者发现其提供的商品或者服务存在缺陷,可能对人身、财产安全造成危害的,应当立即向有关行政部门报告并告知消费者,及时采取停止生产、停止销售、警示、召回等消除危险的措施。采取召回措施的,经营者应当承担消费者因商品被召回支出的必要费用。

宾馆、商场、车站等经营场所的经营者,未尽到安全保障义务,造成消费者或者其他受害人损害的,应当承担侵权责任。

相关案例

2023年10月27日18时27分,广东省深圳市某公司运营的游乐场中的一列过山车(载有22名游客),在上坡后发生故障沿轨道倒滑,与另一列已到站正在下客的过山车(载有24人,事发时15人已下车,车上剩余9人)发生碰撞,造成部分游客受伤。附近三家医院共接诊28人,有17人留院诊治,其中4人在ICU观察救治。

此事引起社会对游乐设施安全问题的广泛关注。随着人们生活水平的不断提高,群众对游乐设施的需求日益提高,促进了大型游乐设施的快速发展,特别是结构复杂、惊险高速、运动多变的新型游乐设施不断出现,对大型游乐设施安全防护和安全管理提出了更高的要求；在主题乐园成为欢乐海洋之时,必须通过建立和执行严格的设备检查维护制度、对操作人员进行培训等措施,依法系好大型游乐设施"安全带",保障游客生命安全。

(四)提供真实信息的义务

提供真实信息的义务是与消费者的知情权相对应的经营者的义务,该义务包括以下三个方面：

1.经营者向消费者提供有关商品或者服务的质量、性能、用途、有效期限等信息,应当真实、全面,不得作虚假或者引人误解的宣传；

2.经营者对消费者就其提供的商品或者服务的质量和使用方法等问题提出的询问,应当作出真实、明确的答复；

3.经营者提供商品或者服务应当明码标价。

※**法条链接**

《消费者权益保护法》第二十八条　采用网络、电视、电话、邮购等方式提供商品或者服务的经营者,以及提供证券、保险、银行等金融服务的经营者,应当向消费者提供经营地址、联系方式、商品或者服务的数量和质量、价款或者费用、履行期限和方式、安全注意事项和风险警示、售后服务、民事责任等信息。

(五)标明真实名称和标记的义务

经营者应当标明其真实名称和标记。租赁他人柜台或者场地的经营者,应当标明其真实名称和标记。经营者的名称和标记主要功能是区别商品和服务的来源。法律规定经营者标明真实名称和标记的义务,既是为了保障消费者的知情权与自主选择权,也是为了制止不正当竞争行为。

(六)出具相应的凭证和单据的义务

购物凭证或者服务单据是证明经营者和消费者之间法律关系存在及法律关系内容的书面证据,是消费者维护自己合法权益的重要依据,因此经营者提供商品或者服务,应当按照国家有关规定或者商业惯例向消费者出具购货凭证或者服务单据。消费者索要购货凭证或者服务单据的,经营者必须出具。

(七)质量担保、瑕疵举证的义务

经营者应当保证在正常使用商品或者接受服务的情况下,其提供的商品或者服务应当具有的质量、性能、用途和有效期限,但消费者在购买该商品或者接受该服务前已经知道其存在瑕疵的除外。

经营者以广告、产品说明、实物样品或者其他方式表明商品或者服务的质量状况的,应当保证其提供的商品或者服务的实际质量与表明的质量状况相符。

经营者提供的机动车、微型计算机、电视机、冰箱等耐用商品或者装饰装修等服务,自消费者接受商品或者服务之日起六个月内出现瑕疵,发生纠纷的,由经营者承担相关举证责任。

相关案例

> 2020年10月,林某的与某装修公司签订装修合同,由装修公司安装断桥铝推拉窗、阳台外安装三脚架及搭建三脚架上的板材。林某入住后,发现安装的推拉窗经阳光照射数月之后仍散发较大异味,遂与其协商更换,装修公司拒绝。多次协商未果后,林某自行将有异味的推拉窗拆除,并诉至法院,要求退还安装费用并赔偿损失。
>
> 法院审理后认为,因销售者的过错使产品存在缺陷,造成他人损害的,销售者应承担侵权责任。涉案推拉窗系装修公司购买材料后组合安装的,其应举证证明所使用的产品为合格产品。但经法庭释明,装修公司在指定期限内未提交任何证据证明其安装推拉窗所使用的窗框、玻璃及胶等为合格产品,应承担举证不能的不利后果,故判处其退还林某安装费用并赔偿损失。

(八)履行"三包"或其他相应责任的义务

经营者提供的商品或者服务不符合质量要求的,消费者可以依照国家规定、当事人约定退货,或者要求经营者履行更换、修理等义务。没有国家规定和当事人约定的,消费者可以自收到商品之日起七日内退货;七日后符合法定解除合同条件的,消费者可以及时退货,不符合法定解除合同条件的,可以要求经营者履行更换、修理等义务。

依照前款规定进行退货、更换、修理的,经营者应当承担运输等必要费用。

※**法条链接**

《消费者权益保护法》第二十五条　经营者采用网络、电视、电话、邮购等方式销售商品,消费者有权自收到商品之日起七日内退货,且无需说明理由,但下列商品除外：

（一）消费者定作的；

（二）鲜活易腐的；

（三）在线下载或者消费者拆封的音像制品、计算机软件等数字化商品；

（四）交付的报纸、期刊。

除前款所列商品外,其他根据商品性质并经消费者在购买时确认不宜退货的商品,不适用无理由退货。

消费者退货的商品应当完好。经营者应当自收到退回商品之日起七日内返还消费者支付的商品价款。退回商品的运费由消费者承担;经营者和消费者另有约定的,按照约定。

(九)经营者不当免责禁止的义务

经营者使用格式条款,应当以明显方式提请消费者注意商品或者服务的数量和质量、价款或者费用、履行期限和方式、风险警示、售后服务、民事责任等与消费者有重大利害关系的内容,并按照消费者的要求予以说明。

经营者不得以格式条款、通知、声明、店堂告示等方式作出排除或者限制消费者权利、减轻或者免除经营者责任、加重消费者责任等对消费者不公平、不合理的规定。

格式条款、通知、声明、店堂告示等含有前款所列内容的,其内容无效。

(十)不得侵犯消费者的人格尊严权的义务

经营者必须对消费者的人格尊严和人身自由予以尊重,并且不得以任何借口、用任何形式对消费者的人身自由加以侵犯。经营者不得对消费者进行侮辱、诽谤,不得搜查消费者的身体及其携带的物品,且不能利用一般合同条款予以免责。

(十一)经营者收集、使用消费者个人信息应履行的义务

经营者收集、使用消费者个人信息,应当遵循合法、正当、必要的原则,明示收集、使用信息的目的、方式和范围,并经被收集者同意。经营者收集、使用消费者个人信息,应当公开其收集、使用规则,不得违反法律、法规的规定和双方的约定收集、使用信息。

经营者及其工作人员对收集的消费者个人信息必须严格保密,不得泄露、篡改、毁损,不得出售或者非法向他人提供。经营者应当采取技术措施和其他必要措施,确保信息安全,防止消费者个人信息泄露、毁损、丢失。在发生或者可能发生信息泄露、毁损、丢失的情况时,应当立即采取补救措施。

经营者未经消费者同意或请求,或者消费者明确表示拒绝的,不得向其发送商业性电子信息。

相关案例

> 原告陈某与被告某房地产开发公司网签了《商品房买卖合同(预售)》,并提供了自己的电话等信息。交房后,陈某陆续接到各种装饰、装修商家的推销电话,上述装饰、装修商家对陈某的个人信息非常清楚。
>
> 陈某不堪电话骚扰遂起诉开发商,法院依法判处被告赔偿原告陈某经济损失2000元,并在媒体上刊登公告向陈某公开赔礼道歉。同时,法院向相关行业管理部门送达了司法建议函,建议其结合日常服务管理职能,督促房地产开发企业强化主体责任意识,加强内部管理,切实保护客户的个人信息安全,杜绝购房人个人信息被过度采集、无序滥用等现象。

四、消费争议与法律责任

(一)消费争议的解决途径

消费争议,是指消费者权益受到侵害,而与经营者之间发生的纠纷。从法律属性上看,消费争议属于民事权益纠纷的范畴。根据我国现行法律,消费争议可通过以下途径解决:

1.与经营者协商和解。当消费者和经营者因商品或服务发生争议时,应首选协商和解方式,特别是因误解产生的争议,通过和解,便可化解矛盾、平息争议。需要注意的是,协商和解必须在自愿、平等的基础上进行。

2.请求消费者协会调解或者其他调解组织调解。消费者协会是依法成立的对商品和服务进行社会监督的保护消费者合法权益的社会团体。

※**法条链接**

《消费者权益保护法》第三十七条 消费者协会履行下列公益性职责:

(一)向消费者提供消费信息和咨询服务,提高消费者维护自身合法权益的能力,引导文明、健康、节约资源和保护环境的消费方式;

(二)参与制定有关消费者权益的法律、法规、规章和强制性标准;

(三)参与有关行政部门对商品和服务的监督、检查;

(四)就有关消费者合法权益的问题,向有关部门反映、查询,提出建议;

(五)受理消费者的投诉,并对投诉事项进行调查、调解;

(六)投诉事项涉及商品和服务质量问题的,可以委托具备资格的鉴定人鉴定,鉴定人应当告知鉴定意见;

(七)就损害消费者合法权益的行为,支持受损害的消费者提起诉讼或者依照本法提起诉讼;

(八)对损害消费者合法权益的行为,通过大众传播媒介予以揭露、批评。

各级人民政府对消费者协会履行职责应当予以必要的经费等支持。

消费者协会应当认真履行保护消费者合法权益的职责,听取消费者的意见和建议,接受社会监督。

依法成立的其他消费者组织依照法律、法规及其章程的规定,开展保护消费者合法权益的活动。

3.向有关行政部门申诉。消费者向有关行政部门申诉的,该部门应当自收到申诉书之日起七日内,予以处理并告知消费者。政府有关行政部门依法具有规范经营者的经营行为,维护消费者合法权益和市场经济秩序的职能。消费者权益争议涉及的领域很广,当权益受到侵害时,消费者可根据具体情况,向不同的行政职能部门,如物价部门、工商行政管理部门、技术质量监督部门等提出申诉,求得行政救济。

4.根据与经营者达成的仲裁协议提请仲裁机构仲裁。消费者权益争议也可通过仲裁途径予以解决。但是,根据仲裁规则,采用仲裁方式解决必须具备的前提条件是双方订有书面仲裁协议或书面仲裁条款。仲裁方式在现代商事活动中被广泛使用,但在一般的消费活动中,大多数情况下没有必要也没有条件签订仲裁协议。因此,在消费领域,很少有以仲裁方式解决争议的。

5.向人民法院提起诉讼。依据消费者权益保护法及相关法律的规定,消费者权益受到损害时,可直接向人民法院起诉,也可因不服行政处罚决定而向人民法院起诉。司法审判具有权威性、强制性、终局性,是解决各种争议的最有力手段。消费者为求公正解决争议,可依法行使诉权,向人民法院提起诉讼。

※**法条链接**

《消费者权益保护法》第四十七条 对侵害众多消费者合法权益的行为,中国消费者协会以及在省、自治区、直辖市设立的消费者协会,可以向人民法院提起诉讼。

(二)承担责任的主体

1.生产者、销售者、服务者

消费者在购买、使用商品时,其合法权益受到损害的,可以向销售者要求赔偿。销售者赔偿后,属于生产者的责任或者属于向销售者提供商品的其他销售者的责任的,销售者有权向生产者或者其他销售者追偿。

消费者或者其他受害人因商品缺陷造成人身、财产损害的,可以向销售者要求赔偿,也可以向生产者要求赔偿。属于生产者责任的,销售者赔偿后,有权向生产者追偿。属于销售者责任的,生产者赔偿后,有权向销售者追偿。

消费者在接受服务时,其合法权益受到损害时,可以向服务者要求赔偿。

2.展销会的举办者、柜台出租者

消费者在展销会、租赁柜台或者通过网络交易平台等购买商品或接受服务,其合法权益受到损害的,可以向销售者或服务者要求赔偿。展销会结束、柜台租赁期满或网络交易平台上的销售者、服务者不再利用该平台的,也可以向展销会的举办者、柜台的出租者或网络交易平台提供者要求赔偿。展销会的举办者、柜台的出租者或网络交易平台提供者赔偿后,有权向销售者或服务者追偿。

3.变更后的企业

企业的变更是市场经济活动中常见的现象。为防止经营者利用企业变更之机逃避对消费者应承担的损害赔偿责任,《消费者权益保护法》规定,消费者在购买、使用商品或者接受服务时,其合法权益受到损害,因原企业分立、合并的可以向变更后承受其权利义务的企业要求赔偿。

4.营业执照持有人或租借人

《消费者权益保护法》规定,使用他人营业执照的违法经营者提供商品或者服务,损害消费者合法权益的,消费者可向其要求赔偿,也可以向营业执照的持有人要求赔偿。

5.虚假广告的广告主与广告经营者

《消费者权益保护法》规定,消费者因经营者利用虚假广告或者其他虚假宣传方式提供商品或者服务,其合法权益受到损害的,可以向经营者要求赔偿。广告经营者、发布者发布虚假广告的,消费者可以请求行政主管部门予以惩处。广告经营者、发布者不能提供经营者的真实名称、地址和有效联系方式的,应当承担赔偿责任。

广告经营者、发布者设计、制作、发布关系消费者生命健康商品或者服务的虚假广告,造成消费者损害的,应当与提供该商品或者服务的经营者承担连带责任。

社会团体或者其他组织、个人在关系消费者生命健康商品或者服务的虚假广告或者其他虚假宣传中向消费者推荐商品或者服务,造成消费者损害的,应当与提供该商品或者服务的经营者承担连带责任。

6.网络交易平台提供者

消费者通过网络交易平台购买商品或者接受服务,其合法权益受到损害的,可以向销售者或者服务者要求赔偿。网络交易平台提供者不能提供销售者或者服务者的真实名称、地址和有效联系方式的,消费者也可以向网络交易平台提供者要求赔偿;网络交易平台提供者作出更有利于消费者的承诺的,应当履行承诺。网络交易平台提供者赔偿后,有权向销售者或者服务者追偿。

网络交易平台提供者明知或者应知销售者或者服务者利用其平台侵害消费者合法权益,未采取必要措施的,依法与该销售者或者服务者承担连带责任。

(三)法律责任

1.民事责任

(1)质量不合格的民事责任

经营者提供商品或服务有下列情形之一的,除另有规定外,应当依照《产品质量法》和其他有关法律、法规的规定,承担民事责任:①商品存在缺陷的;②不具备商品应当具备的使用性能而出售时未作说明的;③不符合在商品或者其包装上注明采用的商品标准的;④不符合商品说明、实物样品等方式表明的质量状况的;⑤生产国家明令淘汰的商品或者销售失效、变质的商品的;⑥销售的商品数量不足的;⑦服务的内容和费用违反约定的;⑧对消费者提出的修理、重作、更换、退货、补足商品数量、退还货款和服务费用或者赔偿损失的要求,故意拖延或者无理拒绝的;⑨法律、法规规定的其他损害消费者权益的情形。

(2)人身伤害的民事责任

经营者提供商品或服务,造成消费者或其他受害人人身伤害的,应当赔偿医疗费、护理费、交通费等为治疗和康复支出的合理费用,以及因误工减少的收入。造成残疾的,还应当赔偿残疾生活辅助具费和残疾赔偿金。造成死亡的,还应当赔偿丧葬费和死亡赔偿金。

(3)侵犯消费者人格尊严、人身自由的民事责任

经营者侵害消费者的人格尊严、侵犯消费者人身自由或侵害消费者姓名权、肖像权、隐私权等个人信息得到保护的权利的,应当停止侵害、恢复名誉、消除影响、赔礼道歉,并赔偿损失。

※法条链接

《消费者权益保护法》第五十一条　经营者有侮辱诽谤、搜查身体、侵犯人身自由等侵害消费者或者其他受害人人身权益的行为,造成严重精神损害的,受害人可以要求精神损害赔偿。

(4)财产损害的民事责任

经营者提供商品或者服务,造成消费者财产损害的,应当依照法律规定或当事人约定承担修理、重作、更换、退货、补足商品数量、退还货款和服务费用或赔偿损失等民事责任。

(5)对欺诈行为的惩罚性规定

《消费者权益保护法》第五十五条第一款规定,经营者提供商品或者服务有欺诈行为的,应当按照消费者的要求增加赔偿其受到的损失,增加赔偿的金额为消费者购买商品的价款或者接受服务的费用的三倍;增加赔偿的金额不足五百元的,为五百元。法律另有规定的,依照其规定。

※法条链接

《食品安全法》第一百四十八条第二款　生产不符合食品安全标准的食品或者经营明知是不符合食品安全标准的食品,消费者除要求赔偿损失外,还可以向生产者或者经营者要求支付价款十倍或者损失三倍的赔偿金;增加赔偿的金额不足一千元的,为一千元。但是,食品的标签、说明书存在不影响食品安全且不会对消费者造成误导的瑕疵的除外。

相关案例

2023年3月,罗某以15万元价格向某汽车销售公司购得一辆二手小轿车,并办理了登记过户手续。一个月后,罗某查询保险理赔记录发现,该车曾于去年发生重大交通事故,并更换配件达90余项。罗某认为,某汽车销售公司在交易前仅告知涉案车辆只进行过"小修"而未提供完整的出险记录和维修情况,已构成欺诈。罗某遂诉至法院,请求某汽车销售公司支付车价款三倍的赔偿金。

> 江门中院生效判决认为,涉案车辆因事故更换配件较多、理赔金额较高,属于消费者在决定是否购买涉案车辆时的重要考虑因素之一,某汽车销售公司在交易时未完整、明确地告知事故及理赔情况,属于消极隐瞒事实的行为,导致罗某在未能清楚知悉涉案车辆真实情况的前提下作出违背其真实意思的决定,构成欺诈,判令某汽车销售公司向罗某赔偿45万元。

2.行政责任

《消费者权益保护法》第五十六条规定了经营者应负的行政责任,责任形式有责令改正、警告、没收违法所得、罚款、责令停业整顿、吊销营业执照。

※**法条链接**

《消费者权益保护法》第五十六条 经营者有下列情形之一,除承担相应的民事责任外,其他有关法律、法规对处罚机关和处罚方式有规定的,依照法律、法规的规定执行;法律、法规未作规定的,由工商行政管理部门或者其他有关行政部门责令改正,可以根据情节单处或者并处警告、没收违法所得、处以违法所得一倍以上十倍以下的罚款,没有违法所得的,处以五十万元以下的罚款;情节严重的,责令停业整顿、吊销营业执照:

(一)提供的商品或者服务不符合保障人身、财产安全要求的;

(二)在商品中掺杂、掺假,以假充真,以次充好,或者以不合格商品冒充合格商品的;

(三)生产国家明令淘汰的商品或者销售失效、变质的商品的;

(四)伪造商品的产地,伪造或者冒用他人的厂名、厂址,篡改生产日期,伪造或者冒用认证标志等质量标志的;

(五)销售的商品应当检验、检疫而未检验、检疫或者伪造检验、检疫结果的;

(六)对商品或者服务作虚假或者引人误解的宣传的;

(七)拒绝或者拖延有关行政部门责令对缺陷商品或者服务采取停止销售、警示、召回、无害化处理、销毁、停止生产或者服务等措施的;

(八)对消费者提出的修理、重作、更换、退货、补足商品数量、退还货款和服务费用或者赔偿损失的要求,故意拖延或者无理拒绝的;

(九)侵害消费者人格尊严、侵犯消费者人身自由或者侵害消费者个人信息依法得到保护的权利的;

(十)法律、法规规定的对损害消费者权益应当予以处罚的其他情形。

经营者有前款规定情形的,除依照法律、法规规定予以处罚外,处罚机关应当记入信用档案,向社会公布。

3.刑事责任

经营者违反《消费者权益保护法》规定提供商品或者服务,侵犯消费者合法权益,构成犯罪的,承担刑事责任。

以暴力、威胁等方法阻碍有关行政部门工作人员依法执行职务的,依法追究刑事责任。

国家机关工作人员玩忽职守或者包庇经营者侵害消费者合法权益的行为的,由其所在单位或者上级机关给予行政处分;情节严重,构成犯罪的,依法追究刑事责任。

第二节 产品质量法

一、产品质量法的概念

(一)产品的概念

我国产品质量法中所称的产品是指经过加工、制作,用于销售的商品。因此,天然的物品(原煤、原矿、石油、狩猎产品、采集产品等)和初级农产品(包括种植业、养殖业和林业产品)、自制自用等非用于销售的物品不是本法所称的产品。另外,由于建筑工程产品和军工产品在质量监督管理方面的特殊性,另有专门的法律予以调整,也被排除在本法所称的产品之外。

※知识链接

建设工程产品不属于《产品质量法》所称的产品,但是建设工程使用的建筑材料、建筑构配件和设备,属于前款规定的产品范围的,适用本法规定。

(二)产品质量法的概念

产品质量法是指调整在生产、流通和消费过程中因产品质量所发生的社会关系的法律规范的总称。《中华人民共和国标准化法》《中华人民共和国计量法》《中华人民共和国进出口商品检验法》《中华人民共和国食品卫生法》《中华人民共和国药品管理法》等法律法规,其中也有关于产品质量关系的规范,这些构成了广义上的产品质量法。狭义的产品质量法特指1993年2月22日第七届全国人民代表大会常务委员会第三十次会议通过的《产品质量法》,该法于2000年7月8日第九届全国人民代表大会常务委员会第十六次会议、2009年8月27日第十一届全国人民代表大会常务委员会第十次会议、2018年12月29日第十三届全国人民代表大会常务委员会第七次会议三次修正。

(三)产品质量法的调整对象

《产品质量法》的调整对象包括以下几个:

1.生产者、销售者与消费者之间所产生的产品质量责任关系。包括因产品缺陷导致的人身、财产损害在生产者、销售者、消费者之间所产生的损害赔偿法律关系。

2.国家质量监督管理机构与生产者、销售者而发生的产品质量监督管理关系。

3.产品质量检验、认证关系,即因中介服务所产生的中介机构与市场经营主体之间的法律关系,因产品质量检验和认证不实损害消费者利益而产生的法律关系。

二、产品质量的监督管理

产品质量是指产品符合人们需要的内在素质与外观形态的各种特性。国际标准化组织颁布的 ISO 8402-1986 标准,将质量含义定为"产品或服务满足规定或潜在需要的特征和特性的总和"。随着经济、科技的发展,以及人们需要的变化,产品质量的内容也在不断地丰富和发展。大体上说,产品质量包括适用性、安全性、耐用性、可靠性、经济性、卫生性等。

(一)产品质量监督管理体制

《产品质量法》第七条规定,各级人民政府应当把提高产品质量纳入国民经济和社会发展规划,加强对产品质量工作的统筹规划的组织领导,引导、督促生产者、销售者加强产品质量管理,提高产品质量,组织各有关部门依法采取措施,制止产品生产、销售中违反本法规定的行为,保障本法的施行。

根据我国的具体情况,产品质量法确立了统一管理与分工管理、层次管理与地域管理相结合的原则。具体内容如下:(1)国务院市场监督管理部门主管全国产品质量监督工作;(2)国务院有关部门和县级以上地方人民政府有关部门在各自的职责范围内负责产品质量监督工作;(3)县级以上地方市场监督管理部门主管本行政区域内的产品质量监督工作;(4)法律对产品质量的监督部门另有规定的,依照有关法律的规定执行。

(二)产品质量的行政监督

1.产品质量检验制度

根据产品质量是否符合法律的规定、满足用户和消费者的要求,以及符合、满意的程度,产品质量可以分为合格与不合格两大类,其中合格包括符合国家质量标准、符合行业质量标准和符合企业自定质量标准,不合格产品包括以下四类:

(1)瑕疵,是指产品不具备良好的特征和特性,或者不符合在产品或者其包装上注明采用的产品标准,或者不符合以产品说明、实物样品等方式表明的质量状况,但不存在危及人身、财产安全的不合理的危险,或者未丧失原有的使用价值。

(2)缺陷,是指产品存在危及人身、他人财产安全的不合理的危险;产品有保障人体健康和人身、财产安全的国家标准、行业标准的,是指不符合该标准。

(3)劣质,指其标明的成分的含量与法律规定的标准不符,与实际不符或已超过有效使用期限的产品。

(4)假冒,假冒是指该产品根本未含法律规定的标准的内容,以及非法生产、已经变质的而根本不能作为某产品使用的产品。

《产品质量法》第十二条规定,产品质量应当检验合格,不得以不合格产品冒充合格产品。

2.产品的强制标准制度

产品标准是对产品所作的技术规定,是判断产品合格与否的依据。我国现行的产品标准分为国家标准、行业标准、地方标准和经备案的企业标准。凡是有国家标准、行业标准的,产品必须符合该标准;没有国家标准、行业标准的,允许适用其他标准,但必须符合保障人体健康和人身、财产安全的要求。对不符合国家标准、行业标准的产品,不符合保障人体健康和人身、财产安全标准与要求的产品,禁止生产和销售。国家鼓励推行科学的质量管理方法,采用先进的科学技术,鼓励企业产品质量达到并且超过行业标准、国家标准和国际标准。

禁止生产、销售不符合保障人体健康和人身、财产安全标准和要求的工业产品。具体管理办法由国务院规定。

3.企业、产品质量认证制度

国家根据国际通用的质量管理标准,推行企业质量体系认证制度。企业根据自愿原则可以向国务院市场监督管理部门认可的或者国务院市场监督管理部门授权的部门认可的认证机构申请企业质量体系认证。经认证合格的,由认证机构颁发企业质量体系认证证书。

国家参照国际先进的产品标准和技术要求,推行产品质量认证制度。企业根据自愿原则可以向国务院市场监督管理部门认可的或者国务院市场监督管理部门授权的部门认可的认证机构申请产品质量认证。经认证合格的,由认证机构颁发产品质量认证证书,准许企业在产品或者其包装上使用产品质量认证标志。

4.抽查监督检查制度

国家对产品质量实行以抽查为主要方式的监督检查制度,对可能危及人体健康和人身、财产安全的产品,影响国计民生的重要工业产品以及消费者、有关组织反映有质量问题的产品进行抽查。抽查的样品应当在市场上或者企业成品仓库内的待销产品中随机抽取。监督抽查工作由国务院市场监督管理部门规划和组织。县级以上地方市场监督管理部门在本行政区域内也可以组织监督抽查。法律对产品质量的监督检查另有规定的,依照有关法律的规定执行。国家监督抽查的产品,地方不得另行重复抽查;上级监督抽查的产品,下级不得另行重复抽查。根据监督抽查的需要,可以对产品进行检验。检验抽取样品的数量不得超过检验的合理需要,并不得向被检查人收取检验费用。监督抽查所需检验费用按照国务院规定列支。

5.质量信息发布制度。

国务院、省、自治区、直辖市人民政府的市场监督管理部门应当定期发布其监督抽查的产品的质量状况公告。

(三)产品质量的社会监督

任何单位和个人有权对违背《产品质量法》的做法,向产品质量监督部门或者其他有关部门检举。产品质量监督部门和有关部门应当为检举人保密,并按省、自治区、直辖市人民政府的限定予以奖励。

消费者有权就产品质量问题,向产品的生产者、销售者查看,向产品质量监督部门、工商行政管理部门及有关部门申述,接受申述的部门应当负责处置。

保护消费者权益的社会组织能够就消费者反映的产品质量问题建议有关部门负责处置,并支持消费者对因产品质量导致的损害向人民法院诉讼。

相关案例

> 2021年3月10日,福建省龙岩市新罗区市场监管局在开展食品安全检查时发现,龙岩市甲食品有限公司经营场所内的两名工作人员正在用松节油擦洗泡鸭爪外包装上的生产日期,且现场有大量无生产日期的泡鸭爪。经查,当事人于2020年3月至8月、9月至11月分别委托龙岩市乙食品有限公司和福建省上杭县丙食品有限公司代加工泡鸭爪,上述两家公司为当事人代加工的泡鸭爪保质期均为9个月。因销路不畅造成商品积压,当事人为减少损失,降低成本,于2021年1月份开始陆续擦掉临近或者超过保质期的泡鸭爪外包装上标注的原生产日期,用印码机打印虚假生产日期,用于再次销售。
> 2021年10月26日,福建省龙岩市新罗区市场监管局依法对龙岩市甲食品有限公司销售标注虚假生产日期食品的违法行为作出没收标注虚假生产日期的泡鸭爪25929个、用于涂改生产日期的松节油44瓶、印码机3台,罚款41.88万元,吊销食品生产许可证的行政处罚。

三、产品质量责任和义务

(一)生产者的产品质量责任

1. 生产者应当保证产品的质量

《产品质量法》第二十六条规定,生产者应当对其生产的产品质量负责。产品质量应当符合下列要求:

(1)不存在危及人身、财产安全的不合理的危险,有保障人体健康和人身、财产安全的国家标准、行业标准的,应当符合该标准。这就要求生产者不得生产缺陷产品。产品缺陷是指产品存在危及人身、财产安全的不合理危险。如有保障人身、财产安全的国家标准和行业标准的,则指不符合该标准。因产品缺陷引起的赔偿责任称产品责任,本质上属于民事责任。

(2)具备产品应当具备的使用性能,但是,对产品存在使用性能的瑕疵作出说明的除外,即不违反默示担保义务。默示担保义务是指依据法律法规和惯例的规定而产生的生产者应当对产品质量承担的义务。该项义务一般要求,用来销售的产品应该具有普通公众期待的使用性能。

(3)不违反明示担保义务,符合在产品或者其包装上注明采用的产品标准,符合以产品说明、实物样品等方式表明的质量状况。明示担保义务是指生产者以文字或行为等方式对产品责任所承担的保证义务。如果产品达不到承诺的标准,就必须承担相应的产品质量责任。

2. 遵守产品质量标识制度

产品标识是指用于表明产品信息的各种表述和指示的统称。产品标识主要表现为产品的名称、产地,生产企业的名称、厂址,产品的主要成分、规格型号,以及生产日期、失效日期、警示标志等。产品的标识既可以标注在产品上,也可以标注在产品包装上。根据《产品质量法》第二十七条规定,产品或者其包装上的标识必须真实,并符合下列要求:(1)有产品质量检验合格证明;(2)有中文标明的产品名称、生产厂厂名和厂址;(3)根据产品的特点和使用要求,需要标明产品规格、等级、所含主要成分的名称和含量的,用中文相应予以标明;需要事先让消费者知晓的,应当在外包装上标明,或者预先向消费者提供有关资料;(4)限期使用的产品,应当在显著位置清晰地标明生产日期和安全使用期或者失效日期;(5)使用不当,容易造成产品本身损坏或者可能危及人身、财产安全的产品,应当有警示标志或者中文警示说明,如香烟的包装上应明确注明"吸烟有害健康"。

裸装的食品和其他根据产品的特点难以附加标识的裸装产品,可以不附加产品标识。

3.特殊产品的包装应当符合要求

特殊产品是指易碎、易燃、易爆、有毒、有腐蚀性、有放射性等危险物品,以及储运中不能倒置和有其他特殊要求的产品。这类特殊产品的包装质量必须符合相应的要求,依照国家有关规定作出警示标志或者中文警示说明,标明储运注意事项。

4.不作为的义务

(1)不得生产国家明令淘汰的产品;

(2)不得伪造产地,不得伪造或者冒用他人的厂名、厂址;

(3)不得伪造或者冒用认证标志、名优标志等质量标志;

(4)不得掺杂、掺假,不得以假充真、以次充好,不得以不合格产品冒充合格产品。

(二)销售者的产品质量义务

1.作为的义务

销售者应当建立并执行进货检查验收制度。销售者的进货检查验收制度,是指销售者根据国家有关规定、内部的质量管理制度,以及同生产者或其他供货者之间订立的合同的约定,对购进的产品质量进行检查,对符合法律规定或合同约定要求的予以验收的制度。执行进货检查验收制度,不仅是保证产品质量的一个措施,也是保护销售者自身合法权益的一个措施。例如,验明产品合格证明。销售者在对进货产品进行检验时,应当检验产品的合格证明,如果产品没有合格证明,销售者可以拒收;验明其他标识。包括检查购进产品的名称、生产厂名、厂址,产品的规格、等级、所含主要成分、生产日期、安全使用期、失效日期、警示标志、中文说明等是否符合产品质量法的要求。对于标识不符合法律规定要求的产品,销售者应当拒绝进货。销售者除了验明产品合格证明和其他标识以外,如果对进货产品的内在质量发生怀疑或者为了确保大宗货物的质量可靠,也可以对内在质量进行检验,或者委托依法设立的产品质量检验机构进行检验。

销售者应当采取措施,保证销售产品的质量。生产者生产的产品从生产出来到最终消费者或者使用者的手中,中间有个销售环节的"时间差",在此期间销售者应当根据产品的不同特点,采取不同的措施,如采取必要的防雨、通风、防晒、防霉变、分类等方式,对某些特殊产品的保管,应采取控制温度等措施、配置必要的设备和设施,以使产品保持进货时的产品质量状况。

相关案例

> 2016年2月份,济南市公安局食品药品环境侦查支队查获一起大量非法经营的人用疫苗案件。根据规定,疫苗从生产,到流通,再到最后的注射过程中,必须都是2—8度低温冷链进行储藏。本案犯罪嫌疑人庞某和孙某母女在没有获取任何药品经营许可的情况下非法经营第二类疫苗,且没有采取低温冷链储藏,致使包括儿童用脑膜炎、水痘、脊髓灰质炎等疫苗和成人用流感、狂犬病、乙肝等25种涉事疫苗失效。
>
> 2017年5月19日,"山东疫苗案"主犯庞某卫及其女儿孙某二审维持原判,以非法经营罪分别获有期徒刑十九年、六年,没收全部财产近800万元。

2.不作为的义务

(1)销售者不得销售国家明令淘汰并停止销售的产品和失效、变质的产品;

(2)不得伪造产地,不得伪造或者冒用他人的厂名、厂址;

(3)不得伪造或者冒用认证标志等质量标志;

(4)不得在销售产品时掺杂、掺假,不得以假充真、以次充好,不得以不合格产品冒充合格产品。

四、产品质量损害赔偿

(一)生产者应当承担的赔偿责任

因产品存在缺陷造成人身、缺陷产品以外的其他财产(以下简称他人财产)损害的,生产者应当承担赔偿责任。生产者能够证明有下列情形之一的,不承担赔偿责任:

1.未将产品投入流通的;

2.产品投入流通时,引起损害的缺陷尚不存在的;

3.将产品投入流通时的科学技术水平尚不能发现缺陷的存在的。

(二)销售者应当承担的赔偿责任

售出的产品有下列情形之一的,销售者应当负责修理、更换、退货;给购买产品的消费者造成损失的,销售者应当赔偿损失:

1.不具备产品应当具备的使用性能而事先未作说明的;

2.不符合在产品或者其包装上注明采用的产品标准的;

3.不符合以产品说明、实物样品等方式表明的质量状况的。

销售者依照前款规定负责修理、更换、退货、赔偿损失后,属于生产者的责任或者属于向销售者提供产品的其他销售者(以下简称供货者)的责任的,销售者有权向生产者、供货者追偿。销售者未按规定给予修理、更换、退货或者赔偿损失的,由市场监督管理部门责令改正。生产者之间,销售者之间,生产者与销售者之间订立的买卖合同、承揽合同有不同约定的,合同当事人按照合同约定执行。

(三)产品责任的归责原则

《产品质量法》采用过错责任原则和严格责任原则并存的立法模式,对生产者采用严格责任原则,而对销售者采用过错责任原则。具体内容如下:

1.对生产者适用严格责任原则。因产品存在缺陷造成人身、缺陷产品以外的其他财产损害的,无论生产者主观上是否有故意或过失,生产者都应当承担赔偿责任。

2.对销售者适用过错责任原则。由于销售者过错使产品存在缺陷,造成人身、他人财产损害的,销售者应当承担赔偿责任。销售者不能指明缺陷产品的生产者,也不能指明缺陷产品的供货者的,销售者应当承担赔偿责任。在销售者过错的认定上,销售者负有举证责任,不能举证则推定为销售者有过错,应当承担赔偿责任。

(四)产品责任的损害赔偿

1.产品责任的求偿对象

根据《产品质量法》的规定,因产品存在缺陷造成人身、他人财产损害的,受害人可以向产品的生产者要求赔偿,也可以向产品的销售者要求赔偿。属于产品生产者的责任,产品的销售者赔偿的,产品的销售者有权向产品的生产者追偿;属于产品销售者的责任,产品的生产者赔偿的,产品的生产者有权向产品的销售者追偿。

2.产品责任的赔偿范围

因产品存在缺陷造成受害人人身伤害的,侵害人应当赔偿医疗费、治疗期间的护理费、因误工减少的收入等费用;造成残疾的,还应当支付残疾者生活自助具费、生活补助费、残疾赔偿金及由其扶养的人所必需的生活费等费用;造成受害人死亡的,应当支付丧葬费、死亡赔偿金及由死者生前扶养的人所必需的生活费等费用。

因产品存在缺陷造成受害人财产损失的,侵害人应当恢复原状或者折价赔偿。受害人因此遭受其他重大损失的,侵害人应当赔偿损失。

3.诉讼时效与除斥期间

因产品存在缺陷造成损害要求赔偿的诉讼时效期间为二年,自当事人知道或者应当知道其权益受到损害时起计算。

因产品存在缺陷造成损害要求赔偿的请求权,在造成损害的缺陷产品交付最初消费者满十年丧失;但是,尚未超过明示的安全使用期的除外。这里的十年为除斥期间。但是,尚未超过明示的安全使用期的除外。

4.产品质量纠纷解决方式

因产品质量发生民事纠纷时,当事人可以通过协商或者调解解决。当事人不愿通过协商、调解解决或者协商、调解不成的,可以根据当事人各方的协议向仲裁机构申请仲裁;当事人各方没有达成仲裁协议或者仲裁协议无效的,可以直接向人民法院起诉。仲裁机构或者人民法院可以委托符合法律规定的产品质量检验机构,对有关产品质量进行检验。

五、产品质量法律责任

(一)生产者和销售者的法律责任

生产、销售不符合保障人体健康和人身、财产安全的国家标准、行业标准的产品的,责令停止生产、销售,没收违法生产、销售的产品,并处违法生产、销售产品(包括已售出和未售出的产品,下同)货值金额等值以上三倍以下的罚款;有违法所得的,并处没收违法所得;情节严重的,吊销营业执照;构成犯罪的,依法追究刑事责任。

在产品中掺杂、掺假,以假充真,以次充好,或者以不合格产品冒充合格产品的,责令停止生产、销售,没收违法生产、销售的产品,并处违法生产、销售产品货值金额50%以上三倍以下的罚款;有违法所得的,并处没收违法所得;情节严重的,吊销营业执照;构成犯罪的,依法追究刑事责任。

生产国家明令淘汰的产品的,销售国家明令淘汰并停止销售的产品的,责令停止生产、销售,没收违法生产、销售的产品,并处违法生产、销售产品货值金额等值以下的罚款;有违法所得的,并处没收违法所得;情节严重的,吊销营业执照。

销售失效、变质的产品的,责令停止销售,没收违法销售的产品,并处违法销售产品货值金额二倍以下的罚款;有违法所得的,并处没收违法所得;情节严重的,吊销营业执照;构成犯罪的,依法追究刑事责任。

伪造产品产地的,伪造或者冒用他人厂名、厂址的,伪造或者冒用认证标志等质量标志的,责令改正,没收违法生产、销售的产品,并处违法生产、销售产品货值金额等值以下的罚款;有违法所得的,并处没收违法所得;情节严重的,吊销营业执照。

产品标识不符合法律规定的,责令改正;有包装的产品标识没有标明生产日期和安全使用期或者失效日期,以及使用不当,容易造成产品本身损坏或者可能危及人身、财产安全的产品没有标明警示标志或者中文警示说明情节严重的,责令停止生产、销售,并处违法生产、销售产品货值金额30%以下的罚款;有违法所得的,并处没收违法所得。

销售者销售按法律规定禁止销售的产品,有充分证据证明其不知道该产品为禁止销售的产品并如实说明其进货来源的,可以从轻或者减轻处罚。

拒绝接受依法进行的产品质量监督检查的,给予警告,责令改正;拒不改正的,责令停业整顿;情节特别严重的,吊销营业执照。

(二)第三方机构的法律责任

产品质量检验机构、认证机构伪造检验结果或者出具虚假证明的,责令改正,对单位处五万元以上十万元以下的罚款,对直接负责的主管人员和其他直接责任人员处一万元以上五万元以下的罚款;有违法所得的,并处没收违法所得;情节严重的,取消其检验资格、认证资格;构成犯罪的,依法追究刑事责任。产品质量检验机构、认证机构出具的检验结果或者证明不实,造成损失的,应当承担相应的赔偿责任;造成重大损失的,撤销其检验资格、认证资格。

产品质量认证机构违反法律规定,对不符合认证标准而使用认证标志的产品,未依法要求其改正或者取消其使用认证标志资格的,对因产品不符合认证标准给消费者造成的损失,与产品的生产者、销售者承担连带责任;情节严重的,撤销其认证资格。

社会团体、社会中介机构对产品质量作出承诺、保证,而该产品又不符合其承诺、保证的质量要求,给消费者造成损失的,与产品的生产者、销售者承担连带责任。

(三)行政机关及其工作人员法律责任

各级人民政府工作人员和其他国家机关工作人员有下列情形之一的,依法给予行政处分;构成犯罪的,依法追究刑事责任:

1. 包庇、放纵产品生产、销售中违反本法规定行为的;
2. 向从事违反本法规定的生产、销售活动的当事人通风报信,帮助其逃避查处的;
3. 阻挠、干预市场监督管理部门依法对产品生产、销售中违法行为进行查处,造成严重后果的。

市场监督管理部门在产品质量监督抽查中超过规定的数量索取样品或者向被检查人收取检验费用的,由上级市场监督管理部门或者监察机关责令退还;情节严重的,对直接负责的主管人员和其他直接责任人员依法给予行政处分。

市场监督管理部门的工作人员滥用职权、玩忽职守、徇私舞弊,构成犯罪的,依法追究刑事责任;尚不构成犯罪的,依法给予行政处分。

第三节 反不正当竞争法

一、反不正当竞争法概述

(一)不正当竞争行为的概念和特征

根据《反不正当竞争法》第二条规定,不正当竞争行为,是指经营者在生产经营活动中,违反本法规定,扰乱市场竞争秩序,损害其他经营者或消费者的合法权益的行为。不正当竞争行为具有以下特征:

1. 主体特定性

不正当竞争行为的主体是经营者,即从事商品生产、经营或者提供服务的自然人、法人和非法人组织。

2. 行为违法性

行为的性质具有违法性,即行为在本质上违反了《反不正当竞争法》的规定。它既包括违反该法的原则性规定,也包括违反该法所列举的禁止不正当行为的各种具体规定。

3.社会危害性

不正当竞争行为是损害其他经营者的合法权益和扰乱社会经济秩序的行为。

4.民事侵权性

民事侵权性是指凡是经营者以不正当竞争手段已经获得或将要获得的竞争优势或某种利益,必定是对某一特定的或不特定的经营者的财产权利或人身权利的侵犯,使其应得利益遭受损失。因此,不正当竞争行为是侵犯他人民事权利的行为。

(二)反不正当竞争法的立法目的

《反不正当竞争法》第一条明确规定了立法目的:为了促进社会主义市场经济健康发展,鼓励和保护公平竞争,制止不正当竞争行为,保护经营者和消费者的合法权益,制定本法。我国反不正当竞争法从内容和结构上看,包含三个层次:最直接的目的是制止不正当竞争行为;最终目的是鼓励和保护公平竞争,保障社会主义市场经济健康发展;根本目的是保护经营者和消费者的合法权益。

(三)反不正当竞争法的立法进程

《反不正当竞争法》于1993年9月2日第八届全国人民代表大会常务委员会第三次会议通过,经过2017年11月4日第十二届全国人民代表大会常务委员会第三十次会议修订,以及2019年4月23日第十三届全国人民代表大会常务委员会第十次会议修正。

二、不正当竞争行为

经营者在生产经营活动中,应当遵循自愿、平等、公平、诚信的原则,遵守法律和商业道德。为了保护公平竞争,制止不正当竞争行为,我国反不正当竞争法第二章规定了经营者不得采取以下七种行为从事市场交易。

(一)混淆行为

市场混淆行为,又称为欺骗性交易行为或仿冒行为,是指行为人盗用他人的商业信誉、商品或服务声誉,使其商品或服务发生混淆,从中牟取非法利益的行为。根据《反不正当竞争法》第六条的规定,经营者不得实施下列混淆行为,引人误认为是他人商品或者与他人存在特定联系。

1.擅自使用与他人有一定影响的商品名称、包装、装潢等相同或近似的标识;

2.擅自使用他人有一定影响的企业名称(包括简称、字号等)、社会组织名称(包括简称等)、姓名(包括笔名、艺名、译名等);

3.擅自使用他人有一定影响的域名主体部分、网站名称、网页等;

4.其他足以引人误认为是他人商品或者与他人存在特定联系的混淆行为。

相关案例

2022年8月16日,烟台市场监督管理局接到举报电话,烟台某葡萄酒有限公司生产的苏打酒标注"香港某集团有限公司"的名称,涉嫌构成不正当竞争,经批准后对当事人予以立案调查。经查实,当事人生产经营"某苏打酒(配制酒)"产品共计 2926 箱(24 瓶/箱),在未取得香港某集团有限公司授权的情况下,便擅自将该公司的企业名称直接、完整地标注在酒标显著位置上,该信息容易使消费者误认为当事人与香港某集团有限公司或其产品存在特定联系,构成混淆行为。

(二)商业贿赂行为

商业贿赂行为是一种职权职务性利益交换行为,是指经营者在市场交易活动中,暗中给予交易对方有关人员和能够影响交易的其他相关人员以财物或其他好处的不正当竞争行为。《反不正当竞争法》第七条规定,经营者不得采用财物或者其他手段贿赂下列单位或者个人,以谋取交易机会或者竞争优势。具体如下:

1. 交易相对方的工作人员;
2. 受交易相对方委托办理相关事务的单位或者个人;
3. 利用职权或者影响力影响交易的单位或者个人。

经营者在交易活动中,可以以明示方式向交易相对方支付折扣,或者向中间人支付佣金。经营者向交易相对方支付折扣、向中间人支付佣金的,应当如实入账。接受折扣、佣金的,经营者也应当如实入账。

经营者的工作人员进行贿赂的,应当认定为经营者的行为;但是,经营者有证据证明该工作人员的行为与为经营者谋取交易机会或者竞争优势无关的除外。

※知识链接

商业贿赂行为具有多样性,除了金钱回扣外,还包括提供出国考察、免费旅游或者度假、房屋装修、高档宴请、色情服务、赠送昂贵礼品以及解决子女或者亲属入学、解决就业等多种行为。商业贿赂从根本上扭曲了公平竞争的本质,阻碍了市场机制的正常发挥,各国竞争法都明令禁止该行为,情节严重构成犯罪的,还要追究刑事责任。

(三)虚假宣传行为

虚假宣传行为是指经营者利用广告或者其他方法,对商品质量、制作成分、性能、用途、生产者、有效期限、产地等作引人误解的虚假宣传,诱使消费者发生误购的行为。《反不正当竞争法》规定,经营者不得对其商品的性能、功能、质量、销售状况、用户评价、曾获荣誉等作虚假或者引人误解的商业宣传,欺骗、误导消费者。

相关案例

2022 年 4 月,市场监督管理局收到举报称某食品店聚集老年人在店内开会兜售商品,并宣传该食品有治疗高血压等功效。执法人员对其经营场所进行检查时,发现店内正在播放视频宣讲销售富硒食品,现场有 30 余名老人正在观看。店内张贴的广告显示有"中农科有机硒对肿瘤病人的放化疗有明显的辅助治疗作用,硒对防治肝病、心脑血管病……有显著作用"等内容。经批准后对当事人予以立案调查。

经查实,当事人违反了《反不正当竞争法》第八条第一款之规定,属于对其商品做虚假或者引人误解的商业宣传行为。依据《反不正当竞争法》第二十条第一款之规定,对当事人作出罚款2万元的行政处罚决定。

(四)侵犯商业秘密行为

侵犯商业秘密行为是指以盗窃、利诱、胁迫或其他不正当的手段获取、披露、使用其他人的商业秘密的行为。所谓的商业秘密,是指不为公众所知悉、具有商业价值并经权利人采取相应保密措施的技术信息和经营信息。《反不正当竞争法》第九条规定,经营者不得实施下列侵犯商业秘密的行为:

1.以盗窃、贿赂、欺诈、胁迫、电子侵入或者其他不正当手段获取权利人的商业秘密;

2.披露、使用或者允许他人使用以前项手段获取的权利人的商业秘密;

3.违反保密义务或者违反权利人有关保守商业秘密的要求,披露、使用或者允许他人使用其所掌握的商业秘密;

4.教唆、引诱、帮助他人违反保密义务或者违反权利人有关保守商业秘密的要求,获取、披露、使用或者允许他人使用权利人的商业秘密。

经营者以外的其他自然人、法人和非法人组织实施以上所列违法行为的,视为侵犯商业秘密。

第三人明知或者应知商业秘密权利人的员工、前员工或者其他单位、个人实施违法行为,仍获取、披露、使用或者允许他人使用该商业秘密的,视为侵犯商业秘密。

(五)不当有奖销售行为

有奖销售是指经营者以提供奖品或者奖金的手段推销商品的行为,主要包括附赠有奖销售和抽奖有奖销售两种形式。一般来说,有奖销售这种促销手段对市场竞争秩序有双重影响。符合惯例和商业道德且限定在一定范围内的有奖销售,可以起到活跃市场的作用,违背商业道德或超过一定范围采取不正当手段进行的有奖销售,不仅损害其他经营者的合法权益、损害消费者的利益,还会破坏竞争秩序。《反不正当竞争法》第十条规定,经营者进行有奖销售不得存在下列情形:

1.所设奖的种类、兑奖条件、奖金金额或者奖品等有奖销售信息不明确,影响兑奖;

2.采用谎称有奖或者故意让内定人员中奖的欺骗方式进行有奖销售;

3.抽奖式的有奖销售,最高奖的金额超过五万元。

(六)商业诽谤行为

商业诽谤行为是指经营者捏造、散布虚伪信息,损害竞争对手的商业信誉或商品声誉的行为。经营者采取商业诋毁的行为,目的是削弱竞争对手的竞争能力,破坏竞争对手的正常经营活动。这种行为是为我国反不正当竞争法所禁止的。

《反不正当竞争法》规定，经营者不得编造、传播虚假信息或者误导性信息，损害竞争对手的商业信誉、商品声誉。

(七)互联网不正当竞争行为

经营者利用网络从事生产经营活动，应当遵守《反不正当竞争法》的各项规定。

经营者不得利用技术手段，通过影响用户选择或者其他方式，实施下列妨碍、破坏其他经营者合法提供的网络产品或者服务正常运行的行为：

1.未经其他经营者同意，在其合法提供的网络产品或者服务中，插入链接、强制进行目标跳转；

2.误导、欺骗、强迫用户修改、关闭、卸载其他经营者合法提供的网络产品或者服务；

3.恶意对其他经营者合法提供的网络产品或者服务实施不兼容；

4.其他妨碍、破坏其他经营者合法提供的网络产品或者服务正常运行的行为。

相关案例

> 2018年6月，甲公司发现乙公司未经许可，在其经营的"某某看"APP上提供某电影的在线有偿播放。涉案影片的播放是用户通过访问甲公司网站涉案影片的链接地址，同时登录乙公司购买的甲公司网站VIP会员获取的正版影片资源。
>
> 甲公司认为，乙公司未经许可使用涉案作品的行为侵犯了其合法享有的信息网络传播权。同时，乙公司的经营模式不需要支付版权费用、带宽等成本就可向用户提供原告平台的付费视频内容，将使大量不愿意观看广告和付费的用户转而使用"某某看"软件。同时，乙公司具有主观故意，违背了诚实信用原则和公认的商业道德，侵害了原告合法的经营活动，行为不具有正当性，构成不正当竞争。因此，甲公司将"某某看"APP经营者乙公司诉至北京互联网法院。
>
> 2019年8月，北京互联网法院一审宣判，"某某看"APP在其客户端以"共享会员"的模式为用户提供甲公司制作的内容并进行在线有偿播放的行为，侵犯了其影视作品的信息网络传播权并构成不正当竞争，认定乙公司赔偿甲公司经济损失和合理支出200万元。

三、对不正当竞争行为的监督检查

(一)监督检查部门

对不正当行为的监督检查，既包括专门机构的监督检查，也包括其他组织或者公民个人进行的社会监督。

1.国家监督检查

根据《反不正当竞争法》的规定，各级人民政府应当采取措施，制止不正当竞争行为，为公平竞争创造良好的环境和条件。国务院建立反不正当竞争工作协调机制，研究决定反不正当竞争重大政策,协调处理维护市场竞争秩序的重大问题。县级以上人民政府工商行政管理部门是监督检查不正当竞争行为的主管机关。法律、行政法规规定的有权监督检查不正当竞争行为的其他部门,也是不正当竞争行为的监督检查机关。

2.社会监督

《反不正当竞争法》第五条规定,国家鼓励、支持和保护一切组织和个人对不正当竞争行为进行社会监督。国家机关及其工作人员不得支持、包庇不正当竞争行为。行业组织应当加强行业自律,引导、规范会员依法竞争,维护市场竞争秩序。

对涉嫌不正当竞争行为,任何单位和个人有权向监督检查部门举报,监督检查部门接到举报后应当依法及时处理。

监督检查部门应当向社会公开受理举报的电话、信箱或者电子邮件地址,并为举报人保密。对实名举报并提供相关事实和证据的,监督检查部门应当将处理结果告知举报人。

(二)监督检查部门的职权

监督检查部门调查涉嫌不正当竞争行为,可以采取下列措施:

1.进入涉嫌不正当竞争行为的经营场所进行检查;

2.询问被调查的经营者、利害关系人及其他有关单位、个人,要求其说明有关情况或者提供与被调查行为有关的其他资料;

3.查询、复制与涉嫌不正当竞争行为有关的协议、账簿、单据、文件、记录、业务函电和其他资料;

4.查封、扣押与涉嫌不正当竞争行为有关的财物;

5.查询涉嫌不正当竞争行为的经营者的银行账户。

采取前款规定的措施,应当向监督检查部门主要负责人书面报告,并经批准。采取前款第四项、第五项规定的措施,应当向设区的市级以上人民政府监督检查部门主要负责人书面报告,并经批准。

监督检查部门调查涉嫌不正当竞争行为,应当遵守《中华人民共和国行政强制法》和其他有关法律、行政法规的规定,并应当将查处结果及时向社会公开。

四、不正当竞争行为的法律责任

根据《反不正当竞争法》的规定,不正当竞争行为的法律责任包括民事责任、行政责任和刑事责任。

(一)民事责任

经营者违反《反不正当竞争法》的规定,实施了不正当竞争行为,给被侵害的经营者造成损害,应当承担民事责任。

经营者违反法律规定,给他人造成损害的,应当依法承担民事责任。经营者的合法权益受到不正当竞争行为损害的,可以向人民法院提起诉讼。因不正当竞争行为受到损害的经营者的赔偿数额,按照其因被侵权所受到的实际损失确定;实际损失难以计算的,按照侵权人因侵权所获得的利益确定。经营者恶意实施侵犯商业秘密行为,情节严重的,可以在按照上述方法确定数额的一倍以上五倍以下确定赔偿数额。赔偿数额还应当包括经营者为制止侵权行为所支付的合理开支。

经营者违反《反不正当竞争法》第六条、第九条规定,权利人因被侵权所受到的实际损失、侵权人因侵权所获得的利益难以确定的,由人民法院根据侵权行为的情节判决给予权利人五百万元以下的赔偿。

(二)行政责任

经营者实施混淆行为的,由监督检查部门责令停止违法行为,没收违法商品。违法经营额五万元以上的,可以并处违法经营额五倍以下的罚款;没有违法经营额或者违法经营额不足五万元的,可以并处二十五万元以下的罚款。情节严重的,吊销营业执照。

经营者贿赂他人的,由监督检查部门没收违法所得,处十万元以上三百万元以下的罚款。情节严重的,吊销营业执照。

经营者对其商品作虚假或者引人误解的商业宣传,或者通过组织虚假交易等方式帮助其他经营者进行虚假或者引人误解的商业宣传的,由监督检查部门责令停止违法行为,处二十万元以上一百万元以下的罚款;情节严重的,处一百万元以上二百万元以下的罚款,可以吊销营业执照。经营者违反规定,属于发布虚假广告的,依照《广告法》的规定处罚。

经营者以及其他自然人、法人和非法人组织侵犯商业秘密的,由监督检查部门责令停止违法行为,没收违法所得,处十万元以上一百万元以下的罚款;情节严重的,处五十万元以上五百万元以下的罚款。

经营者进行有奖销售的,由监督检查部门责令停止违法行为,处五万元以上五十万元以下的罚款。

经营者违反规定损害竞争对手商业信誉、商品声誉的,由监督检查部门责令停止违法行为、消除影响,处十万元以上五十万元以下的罚款;情节严重的,处五十万元以上三百万元以下的罚款。

经营者违反规定妨碍、破坏其他经营者合法提供的网络产品或者服务正常运行的,由监督检查部门责令停止违法行为,处十万元以上五十万元以下的罚款;情节严重的,处五十万元以上三百万元以下的罚款。

(三)刑事责任

违反《反不正当竞争法》规定,构成犯罪的,依法追究刑事责任。

经营者伪造、擅自制造他人注册商标标识或者销售伪造、擅自制造的注册商标标识,情节严重的,处三年以下有期徒刑,并处或者单处罚金;情节特别严重的,处三年以上十年以下有期徒刑,并处罚金。

经营者贿赂他人,为谋取不正当利益,给予公司、企业或者其他单位的工作人员以财物,数额较大的,处三年以下有期徒刑或者拘役,并处罚金;数额巨大的,处三年以上十年以下有期徒刑,并处罚金。单位犯罪的,对单位判处罚金,并对其直接负责的主管人员和其他直接责任人员,依照第一款的规定处罚。行贿人在被追诉前主动交代行贿行为的,可以减轻处罚或者免除处罚。

广告主、广告经营者、广告发布者违反国家规定,利用广告对商品或者服务作虚假宣传,情节严重的,处二年以下有期徒刑或者拘役,并处或者单处罚金。

经营者侵犯商业秘密,情节严重的,处三年以下有期徒刑,并处或者单处罚金;情节特别严重的,处三年以上十年以下有期徒刑,并处罚金。

经营者捏造并散布虚伪事实,损害他人的商业信誉、商品声誉,给他人造成重大损失或者有其他严重情节的,处二年以下有期徒刑或者拘役,并处或者单处罚金。

第四节 反垄断法

一、反垄断法概述

(一)垄断的概念和特征

垄断和竞争均为特定市场范围内的相对概念。垄断又叫独占,是指一个或若干个经营者支配着市场某个领域的产品或服务的总供给规模、操纵市场、排斥或限制竞争的状态。垄断具有以下特征:

1.垄断行为的实施主体是经营者,在某些情况下一些地方政府及其部门基于地方利益和部门利益的考量,也可能成为垄断的实施主体。

2.垄断的目的是控制相关市场产品或服务的生产、销售,消除或者限制同行业的竞争。

3.垄断的危害具有多重性。一方面,垄断对市场竞争机制造成一定程度的破坏;另一方面,垄断对其他守法经营者和广大消费者的利益造成损害。

(二)反垄断法的概念

反垄断法是市场经济国家的基本法律制度,在市场经济国家的法律体系中占有十分重要的地位,被公认为属于作为独立部门法的现代经济法的范畴。反垄断法的立法宗旨一般以下几个方面:

1.保护竞争。竞争是市场的灵魂。垄断的根本性危害在于限制、扭曲竞争,进而破坏市场经济的秩序,因此,保护竞争是反垄断法的最基本、最直接的目标。

2.提高经济运行效率。作为一种资源配置方式,市场经济的价值在于它能透过竞争实现优胜劣汰,进而提升经济效率。在反垄断法执法和司法过程中,是否有助于提高效率是对限制竞争行为的违法性进行判断的主要标准。

3.提升消费者福利。健康而有活力的市场经济必然意味着较高的生产力水平,有效的竞争意味着较高的消费者盈余。垄断对于垄断者来说意味着超额利润,对消费者来说则意味着高价盘剥，福利减损。

(三)我国的反垄断立法

2007年8月30日，《中华人民共和国反垄断法》(以下简称《反垄断法》)在第十届全国人民代表大会常务委员会第二十九次会议上通过,2022年6月24日第十三届全国人民代表大会常务委员会第三十五次会议进行修正。这部法律从我国国情出发，借鉴了各国反垄断立法的有益经验，确立了"预防和制止垄断行为，保护市场公平竞争，鼓励创新，提高经济运行效率，维护消费者利益和社会公共利益，促进社会主义市场经济健康发展"的立法目的。

结合国情并参照各国立法实践，《反垄断法》规定了三类典型的垄断行为：垄断协议、滥用市场支配地位和经营者集中。此外，根据我国的实际情况，《反垄断法》还增加了对滥用行政权力排除及限制竞争行为的规定。

※知识链接

垄断与不正当竞争在本质上都是对市场规律和市场竞争机制的破坏，都是反竞争的行为，在结果上都损害了其他竞争者以及消费者的合法权益，并且两种行为时有交叉或者重叠，但是两者之间也存在着明显的区别。首先，实施主体的条件不同。一般而言，不正当竞争的实施主体不一定具有经济优势，因而任何经营者都可以实施，但垄断行为的实施主体一般需要具有经济上的优势。其次，行为的目的和后果不同。垄断的目的是消除、排除竞争，而不正当竞争的目的主要是通过不正当的手段获取竞争利益。最后，实施的手段不同。垄断一般是经营者凭借自己的市场地位来实施的，在表面上手段可能符合平等自愿的市场交易规则。但是，不正当竞争是采用欺诈、仿冒、商业贿赂等非正常的手段打击竞争对手，从而谋取竞争利益。

二、垄断协议

根据《反垄断法》第十六条的规定，垄断协议是指排除、限制竞争的协议、决定或者其他协同行为。垄断协议包括正式垄断协议和非正式垄断协议。垄断协议本质上是竞争者之间相互勾结以限制竞争，是垄断行为的最基本形态。经营者达成垄断协议是实现市场垄断最直接、最主要的方式。

根据参与垄断协议的经营者之间是否具有竞争关系，垄断协议分为横向垄断协议和纵向垄断协议。横向垄断协议也称为卡特尔，是指具有竞争关系的经营者之间达成的联合限制竞争协议，如生产相同产品的经营者达成的固定产品价格的协议。纵向垄断协议是同一产业中处于不同市场环节而具有买卖关系的企业通过共谋达成的联合限制竞争协议，如产品的生产商和销售商之间关于限制转售商品价格的协议。在执法和司法实践中，对于纵向垄断协议的规制态度要比横向垄断协议宽容许多。

(一)横向垄断协议

1.固定或者变更商品价格

固定或者变更商品价格的协议,又称为价格卡特尔。在市场经济中,商品的价格应该通过供求关系等市场机制形成,而价格垄断协议破坏了市场竞争机制,扭曲了商品的正常价格,使市场配置资源和保证经济效率的功能丧失殆尽,同时严重地损害了消费者福利。价格是市场竞争中的敏感问题。固定价格协议是垄断协议中最为常见的一种,也是严重违反《反垄断法》的行为,各国反垄断法都首当其冲地予以禁止

※**知识链接**

固定价格的形式很多,根据国家市场监督管理总局《禁止垄断协议规定》规定,有固定或者变更价格水平、价格变动幅度、利润水平或者折扣、手续费等其他费用,约定采用据以计算价格的标准公式、算法、平台规则等,限制参与协议的经营者的自主定价权,通过其他方式固定或者变更价格。

2.限制商品的生产数量或者销售数量

限制商品的生产数量或者销售数量的协议,统称为限制数量协议,是指参与垄断协议的经营者为避免竞争而达成的划定彼此生产数量或者销售数量的协议。在需求一定的情况下,市场中供应的商品越多,其价格就越低,反之,当市场上的商品供应量减少时,商品每单元的价格就会上升。限制数量协议人为地制造市场供应紧张,提高商品的价格,从而获得垄断利益。实践中,限制数量协议往往与价格垄断协议并用,以排除、限制有效的竞争。因此,被各国垄断法予以禁止。

3.分割销售市场或者原材料采购市场

分割销售市场或者原材料采购市场的垄断协议,也称为划分市场协议。统一、开放的市场是保证有效竞争的基础,只有消除各种市场进入障碍,使所有潜在竞争者都能有机会参与到自己感兴趣的市场,才能使竞争充分有效,从而提升经济效率和消费者福利。如果经营者人为划分市场,约定各自固守一部分市场,互补进入对方的"领地"进行竞争,就相当于经营者在各自市场内取得垄断地位,进而可以自由定价,获取垄断利润。

划分市场可以通过划分地域、划分客户和划分产品等形式实现。根据《禁止垄断协议规定》划分市场具体表现为:(1)划分商品销售地域、市场份额、销售对象、销售收入、销售利润或者销售商品的种类、数量、时间;(2)划分原料、半成品、零部件、相关设备等原材料的采购区域、种类、数量、时间或者供应商;(3)通过其他方式分割销售市场或者原材料采购市场。

4.限制购买新技术、新设备或者限制开发新技术、新产品

有效的市场竞争可以提升动态效率,即刺激经营者不断进行技术创新和应用以提升竞争力,进而提升经济效率。限制创新的垄断协议可以缓解经营者的竞争压力,在不增加研发成本的基础上维持现有产品的供求平衡、价格和利润。限制购买新技术、新设备或者限制开发新技术、新产品的协议,限制了经营者通过创新开展的竞争,保护了落后,严重伤害市场的创新能力,降低了效率,损害了消费者福利。

※**法条链接**

《禁止垄断协议规定》第十一条　禁止具有竞争关系的经营者就限制购买新技术、新设备或者限制开发新技术、新产品达成下列垄断协议：

（一）限制购买、使用新技术、新工艺；

（二）限制购买、租赁、使用新设备、新产品；

（三）限制投资、研发新技术、新工艺、新产品；

（四）拒绝使用新技术、新工艺、新设备、新产品；

（五）通过其他方式限制购买新技术、新设备或者限制开发新技术、新产品。

5.联合抵制交易

联合抵制交易是指具有竞争关系的经营者联合起来，共同拒绝与其他的特定经营者进行交易的行为。选择哪个交易对象进行交易本是市场主体的权利和自由，但是若多个经营者联合起来一致行动，拒绝与特定经营者进行交易，就要受到反垄断法的关注。联合抵制交易行为具有限制竞争、减少消费者选择机会、抬高商品价格等反竞争效果，应予禁止。

联合抵制交易一般用作惩治某些"不受欢迎"的经营者，比如，具有竞争关系的经营者通过联合起来拒绝与之进行商业往来的方式，惩罚违反或不配合固定价格垄断协议的同行，再如某产品的多个供货商联合起来，对违反供货商关于产品销售价格的限制、自行降价的销售商，采取一致拒绝供货的惩罚。此外，联合抵制还可以被用来要挟客户接受价格或者其他条件、迫使供应商或者客户停止与其他任何竞争对手进行交易等。

※**法条链接**

《禁止垄断协议规定》第十二条　禁止具有竞争关系的经营者就联合抵制交易达成下列垄断协议：

（一）联合拒绝向特定经营者供应或者销售商品；

（二）联合拒绝采购或者销售特定经营者的商品；

（三）联合限定特定经营者不得与其具有竞争关系的经营者进行交易；

（四）通过其他方式联合抵制交易。

6.国务院反垄断执法机构认定的其他垄断协议

（二）纵向垄断协议

鉴于纵向垄断协议的经济效果比较模糊，在执法和司法实践中，对于纵向垄断协议的规制态度要比横向垄断协议宽容许多。只有那些对竞争和效率的消极效果明显大于积极效果的纵向垄断协议才被法律认定为非法。《反垄断法》第十八条规定以下禁止的纵向垄断协议：

1.固定向第三人转售商品的价格；

2.限定向第三人转售商品的最低价格；

3.国务院反垄断执法机构认定的其他垄断协议。

对第一项和第二项规定的协议，经营者能够证明其不具有排除、限制竞争效果的，不予禁止。经营者能够证明其在相关市场的市场份额低于国务院反垄断执法机构规定的标准,并符合国务院反垄断执法机构规定的其他条件的,不予禁止。

(三)垄断协议的豁免

垄断协议(特别是横向垄断协议),严格被垄断法所禁止,但是有些情形下,经营者之间的联合有利于防止竞争过度和无效,有利于技术进步和效率的提高,从而符合社会公共利益。因而,《反垄断法》第二十条明确规定了垄断协议的豁免制度,内容如下:

1. 为改进技术、研究开发新产品的;
2. 为提高产品质量、降低成本、增进效率,统一产品规格、标准或者实行专业化分工的;
3. 为提高中小经营者经营效率、增强中小经营者竞争力的;
4. 为实现节约能源、保护环境、救灾救助等社会公共利益的;
5. 因经济不景气,为缓解销售量严重下降或者生产明显过剩的;
6. 为保障对外贸易和对外经济合作中的正当利益的;
7. 法律和国务院规定的其他情形。

三、滥用市场支配地位及其法律规制

(一)滥用市场支配地位的概念

市场支配地位是指经营者在相关市场内具有能够控制商品价格、数量或者其他交易条件,或者能够阻碍、影响其他经营者进入相关市场能力的市场地位。许多国家都规定对达到一定市场份额的经营者直接认定或者推定其具有市场支配地位。但市场份额不是绝对的和唯一的标准,还需要通过相关市场的竞争状况及其他经营者进入相关市场的难易程度等因素来判断一个经营者是否具有市场支配地位。

滥用市场支配地位,是指具有市场支配地位的经营者凭借其市场支配地位实施的排挤竞争对手或者不公平交易行为。从各国的反垄断立法来看,占有市场支配地位本身并不一定违法,只有利用这种支配地位排除或限制竞争才属于反垄断法所禁止的行为,构成滥用市场支配地位的要件有以下三个:(1)行为主体必须是具有市场支配地位的经营者;(2)客观方面实施了排挤竞争对手或者不公平交易的反竞争行为;(3)在行为后果方面削弱了竞争,破坏了市场竞争秩序。

(二)滥用市场支配地位的表现形式

《反垄断法》第二十二条规定,禁止具有市场支配地位的经营者从事下列滥用市场支配地位的行为:

1. 以不公平的高价销售商品或者以不公平的低价购买商品,该行为是指具有支配地位的经营者为了获得超额的垄断利润或者排挤竞争对手,以高于或者低于正常的价格来销售其产品的行为。该行为严重地损害了消费者的权益,同时妨碍了其他竞争者的进入,对市场竞争构成实质性的限制。

2.没有正当理由,以低于成本的价格销售商品,该行为是指处于市场支配地位的经营者以排挤竞争对手为目的,以低于成本的价格销售商品。掠夺性定价是一种以排挤竞争对手为目的的不公平的低价故意行为。实施该行为的企业以低于成本价销售,会造成短期的利益损失,但由于实施该行为的经营者占有一定的市场支配地位,有能力承担暂时故意压低价格的利益损失,而一般的中小企业势单力薄,则无力承担这种损失而被排挤出市场。行为人在实施该行为一定时间并达到目的后,便会提高销售价格,独占市场,进而损害消费者的利益。

※**法条链接**

《禁止滥用市场支配地位行为规定》第十五条第三款 本条所称的"正当理由"包括:
(一)降价处理鲜活商品、季节性商品、有效期限即将到期的商品和积压商品的;
(二)因清偿债务、转产、歇业降价销售商品的;
(三)在合理期限内为推广新商品进行促销的;
(四)能够证明行为具有正当性的其他理由。

3.没有正当理由,拒绝与交易相对人进行交易。无正当理由的拒绝交易,是具有市场支配地位的企业妨碍下游企业市场竞争的重要方式。拒绝交易通常表现为占市场支配地位的企业拒绝向买者出售商品。实践中,拒绝交易往往作为某些纵向交易安排的辅助手段出现。拒绝交易行为可能会对市场产生以下不利影响:一是限制下游企业之间的竞争。生产商可以拒绝供货为要挟,强迫经销商按其规定的价格销售商品,从而限制经销商之间在该种商品上进行价格竞争。二是可直接影响市场竞争状况。比如,经营者拒绝将其产品销售给某一地域的部分销售商,实际上就使该地域内的其他销售商获得了垄断市场的机会。再如,具有市场支配地位的经营者作为原材料供应者时,通过拒绝向下游需求方供货,可实现将该下游企业排挤出市场的效果。

具有市场支配地位的经营者拒绝与交易相对人进行交易时,通常通过间接方式变相进行。根据《禁止滥用市场支配地位行为规定》的相关规定,下列没有正当理由、以间接方式拒绝交易的行为同样受到禁止:(1)实质性削减与交易相对人的现有交易数量;(2)拖延、中断与交易相对人的现有交易;(3)拒绝与交易相对人进行新的交易;(4)设置限制性条件,使交易相对人难以与其进行交易;(5)拒绝交易相对人在生产经营活动中,以合理条件使用其必需设施。

拒绝交易的经济效果也需具体分析,只有无正当理由的拒绝交易才为非法。

※**法条链接**

《禁止滥用市场支配地位行为规定》第十六条第三款 本条所称的"正当理由"包括:
(一)因不可抗力等客观原因无法进行交易;
(二)交易相对人有不良信用记录或者出现经营状况恶化等情况,影响交易安全;
(三)与交易相对人进行交易将使经营者利益发生不当减损;
(四)交易相对人明确表示或者实际不遵守公平、合理、无歧视的平台规则;
(五)能够证明行为具有正当性的其他理由。

4.没有正当理由,限定交易相对人只能与其进行交易或者只能与其指定的经营者进行交易。限定交易相对人只能与其进行交易或者只能与其指定的经营者进行交易的行为,简称限定交易行为。通过限定交易,经营者可限制交易相对人与自己的竞争者进行交易,从而达到抑制竞争者甚至将其逐出市场的目的。另外,限定交易还可起到阻碍竞争者市场进入的效果。

根据《禁止滥用市场支配地位行为规定》,限定交易行为的具体表现包括:(1)限定交易相对人只能与其进行交易;(2)限定交易相对人只能与其指定的经营者进行交易;(3)限定交易相对人不得与特定经营者进行交易。

※法条链接

《禁止滥用市场支配地位行为规定》第十七条第三款　本条所称"正当理由"包括:

(一)为满足产品安全要求所必需;

(二)为保护知识产权、商业秘密或者数据安全所必需;

(三)为保护针对交易进行的特定投资所必需;

(四)维护平台合理的经营模式所必需;

(五)能够证明行为具有正当性的其他理由。

5.没有正当理由搭售商品,或者在交易时附加其他不合理的交易条件,该行为是指在商品交易过程中,拥有某种经济优势的一方利用自己的优势地位,在提供商品或服务时,强行搭配销售购买方不要或不愿意要的另一种商品或服务,或者附加其他不合理条件的行为。

根据《禁止滥用市场支配地位行为规定》,此类行为的具体表现包括:(1)违背交易惯例、消费习惯或者无视商品的功能,利用合同条款或者弹窗、操作必经步骤等交易相对人难以选择、更改、拒绝的方式,将不同商品捆绑销售或者组合销售;(2)对合同期限、支付方式、商品的运输及交付方式或者服务的提供方式等附加不合理的限制;(3)对商品的销售地域、销售对象、售后服务等附加不合理的限制;(4)交易时在价格之外附加不合理费用;(5)附加与交易标的无关的交易条件。

※法条链接

《禁止滥用市场支配地位行为规定》第十八条第二款　本条所称"正当理由"包括:

(一)符合正当的行业惯例和交易习惯;

(二)为满足产品安全要求所必需;

(三)为实现特定技术所必需;

(四)为保护交易相对人和消费者利益所必需;

(五)能够证明行为具有正当性的其他理由。

6.没有正当理由,对条件相同的交易相对人在交易价格等交易条件上实行差别待遇,该行为是指处于市场支配地位的经营者没有正当理由,对条件相同的交易对象,就其所提供的商品的价格或其他交易条件给予明显有利或不利的区别对待。

根据《禁止滥用市场支配地位行为行规定》,此类行为的具体表现包括:(1)实行不同的交易价格、数量、品种、品质等级;(2)实行不同的数量折扣等优惠条件;(3)实行不同的付款条件、交付方式;(4)实行不同的保修内容和期限、维修内容和时间、零配件供应、技术指导等售后服务条件。

条件相同,是指交易相对人之间在交易安全、交易成本、规模和能力、信用状况、所处交易环节、交易持续时间等方面不存在实质性影响交易的差别。差别待遇可使相同产品的卖方或者买方获得不同的交易机会,从而直接影响到他们的公平竞争。此外,如果经营者自身也参与下游竞争的话,可能会利用价格歧视排挤其他竞争者。由于差别待遇的反竞争效果并非绝对,因此,《反垄断法》只禁止无正当理由的差别待遇行为。

※法条链接

《禁止滥用市场支配地位行为规定》第十九条第三款　本条所称"正当理由"包括:

(一)根据交易相对人实际需求且符合正当的交易习惯和行业惯例,实行不同交易条件;

(二)针对新用户的首次交易在合理期限内开展的优惠活动;

(三)基于公平、合理、无歧视的平台规则实施的随机性交易;

(四)能够证明行为具有正当性的其他理由。

7.国务院反垄断执法机构认定的其他滥用市场支配地位的行为,这是一个兜底条款,当滥用市场支配地位行为无法列入以上几种具体滥用市场支配地位行为时,则由国务院反垄断执法机构将其作为其他滥用市场支配地位行为进行认定。

(三)滥用市场支配地位的法律规制

1.经营者具有市场支配地位的认定

要认定某一企业是否滥用市场支配地位及是否违法,首先应当确定该企业在相关市场内是否具有支配地位。《反垄断法》第二十三条规定,应当依据下列因素认定经营者的市场支配地位:(1)该经营者在相关市场的市场份额,以及相关市场的竞争状况;(2)该经营者控制销售市场或者原材料采购市场的能力;(3)该经营者的财力和技术条件;(4)其他经营者对该经营者在交易上的依赖程度;(5)其他经营者进入相关市场的难易程度;(6)与认定该经营者市场支配地位有关的其他因素。

2.市场支配地位的判定

市场支配地位是经营者拥有的市场控制力,它是指企业或企业联合体在特定市场上具有的控制价格或排除竞争的能力。对经营者市场支配地位的判定通常是判断经营者是否存在垄断情形的重要因素。

《反垄断法》第二十四条规定,有下列情形之一的,可以推定经营者具有市场支配地位:(1)一个经营者在相关市场的市场份额达到二分之一的;(2)两个经营者在相关市场的市场份额合计达到三分之二的;(3)三个经营者在相关市场的市场份额合计达到四分之三的。有前款第二项、第三项规定的情形,其中有的经营者市场份额不足十分之一的,不应当推定该经营者具有市场支配地位。被推定具有市场支配地位的经营者,有证据证明不具有市场支配地位的,不应当认定其具有市场支配地位。

相关案例

2020年12月,国家市场监督管理总局依据《反垄断法》对甲集团控股有限公司

(以下简称甲集团)在中国境内网络零售平台服务市场滥用市场支配地位行为立案调查。经查,甲集团在中国境内网络零售平台服务市场具有支配地位。自2015年以来,甲集团滥用该市场支配地位,对平台内商家提出"二选一"要求,禁止平台内商家在其他竞争性平台开店或参加促销活动,并借助市场力量、平台规则和数据、算法等技术手段,采取多种奖惩措施保障"二选一"要求执行,维持、增强自身市场力量,获取不正当竞争优势。

2021年4月10日,国家市场监督管理总局根据《反垄断法》依法作出行政处罚决定,责令甲集团停止违法行为,并处以其2019年中国境内销售额4557.12亿元4%的罚款,计182.28亿元。同时,按照《行政处罚法》坚持处罚与教育相结合的原则,向甲集团发出《行政指导书》,要求其围绕严格落实平台企业主体责任、加强内控合规管理、维护公平竞争、保护平台内商家和消费者合法权益等方面进行全面整改,并连续三年向国家市场监督管理总局提交自查合规报告。

四、经营者集中

(一)经营者集中的情形

经营者集中是指下列情形:

1. 经营者合并;
2. 经营者通过取得股权或者资产的方式取得对其他经营者的控制权;
3. 经营者通过合同等方式取得对其他经营者的控制权或者能够对其他经营者施加决定性影响。

由于一定规模的经营者集中可能改变市场结构,进而妨碍市场竞争,损害消费者福利,因此,反垄断法将其纳入调整范围。

(二)经营者集中的申报

经营者集中达到国务院规定的申报标准的,经营者应当事先向国务院反垄断执法机构申报,未申报的不得实施集中。经营者集中未达到国务院规定的申报标准,但有证据证明该经营者集中具有或者可能具有排除、限制竞争效果的,国务院反垄断执法机构可以要求经营者申报。经营者未依照前两款规定进行申报的,国务院反垄断执法机构应当依法进行调查。

经营者集中有下列情形之一的,可以不向国务院反垄断执法机构申报:(1)参与集中的一个经营者拥有其他每个经营者50%以上有表决权的股份或者资产的;(2)参与集中的每个经营者50%以上有表决权的股份或者资产被同一个未参与集中的经营者拥有的。

(三)经营者集中的审查

1.两阶段审查

第一阶段为初步审查。国务院反垄断执法机构应当自收到经营者提交的符合规定的文件、资料之日起三十日内,对申报的经营者集中进行初步审查,作出是否实施进一步审查的决定,并书面通知经营者。国务院反垄断执法机构作出决定前,经营者不得实施集中。国务院反垄断执法机构作出不实施进一步审查的决定或者逾期未作出决定的,经营者可以实施集中。

第二阶段为实质审查。国务院反垄断执法机构决定实施进一步审查的,应当自决定之日起九十日内审查完毕,作出是否禁止经营者集中的决定,并书面通知经营者。作出禁止经营者集中的决定,应当说明理由。审查期间,经营者不得实施集中。有下列情形之一的,国务院反垄断执法机构经书面通知经营者,可以延长前款规定的审查期限,但最长不得超过六十日:(1)经营者同意延长审查期限的;(2)经营者提交的文件、资料不准确,需要进一步核实的;(3)经营者申报后有关情况发生重大变化的。

国务院反垄断执法机构逾期未作出决定的,经营者可以实施集中。

2.审查标准

审查经营者集中应考虑下列因素:(1)参与集中的经营者在相关市场的市场份额及其对市场的控制力;(2)相关市场的市场集中度;(3)经营者集中对市场进入、技术进步的影响;(4)经营者集中对消费者和其他有关经营者的影响;(5)经营者集中对国民经济发展的影响;(6)国务院反垄断执法机构认为应当考虑的影响市场竞争的其他因素。

3.对经营者集中的处罚

根据《反垄断法》第五十八条的规定,经营者违反本法规定实施集中,且具有或者可能具有排除、限制竞争效果的,由国务院反垄断执法机构责令停止实施集中、限期处分股份或者资产、限期转让营业以及采取其他必要措施恢复到集中前的状态,处上一年度销售额10%以下的罚款;不具有排除、限制竞争效果的,处五百万元以下的罚款。

相关案例

2008年9月,甲全资子公司发表声明,决定按乙公司每股股份现金12.2元提出收购其全部已发行股份,并按相等价格收购已发行的可转债及期权。这相较于乙公司当日收市价4.14元溢价1.95倍,涉及资金约196亿元,约24亿美元。并于同月正式向商务部递交收购申请。最终,商务部在综合分析所有材料进行两轮的审查后,决定禁止此次收购行为。

本案中,由于交易后甲公司将取得乙公司绝大部分甚至100%股权,从而取得了乙公司的决定控制权,因此,该交易符合集中的法定标准。同时,甲公司和乙公司2007年在中国境内的营业额分别为12亿美元(约合91.2亿元)和3.4亿美元(约合25.9亿元),分别超过4亿元,达到并超过了《国务院关于经营者集中申报标准的规定》的申报标准,因此此案必须接受相关审查。

五、行政性垄断

(一)行政性垄断的概念

滥用行政权力排除、限制竞争,即通常所说的行政性垄断。行政性垄断是与经济性垄断相对应的,它不是市场经济自然发展的垄断行为,而是具有行政属性的垄断行为,是行政权力参与作用而形成的垄断。行政性垄断是我国现行经济体制的产物。在体制转轨过程中,由于竞争性的市场机制尚未形成,中央政府直接控制的减少和地方政府经济化倾向的增强,增大了市场分割的可能性。从长远来看,它实际上削弱了企业竞争能力,对市场经济运行的机制将产生不利的影响。

(二)行政性垄断的表现形式

1. 行政强制交易

行政强制交易是指行政机关和法律、法规授权的具有管理公共事务职能的组织滥用行政权力,限定或者变相限定单位或者个人经营、购买、使用其指定的经营者提供的商品的行为。《反垄断法》第三十九条对此种行为明确予以制止。

※**法条链接**

《制止滥用行政权力排除、限制竞争行为规定》第四条 行政机关和法律、法规授权的具有管理公共事务职能的组织不得滥用行政权力,实施下列行为,限定或者变相限定单位或者个人经营、购买、使用其指定的经营者提供的商品或者服务(以下统称商品):

(一)以明确要求、暗示、拒绝或者拖延行政审批、备案、重复检查、不予接入平台或者网络等方式,限定或者变相限定经营、购买、使用特定经营者提供的商品;

(二)通过限制投标人所在地、所有制形式、组织形式等方式,限定或者变相限定经营、购买、使用特定经营者提供的商品;

(三)通过设置不合理的项目库、名录库、备选库、资格库等方式,限定或者变相限定经营、购买、使用特定经营者提供的商品;

(四)限定或者变相限定单位或者个人经营、购买、使用其指定的经营者提供的商品的其他行为。

2. 地区封锁

地区封锁是指行政机关和法律、法规授权的具有管理公共事务职能的组织滥用行政权力,限制外地商品进入本地市场,或者限制本地商品流向外地市场的行为。实践中,通过限制外地商品进入本地市场,以排除本地市场的竞争,保护本地生产相同或类似商品企业的利益。限制本地商品流入外地则针对某种紧缺型生产资料,目的也是保护本地企业。

※**法条链接**

《反垄断法》第四十一条 行政机关和法律、法规授权的具有管理公共事务职能的组织不得滥用行政权力,实施下列行为,妨碍商品在地区之间的自由流通:

(一)对外地商品设定歧视性收费项目、实行歧视性收费标准,或者规定歧视性

价格;

(二)对外地商品规定与本地同类商品不同的技术要求、检验标准,或者对外地商品采取重复检验、重复认证等歧视性技术措施,限制外地商品进入本地市场;

(三)采取专门针对外地商品的行政许可,限制外地商品进入本地市场;

(四)设置关卡或者采取其他手段,阻碍外地商品进入或者本地商品运出;

(五)妨碍商品在地区之间自由流通的其他行为。

3.排斥或者限制经营者参加招标投标以及其他经营活动

《反垄断法》第四十二条规定,行政机关和法律、法规授权的具有管理公共事务职能的组织不得滥用行政权力,以设定歧视性资质要求、评审标准或者不依法发布信息等方式,排斥或者限制经营者参加招标投标以及其他经营活动。

※法条链接

《制止滥用行政权力排除、限制竞争行为规定》第七条　行政机关和法律、法规授权的具有管理公共事务职能的组织不得滥用行政权力,实施下列行为,排斥或者限制经营者参加招标投标以及其他经营活动:

(一)不依法发布招标投标等信息;

(二)排斥或者限制外地经营者参与本地特定的招标投标活动和其他经营活动;

(三)设定歧视性的资质要求或者评审标准;

(四)设定与实际需要不相适应或者与合同履行无关的资格、技术和商务条件;

(五)排斥或者限制经营者参加招标投标以及其他经营活动的其他行为。

4.排斥、限制、强制或者变相强制外地经营者在本地投资或者设立分支机构

为了排除外地企业对本地企业的竞争压力,地方政府及其工作部门采取与本地经营者不平等待遇等方式,排斥、限制、强制或者变相强制外地经营者在本地投资或者设立分支机构,妨碍外地经营者在本地的正常经营活动。情形包括:(1)拒绝、强制或者变相强制外地经营者在本地投资或者设立分支机构;(2)对外地经营者在本地投资的规模、方式以及设立分支机构的地址、商业模式等进行限制或者提出不合理要求;(3)对外地经营者在本地的投资或者设立的分支机构在投资、经营规模、经营方式、税费缴纳等方面规定与本地经营者不同的要求,在安全生产、节能环保、质量标准、行政审批、备案等方面实行歧视性待遇;(4)排斥、限制、强制或者变相强制外地经营者在本地投资或者设立分支机构的其他行为。

5.强制经营者从事垄断行为

根据《反垄断法》第四十四条的规定,行政机关和法律、法规授权的具有管理公共事务职能的组织不得滥用行政权力,强制或者变相强制经营者从事反垄断法规定的垄断行为。

6.抽象行政垄断行为

根据《反垄断法》第四十五条的规定,行政机关和法律、法规授权的具有管理公共事务职能的组织不得滥用行政权力,以办法、决定、公告、通知、意见、会议纪要、函件等形式,制定、发布含有排除、限制竞争内容的规定。

(三)行政性垄断的法律规制

行政机关和法律、法规授权的具有管理公共事务职能的组织滥用行政权力,实施排除、限制竞争行为的,由上级机关责令改正;对直接负责的主管人员和其他直接责任人员依法给予处分。反垄断执法机构可以向有关上级机关提出依法处理的建议。行政机关和法律、法规授权的具有管理公共事务职能的组织应当将有关改正情况书面报告上级机关和反垄断执法机构。法律、行政法规对行政机关和法律、法规授权的具有管理公共事务职能的组织滥用行政权力实施排除、限制竞争行为的处理另有规定的,依照其规定。

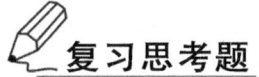

复习思考题

一、单项选择题

1.《消费者权益保护法》中主要指(   )。
   A.生产消费　　　　　　　　　B.生活消费
   C.单位消费　　　　　　　　　D.个人消费

2.消费者依法有权要求经营者提供的商品和服务必须符合保障人身、财产安全的要求,这属于(   )。
   A.公平交易权　　　　　　　　B.监督批评权
   C.维护尊严权　　　　　　　　D.保障安全权

3.(   )是指消费者享有知悉其购买、使用的商品或接受的服务的真实情况的权利。
   A.求教获知权　　　　　　　　B.依法结社权
   C.知悉真情权　　　　　　　　D.依法求偿权

4.广告的经营者发布虚假广告的,消费者可以请求(   )予以惩处。
   A.消费者协会　　　　　　　　B.行政主管部门
   C.人民法院　　　　　　　　　D.检察院

5.经营者提供商品或者服务有欺诈行为的,应按照消费者的要求增加赔偿其受到的损失,增加赔偿的金额为消费者购买商品价款或者接受服务的费用的(   )。
   A.1 倍　　　　　　　　　　　B.2 倍
   C.3 倍　　　　　　　　　　　D.10 倍

6.受害人因产品存在缺陷造成损害要求赔偿的诉讼时效期间为(   )年,自当事人知道或者应当知道其权益受到损害时起计算。
   A.1 年　　　　　　　　　　　B.2 年
   C.3 年　　　　　　　　　　　D.半年

7.《产品质量法》所称的产品,可以是(   )。

A.经过加工制作的自产自用的产品

B.未加工制作的狩猎品和矿产品

C.种植业、畜牧业、渔业等所生产的初级农产品

D.经过加工、制作、用于销售的产品

8.根据反垄断法律制度的规定,下列各项中,属于滥用市场支配地位行为的是( )。

A.划分市场　　　　　　　　　B.联合抵制

C.固定价格　　　　　　　　　D.掠夺性定价

9.赵某从某商场购买某厂生产的高压锅,烹饪时邻居钱某到其厨房聊天,高压锅爆炸致使两人受伤。下列说法中正确的是( )。

A.钱某不是商品的购买者也不是使用者,不能请求赔偿

B.如高压锅被认定为缺陷产品,赵某可向该厂也可向该商场请求赔偿

C.如高压锅未被认定为缺陷产品,该厂不承担赔偿责任

D.商场和厂家的损害赔偿责任均为过错责任

10.下列降价行为中属于低价倾销的是( )。

A.低于成本价销售鲜活商品

B.低于成本价处理库存积压商品

C.低于成本价销售换季服装

D.低于成本价销售商品排挤竞争对手

二、多项选择题

1.消费者和经营者发生消费者权益争议的,可以通过下列( )途径解决。

A.与经营者协商和解

B.请求消费者协会调解

C.根据与经营者达成的仲裁协议提请仲裁机构仲裁

D.向有关行政部门申诉

2.根据《产品质量法》的规定,下列说法不正确的是( )。

A.《产品质量法》对生产者、销售者的产品缺陷责任均实行严格责任

B.《产品质量法》对生产者产品缺陷实行严格责任,对销售者实行过错责任

C.产品缺陷造成损害要求赔偿的诉讼时效期间为两年,从产品售出之日起计算

D.产品缺陷造成损害要求赔偿的请求权在缺陷产品生产日期满十年后丧失

3.产品质量法对产品生产者在产品生产方面作了禁止性、限制性规定,包括( )。

A.不得生产国家明令淘汰的产品

B.不得伪造产地、不得伪造或者冒用他人的厂名、厂址

C.不得伪造或者冒用认证标志、名优标志等质量标志

D.不得生产有毒物品

4.根据《产品质量法》的规定,因产品存在缺陷造成人身、他人财产损害的,受害人可以向产品的( )要求赔偿。

A.生产者　　　　　　　　　　B.销售者

C.服务者　　　　　　　　　　D.第三者

5.红心地板公司在某市电视台投放广告,称"红心牌原装进口实木地板为你分忧",还称"强化木地板甲醛高、不耐用"。此后,本地市场上的强化木地板销量锐减。经查明,该公司生产的实木地板是用进口木材在国内加工而成。关于该广告行为,下列说法正确的是(　　)。

A.属于诋毁商誉行为

B.属于混淆行为

C.属于侵犯商业秘密行为

D.属于虚假宣传行为

6.下列关于《反垄断法》适用范围的表述中,正确的有(　　)。

A.只要垄断行为发生在境内,无论该行为是否对境内市场竞争产生排除、限制影响,均应适用《反垄断法》

B.只要行为人是我国公民或境内企业,无论该行为是否发生在境内,均应适用《反垄断法》

C.只要行为人是我国公民或境内企业,无论该行为是否对境内市场竞争产生排除、限制影响,均应适用《反垄断法》

D.只要垄断行为对境内市场竞争产生排除、限制影响,无论该行为是否发生在境内,均应适用《反垄断法》

三、案例模拟

2020年1月,张某从本市"一某利"日杂用品商店(简称日杂商店)购买了一只"冬某"牌热水袋,该热水袋生产厂家是某市橡胶日用品厂。当晚,张某将热水袋装满开水放在被子里上床睡觉,不料用手一拉热水袋的颈部突然断裂,开水将张某腹部与下身烫伤。经诊断,张某系2度烫伤,经两个星期住院治疗痊愈,但支出医疗费4300元。张某请求日杂商店赔偿,商店认为应由生产厂家赔偿,本店只同意退货。张某要求生产厂家赔偿,生产厂家同意换一只新的,但对医疗费不同意赔偿。张某遂向人民法院起诉,请求日杂商店赔偿医疗费及误工费。法院委托市工业产品质量检验所检验,结论是:该热水袋断裂处橡胶厚薄不匀,可用手轻易撕碎,拉力极差,是热水袋断裂的主要原因。

请根据以上案情,回答下列问题:

(1)该产品存在什么问题?

(2)谁应对该产品负责?

(3)张某的求偿范围包括哪些?

(4)张某如向日杂商店索赔,其能否以无过错为由拒绝赔偿?

第十章 会计和审计法律制度

学习目标

【知识目标】
1. 了解会计基本概念和职能,了解审计法的基本制度。
2. 熟悉会计机构和会计人员的法律规定,审计工作的管理体制。
3. 掌握会计核算和会计监督的法律规定,掌握违反会计法和审计法的法律责任。

【能力目标】
1. 能判断会计、审计方面的违法行为及所应承担的法律责任。
2. 能够运用所学知识分析解决现实生活中的实例。

【思政目标】
1. 培养学生树立正确的世界观、人生观和价值观。
2. 培养学生塑造良好的法治思维和原则。

本章知识体系构建

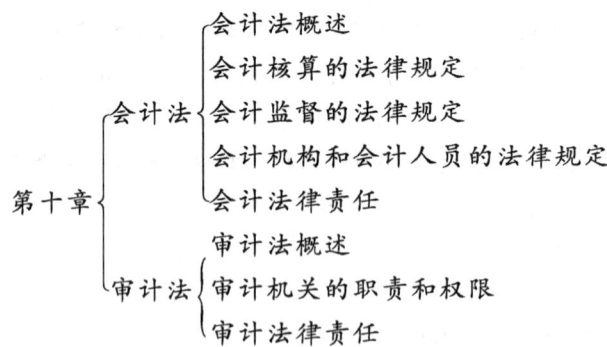

※ **引导案例**

某企业新任领导班子上任后,作出了精简内设机构等决定,将会计科撤并到企业管理办公室(以下简称"企管办"),同时任命企管办主任王某兼任会计主管人员。会计科撤并到企管办后,会计工作分工如下:原会计科会计继续担任会计,原企管办工作人员、王某的女儿担任出纳工作。企管办主任王某自参加工作后一直从事文秘工作,为了使王某尽快胜任会计主管人员岗位,企业同意王某半脱产参加会计培训班。

问题:这种行为是否符合有关法律规定?

分析:(1)该企业撤并会计机构有违法之处。根据《中华人民共和国会计法》(以下简称《会计法》)的规定,各单位应当根据会计业务的需要,设置会计机构,或者在有关机构中设置会计人员并指定会计主管人员。(2)任命王某为会计主管人员有违法之处。根据《会计法》的规定,担任单位会计机构负责人(会计主管人员)的,应当具备会计师以上专业技术职务资格或者从事会计工作三年以上经历。王某不具备法定资格,既无会计师专业技术职务资格,以往从事的又是文秘工作,不能做会计主管人员。(3)由王某的女儿担任出纳工作,也是违法的。依据《会计基础工作规范》的要求,国家机关、国有企业、事业单位任用会计人员应当实行回避制度,其中会计主管人员的直系亲属不得在本单位会计机构中担任出纳工作。

第一节 会计法

一、会计法概述

(一)会计的概念及职能

会计是以货币为主要计量单位,采用专门的程序和方法,对企业、事业、机关等单位或组织的经济活动进行连续、系统、全面反映和监督的一项经济管理活动。

会计职能是指在经济管理过程中所具有的功能。《会计法》第五条规定,会计机构、会计人员依照本法规定进行会计核算,实行会计监督。因此,会计的基本职能有两个:

1.核算职能。会计核算职能是会计首要的职能,贯穿于经济活动的全过程。

2.监督职能。会计监督职能是指会计按照一定的目的和要求,利用会计信息系统所提供的信息,对会计主体的经济活动进行控制,使之达到预期的目标。

(二)会计法

会计法是由国家制定的,调整在社会经济活动中发生的会计核算、会计监督、会计管理及其他会计关系的法律规范。会计法有广义和狭义之分。广义的会计法是指由国家权力机关和行政机关制定的调整各种会计关系的规范性文件的总称,包括会计法律、行政法规、行政规章等。狭义的会计法指由国家最高权力机关通过一定的立法程序颁布施行的会计法律,即以国家强制力保障其实施的《会计法》。这里所讲的会计法是指狭义的会计法。

※**知识链接**

第一部《会计法》于1985年1月21日,由第六届全国人民代表大会常务委员会第九次会议通过,同年5月1日起施行。为了适应建立社会主义市场经济的要求,1993年12月29日,第八届全国人民代表大会常务委员会第五次会议通过了《关于修改〈中华人民共和国会计法〉的决定》,对会计法作了第一次修正。1999年10月31日,第九届全国人民代表大会常务委员会第十二次会议根据进一步深化经济体制改革对会计工作提出的新的要求,审议通过了重新修订的会计法。重新修订后的会计法,自2000年7月1日起施行。根据2017年11月4日第十二届全国人民代表大会常务委员会第三十次会议《关于修改〈中华人民共和国会计法〉等十一部法律的决定》第二次修正。

二、会计核算的法律规定

(一)会计核算的基本要求

根据《会计法》第九条的规定,各单位必须根据实际发生的经济业务事项进行会计核算,填制会计凭证,登记会计账簿,编制财务会计报告。任何单位不得以虚假的经济业务事项或者资料进行会计核算。

1.对经济业务进行会计核算的要求

(1)各单位必须根据实际发生的经济业务事项进行会计核算,填制会计凭证,登记会计账簿,编制财务会计报告。

(2)会计核算以实际发生的经济业务为依据,体现了会计核算的真实性和客观性要求。

2.对会计资料的要求

会计资料主要是指会计凭证、会计账簿、财务会计报告等会计核算专业资料。根据《会计法》第十三条的规定,会计凭证、会计账簿、财务会计报告和其他会计资料,必须符合国家统一的会计制度的规定。任何单位和个人不得伪造、变造会计凭证、会计账簿及其他会计资料,不得提供虚假的财务会计报告。

※**知识链接**

伪造会计资料,包括伪造会计凭证和会计账簿,是以虚假的经济业务为前提来编制会计凭证和会计账簿,旨在以假充真。变造会计资料,包括变造会计凭证和会计账簿,是用涂改、挖补等手段来改变会计凭证和会计账簿的真实内容,以歪曲事实真相。

3.使用电子计算机进行会计核算的要求

《会计法》规定,使用电子计算机进行会计核算的,其软件及生成的会计凭证、会计账簿、财务会计报告和其他的会计资料,也必须符合国家统一的会计制度的规定。《会计法》对电算化作出了两方面的规定:(1)使用电子计算机进行会计核算的单位使用的软件必须符合国家统一的会计制度的规定;(2)用电子计算机生成的会计资料必须符合国家统一的会计制度的要求。

(二)会计核算的内容

根据《会计法》第十条的规定,应当办理会计手续,进行会计核算的经济业务包括以下方面:

1. 款项和有价证券的收付;
2. 财物的收发、增减和使用;
3. 债权债务的发生和结算;
4. 资本、资金的增减;
5. 收入、支出、费用、成本的计算;
6. 财务成果的计算和处理;
7. 需要办理会计手续、进行会计核算的其他事项。

(三)会计年度和记账本位币

每个会计年度按照公历日期划分为半年度、季度、月度。《会计法》规定,会计年度自公历1月1日起至12月31日止。这样归档的目的是与我国的财政、计划、统计、税务等年度保持一致。会计核算以人民币为记账本位币,业务收支以人民币以外的货币为主的单位,可以选定其中一种货币作为记账本位币,但是编报的财务会计报告应当折算为人民币。

(四)会计凭证

会计凭证按其来源和用途,分为原始凭证和记账凭证两种。会计机构、会计人员必须按照国家统一的会计制度的规定对原始凭证进行审核,对不真实、不合法的原始凭证有权不予接受,并向单位负责人报告;对记载不准确、不完整的原始凭证予以退回,并要求按照国家统一的会计制度的规定更正、补充。原始凭证记载的各项内容均不得涂改;原始凭证有错误的,应当由出具单位重开或者更正,更正处应当加盖出具单位印章。原始凭证金额有错误的,应当由出具单位重开,不得在原始凭证上更正。记账凭证应当根据经过审核的原始凭证及有关资料编制。

(五)会计账簿

根据《会计法》的规定,会计账簿登记,必须以经过审核的会计凭证为依据,并符合有关法律、行政法规和国家统一的会计制度的规定。会计账簿包括总账、明细账、日记账和其他辅助性账簿。登记会计账簿必须按照记账规则进行,包括会计账簿应当按照连续编号的页码顺序登记;会计账簿记录发生错误或者隔页、缺号、跳行的,应当按照国家统一的会计制度规定的方法更正,并由会计人员和会计机构负责人(会计主管人员)在更正处盖章等。任何单位都不得在法定会计账簿之外私设会计账簿。

(六)财务会计报告

财务会计报告由会计报表、会计报表附注和财务情况说明书组成。财务会计报告的编制应当符合以下基本要求。

1. 财务会计报告由会计报表、会计报表附注和财务情况说明书组成。向不同的会计资料使用者提供的财务会计报告,其编制依据应当一致。有关法律、行政法规规定会计报表、会计报表附注和财务情况说明书须经注册会计师审计的,注册会计师及其所在的会计师事务所出具的审计报告应当随同财务会计报告一并提供。

2.财务会计报告应当由单位负责人和主管会计工作的负责人、会计机构负责人(会计主管人员)签名并盖章;设置总会计师的单位,还须由总会计师签名并盖章。单位负责人应当保证财务会计报告真实、完整。企业不得编制和对外提供虚假或隐瞒重要事实的财务会计报告。

(七)账务核对和财产清查

根据《会计法》第十七条的规定,各单位应当定期将会计账簿记录与实物、款项及有关资料相互核对,保证会计账簿记录与实物及款项的实有数额相符、会计账簿记录与会计凭证的有关内容相符、会计账簿之间相对应的记录相符、会计账簿记录与会计报表的有关内容相符。

根据《企业财务会计报告条例》规定,企业在编制年度财务会计报告前,应当全面清查资产、核实债务。财务清查具体包括以下事项:(1)清理结算款项;(2)清理存货;(3)清理投资;(4)清理固定资产;(5)检查在建工程的实际发生额与账面记录是否一致;(6)其他内容。

(八)会计档案管理

会计档案是指单位在进行会计核算等过程中接收或形成的,记录和反映单位经济业务事项的,具有保存价值的文字、图表等各种形式的会计资料。

1.会计档案的归档要求

单位的会计机构或会计人员所属机构按照归档范围和归档要求,负责定期将应当归档的会计资料整理立卷,编制会计档案保管清册。当年形成的会计档案,在会计年度终了后,可由单位会计管理机构临时保管1年,再移交单位档案管理机构保管。出纳人员不得兼管会计档案。

2.会计档案的移交和利用

单位会计管理机构在办理会计档案移交时,应当编制会计档案移交清册,并按照国家档案管理的有关规定办理移交手续。纸质会计档案移交时应当保持原卷的封装。电子会计档案移交时应当将电子会计档案及其元数据一并移交,且文件格式应当符合国家档案管理的有关规定。

3.会计档案的保管期限和鉴定销毁

会计档案的保管期限分为永久、定期(一般分为10年和30年)两类;会计档案的保管期限,从会计年度终了后的第一天算起。单位应当定期对已到保管期限的会计档案进行鉴定,并形成会计档案鉴定意见书。经鉴定,仍需继续保存的会计档案,应当重新划定保管期限;对保管期满,确无保存价值的会计档案,可以销毁。

(九)公司、企业会计核算的特别规定

公司、企业必须根据实际发生的经济业务事项,按照国家统一的会计制度的规定确认、计量和记录资产、负债、所有者权益、收入、费用、成本和利润。此外公司、企业进行会计核算不得有下列行为:

1. 随意改变资产、负债、所有者权益的确认标准或者计量方法,虚列、多列、不列或者少列资产、负债、所有者权益;
2. 虚列或者隐瞒收入,推迟或者提前确认收入;
3. 随意改变费用、成本的确认标准或者计量方法,虚列、多列、不列或者少列费用、成本;
4. 随意调整利润的计算、分配方法,编造虚假利润或者隐瞒利润;
5. 违反国家统一的会计制度规定的其他行为。

相关案例

> 小李是A公司的出纳人员,在办理报销工作中,发现采购科送来的报销的3张由购货方开具的发票有更改现象,其中2张发票分别更改了数量和用途,另外1张发票更改了金额。该3张发票的更改处均盖有A公司采购科的业务印章。尽管小李开始犹豫一下,但考虑到3张发票已由公司总经理、财务科长签字同意,最后均予以报销。
>
> 问题:小李对3张更改的发票予以报销的做法是否符合规定,应如何处理?
>
> 分析:不符合规定。根据《会计法》的规定,原始凭证记载的各项内容均不得涂改;原始凭证有错误的,应当由出具单位重开或者更正,更正处应当加盖出具单位印章。原始凭证金额有错误的,应当由出具单位重开。
>
> 据此,小李对2张虽分别更改了数量和用途但本单位更正过的发票不可以报销,应当要求采购人员退回,由原始凭证开具单位更正,并在更正处加盖出具单位印章;对另外1张更改了金额的发票应予以退回,要求采购人员到原始凭证开具单位重新开具。

三、会计监督的法律规定

我国的会计监督体系是由单位内部的会计监督、会计工作的国家监督、会计工作的社会监督组成的三位一体的会计监督体系。其中国家监督和社会监督属于外部监督。

内部会计监督的本质是内部控制,是内部管理的重要组成部分;社会监督是对内部监督的再监督,其特征是监督行为的独立性和有偿性;政府监督是对内部监督和社会监督的再监督,其特征是强制性和无偿性。

(一)单位内部会计监督

单位内部会计监督是指各单位的会计机构、会计人员依法通过会计手段对本单位经济活动的合法性、合理性和有效性进行监督。单位内部会计监督本质上是一种内部控制制度。

1. 单位内部会计监督的基本要求

(1)记账人员与经济业务事项或会计事项的审批人员、经办人员、财物保管人员的

职责权限应当明确,并相互分离,相互制约;

(2)重大对外投资、资产处置、资金调度和其他重要经济业务事项的决策和执行的相互监督、相互制约的程序应当明确;

(3)财产清查的范围、期限和组织程序应当明确;

(4)对会计资料定期进行内部审计的办法和程序应当明确。

2.单位负责人在内部会计监督中的职责

《会计法》第二十八条规定,单位负责人应当保证会计机构、会计人员依法履行职责,不得授意、指使、强令会计机构、会计人员违法办理会计事项。

《会计法》在总则中规定,单位负责人对本单位的会计工作和会计资料的真实性、完整性负责。

3.会计机构、会计人员在单位内部会计监督中的职权

会计机构、会计人员对违反《会计法》和国家统一的会计制度规定的会计事项,有权拒绝办理或者按照职权予以纠正。会计机构、会计人员发现会计账簿记录与实物、款项及有关资料不相符的,按照国家统一的会计制度的规定有权自行处理的,应当及时处理;无权处理的,应当立即向单位负责人报告,请求查明原因,作出处理。

(二)会计工作的国家监督

会计工作的政府监督主要是指财政部门代表国家对各单位和单位中相关人员的会计行为实施的监督检查,以及对发现的违法会计行为实施行政处罚。国家监督又称政府监督,具有强制性和无偿性的特点。

※知识链接

县级以上人民政府财政部门为各单位会计工作的监督检查部门,对各单位会计工作行使监督权,对违法会计行为实施行政处罚。审计、税务、人民银行、证券监管、保险监管等部门依照有关法律、行政法规规定的职责和权限,可以对有关单位的会计资料实施监督检查。

财政部门实施会计监督检查的对象是会计行为,并对发现的有违法会计行为的单位和个人实施行政处罚。监督范围有:

1.监督各单位是否依法设置会计账簿;

2.监督各单位的会计凭证、会计账簿、财务会计报告和其他会计资料是否真实、完整;

3.监督各单位的会计核算是否符合《会计法》和国家统一的会计制度的规定;

4.监督各单位从事会计工作的人员是否具备从业资格。

此外,国务院财政部门和省、自治区、直辖市人民政府财政部门,依法对注册会计师、会计师事务所和注册会计师协会进行监督指导。财政部门对会计师事务所出具审计报告的程序和内容进行监督。

(三)会计工作的社会监督

社会监督主要是指由注册会计师及其所在的会计师事务所依法对委托单位的经济

活动进行的审计、鉴证的一种监督制度。此外,单位和个人检举违反《会计法》和国家统一的会计制度的行为,也属于会计工作社会监督的范畴。

注册会计师及其所在的会计师事务所的业务范围主要包括以下两个方面:

1.依法承办审计业务,对企业进行审计、验资、合并分立等的审计及其他审计业务;

2.承办会计咨询、服务业务,提供咨询、代理纳税、拟定合同、投资评估、培训业务及其他咨询服务。

四、会计机构和会计人员的法律规定

(一)会计人员的法律规定

根据《会计法》的规定,各单位应当根据会计业务的需要,设置会计机构,或者在有关机构中设置会计人员并指定会计主管人员;不具备设置条件的,应当委托经批准设立从事会计代理记账业务的中介机构代理记账。国有的和国有资产占控股地位或者主导地位的大、中型企业必须设置总会计师。总会计师的任职资格、任免程序、职责权限由国务院规定。会计机构内部应当建立稽核制度。

(二)会计人员的法律规定

1.会计工作岗位设置的基本要求

会计工作岗位,可以一人一岗、一人多岗或者一岗多人。出纳人员不得兼任稽核、会计档案保管和收入、支出、费用、债权债务账目的登记工作。会计人员的工作岗位应当有计划地进行轮换。

国家机关、国有企业、事业单位任用会计人员应当实行回避制度。单位负责人的直系亲属不得担任本单位的会计机构负责人、会计主管人员。会计机构负责人、会计主管人员的直系亲属不得在本单位会计机构中担任出纳工作。需要回避的直系亲属包括夫妻关系、直系血亲关系、三代以内旁系血亲以及近姻亲关系。

2.会计人员的职业道德

会计职业道德,是指在会计职业活动中应当遵循的、体现会计职业特征、调整会计职业关系的职业行为准则和规范。会计职业道德与会计法律制度在内容上相互渗透、相互吸收,是对会计法律制度的重要补充。会计职业道德主要包括以下八个方面的内容:(1)爱岗敬业;(2)诚实守信;(3)廉洁自律;(4)客观公正;(5)坚持原则;(6)提高技能;(7)参与管理;(8)强化服务。

五、会计法律责任

《会计法》规定的法律责任没有涉及民事责任问题,主要规定了行政责任和刑事责任两种责任形式。根据《会计法》第四十二条的规定,违反会计核算法律规定应承担的法律责任有:由县级以上人民政府财政部门责令限期改正,可以对单位并处三千元以上五万元以下的罚款;对其直接负责的主管人员和其他直接责任人员,可以处二千元以上二万元以下的罚款;属于国家工作人员的,还应当由其所在单位或者有关单位依法给予行政处分。

伪造、变造会计凭证、会计账簿,编制虚假财务会计报告,构成犯罪的,依法追究刑事责任。隐匿或者故意销毁依法应当保存的会计凭证、会计账簿、财务会计报告,构成犯罪的,依法追究刑事责任。授意、指使、强令会计机构、会计人员及其他人员伪造、变造会计凭证、会计账簿,编制虚假财务会计报告或者隐匿、故意销毁依法应当保护的会计凭证、会计账簿、财务会计报告,构成犯罪的,依法追究刑事责任;尚不构成犯罪的,可以处五千元以上五万元以下的罚款;属于国家工作人员的,还应当由其所在单位或者有关单位依法给予降级、撤职、开除的行政处分。

第二节 审计法

一、审计法概述

(一)审计法的概念

审计是独立的审计机关依法或接受委托对被审计人的会计资料的真实性、准确性、合法性和允当性进行审查,并将审计结果向法定机关或委托人报告的活动。审计可以分为国家审计、内部审计和社会审计。

审计法是调整审计关系的法律规范的总称。审计法律关系包括主体、客体和内容三要素。审计主体是含国家审计机关及其审计人员、被审计单位和第三方;审计客体是反映在会计资料中(账、证、表)的被审计单位的财政、财务收支行为;审计内容是审计法明确规定的主体之间的权利义务。

我国现行的与审计有关的主要法律规范是1994年8月31日第八届全国人民代表大会常务委员会第九次会议通过,根据2006年2月28日第十届全国人民代表大会常务委员会第二十次会议《关于修改〈中华人民共和国审计法〉的决定》第一次修正了《中华人民共和国审计法》(以下简称《审计法》)。根据2021年10月23日第十三届全国人民代表大会常务委员会第三十一次会议《关于修改〈中华人民共和国审计法〉的决定》进行了第二次修正。

(二)审计法的基本原则

为了做好审计工作,《审计法》制定了一些基本原则,审计活动应遵循以下基本原则:

1.客观性原则

审计员应当依据证据证实审计意见是否准确、可靠,如发现被审计对象存在不合理的财务记录或者延误的财务信息,必须及时向企业高层和相关部门反映以便及时纠正。

2.独立性原则

独立性原则是指审计员应该是独立于被审计对象之外的第三方,不受被审计企业控制和干扰。审计员不应该受到被审计对象员工的施压和影响,以保证审计结果的公正性、客观性和权威性。除此之外,审计员在行使职责时不能接受被审计企业的财物、礼品以及其他形式的回报,以免影响审计结果,损害审计机构的信誉度。

3.保密性原则

保密性原则指审计员在执行审计工作时,应保护被审计对象的商业秘密以及保守企业的财务信息。审计员在审计过程中获取了被审计对象机密和敏感信息,不能随意泄露,以防止出现不必要的损失和风险,同时也维护了企业的商业竞争力。

二、审计机关的职责和权限

(一)审计机关的职责

审计机关对本级各部门(含直属单位)和下级政府预算的执行情况和决算以及其他财政收支情况,进行审计监督。

审计署在国务院总理领导下,对中央预算执行情况和其他财政收支情况进行审计监督,向国务院总理提出审计结果报告。地方各级审计机关分别在省长、自治区主席、市长、州长、县长、区长和上一级审计机关的领导下,对本级预算执行情况和其他财政收支情况进行审计监督,向本级政府和上一级审计机关提出审计结果报告。

审计署对中央银行的财务收支,进行审计监督。审计机关对国有金融机构的资产、负债、损益,进行审计监督。

审计机关对国家的事业组织和使用财政资金的其他事业组织的财务收支,进行审计监督;对国有企业的资产、负债、损益,进行审计监督;对与国计民生有重大关系的国有企业、接受财政补贴较多或者亏损数额较大的国有企业,以及国务院和本级地方政府指定的其他国有企业,应当有计划地定期进行审计;对政府投资和以政府投资为主的建设项目的预算执行情况和决算,进行审计监督;审计机关对政府部门管理的和其他单位受政府委托管理的社会保障基金、社会捐赠资金以及其他有关基金、资金的财务收支,进行审计监督;对国际组织和外国政府援助、贷款项目的财务收支,进行审计监督;按照国家有关规定,对国家机关和依法属于审计机关审计监督对象的其他单位的主要负责人,在任职期间对本地区、本部门或者本单位的财政收支、财务收支以及有关经济活动应负经济责任的履行情况,进行审计监督;对其他法律、行政法规规定应当由审计机关进行审计的事项,依照审计法和有关法律、行政法规的规定进行审计监督。

审计机关有权对与国家财政收支有关的特定事项,向有关地方、部门、单位进行专项审计调查,并向本级政府和上一级审计机关报告审计调查结果。国务院和县级以上地方政府应当每年向本级人民代表大会常务委员会提出审计机关对预算执行和其他财政收支的审计工作报告。

(二)审计机关的权限

审计机关有权要求被审计单位按照审计机关的规定提供预算或者财务收支计划、

预算执行情况、决算、财务会计报告,运用电子计算机储存、处理的财政收支、财务收支电子数据和必要的电子计算机技术文档,在金融机构开立账户的情况,社会审计机构出具的审计报告,以及其他与财政收支或者财务收支有关的资料,被审计单位不得拒绝、拖延、谎报。被审计单位负责人对本单位提供的财务会计资料的真实性和完整性负责。

审计机关进行审计时,有权检查被审计单位的会计凭证、会计账簿、财务会计报告和运用电子计算机管理财政收支、财务收支电子数据的系统,以及其他与财政收支、财务收支有关的资料和资产,被审计单位不得拒绝。

审计机关进行审计时,有权就审计事项的有关问题向有关单位和个人进行调查,并取得有关证明材料。有关单位和个人应当支持、协助审计机关工作,如实向审计机关反映情况,提供有关证明材料。审计机关经县级以上政府审计机关负责人批准,有权查询被审计单位在金融机构的账户。审计机关有证据证明被审计单位以个人名义存储公款的,经县级以上政府审计机关主要负责人批准,有权查询被审计单位以个人名义在金融机构的存款。

审计机关对被审计单位正在进行的违反国家规定的财政收支、财务收支行为,有权予以制止;制止无效的,经县级以上政府审计机关负责人批准,通知财政部门和有关主管部门暂停拨付与违反国家规定的财政收支、财务收支行为直接有关的款项,已经拨付的,暂停使用。审计机关采取上述措施不得影响被审计单位合法的业务活动和生产经营活动。

审计机关认为被审计单位所执行的上级主管部门有关财政收支、财务收支的规定与法律、行政法规相抵触的,应当建议有关主管部门纠正;有关主管部门不予纠正的,审计机关应当提请有权处理的机关依法处理。

审计机关可以向政府有关部门通报或者向社会公布审计结果。

审计机关履行审计监督职责,可以提请公安、财政、自然资源、生态环境、海关、税务、市场监督管理等机关予以协助,有关机关应当依法予以配合。

三、审计法律责任

(一)被审计单位的违法责任

被审计单位违反审计法规定,拒绝或者拖延提供与审计事项有关的资料的,或者提供的资料不真实、不完整的,或者拒绝、阻碍检查的,由审计机关责令改正,可以通报批评,给予警告;拒不改正的,依法追究责任。

被审计单位违反审计法规定,转移、隐匿、篡改、毁弃会计凭证、会计账簿、财务会计报告以及其他与财政收支、财务收支有关的资料,或者转移、隐匿所持有的违反国家规定取得的资产,审计机关认为对直接负责的主管人员和其他直接责任人员依法应当给予处分的,应当提出给予处分的建议,被审计单位或者其上级机关、监察机关应当依法及时作出决定,并将结果书面通知审计机关;构成犯罪的,依法追究刑事责任。

对本级各部门(含直属单位)和下级政府违反预算的行为或者其他违反国家规定的

财政收支行为,审计机关、政府或者有关主管部门在法定职权范围内,依照法律、行政法规的规定,区别情况采取下列处理措施:(1)责令限期缴纳应当上缴的款项;(2)责令限期退还被侵占的国有资产;(3)责令限期退还违法所得;(4)责令按照国家统一的会计制度的有关规定进行处理;(5)其他处理措施。

对被审计单位违反国家规定的财务收支行为,审计机关、政府或者有关主管部门在法定职权范围内,依照法律、行政法规的规定,区别情况采取前项规定的处理措施,并可以依法给予处罚。

被审计单位的财政收支、财务收支违反国家规定,审计机关认为对直接负责的主管人员和其他直接责任人员依法应当给予处分的,应当提出给予处分的建议,被审计单位或者其上级机关、监察机关应当依法及时作出决定,并将结果书面通知审计机关。

被审计单位的财政收支、财务收支违反法律、行政法规的规定,构成犯罪的,依法追究刑事责任。

报复陷害审计人员的,依法给予处分;构成犯罪的,依法追究刑事责任。

(二)审计人员的违法责任

审计人员渎职、徇私、玩忽职守或者泄露所知悉的国家秘密、商业秘密的,依法给予处分;构成犯罪的,依法追究刑事责任。

相关案例

南方保健事件

2003年3月18日,美国最大的医疗保健公司——南方保健会计造假丑闻败露。该公司在1997—2002年上半年期间,虚构了24.69亿美元的利润,虚假利润相当于该期间实际利润(—1000万美元)的247倍。这是萨班斯-奥克斯利法案颁布后,美国上市公司曝光的第一大舞弊案,备受各界瞩目。该公司如何造假的?该事件带来的启示是什么?

分析:南方保健使用的最主要造假手段是通过"契约调整"这一收入备抵账户进行利润操纵。南方保健的高管人员通过毫无根据地贷记"契约调整"账户,虚增收入,蓄意调节利润。而为了不使虚增的收入露出破绽,南方保健又专门设立了"AP汇总"这一科目以配合收入的调整。对该公司的审计过程中忽略了若干财务预警信号,恪尽应有的职业审慎是防范审计失败的关键,独立性缺失是审计失败的根本原因。

复习思考题

一、单项选择题

1.根据会计法律制度的规定,原始凭证的金额有错误时,应当采取的正确做法是

( )。

　　A.由出具单位重开

　　B.由出具单位更正并加盖出具单位印章

　　C.由接受单位更正并加盖接受单位印章

　　D.由经办人员更正并加盖经办人员印章

2.根据《会计基础工作规范》的规定,内部会计监督的对象是( )。

　　A.单位的货币资金　　　　　　　B.单位的财产物资

　　C.单位的经济活动　　　　　　　D.单位的财务工作

3.下列各项中,不属于会计工作岗位的是( )。

　　A.出纳岗位　　　　　　　　　　B.会计机构中的会计档案保管岗位

　　C.财产物资核算岗位　　　　　　D.仓库保管员岗位

4.某公司为获得一项工程合同,拟向工程发包方的有关人员支付好处费30万元。公司市场部人员持公司董事长的批示到财务部领取该笔款项时,财务部经理小王认为该项支出不符合有关规定,但考虑到公司主要领导已作了同意的批示,遂支付了此款项。对小曾做法的下列认定中,正确的是( )。

　　A.小曾违反了爱岗敬业的会计职业道德要求

　　B.小曾违反了参与管理的会计职业道德要求

　　C.小曾违反了客观公正的会计职业道德要求

　　D.小曾违反了坚持准则的会计职业道德要求

5.下列关于国有企业的表述中,没有违背回避制度的是( )。

　　A.法人代表的妻子担任本单位财务部门经理

　　B.会计科长的女儿担任本部门出纳员

　　C.董事长的儿子担任财务部门经理

　　D.财务处处长的同学担任本部门出纳员

6.以下属于国家会计监督的是( )。

　　A.国有企业法人代表对本单位会计工作的监督

　　B.人民银行对商业银行会计工作的监督

　　C.高等院校对所属二级单位会计工作的监督

　　D.政府部门对本单位会计工作的监督

7.下列关于原始凭证更改内容的说法中正确的是( )。

　　A.原始凭证记载的各项内容在一定条件下可以进行修改

　　B.原始凭证有错误的不能涂改,必须由原出具单位重开

　　C.原始凭证金额有错误的,必须由原出具单位重开

　　D.原始凭证有错误的,可以直接在错误处更正,但必须由原出具单位加盖印章

8.单位会计账簿记录与会计报表有关内容核对相符,也称之为( )。

　　A.账实相符　　　　　　　　　　B.账证相符

　　C.账表相符　　　　　　　　　　D.账账相符

9.根据《会计法》的规定,担任单位会计机构负责人的,除取得会计从业资格证书外,还应当具备会计师以上专业技术职务资格或者具有一定年限会计工作经历。该年限是( )。

A.1年以上　　　　　　　　B.2年以上
C.3年以上　　　　　　　　D.4年以上

10.张三是某国有企业的董事长,下列情形中合法的有( )。

A.张三的妻子在该企业担任会计机构负责人
B.张三的儿子在该企业担任会计机构负责人
C.张三的侄女在该企业担任会计机构负责人
D.张三的同学在该企业担任会计机构负责人

二、多项选择题

1.根据《会计法》的规定,下列经济业务事项中应当办理会计手续进行会计核算的有( )。

A.现金的收付　　　　　　B.固定资产的增减
C.资本的增减　　　　　　D.债务的发生

2.根据会计法律制度的规定,下列各项中属于会计报表的有( )。

A.现金流量表　　　　　　B.利润表
C.资产负债表　　　　　　D.审计报告

3.下列关于会计档案的表述中符合《会计档案管理办法》规定的有( )。

A.单位会计档案经本单位会计机构负责人批准后可以对外提供查询
B.单位会计档案销毁须经单位负责人批准
C.保管期满但未结清债权债务的原始凭证不得销毁
D.正在项目建设期间的建设单位其保管期满的会计档案不得销毁

4.我国会计监督体系包括( )。

A.单位内部会计监督　　　　B.会计工作的国家监督
C.会计工作的社会监督　　　D.新闻媒体监督

5.下列人员所从事的工作岗位中,不属于会计工作岗位的有( )。

A.商场收银员　　　　　　B.医院门诊收费员
C.单位出纳　　　　　　　D.药品库房记账员

三、案例模拟

1.某企业新厂长王某上任后,在未报经主管单位同意的情况下决定将原会计科科长赵某调到计划科任科长,提拔会计钱某任科长,并将自己战友的女儿李某调入该厂会计科任出纳,兼管会计档案保管工作。注:李某没有会计证。

问题:这种行为是否符合有关会计方面的规定?

2.甲制药被信永中和出具否定意见内部控制审计报告的原因是其内部控制制度存在重大缺陷。内部控制审计报告显示,甲制药子公司乙医药贸易有限公司(简称乙医贸公司)内部控制制度对多人授信无明确规定,在实际执行中,乙医贸公司的鲁中分公司、工业销售部门、商业销售部门三个部门分别向同一客户授信,使得授信额度过大。此外,乙医贸公司内部控制制度规定对客户授信额度不大于客户注册资本。但在实际执行中,乙医贸公司对部分客户超出客户注册资本授信,使得授信额度过大。同时,乙医贸公司也存在未授信的发货情况。上述重大缺陷使得甲制药对丙医药有限公司(简称丙医药)及与其存在担保关系方形成大额应收款项 6.07 亿元。同时,因丙医药经营出现异常,资金链断裂,使甲制药遭受较大经济损失。

问题:请根据《审计法》的规定,指出甲制药在内部控制审计中存在的缺陷。

第十一章 金融法律制度

学习目标

【知识目标】
1. 掌握金融法的基本概念和金融法的基本体系。
2. 掌握汇票、支票和本票等票据法的内容。
3. 了解中国人民银行法和商业银行法。
4. 掌握证券法的内容。

【能力目标】
1. 能够运用票据法知识处理日常相关业务。
2. 能够运用证券法知识进行证券买卖。

【思政目标】
1. 培养学生的诚信意识,提升道德素质。
2. 培养学生的法治思维,增强责任担当。

本章知识体系构建

第十一章
- 金融和金融法的概念
  - 金融和金融法的概念
  - 中国金融法律体系
- 证券法
  - 证券的概念和特征
  - 证券法的概念和特征
  - 证券的发行和承销
  - 证券交易及其规则
  - 证券上市交易的条件
  - 禁止的证券交易行为
  - 上市公司收购
  - 证券市场主体
- 票据法
  - 票据的概念和特征
  - 票据法的概念和特征
  - 票据行为
  - 票据权利
  - 票据的瑕疵及丧失补救
  - 汇票
  - 本票和支票
- 中国人民银行法
  - 中国人民银行的法律地位和职责范围
  - 人民币的发行和管理
  - 中国人民银行的业务范围
  - 违反《中国人民银行法》的法律责任
- 商业银行法
  - 商业银行与商业银行法概述
  - 商业银行的设立和组织机构
  - 商业银行的业务管理规定
  - 法律责任

※引导案例

甲公司作为出票人，为支付装修费用签发支票一张，付款人为A银行，收款人为乙公司，金额为150万元。乙公司为支付从丙商场购货货款而将该支票背书转让给丙商场。丙商场持票据向A银行提示付款，A银行因甲公司支票存款账户上资金不足而退票。丙商场先后要求乙公司、甲公司支付票款，乙公司以该票据付款责任在甲公司为由拒绝，甲公司以乙公司所提供的装修不符合约定为由也拒绝付款。

问题：
1.丙商场持有票据享有什么票据权利？这些权利是如何行使的？
2.甲公司和乙公司的抗辩是否正确？为什么？
3.丙商场在这种情形下可采取什么做法维护自身权益？

第一节 金融法概述

一、金融和金融法的概念

(一)金融的概念

金融是货币资金融通的简称，它是以银行等金融机构为中心的各种形式的信用活动以及在信用基础上组织起来的货币流通。具体包括货币的发行、回笼、流通及管理，存款的吸收和提取，贷款的发放与收回，银行的支付结算，国内外的汇兑往来，票据的承兑与贴现，有价证券的发行、交易及管理，信托投资，融资租赁，各种保险，金融期货、期权、互换等金融衍生业务的开展及管理，资产证券化、互联网金融，外汇、外债等国际金融活动的开展及管理等。

(二)金融法的概念

1.金融法

金融法，顾名思义是调整金融关系的法律规范的总称。详言之，金融法是由国家制定或认可的，用以确定金融机构的性质、地位和职责权限并调整在金融活动中形成的金融监管、调控关系和金融业务关系的法律规范的总称。

2.金融法的调整对象

(1)中央银行因货币发行、回笼和货币流通而同各类金融机构和非金融机构之间所形成的货币发行关系、现金与转账结算等货币流通管理和调控关系。

(2)金融监管部门因各类银行、非银行金融机构的设立、变更、接管和终止而产生的主体资格监管关系。

(3)金融监管部门对各类金融机构的业务活动进行的监管关系，包括因存贷款管理、支付结算管理、信托管理、保险管理、融资租赁管理、证券发行、交易和服务管理、期货期权交易管理等而发生的监管关系。

(4)金融监管部门对金融机构、非金融机构和个人非法从事金融活动进行查处而产生的金融处罚关系。

3.金融法的基本原则

(1)依法统一管理金融，实行管理和经营分离，规范和完善国家金融调控、监管行为的原则。

(2)在稳定币值的基础上促进经济增长的原则。

(3)以社会整体经济利益和金融秩序稳定为依归,依法规范和完善金融机构组织体系和金融市场体系,促进金融业公平、公开、有序竞争,提高金融资源配置效率,维护金融市场各利益主体合法权益的原则。

(4)防范和化解金融风险的原则。

(5)在立足于中国国情的基础上,借鉴国外通行立法做法和国际惯例的原则。

二、中国金融法律体系

所谓金融法律体系,是指在金融法的基本原则指导下,调整金融关系不同侧面的金融法律、法规、规章等金融法律规范,分类组合为不同的金融法律制度,共同实现金融法的任务,从而形成的相互连接、和谐统一、层次分明的统一整体。我国金融法律体系的内容主要包括以下几个方面。

(一)金融机构组织法

金融机构是金融活动的主体,是金融关系的参加者。调整金融关系,首先要确认金融机构的法律地位,明确金融机构的性质、任务、职权、业务范围等。金融机构组织法作为金融法体系的组成部分,就是规范上述金融机构本身的组织体系关系的金融法律规范的总称。

(二)银行业务法

银行业务法是调整银行业务关系的金融法律规范的总称,它是金融法的最基本的内容。银行业务法要规范和保护中央银行的业务和普通银行的业务。

(三)外汇管理法

外汇管理法是调整外汇管理关系和外汇流通关系的金融法律规范的总称,它要规定外汇收支、外汇兑换和外汇进出国境等制度。

(四)票据法

票据法是调整票据管理和票据流通关系的金融法律规范的总称。《中华人民共和国票据法》(以下简称《票据法》)集中规定了票据的种类、签发、转让和票据当事人的权利、义务等内容,是我国票据法律规范的主要表现形式。

(五)证券法

证券法是调整证券管理关系和证券业务关系的金融法律规范的总称。证券法要规定证券发行、证券交易、证券商经营方面的内容。证券融资是金融业的重要组成部分,证券法是金融法的有机组成部分。

(六)信托法

信托法是调整信托关系的金融法律规范的总称。它主要规定两个方面的内容:一是规定信托财产的范围,以及信托关系主体的权利、义务;二是规定信托机构的设立、运作的程序等。现在,信托业已发展成为与银行业、保险业相当的现代金融体系中的三大支柱之一,以信托业为规范内容的信托法也是金融法体系中的重要组成部分。

(七)保险法

保险法是调整在保险活动中形成的社会关系的金融法律规范的总称。保险法一般要规定保险合同、保险业监管、保险代理人和保险经纪人等内容。《中华人民共和国保险法》是集中规范保险活动、调整保险关系的金融法律规范的主要表现形式。

考虑到本教材为经济管理专业的基础性教材,所以只对证券法、票据法、中国人民银行法和商业银行法加以介绍。

第二节 证券法

一、证券的概念和特征

(一)证券的概念

证券是以证明或设定权利为目的所作成的书面凭证。证券有广义和狭义之分。广义的证券是证明持券人享有一定的经济权益的书面凭证,包括资本证券、货币证券和商品证券。资本证券是证明持有人享有一定的所有权和债权的书面凭证,它表明持券人对一定的本金带来的收益享有请求权,如股票、债券等;货币证券是证明持券人享有一定货币请求权的书面凭证,如银行卡、汇票、本票、支票等;商品证券是证明持券人享有一定商品请求权的书面凭证,如货单、货运单、栈单等。狭义的证券是指具有一定票面金额,证明持券人享有一定的所有权和债权的书面凭证。狭义的证券专指资本证券,这也是证券法所要研究的证券。

(二)证券的特征

证券法研究的狭义证券,具有三方面的法律特征:

1.证券是一种投资凭证。证券是投资者权利的载体,投资者的权利是通过证券记载,并凭借证券获取相应收益的。

2.证券是一种权益凭证。证券体现一定的权利,如股票体现的是股权,而债券则代表着债权。

3.证券是一种可转让的权利凭证,即证券具有流通性,其持有者可以随时将证券转让出售,以实现自身权利。

(三)证券的种类

按照不同的标准,可以对证券进行多种分类。而我国目前证券市场上发行和流通的证券主要有以下几类。

1.股票

股票是股份有限公司签发的证明股东所持股份的凭证。股票具有权利性、非返还性、风险性和流通性等特点。目前,我国发行的股票按照投资主体的不同,可分为国家股、法人股、内部职工股和社会公众个人股;按照股东权益和风险大小,可以分为普通股、优先股及普通和优先混合股;按照认购股票投资者身份和上市地点的不同,可以分为境内上市内资股(A股)、境内上市外资股(B股)和境外上市外资股三类。

2.债券

债券是政府、金融机构、公司企业等单位依照法定程序发行的、约定在一定期限还本付息的有价证券。债券既是一种债权凭证,也是一种到期还本付息的有价证券,它具有风险性小和流通性强的特点。债券按发行主体不同可分为三大类:(1)企业、公司债券(含可转换公司债券),是指一般工商企业和公司发行的债券;(2)金融债券,是指银行和非银行金融机构发行的债券;(3)政府债券,是指政府或政府授权的代理机构基于财政或其他目的而发行的债券。

3.认股权证

认股权证是股份有限公司给予持证人的无限期或在一定期限内,以确定价格购买一定数量普通股份的权利凭证,包括认股权证和优先认股权证。这是持证人认购公司股票的一种长期选择权,它本身不是权利证明书,其持有人不具备股东资格。但认股权证能依法转让,给持有人带来很大收益,因而也是一种有价证券。

4.基金券

基金券或称基金受益凭证,是投资基金发给投资者,用以记载投资者所持基金单位数的凭证。投资者按其所持基金券在基金中所占的比例来分享基金盈利、分担基金亏损,与股票、债券相比,基金券的特点是:(1)基金券是一种无面额证券;(2)基金券的持有人一般不直接参加对基金的管理,基金的具体业务活动由经理公司(基金管理公司或信托公司)承担,亦即"专家理财";(3)由于实行组合投资,基金券的风险相对较小。

此外,还有期货、期权等金融衍生产品,如金融期货、期权、资产支持证券等衍生品种。

二、证券法的概念和特征

(一)证券法的概念

证券法是调整证券发行、交易等活动中以及国家在管理证券机构和管理证券的发行、交易等活动的过程中,所发生的社会关系的法律规范的总称。证券法所调整的社会关系,既有证券发行人、证券投资人和证券商等之间的平等的证券发行关系、交易关系、服务关系,又有证券监督管理机构对证券市场参与者进行领导、组织、协调、监督等活动过程中所发生的纵向监管关系,还有交易所、行业协会的自律性管理关系,也是三者的统一体。

证券法有广义和狭义之分。狭义的证券法是指证券法典,在我国即指1998年12

月29日第九届全国人民代表大会常务委员会第六次会议通过、2019年12月28日第十三届全国人民代表大会常务委员会第十五次会议第二次修订,于2020年3月1日起施行的《证券法》。广义的证券法则是指一切有关证券发行、交易及其监督管理关系的法律规范的总称。

(二)证券法的特征

1. 证券法既调整纵向法律关系,又调整横向法律关系

证券法调整两方面的法律关系:一是纵向法律关系,即国家对证券市场的监督管理关系,主要有国家证券监督管理机构对证券业所实施的各项监管行为而形成的具有强制性的社会关系和以证券业协会进行自律监管为主要表现形式的证券自律监管关系;二是横向法律关系,主要包括发行人与投资者之间的证券发行关系、证券承销关系、证券交易关系、证券公司与客户之间的关系、证券公司与发行人和上市公司之间的保荐关系、证券交易所与其会员及上市公司之间的民事关系、证券服务机构与发行人(上市公司)之间的证券委托服务关系、证券交易的结算关系。

2. 证券法既是实体法,又是程序法

证券法是实体法,规定了法律行为主体的权利与义务及其范围,包括发行人、证券商、投资者及其他主体的权利与义务规范,投资者保护规范,证券法律责任规范等;同时它又是程序法,规定了权利实现和义务履行的步骤和过程,包括证券的发行、上市、交易程序,发行人信息公开和持续公开程序,证券商和证券交易场所的设立程序等。因此,证券法是实体法和程序法相结合的综合性规范。

3. 证券法是强制性规范法

证券代表特定的可流通的财产与权利,只有以国家强制力保证严格实施,才能有效抑制证券欺诈等违法行为,稳定社会经济秩序,保护广大投资者。因此,证券法强调对社会公众利益的保护,要求行为者必须遵循法律规定,履行法定义务,而完全排除当事人适用法律的选择权。

4. 证券法是具有国际性因素的国内法

与其他法律一样,证券法也是由一国立法机关依照法定程序制定的,因而证券法属国内法。但证券市场的发展具有其自身的规律性,加之国际经济的交流和融合,国际化和统一化的趋势已成为世界经济的一个特点,各国证券法中共有的、规律性的内容日趋增多。从这种意义上说,证券法也由此而具有一定的国际性因素,是具有一定国际性因素的国内法。

(三)证券法调整的范围

证券法既调整证券发行也调整证券交易行为,因此,证券法既调整发行市场也调整交易市场。证券发行是指发行人以筹集资金为目的,向投资者出售代表一定权利的有价证券的活动。证券发行活动形成发行市场,称证券发行市场。证券交易,是指对依法发行的证券进行买卖的行为。证券交易活动形成证券交易市场。

(四)证券法的基本原则

证券法的基本原则是贯穿证券法始终的、证券市场上各类主体都必须遵守的一般行为准则规范。各国证券法因为监管理念的不同,所确定的基本原则也不同。《证券法》的基本原则包括以下几方面。

1.保护投资者合法权益的原则

《证券法》将保护投资者的合法权益作为"立法宗旨",这充分体现了保护投资者合法权益的原则。

2.公开、公平、公正原则

《证券法》第三条规定,证券的发行、交易活动,必须遵循公开、公平、公正的原则。公开原则是要求证券发行、证券交易活动中的所有制度、规范、行为必须公开,对凡是涉及与证券有关的一切真实情况都必须予以公开,以便使每一个投资者都能知悉。公开原则是证券发行、证券交易制度的核心。公平原则是指所有证券市场参与者的法律地位都是平等的,不论证券市场主体的大小、强弱,都应一视同仁,其合法权益受到同样的保护。公正原则是指证券监管机构和司法机关履行职责时,都应一视同仁,严格依法进行。在确定公正原则时,也应注重效率。公正原则是证券发行,证券交易稳定、合法、有序的保障。

3.自愿、有偿、诚实信用原则

《证券法》第四条规定,证券发行、交易活动的当事人具有平等的法律地位,应当遵守自愿、有偿、诚实信用的原则。自愿原则是指证券市场的参与者是依据自己的意愿参与证券的发行和交易,他人不得干涉。有偿原则是指当事人按照等价有偿原则进行证券发行、交易的活动。诚实信用原则是指证券市场主体在证券发行、证券交易活动中,不得弄虚作假、欺骗他人,应当实事求是地履行自己的诺言,恪守信用。

4.合法原则

证券发行、交易活动必须遵守法律、行政法规;禁止欺诈、内幕交易和操纵证券交易市场的行为。证券发行、交易的一切活动必须遵照法律、法规的规定进行,合法的证券行为才受法律的保护。严禁证券欺诈、内幕交易和操纵市场的违法行为发生。各国对证券市场的欺诈行为都给予严厉的打击。

5.政府集中统一监管与行业自律监管相结合的原则

国务院证券监督管理机构依法对全国证券市场实行集中统一监督管理。国务院证券监督管理机构根据需要可以设立派出机构,按照授权履行监督管理职责。在国家对证券发行、交易活动实行集中统一监督管理的前提下,依法设立证券业协会,实行自律性管理。我国证券市场的起步较晚,国家对证券市场实行统一监管制度是适合我国国情的,但证券市场是一个复杂的市场,仅仅依靠国家对证券市场的统一管理难以完全奏效,需要证券市场的自我约束、自我管理。世界各国在确定国家的统一管理外,也均赋予证券市场主体自我管理的义务。

三、证券的发行和承销

(一)证券的发行

证券发行是指经批准符合条件的发行人按照一定程序、以相同条件将有关证券发售给投资者的行为。

1.证券发行方式

证券发行方式按不同的标准可分成以下几类:

(1)按证券的发行是否要通过承销机构,可分为直接发行与间接发行。直接发行是指证券发行人无须通过证券经营机构的承销而直接与证券购买人签订购买合同;间接发行是指证券发行人并不直接与证券购买人发生关系,而是通过证券经营机构承销进行发行。按照《证券法》的规定,股票发行必须采取间接发行的方式,而债券的发行,特别是企业债券的发行,则可选择采取直接发行方式或间接发行方式。

(2)按发行对象的不同,可分为公开发行与非公开发行。非公开发行是指仅以不超过200个特定的投资者为募集资金对象而进行的证券发行。非公开发行证券,不得采用广告、公开劝诱和变相公开方式,否则即属于公开发行。公开发行是指证券发行人以相同条件向不特定的任何社会公众和组织或向200个以上的特定对象所进行的证券发行。有下列情形之一的,为公开发行:①向不特定对象发行证券;②向累计超过200人的特定对象发行证券;③法律、行政法规规定的其他发行行为。

(3)按证券发行时间的不同,可分为设立发行与增资发行。设立发行发生在股份有限公司设立之时,又称首次发行;增资发行是公司成立之后发行股票的行为。增资发行的方式有:①向原有股东送股;②向原有股东配售;③向不特定社会公众发行新股。

2.证券发行制度

发行审核指主管机关依法对发行人提交的发行证券的申请作出是否准予发行的制度。关于发行审核,国际上主要有两种体制,即注册制和核准制。

注册制又称申报制或形式审查制,是指证券监管机构对发行人发行证券,事先不作实质审查,仅对申请文件进行形式审查,发行者在申报申请文件以后的一段时间内,若没有被拒绝注册,即可发行证券。信息披露是注册制的核心。发行人提供的材料必须是正式的、真实的、可靠的、全面的。

核准制又称实质审查制,即发行者发行证券,不仅要真实公开全部的可供认购者判断的资料,并且要符合若干实质条件,方可获准发行证券。证券主管机关有权依《公司法》和《证券法》规定的限制条件,对发行者作出的发行申请及呈报资料作实质性价值审查,发行人获得证券主管机关的批准后,才能发行证券。核准制的目的是保护投资者利益,便于政府利用公权对证券发行作适当监督。

3.证券发行条件及规则

《证券法》规定,公开发行证券必须符合法律、行政法规规定的条件,并依法报经国务院证券监督管理机构或者国务院授权的部门核准或审批;未经依法核准或审批,任何单位和个人不得向社会公开发行证券。

(1) 公开发行股票的条件

首次在主板和中小板公开发行股票并上市,必须符合《证券法》《公司法》和中国证监会颁布的《首次公开发行股票并上市管理办法》所规定的条件,报经国务院证券监督管理机构核准。这些条件主要有:①发行人应当是依法设立且合法存续一定期限的股份有限公司;②发行人已合法并真实取得注册资本项下载明的资产;③发行人的生产经营符合法律、行政法规和公司章程的规定,符合国家产业政策;④发行人最近3年内主营业务和董事、高级管理人员没有发生重大变化,实际控制人没有发生变更;⑤发行人的股权清晰,控股股东和受控股股东、实际控制人支配的股东持有的发行人股份不存在重大权属纠纷;⑥发行人的资产完整,人员、财务、机构和业务独立;⑦发行人具备健全且运行良好的组织机构;⑧发行人具有持续盈利能力;⑨发行人的财务状况良好;⑩发行人募集资金用途符合规定;⑪发行人不存在法定的违法行为。在创业板上市的发行条件有所不同。

首次公开发行股票的发行人必须完整地向证监会提交符合法律规定的相关文件。上市公司发行新股,应当符合《公司法》有关发行新股的条件,可以向社会公开募集,也可以向原股东配售。上市公司对发行股票所募集资金,必须按招股说明书所列资金用途使用。改变招股说明书所列资金用途,必须经股东大会批准。擅自改变用途而未作纠正的,或者未经股东大会认可的,不得发行新股。

(2) 公开发行公司债券的条件

发行公司债券必须依照《证券法》的规定报经国务院授权的部门审批。发行人必须向该审批部门提交《证券法》规定的申请文件和该部门规定的有关文件,主要包括:①公司营业执照;②公司章程;③公司债券募集办法;④国务院授权的部门或者国务院证券监督管理机构规定的其他文件。依照《证券法》规定聘请保荐人的,还应当报送保荐人出具的发行保荐书。

发行人向国务院证券监督管理机构或者国务院授权的部门提交的证券发行申请文件,必须真实、准确、完整。为证券发行有关文件的专业机构和人员,必须严格发行法定职责,保证其所出具文件的真实性、准确性和完整性。

(3) 发行审核

国务院证券监督管理机构设发行审核委员会,依法审核股票发行申请。发行审核委员会由国务院证券监督管理机构的专业人员和所聘请的该机构外的有关专家组成,以投票方式对股票发行申请进行表决,提出审核意见。国务院证券监督管理机构或者国务院授权的部门应当自受理证券发行申请文件之日起3个月内作出决定;不予核准或者审批的应当作出说明。证券发行申请经核准或者经审批,发行人应当依照法律、行政法规的规定,在证券公开发行前,公告公开发行募集文件,并将该文件置备于指定场所供公众查阅。发行证券的信息依法公开前,任何知情人不得公开或者泄露该信息。发行人不得在公告公开发行募集文件之前发行证券。国务院证券监督管理机构或者国务院授权的部门对已作出的核准或者审批证券发行的决定,发现不符合法律、行政法规规定的,应当予以撤销;尚未发行证券的,停止发行;已经发行的,证券持有人可以按照发行价并加算银行同期存款利息,要求发行人返还。股票依法发行后,发行人经营与收益的变化,由发行人自行负责;由此变化引致的投资风险,由投资者自行承担。

(二)证券的承销

证券承销是指证券承销机构以一定方式在法定或约定时间内销售发行人公开发行的证券,并由此收取承销费用的行为。

1.证券承销的方式

承销分为代销与包销。代销与包销的最大不同之处在于:代销为一般的委托代理关系,是在法定或约定的期限内不能完成证券发售任务时,余额退还发行人的证券承销方式。包销包括全额包销和余额包销,余额包销是指证券公司在相关的时间内不能全部售出发行证券的,自己买下全部余额,向发行人支付证券发行款的行为;全额包销指承销商一次购进全部证券,然后再自行或委托中间商出售给投资大众,并支付发行人全部款项的行为。

2.承销协议的内容

证券公司与发行人必须签订承销协议,承销协议应载明以下事项:(1)事人的名称、住所及法定代表人姓名;(2)代销、包销证券的种类、数量、金额及发行价格;(3)代销、包销的期限及起止日期;(4)代销、包销的付款方式及日期;(5)代销、包销的费用和结算办法;(6)违约责任;(7)国务院证券监督管理机构规定的其他事项。

此外,由于每次承销业务都或多或少有其特点,承销协议还应包括双方当事人所约定的其他内容。

3.证券承销的规则

公开发行证券的发行人有权依法自主选择承销的证券公司,证券公司不得以不正当竞争手段招揽证券承销业务。

证券公司承销证券,应当对公开发行募集文件的真实性、准确性、完整性进行核查;发现含有虚假记载、误导性陈述或者重大遗漏的,不得进行销售活动;已经销售的,必须立即停止销售活动,并采取纠正措施。

在我国,只有具有承销资格的证券公司能够承销证券。向社会公开发行的证券票面总值超过人民币5000万元的,应当由承销团承销。承销团应当由主承销和参与承销的证券公司组成。

证券的代销、包销期最长不得超过90日。证券公司在代销、包销期内,对所代销、包销的证券应当保证先行出售给认购人,证券公司不得为本公司事先预留所代销的证券和预先购入并留存所包销的证券。证券公司包销证券的,应当在包销期满后的15日内,将包销情况报国务院证券监督管理机构备案。证券公司代销证券的,应当在代销期满后的15日内,与发行人共同将证券代销情况报国务院证券监督管理机构备案。

股票发行采取溢价发行的,其发行价格由发行人与承销的证券公司协商确定,报国务院证券监督管理机构核准。

四、证券交易及其规则

(一)证券交易的概念

证券交易是指已发行并被投资者认购的证券进行转让、买卖的活动。证券交易一般分为两种形式:一种形式是上市交易,是指证券在证券交易所集中交易挂牌买卖。经批准在证券交易所内登记买卖的证券,称为上市证券;证券能在证券交易所上市交易的公司,称为上市公司。另一种形式是上柜交易,是指公开发行但未达上市标准的证券在证券柜台交易市场买卖。

(二)证券交易的一般规则

《证券法》对证券交易的一般规则进行了详细规定,主要包括以下内容:

1.证券交易当事人依法买卖的证券,必须是依法发行并交付的证券。非依法发行的证券,不得买卖。依法发行的证券,法律对其转让期限有限制性规定的,在限定的期限内,不得买卖。

2.依法公开发行的股票、公司债券及其他证券,应当在依法设立的证券交易所上市交易或者在国务院批准的其他证券交易场所转让。

3.证券交易以现货和国务院规定的其他方式进行交易。其他方式包括融资融券、股票期货、股票期权、债券期货等。

4.证券交易所、证券公司、证券登记结算机构、证券监督管理机构的工作人员,以及法律、行政法规禁止参与股票交易的其他人员,在任期或者法定限期内不得直接或者以化名、借他人名义持有、买卖股票,也不得收受他人赠送的股票。任何人在成为所列上述人员时,其原已持有的股票必须依法转让。

5.为证券发行出具审计报告或者法律意见书等文件的证券服务机构和人员,在该证券承销期内和期满后6个月内,不得买卖该证券。

除前款规定外,为发行人及其控股股东、实际控制人,或者收购人、重大资产交易方出具审计报告或者法律意见书等文件的证券服务机构和人员,自接受委托之日起至上述文件公开后5日内,不得买卖该证券。实际开展上述有关工作之日早于接受委托之日的,自实际开展上述有关工作之日起至上述文件公开后5日内,不得买卖该证券。

6.持有一个股份有限公司已发行的股份5%的股东,应当在其持股数额达到该比例之日起3日内向该公司报告,公司必须在接到报告之日起3日内向国务院证券监督管理机构报告;属于上市公司的,应当同时向证券交易所报告。上市公司董事、监事、高级管理人员、持有上市公司股份5%以上的股东,将其持有的该公司的股票在买入后6个月内卖出,或者在卖出后6个月内又买入,由此所得收益归该公司所有,公司董事会应当收回其所得收益。但是,证券公司因包销购入售后剩余股票而持有5%以上股份的,卖出该股票不受6个月时间限制。

公司董事会不按上述规定执行的,股东有权要求董事会在30日内执行。公司董事会未在上述期限内执行的,股东有权为了公司的利益以自己的名义直接向人民法院提起诉讼。公司董事会不按上述规定执行的,负有责任的董事依法承担连带责任。

五、证券上市交易的条件

(一)股票上市条件

1. 股票上市交易的条件

根据《证券法》第十二条的规定,公司首次公开发行新股,应当符合下列条件:(1)具备健全且运行良好的组织机构;(2)具有持续经营能力;(3)最近3年财务会计报告被出具无保留意见审计报告;(4)发行人及其控股股东、实际控制人最近3年不存在贪污、贿赂、侵占财产、挪用财产或者破坏社会主义市场经济秩序的刑事犯罪;(5)经国务院批准的国务院证券监督管理机构规定的其他条件。

2. 股票上市的程序

(1)上市申请。股票上市交易应向交易所提出申请,申请时应提交下列文件:①公司营业执照;②公司章程;③股东大会决议;④招股说明书或者其他公开发行募集文件;⑤财务会计报告;⑥代收股款银行的名称及地址。此外,还包括证券交易所上市规则规定的其他文件。

(2)证券交易所核准同意。交易所收到发行人提交的上市申请及上述规定的有关文件后,应当进行审查,决定是否同意发行人上市交易,并通知当事人。

(3)签订上市协议。交易所同意发行人的上市申请后,应当自接到该股票发行人提交的前述规定的文件之日起6个月内,安排该股票上市交易。证券交易所并就有关情况报送中国证监会备案,同时向申请人出具"上市通知书",申请人接到通知书后,应与证券交易所签订上市协议书。

(4)上市公告。签订上市协议的公司应当在上市交易的5日前公告股票上市的有关文件,并将该文件置备于指定场所供公众查阅。上市公司除公告上述规定的上市申请文件外,还应当公告下列事项:①股票获准在证券交易所交易的日期;②持有公司股份最多的前10名股东名单和持股数额;③公司的实际控制人;④董事、监事、经理及有关高级管理人员的姓名及其持有本公司股票和债券的情况。

(5)挂牌交易。在公开上市公告书后,申请上市的股票将根据证券交易所安排和上市公告书披露的上市日期挂牌交易,直至该股票丧失上市条件。

3. 暂停和终止股票上市

上市公司有下列情形之一的,由证券交易所决定暂停其股票上市交易:(1)公司股本总额、股权分布等发生变化不再具备上市条件;(2)公司不按照规定公开其财务状况,或者对财务会计报告作虚假记载,可能误导投资者;(3)公司有重大违法行为;(4)公司最近3年连续亏损;(5)证券交易所上市规则规定的其他情形。

上市公司有下列情形之一的,由证券交易所决定终止其股票上市交易:(1)公司股本总额、股权分布等发生变化不再具备上市条件,在证券交易所规定的期限内仍不能达到上市条件;(2)公司不按照规定公开其财务状况,或者对财务会计报告作虚假记载,且拒绝纠正;(3)公司最近3年连续亏损,在其后一个年度内未能恢复盈利;(4)公司解散或者被宣告破产;(5)证券交易所上市规则规定的其他情形。

(二)债券上市条件

《证券法》第十五条规定,公司申请其公司债券上市交易必须符合下列条件:(1)具备健全且运行良好的组织机构;(2)最近3年平均可分配利润足以支付公司债券1年的利息;(3)国务院规定的其他条件。

※知识链接

申请证券上市交易,应当向证券交易所提出申请、由证券交易所依法审核同意,并由双方签订上市协议。公司债券的上市条件由证券交易所予以规定。

公司在向证券交易所提出公司债券上市交易申请时,应提交下列文件:(1)公司营业执照;(2)公司章程;(3)公司债券募集办法;(4)国务院授权的部门或者国务院证券监督管理机构规定的其他文件。申请可转换为股票的公司债券上市交易,还应当报送保荐人出具的上市保荐书。

公司债券上市交易申请经证券交易所审核同意后,签订上市协议的公司应当在规定的期限内公告公司债券上市文件及有关文件,并将其申请文件置备于指定场所供公众查阅。

六、禁止的证券交易行为

(一)禁止内幕交易

内幕交易是指发行证券公司的董事、监事、经理等内部人员及其他市场相关人员,直接或间接利用其地位、职务之便利或控制关系,获取发行人尚未公开的、对其证券价格有重大影响的信息,自己或通过他人进行证券交易,从中牟利或避免损失的行为。

1.内幕人员

下列人员为知悉证券交易内幕信息的内幕人员:(1)发行人及其董事、监事、高级管理人员;(2)持有公司5%以上股份的股东及其董事、监事、高级管理人员,公司的实际控制人及其董事、监事、高级管理人员;(3)发行人控股或者实际控制的公司及其董事、监事、高级管理人员;(4)由于所任公司职务或者因与公司业务往来可以获取公司有关内幕信息的人员;(5)上市公司收购人或者重大资产交易方及其控股股东、实际控制人、董事、监事和高级管理人员;(6)因职务、工作可以获取内幕信息的证券交易场所、证券公司、证券登记结算机构、证券服务机构的有关人员;(7)因职责、工作可以获取内幕信息的证券监督管理机构工作人员;(8)因法定职责对证券的发行、交易或者对上市公司及其收购、重大资产交易进行管理可以获取内幕信息的有关主管部门、监管机构的工作人员;(9)国务院证券监督管理机构规定的可以获取内幕信息的其他人员。

2.内幕信息

证券交易活动中,涉及公司的经营、财务或者对该公司证券的市场价格有重大影响的尚未公开的信息,称为内幕信息。

下列各项信息皆属内幕信息：(1)发生可能对上市公司股票交易价格产生较大影响的投资者尚未得知的重大事件，如经营范围的重大变化、重大投资行为，发生重大债务与诉讼等；(2)公司分配股利或者增资的计划；(3)公司股权结构的重大变化；(4)公司债务担保的重大变更；(5)公司营业用主要资产的抵押、出售或者报废一次超过该资产的30％；(6)公司的董事、监事、经理、副经理或者其他高级管理人员的行为可能依法承担重大损害赔偿责任；(7)上市公司收购的有关方案；(8)国务院证券监督管理机构认定的对证券交易有显著影响的其他重要信息。

知悉证券交易内幕信息的知情人员或者非法获取内幕信息的其他人员，不得买入或者卖出所持有的该公司证券，或者泄露该信息或者建议他人买卖该证券。

相关案例

> 2021年10月，康某达收购江西某有限公司(简称江西某公司)33.33％股权后，康某达董事长、总经理张某芳谋求控股江西某公司，实现公司产业转型升级。2022年1月1日，张某芳给公司财务总监陈某丽发微信，要求陈某丽确认收购江西某公司股权的审议程序和财务顾问事宜。2022年3月21日，康某达披露《关于拟收购参股公司部分股权暨签订收购框架协议的公告》。康某达收购江西某公司股权事项属于《证券法》第八十条第二款第二项规定的重大事件，公开前属于《证券法》第五十二条第二款规定的内幕信息。
>
> 刘某兰在内幕信息敏感期内，通过其本人及其子的账户，累计买入康某达约13.50万股，成交金额526.97万元，随后卖出6万股。截至2022年3月21日，账户组共持有康某达10.21万股。截至2022年10月27日，账户组盈利总计73.71万元。
>
> 浙江证监局认为，刘某兰与内幕信息知情人张某芳关系密切，内幕信息敏感期内，其证券交易活动与内幕信息基本吻合，交易行为明显异常，且不能作出合理说明或者提供证据排除其存在利用内幕信息从事相关证券交易活动。刘某兰的上述行为违反了《证券法》第五十条、第五十三条第一款的规定，构成《证券法》第一百九十一条第一款所述内幕交易行为。
>
> 最终，浙江证监局决定，责令刘某兰依法处理非法持有的证券，没收违法所得73.71万元，并处以73.71万元的罚款。

(二)禁止操纵证券的市场行为

操纵证券市场行为是指行为人背离市场自由竞价和供求关系原则，以各种不正当的手段，影响证券市场价格或者证券交易量，制造证券市场假象，以引诱他人参与证券交易，为自己谋取不正当利益或者转嫁风险的行为。

操纵证券市场的行为实质上是一种对不特定人的欺诈行为。操纵者利用非法手段，使投资者产生投资决策失误，并以此获利。为了保护投资者的利益，维持证券交易公正合理进行，必须严格禁止操纵市场行为。

《证券法》规定,禁止任何人以下列手段获取不正当利益或者转嫁风险:(1)单独或者通过合谋,集中资金优势、持股优势或者利用信息优势联合或者连续买卖;(2)与他人串通,以事先约定的时间、价格和方式相互进行证券交易;(3)在自己实际控制的账户之间进行证券交易;(4)不以成交为目的,频繁或者大量申报并撤销申报;(5)利用虚假或者不确定的重大信息,诱导投资者进行证券交易;(6)对证券、发行人公开作出评价、预测或者投资建议,并进行反向证券交易;(7)利用在其他相关市场的活动操纵证券市场;(8)操纵证券市场的其他手段。

相关案例

> 2021年8月证监会公布,2018年3月30日至2018年5月22日,两名85后张甲、张乙控制使用60个证券账户,集中资金优势、持股优势,连续交易"弘某股份",操纵该股交易价格,累计盈利3163万元。
> 证监会"没一罚三",依法没收两人违法所得并处以9490万元罚款,合计处罚超1.2亿元,并对二人分别采取10年和5年证券市场禁入措施。

(三)禁止传播虚假信息

禁止国家工作人员、传播媒介从业人员和有关人员编造、传播虚假信息,扰乱证券市场。禁止证券交易所、证券公司、证券登记结算机构、证券服务机构及其从业人员,证券业协会、证券监督管理机构及其工作人员,在证券交易活动中作出虚假陈述或者信息误导。

证券交易信息主要通过各种传播媒介来进行传播,其影响面广,且往往具有一定的权威性。因此,各种传播媒介在传播有关证券信息时,必须做到真实、客观,不得利用传播媒介误导投资者。

(四)禁止证券欺诈

在证券交易中,禁止证券公司及其从业人员从事下列损害客户利益的欺诈行为:(1)违背客户的委托为其买卖证券;(2)不在规定时间内向客户提供交易的确认文件;(3)未经客户的委托,擅自为客户买卖证券,或者假借客户的名义买卖证券;(4)为牟取佣金收入,诱使客户进行不必要的证券买卖;(5)其他违背客户真实意思表示,损害客户利益的行为。违反前款规定给客户造成损失的,应当依法承担赔偿责任。

例如,《证券法》规定,在证券交易中,禁止法人非法利用他人账户从事证券交易,禁止法人出借自己或者他人的证券账户,禁止任何人挪用公款买卖证券。

七、上市公司收购

(一)上市公司收购的概念与种类

上市公司的收购是指当事人为取得或巩固对某一上市公司的控制权而购入该公司发行在外的股份的行为。实施收购行为的人称为收购人,收购目标公司称为被收购公司,也叫目标公司。上市公司收购的形式多种多样,依不同的标准可分为不同的类型。

1. 全面收购和部分收购

根据收购要约中对收购所要达到的持股总数有无要求,上市公司收购可分为全面收购和部分收购。全面收购的收购要约中没有持股总量的要求;部分收购的收购要约中有持股总数的要求,并对受要约人的应约股份按比例接纳。

2. 自愿收购和强制收购

根据收购是否为法律强制性义务,上市公司收购可以分为自愿收购和强制收购。自愿收购是投资者及其一致行动人持有一个上市公司的股份达到一定比例时,自主决定通过发出收购要约以增持目标公司股份。要约人按照自己的收购意愿发出收购要约,并按照在要约中确定的收购价格购入应约人的股份。强制收购是投资者及其一致行动人持有一个上市公司的股份达到法定数额时,强制其向目标公司同类股票的全体股东发出公开收购要约,表示愿意以收购要约中的条件购买该上市公司的股份。

3. 场内收购和场外收购

根据收购是否在证券交易所内进行,上市公司收购可分为场内收购和场外收购。凡是在证券交易所内上市的目标公司的收购,称为场内收购;反之,则称为场外收购。场外收购必须经证券监督管理机构特别批准方可进行。

此外,根据收购者发出收购要约前是否与目标公司沟通,可分为友好收购和敌意收购;根据收购所要控制的目标和采取的方式不同,可分为直接收购和间接收购;根据收购价格的确定方式不同,可分为协议收购、公开收购和自由竞价收购;根据收购的代价不同,可分为现金收购和股权交换等。

(二)上市公司收购的一般规则

1. 收购方式

《证券法》规定上市公司收购可以采取要约收购、协议收购及其他合法方式。

要约收购是指当投资者持有一个上市公司的股份达到一定比例时,如果进行收购,则应向目标公司的所有股东发出收购上市公司全部或部分股份的要约,并按收购要约收购目标公司股份的一种收购方式。

协议收购是指收购人通过与上市公司的管理层或者目标公司的股东反复磋商,达成协议,并按照协议所规定的收购条件、收购价格、收购期限以及其他规定事项,收购上市公司股份的收购方式。

2. 持股披露规则

《证券法》中有关上市公司收购的规定,借鉴了各国立法的经验,并结合我国的实际情况,规定了持股披露制度,具体有以下两方面的内容:

第一,通过证券交易所的证券交易,投资者持有或者通过协议、其他安排与他人共同持有一个上市公司已发行的股份达到5%,应当在该事实发生之日起3日内,向国务院证券监督管理机构、证券交易所作出书面报告,通知该上市公司,并予以公告;在上述期限内,不得再行买卖该上市公司的股票。书面报告和公告的具体内容有:(1)收购人的名称、住所;(2)收购人关于收购的决定;(3)被收购的上市公司名称;(4)收购目的;(5)收购股份的详细名称和预定收购的股份数额;(6)收购期限、收购价格;(7)收购所需资金额及资金保证;(8)公告上市公司收购报告书时持有被收购公司股份数占该公司已发行的股份总数的比例。

第二,投资者持有或者通过协议、其他安排与他人共同持有一个上市公司已发行的股份达到5%后,其所持该上市公司已发行的股份比例每增加或者减少5%,应当依照规定进行报告和公告。在报告期限内和作出报告、公告后2日内,不得再行买卖该上市公司的股票。

3.强制要约规则

强制投资者发出收购要约的条件有:(1)投资者持有或者通过协议、其他安排与他人共同持有一个上市公司已发行的股份达到30%;(2)投资者控制上市公司已经发行股份总数的30%,是通过证券交易所的证券交易产生或通过协议产生的;(3)投资者继续收购上市公司的股份。

投资者应依法向被收购的上市公司的所有股东发出收购要约,不能只向被收购的上市公司的部分股东发出收购要约。收购上市公司部分股份的,应当约定被收购的上市公司股东承诺出售的股份数额超过预定收购的股份数额的,收购人按比例进行收购。对于协议收购达到30%的,国务院证券监管机构可以豁免收购人的要约收购义务。

八、证券市场主体

(一)证券交易所

1.证券交易所的概念和特征

证券交易所是为证券集中交易提供场所和设施,组织和监督证券交易,实行自律管理的法人。我国证券交易所具有如下特征:一是它属于会员制事业法人,依法独立享有民事权利和承担民事义务;二是它为证券的集中竞价交易提供场所,本身不从事任何证券的买卖;三是它履行或者设定严格的证券上市、交易规则,在法定权限内对证券上市人、会员等进行监督;四是它应当依法定条件设立。

证券交易所的组织形式主要有两种:公司制证券交易所和会员制证券交易所。公司制证券交易所是指依照公司法和证券法等特别法规,由股东共同出资设立的,采取有限责任公司或股份有限公司形式的证券交易所。会员制证券交易所是由会员构成的社团(事业)法人。我国1990年11月26日成立的上海证券交易所和1990年12月1日开始营业的深圳证券交易所均属会员制证券交易所。

2.证券交易所的功能

证券交易所的功能有以下几个方面:

第一,保证证券交易的连续性。在证券交易所里,由于各类证券品种都是公开挂牌交易,因此在开市期间,投资人可以随时买进卖出证券,并实现其变现,减少价格涨落过甚的市场风险,从而使整个证券市场能连续、平衡发展。

第二,形成公平的交易价格。由于实行集中竞价,证券交易价格根据证券的供求关系确定,因此,通过公开和竞争的方式产生的交易价格,较为公平合理。证券竞价交易采用集合竞价和连续竞价两种方式。集合竞价是指对一段时间内接受的买卖申报一次性集中撮合的竞价方式。连续竞价是指对买卖申报逐笔连续撮合的竞价方式。

第三,为证券交易各方提供优良服务。证券交易所为证券交易各方提供场地设施和各种服务,如通信系统、电脑设备,办理证券的结算、过户等,使证券交易各方能迅速、便捷地完成各项证券交易活动。

第四,维护证券市场秩序。证券交易所是管理和控制整个证券市场的第一线自律性监管机构。它通过制定和执行交易所的交易规则和交易制度,控制市场风险,处分违规者,从而达到维护市场秩序的目的。

3.证券交易所的设立和组织机构

证券交易所的设立和解散由国务院决定。设立证券交易所必须制定章程,章程的制定和修改必须经国务院证券监督管理机构批准。证券交易所章程规定的是证券交易所的根本性问题。

证券交易所设理事会,由7—13人组成。理事会是证券交易所的决策机构,对会员大会负责。证券交易所设总经理1人,由国务院证券监督管理机构任免。证券交易所总经理是证券交易所的法定代表人,在理事会的领导下负责证券交易所的日常工作。其基本职责为:(1)组织实施会员大会和理事会决议,并向其报告工作;(2)主持证券交易所的日常工作;(3)决定证券交易所的机构设置;(4)聘任或解聘部门负责人及其他管理人员;(5)代表证券交易所对外处理有关事务;(6)证监会授予的其他职责。证券交易所总经理任期为3年,连续任职不得超过两届,由证监会直接任免。总经理不得由国家公务员兼任,也不得在任何营利性组织、团体和机构中兼职。

4.证券交易所的职责

《证券法》规定,证券交易所的职责包括:(1)提供证券交易的场所和设施。(2)制定证券交易所的业务规则。在《证券法》规定证券交易的基本原则、基本规则的前提下,证券交易所依法制定集中竞价交易的有关规则、会员管理规定、会员场上经纪人和清算交割人员及证券交易所从业人员业务规则等。(3)接受上市申请、安排证券上市。(4)决定停牌或临时停市。因突发性事件而影响证券交易的正常进行时,证券交易所可以采取技术性停牌的措施;因不可抗力的突发性事件或者为维护证券交易的正常秩序,证券交易所可以决定临时停市。(5)对会员进行监管。证券交易所有权要求会员提供有关文件,对会员违法或不再具备会员资格的,应予以开除。会员的场上经纪人违反证券交易所有关规则的,由证券交易所给予纪律处分,情节严重的,撤销其资格,禁止其入场交易。(6)对上市公司进行监督。证券交易所依法监督上市公司的信息公开,设立上市公司档案,对上市公司董事、监事持有本公司股票的进行监督等。(7)管理和公布市场信息。证券交易所公布证券交易行情,并按交易日制作证券市场行情表,予以公告。

(二)证券公司

证券公司是指由中国证监会批准依《公司法》设立的在证券市场上经营证券业务的

金融机构。证券公司有证券有限责任公司和证券股份有限公司两种。证券公司的业务主要包括承销证券发行、代理买卖证券、自营买卖证券、资产管理、兼并与收购、研究与咨询、代理上市公司还本付息或支付红利等。证券公司的设立应符合法律、法规对证券经营机构的特定条件规定,这些特定条件包括资本、人员、场地和管理制度四个方面。

1.具备法定最低资本金

证券公司的法定资本最低限额因其业务范围大小而有所区别。经国务院证券监督管理机构批准,证券公司可以经营下列部分或者全部业务:(1)证券经纪;(2)证券投资咨询;(3)与证券交易、证券投资活动有关的财务顾问;(4)证券承销与保荐;(5)证券融资融券;(6)证券做市交易;(7)证券自营;(8)其他证券业务。证券公司经营前述第(1)项至第(3)项业务的,注册资本最低限额为人民币5000万元;经营第(4)项至第(8)项业务之一的,注册资本最低限额为人民币1亿元;经营第(4)项至第(8)项业务中两项以上的,注册资本最低限额为人民币5亿元。证券公司的注册资本应当是实缴资本。

2.从业人员的资格要求与限制

证券公司的主要管理人员和业务人员必须具备证券从业资格。对证券公司董事、监事及高级管理人员的从业限制,应遵守《公司法》的相关规定。

同时,《证券法》还规定,下列人员不得担任证券公司的董事、监事或者经理:(1)因违法行为或者违纪行为被解除职务的证券交易所、证券登记结算机构的负责人或者证券公司的董事、监事、高级管理人员,自被解除职务之日起未逾5年;(2)因违法行为或者违纪行为被吊销执业证书或者被取消资格的律师、注册会计师或者其他证券服务机构的专业人员,自被吊销执业证书或者被取消资格之日起未逾5年。

因违法行为或者违纪行为被开除的证券交易所、证券登记结算机构、证券服务机构、证券公司的从业人员和被开除的国家机关工作人员,不得被招聘为证券公司的从业人员。

国家机关工作人员和法律、行政法规规定的禁止在公司中兼职的其他人员,不得在证券公司中兼任职务。

3.拥有固定经营场所和合格的交易设施

固定经营场所和合格的交易设施是证券公司业务活动的基本物质条件。我国行政规章对证券公司、营业部的营业场地的面积、安全设备、电脑设施、行情显示与公告设施、资料陈列设施等均有具体要求。如证券商需有主机或终端机与证券交易所集中市场的电脑连接,必须向客户提供必要的操作设施等。

4.健全的管理制度和分业管理体系

健全的管理制度包括公司章程、从业人员业务规则、纪律规范、处分办法等规定和实践中一系列的行之有效的规程,并有规范的自营业务与经纪业务分业管理的体系,要求两个业务分设两个机构,两套人员,两个账户,分类经营,分类管理,其实质是不能将客户资金与自有资金混合使用。这是保障一个大型证券公司按部就班、稳健运行的内部机制。

(三)证券登记结算机构

证券登记结算机构为证券交易提供集中的登记、托管与结算服务,是不以盈利为目的的法人。设立证券登记结算机构必须经国务院证券监督管理机构批准。

1.证券登记结算机构的设立条件

设立证券登记结算机构应当具备下列条件:(1)自有资金不少于人民币2亿元;(2)具有证券登记、托管和结算服务必需的场所和设施;(3)主要管理人员和业务人员必须具有证券从业资格;(4)国务院证券监督管理机构规定的其他条件。证券登记结算机构的名称中应当标明"证券登记结算"字样。

2.证券登记结算机构的职能

证券登记结算机构的职能包括:(1)证券账户、结算账户的设立;(2)证券的托管和过户;(3)证券持有人名册登记;(4)证券交易所上市证券交易的清算和交收;(5)受发行人的委托派发证券权益;(6)办理与上述业务有关的查询;(7)国务院证券监督管理机构批准的其他业务。

3.证券登记结算机构的责任

(1)证券登记结算机构不得挪用客户的证券,不得将客户的证券用于质押或者出借给他人。

(2)证券登记结算机构应当保证证券持有人名册和登记过户记录真实、准确、完整,不得伪造、篡改、毁坏,并依法为证券持有人保密。

(3)证券登记结算机构应当具有必备的服务设备和完善的数据安全保护措施,建立健全的业务、财务和安全防范等管理制度,建立完善的风险管理系统,以保证业务的正常进行。

(4)证券登记结算机构应当妥善保存登记、托管和结算的原始凭证,重要的原始凭证的保存期不少于20年。

(5)证券登记结算机构应当设立结算风险基金,并存入指定银行的专门账户。结算风险基金用于因技术故障、操作失误、不可抗力造成的证券登记结算机构的损失。

(6)证券结算风险基金应当专项管理。证券登记结算机构在结算风险基金赔偿后,应当向有关责任人追偿。

(四)证券服务机构

证券服务机构是指专门从事证券投资咨询业务、证券资信评级业务、证券发行与交易所涉及的会计、审计及法律业务的机构。这类机构为发行人发行证券和投资者进行证券投资提供必要的资信服务,是证券市场中的重要机构。

1.证券投资咨询机构

证券投资咨询机构是指专门从事使用大量的证券信息资料进行系统分析,向证券投资者提供咨询服务的机构,其形式是证券投资咨询有限责任公司。

(1)证券投资咨询业务。证券投资咨询业务是指从事证券投资咨询业务的机构及其投资咨询人员为投资人提供证券分析、预测或者建议等直接或者间接有偿咨询服务的活动。具体来讲,其主要包括:①接受投资人或客户委托,提供证券投资咨询服务;②举办有关证券投资咨询的讲座、报告会、分析会等;③在报刊上发表证券投资咨询的文章、评论、报告,以及通过电台、电视台等公众传播媒体提供证券投资服务;④通过电话、传真、无线网络等电信设备系统,提供证券投资咨询服务;⑤中国证券监督管理委员会认定的其他形式。

(2)投资咨询人员的禁止行为,主要有:①代理委托人从事证券投资;②与委托人约定分享证券投资收益或者分担证券投资损失;③买卖本咨询机构提供服务的上市公司股票;④法律、行政法规禁止的其他行为。

2.证券资信评估机构

证券资信评估机构是指专门从事证券投资研究,对证券的信用和质量进行评估的法人组织。其开展的业务有:(1)对发行债券企业进行资信评估;(2)评定和公布各种有价证券的信用等级;(3)评定和公布证券公司的信用等级;(4)对股票发行与上市公司的有关材料进行验查和评估。

3.会计师事务所、审计师事务所、律师事务所的职责

为证券的发行、上市或者证券交易活动制作、出具审计报告、资产评估报告或者法律意见书等文件的会计师事务所、审计师事务所、律师事务所及其工作人员,必须按照执业规则规定的工作程序出具报告,对其所出具报告内容的真实性、准确性和完整性进行核查和验证,并就其负有责任的部分承担连带责任。

第三节 票据法

一、票据的概念和特征

(一)票据的概念

票据是有价证券的一种。票据一词有广义和狭义之分。广义的票据,指用于证明或设定权利为目的而制成的各种书面凭证,如股票、债券、车船票、发票、国库券、提单、汇票、本票和支票等。狭义的票据,指出票人签发的、承诺由本人或者委托他人在见票时或者在票载日期无条件支付一定金额给收款人或持票人的有价证券。

根据《票据法》第二条第二款的规定,我国法律上的"票据",仅指狭义的票据,即汇票、本票和支票。

1.汇票。《票据法》第十九条第一款规定,汇票是出票人签发的,委托付款人在见票时或者在指定日期无条件支付确定的金额给收款人或者持票人的票据。

2.本票。《票据法》第七十三条第一款规定,本票是出票人签发的,承诺自己在见票时无条件支付确定的金额给收款人或者持票人的票据。

3.支票。《票据法》第八十一条规定,支票是出票人签发的,委托办理支票存款业务

的银行或者其他金融机构在见票时无条件支付确定的金额给收款人或者持票人的票据。

(二)票据的特征

票据作为依票据法发行的、以无条件支付一定金额为目的的一种有价证券,具有自己独特的性质。

1.票据是债权证券和金钱证券

持票人可以就票据上所载的金额向特定票据债务人行使请求权,其性质是债权,所以票据是债权证券。就债权的标的而言,持票人享有的权利是请求债务人给付一定的金钱,所以票据是一种金钱证券。

2.票据是设权证券

所谓设权证券,是指权利的发生必须首先作成证券。与股票、债券等证明权利的证权证券不同,票据不是证明已经存在的权利而是创设票据权利。票据上所表示的权利,是由出票这种票据行为创设。没有票据,就没有票据上的权利。因此,票据是一种设权证券。

3.票据是文义证券

票据上的一切权利义务,都严格依照票据上记载的文义而定,文义之外的任何理由、事项都不得作为根据。也就是说,票据上记载的文义即使有错,通常也不得依据票据之外的其他证据变更或者补充。票据的这个特征,主要是为了保护善意持票人,以维护交易安全。

(三)票据的分类

根据不同标准,票据可以进行如下分类。

1.自付票据与委托票据

自付票据与委托票据是依据出票人是否直接付款所进行的分类。自付票据是指出票人本人直接对票据无条件付款的票据,如本票。委托票据是指出票人本人不直接承担付款义务,而是委托他人并在票据上加以记载,由该他人承担无条件付款义务的票据,如汇票、支票。

2.信用票据与支付票据

信用票据与支付票据是依据票据的不同功能所进行的分类。支付票据是指见票即付并只能由银行或者其他金融机构支付的票据,支票属于典型的支付票据。信用票据是依靠出票人的信用而签发的在出票日后的指定日期才能支付票据金额的票据,如汇票、本票。

3.记名票据、无记名票据及指示式票据

记名票据、无记名票据及指示式票据是依据票据是否记载权利人的名称或姓名进行的分类。记名票据是指在票据上明确记载权利人的名称的票据;无记名票据是指票据上不记载收款人的名称,或者把权利人记作持票人或来人等字样的票据;指示式票据是指在票据上记载的收款人的姓名或名称之后,还附加记载有"或其指定之人"的票据。

4.即期票据与远期票据

即期票据与远期票据是依据票据上所记载的到期日的不同所进行的分类。即期票据是指持票人得随时提示付款,由出票人见票付款的票据;远期票据是指在票据上记载将来某个日期为到期日,付款人在该日期到来时才付款的票据。

(四)票据的功能

1.支付功能

票据的支付功能是票据最基本的原始功能之一,票据具有代表定额货币代替现金支付的功能。这是适应贸易活动中支付方便安全的需要而产生的。汇票、本票、支票都具有这一功能,支票是单纯的支付工具。

2.汇兑功能

票据的汇兑功能是指票据具有异地输送资金的作用。付款人只需要将一定金额之票据交付或寄给收款人即可达到隔地或同地异处运送一定金额的目的。本票、支票都具有这一作用,在我国,票据的汇兑功能主要是通过汇票来实现的。

3.信用功能

票据的信用功能是指票据的出票人可以使用未来可期待取得的资金签发票据,即将未来可取得资金的信用能力转变为当前的支付能力。票据的这一信用功能主要体现在远期票据上。

4.流通功能

票据的流通功能是指基于票据流通转让的属性,票据权利依背书或交付而随意转让,自由流通,不受民法中有关债权让与规定的限制,可以节约商品流通环节中的货币资金。

5.融资功能

票据的融资功能是指票据当事人可以通过票据转让或贴现来筹集资金。票据当事人可以利用票据调度资金,这一功能主要通过票据的转让和贴现来实现。

6.结算功能

票据的结算功能是指当事人相互持有对方所签发的票据,发生相互支付时,可以用票据进行债务抵销。相互持有的对方票据,可以是相互签发的,也可以是通过背书转让从他人手中取得的对方签发的。使用票据进行结算,其手续既方便又安全。复杂的结算则可通过各国普遍建立的票据交换制度来完成。

传统的票据均为纸质。中国人民银行近年来大力推行电子商业汇票业务(包括电子商业承兑汇票和电子银行承兑汇票),要求自2018年1月1日起,单张出票金额在100万元以上的商业汇票原则上全部通过电子商业汇票办理。中国人民银行批准建立了电子商业汇票系统(中国人民银行指定上海票据交易所予以建设和运营),这一系统依托网络和计算机技术,具有接收、存储、发送数据电文功能。票据当事人可利用该系统,以数据电文形式签发票据和进行其他票据行为,以电子签名取代传统的签章方式。这一业务提高了票据业务的透明度,有利于防范票据业务风险,避免纸质票据毁损灭失的问题,还能够节约当事人的成本。需要注意的是,电子票据与传统的纸质票据相比,只是其载体有所区别、签章方式有所区别。票据法律制度原则上适用于电子票据(当然,由于载体的变化,其中某些制度显然没有了适用余地,例如票据丧失补救制度)。

二、票据法的概念和特征

(一)票据法的概念

票据法有广义、狭义之分。广义的票据法,又称实质票据法,是指一切有关票据的法律规范。狭义的票据法,是专门规范票据关系的法律规范。

※知识链接

现行《票据法》于 1995 年 5 月 10 日由第八届全国人民代表大会常务委员会第十三次会议通过,并根据 2004 年 8 月 28 日第十届全国人民代表大会常务委员会第十一次会议进行了修正。共七章 110 条。

(二)票据法的特征

1. 强行性

票据法虽然属于民法的特别法或部门法,但其对于民法中的任意规范采用较少,票据法中的规定几乎都是强行性规定,赋予选择的自由空间很小。

2. 技术性

票据法的规范更多考虑的是方便交易、繁荣市场的技术上的要求,而较少受不同国家、不同民族的思想文化传统和伦理道德的影响,是一种技术性较强的规范。

3. 私法兼具公法性

票据法作为民商法的特别法,调整的是平等主体之间因票据而产生的社会关系,理当属于私法的范畴;但其也规定了大量的公法性规范,体现了票据法的公法性特征。

4. 国内法兼具国际性

票据法虽然属于国内法,但却具有较强的国际统一性。各国的票据立法都尽可能地与国际票据规则相接轨,内容上日渐趋同,票据法也因而成为国际统一化程度最高的法律。

5. 实体法兼具程序性

票据法属于实体法,但同时又有许多程序性规定。票据的运作注重程序,许多规定都体现了票据法严格的程序性要求。

三、票据行为

(一)票据行为的概念、特征和种类

1. 票据行为的概念

票据行为有广义与狭义之分。狭义角度的票据行为,是指票据关系人以发生票据债权和债务关系为目的的要式法律行为,主要包括出票、背书、承兑、参加承兑、保证、保

付。广义的票据行为,是指以票据上权利与义务关系的发生、变更或消灭为目的而为的法律行为,除了包括上述狭义的票据行为外,还包括付款、参加付款、见票、划线、涂销等。

2.票据行为的特征

票据行为的特征有以下几个方面:

(1)票据行为的要式性。票据行为具有严格的法定行为方式,票据法对每种票据行为都规定了必要的方式,不允许当事人自由决定或变更,否则票据不生成法律效力,票据因此被称为要式证券。票据行为的要式性有利于票据的安全流通。

(2)票据行为的文义性,是指票据行为的内容完全以票据上的所载文字为准,即使文字记载与实际情况不一致,仍然能发生票据上的法律效力。

(3)票据行为的无因性,是指票据行为一旦成立,就与其赖以产生的基础关系(票据原因关系、票据资金关系、票据预约关系)完全分离,该基础关系有效与否甚至存在与否都不会影响票据行为的效力。

(4)票据行为的独立性,是指依法成立的各个票据行为,分别依其在票据上所记载的文义独立发生效力,不受其他票据行为的影响。

(5)票据行为的连带性,是指同一票据上的各种票据行为人均对持票人承担连带责任。由于票据行为具有独立性和无因性,这就使持票人的权利实现受到影响,因此票据法规定了连带原则,以保护持票人的票据债权。

3.票据行为的种类

从狭义的角度看,许多国家规定,票据行为包括出票、背书、承兑、参加承兑、保证、保付。《票据法》仅规定了出票、背书、承兑、保证四种,未规定参加承兑和保付。

(1)出票。出票是指出票人依照法定款式作成票据并交付于受款人的行为,是创设票据权利的原始行为。它包括作成和交付两种行为。作成就是出票人按照法定款式制作票据,在票据上记载法定内容并签名。交付是指根据出票人本人的意愿将其交给收款人的行为,不是出于出票人本人意愿的行为,如偷窃票据不能称作交付,因而也不能称作出票行为。

(2)背书。背书是指持票人转让票据权利与他人。票据的特点在于流通性。票据转让的主要方法是背书,当然除此之外还有单纯交付。背书是转让票据权利的行为,票据一经背书转让,票据上的权利也随之转让给被背书人。

(3)承兑。承兑是指汇票的付款人承诺负担票据债务的行为。承兑为汇票所独有。汇票的出票人和付款人之间是一种委托关系,出票人签发汇票,并不等于付款人就一定付款,持票人为确定汇票到期时能得到付款,在汇票到期前向付款人进行承兑提示。如果付款人签字承兑,那么他就对汇票的到期付款承担责任,否则持票人有权对其提起诉讼。

(4)参加承兑。参加承兑是指票据的预备付款人,或票据债务人以外的第三人为了特定票据债务人的利益,代替承兑人进行承兑的票据行为。它一般是在汇票得不到承兑,付款人或承兑人死亡、逃亡或因其他原因无法承兑,付款人或承兑人被宣告破产的情况下发生。

(5)保证。保证是指除票据债务人以外的第三人为担保票据债务的履行、以负担同一内容的票据债务为目的一种附属票据行为。票据保证适用于汇票和本票,不适用于支票。

(6)保付。保付是指支票的付款人向持票人承诺负绝对付款责任的一种附属票据行为。支票一旦经付款人保付,在支票上注明"照付"或"保付"字样,并经签名后,付款人便负绝对付款责任,不论出票人在付款人处是否有资金,或者即使出票人撤回付款委托,付款人须按规定付款。

(二)票据行为的有效要件

1.票据行为的实质有效要件

票据行为的实质有效要件,适用民法中关于民事行为成立要件的规定。其内容包括行为人的票据行为能力和票据意思表示两个方面:

(1)票据行为能力。票据行为能力因自然人和法人而有不同。一般而言,完全行为能力人的票据行为是有效行为,无民事行为能力人或者限制民事行为能力人在票据上签章的,其签章无效。法人的行为能力和法人的权利能力一致,始于法人成立,终于法人解散。法人的权利能力受法人的性质、法人章程、法律规定的经营范围和事业范围的限制,而有所不同。故不同的法人,其行为能力也不相同。法人的票据行为能力也适用民法的有关规定,与其权利能力的范围一致。从《票据法》的规定来看,法人的票据行为能力基本上没有什么限制,其行为一般通过法人机关或法定代表人来进行。

(2)票据意思表示。意思表示是法律行为成立的必要要件之一。票据行为成立,同样也要以意思表示为要件,且行为人的意思表示必须真实、合法,否则不生效力。因此,票据法规定对虚伪、非法的意思表示,如欺诈、偷盗、胁迫、恶意通谋的意思表示所为的票据行为,不予保护。如《票据法》第十二条第一款规定,以欺诈、偷盗或者胁迫等手段取得票据的,或者明知有前列情形,出于恶意取得票据的,不得享有票据权利。

2.票据行为的形式有效要件

票据行为是一种要式行为,除具备实质要件外,还必须依据票据法规定的一定方式进行,才能产生票据效力。形式要件的欠缺,极易导致票据的无效。票据行为的形式要件主要包括书面、记载事项、签章和交付四项:

(1)书面。出票、背书等各种票据行为均需以书面进行,即将行为人的意思表示记载于一定的票据用纸上。口头的票据行为无效。票据行为有些在金融机构制作的票据正面进行,如出票、承兑等;也有在票据背面或粘单上进行的,如背书、保证等。《票据法》第一百零八条规定,汇票、本票、支票的格式应当统一,票据凭证的格式和印制管理办法,由中国人民银行规定。

(2)记载事项。票据行为的成立与否,须以票据行为人的意思表示的内容为条件,这就表现为票据的记载事项。根据票据记载事项的效力的不同,可将其分为应记载事项、得记载事项、不产生票据效力的记载事项和不得记载事项四类。

(3)签章。票据是一种要式证券,签名是票据应记载事项之一,同时也是行为人承担票据责任的必要表示方法。因此,各国票据法都规定,任何一种票据行为均应由行为人在票据上签名。但是考虑到我国票据实践中一般习惯以盖章表示身份的传统做法,《票据法》要求自然人和法人在票据上签章,作为票据行为生效的必要条件。

使用票据的单位在票据上的签章,为该法人或者该单位的盖章加其法定代表人或者其授权的代理人的签章。法人和自然人在票据上的签名,应为该当事人的本名。单位盖章,应为该单位的票据专用章或财务专用章或公章。

出票人在票据上的签章不符合规定的,票据无效;承兑人、保证人在票据上的签章不符合规定的,其签章无效,但不影响其他符合规定签章的效力;背书人在票据上的签章不符合规定的,其签章无效,但不影响其前手符合规定签章的效力。

(4)交付。交付是指票据行为人将票据交给相对人持有的行为。票据是提示证券和占有证券,权利和证券不可分,故无论是出票,还是背书、承兑、保证等均须以票据交付到相对人手中,才能算完成票据行为,相对人才能持票以行使票据权利。

相关案例

> 2022年,电器厂通过交易从黄某处取得电器公司为出票人的支票,在银行拒付后,又因保管不慎,支票因洗衣机水洗仅剩残片,除显示票据号码外,其余内容均不清晰。电器厂持该支票残片诉请电器公司支付票款。
>
> 根据《票据法》及其相关司法解释的规定,行使包括追索权在内的票据权利时,必须持有合格有效票据。票据的必须记载事项是法定形式要件,除显示票据号码外,其余内容均不清晰的票据残片因欠缺符合法律规定的票据记载事项不能认定为有效票据,票据权利人不能据此行使追索权。本案中,电器厂提供的票据残片,除显示票据号码外,其余内容均不清晰,故本案电器厂持有的支票残片应认定为无效。电器厂持该支票残片等证据向电器公司行使票据追索权,诉请电器公司向其支付款项及利息,证据不足,判决驳回电器厂诉请。

(三)票据行为的代理

1.票据行为的代理的概念和构成要件

票据行为的代理是指代理人在代理权限范围内,在票据上载明本人(被代理人)的名称或姓名及为本人代理的意思,以本人名义实施票据行为并在票据上签章,从而对本人直接发生票据法上的效力的行为。

票据行为的有效构成要件包括:(1)代理人依法享有代理权并在代理权限范围内行使代理权;(2)代理人行使代理权必须在票据上明示本人(被代理人)的名义;(3)代理人行使代理权必须在票据上表明为本人代理的意思;(4)代理人必须在票据上签章。

2.无权代理、越权代理和表见代理

(1)无权代理,是指行为人没有代理权,在票据上明示本人(被代理人)的名义,表明自己为被代理人代理的意思并签章的行为。无权代理的后果由行为人自行承担。

(2)越权代理,是指代理人虽有代理权,但其超越代理权限范围而为的票据行为。《票据法》第五条规定,代理人超越代理权限的,应当就其超越权限的部分承担票据责任。

(3)表见代理,是指代理人实质上并无代理权,但外观上足以使第三人相信其有代理权而实施的代理行为。表见代理成立,持票人可以自由选择,依民法理论主张本人承担授权人的义务,本人不得以无权代理为由对抗持票人;持票人也可以根据票据法关于无权代理的规定,直接请求行为人承担票据义务,行为人不得以表见代理成立而主张抗辩。不过,持票人(善意第三人)依法对其中任何一方主张票据权利并获得给付后,不得再向另一方追究责任。

四、票据权利

(一)票据权利的概念、特征和种类

1.票据权利的概念和特征

所谓票据权利,是指持票人向票据债务人或关系人请求支付一定金额的权利,包括付款请求权和追索权。这一概念表明票据权利具有以下特征:(1)票据权利是票据持票人向票据债务人或关系人行使的一种权利;(2)票据权利是一种单纯的金钱给付请求权;(3)票据权利是双重请求权(付款请求权和追索权);(4)票据权利是无因性权利。

2.票据权利的种类

(1)付款请求权,是指持票人向票据主债务人或者票据关系人请求支付票据金额的权利。这是票据上的第一次权利,票据主债务人只有基于消灭时效才能免除其票据责任。

(2)追索权,是指当票据到期得不到付款,或者在到期日前得不到承兑,或者在到期日前由于其他法定原因使票据可能得不到承兑或者付款时,持票人在保全票据权利的基础上,向付款人以外的票据债务人请求支付票据金额及其他法定款项的权利。

(二)票据权利的取得、行使、保全和消灭

1.票据权利的取得

票据权利的原始取得:

(1)出票取得票据权利,是指持票人基于出票人的出票取得票据,实现了对票据的占有,原始取得了票据权利。

(2)善意取得票据权利。善意取得是指票据受让人依票据法所规定的票据转让方式,善意地从无处分权人手中取得票据,从而享有票据权利的一种法律制度。票据的善意取得,必须同时具备下列条件:①持票人必须是从无处分票据权利的人手中取得票据;②持票人必须是依票据法上规定的票据转让方式(背书或者交付)取得票据;③持票人取得票据时必须是善意的,无恶意或重大过失;④持票人必须是给付了相应对价而取得票据。

票据权利的继受取得:

(1)票据法上的继受取得。持票人按照票据法上规定的背书或者交付方式,从有权

处分票据人处受让票据权利,或者票据保证人因履行票据义务而取得票据权利,或者是被追索人因清偿债务而取得票据权利。

(2)一般民商法上的继受取得。持票人按照一般民商法的普通债权的转让、继承、赠予、企业合并等方式取得票据,同时取得票据权利。

2.票据权利的行使和保全

所谓票据权利的行使,是指票据权利人请求票据义务人履行票据义务的行为。所谓票据权利的保全,是指票据权利人为防止票据权利的丧失而实施的一切行为。

票据权利行使和保全的方法通常有提示票据、依法取证。

所谓提示票据,是指在票据法规定的期间内,限时地向票据债务人或关系人出示票据,请求其履行票据债务(承兑或支付票据金额),是行使请求权的前提。所谓依法取证,是指依法取得相关的证据证明持票人曾经依法行使票据权利而遭到拒绝或者根本无法行使票据权利。

3.票据权利的消灭

票据权利的消灭是指票据权利由于一定法定事由的出现失去法律效力。这些事实主要有付款、拒绝付款、记载事项的更改、时效期间经过、保全手续欠缺、民法上规定的债权消灭等。

(三)利益偿还请求权

所谓利益偿还请求权,是指当票据权利因时效届满或者手续欠缺而消灭时,票据的持票人享有的,请求票据的出票人或者承兑人在其所受利益限度内予以偿还的权利。持票人行使利益偿还请求权,不以持有票据并提示票据为必要,但应提供证明自己能够行使该权利的所有事实。利益偿还请求权行使的结果是完全地消灭票据权利和票据法上的权利。

※法条链接

《票据法》第十八条规定　持票人因超过票据权利时效或者因票据记载事项欠缺而丧失票据权利的,仍享有民事权利,可以请求出票人或者承兑人返还其与未支付的票据金额相当的利益。

(四)票据抗辩权

1.票据抗辩权的概念与特征

所谓票据抗辩权,是指票据债务人享有的,依法对票据债权人拒绝履行票据债务的权利。这一概念包含了以下几层含义:(1)票据抗辩权是票据债务人所享有的一种权利;(2)票据债务人行使票据抗辩权以不履行票据债务为目的;(3)票据债务人行使票据抗辩权必须存在法定的抗辩事由;(4)票据债务人行使抗辩权必须符合票据法的规定。

2.票据抗辩权的类型

票据债务人行使票据抗辩权的类型,也称为票据抗辩法定事由或原因,是指法律规定票据债务人可以对票据的持票人进行抗辩的依据,可以分为物的抗辩和人的抗辩两大类。

(1)物的抗辩,又称绝对的抗辩或客观的抗辩,是指基于票据本身的事由而进行的抗辩。票据债务人可以对一切持票人行使,该抗辩权并不因为持票人的不同而有所影响,权利行使只和票据本身这个物相关。根据抗辩权人范围的不同,又可分为:

一切票据债务人可以对一切债权人行使的抗辩。①欠缺票据上应记载事项或记载了票据上不得记载的事项而使票据无效的抗辩。②票据上记载的到期日未到或票据上记载的付款地与持票人请求付款的地点不符而对权利人可以行使的抗辩。③票据应依法付款或依法提存而使票据权利消灭的抗辩。④票据因人民法院作除权判决而使票据权利失效的抗辩。

特定的票据债务人可以对一切债权人行使的抗辩。特定的票据债务人是指有效票据上某一不合法行为的直接相对人。有下列情形之一的,特定的票据债务人得行使抗辩权:①签章人为民事行为能力欠缺者;②无权代理和越权代理;③票据伪造、变造;④票据权利行使和保全手续欠缺;⑤票据权利因时效期限届满而消灭;⑥对不得转让的票据背书转让的。

(2)人的抗辩,又称相对的抗辩或主观的抗辩,是指特定的票据债务人基于票据本身之外的原因对特定的票据债权人的抗辩。这种抗辩是基于当事人之间的特定关系而产生的,一旦持票人发生变更,就不得再进行抗辩,属于人的抗辩包括:

一切票据债务人可以对特定的票据债权人行使的抗辩。①持票人欠缺或丧失受偿能力;②持票人取得票据时为恶意;③持票人欠缺形式上、实质上的受领资格的抗辩。

特定票据债务人可以向特定的票据债权人行使的抗辩。①票据原因关系不合法或不存在或消灭;②欠缺对价;③直接当事人之间特别约定的情势出现;④票据债务已经清偿、抵销或免除而未载于票据上,可对直接当事人抗辩;⑤票据欠缺交付。

3.票据抗辩权行使的限制

所谓票据抗辩权行使的限制,是指票据法对票据债务人不得对特定的持票人行使抗辩权的规定。在票据抗辩中,物的抗辩是客观的、绝对的,是基于票据自身或票据上记载的债务人自身的原因而发生的,不存在对物的抗辩进行限制的问题。票据抗辩权的行使限制主要指对人抗辩的限制。

相关案例

2020年,建材厂依购销合同向建筑公司供货。2021年,建筑公司向建材厂交一张票面金额为70万元的转账支票。因银行退票,建材厂诉请建筑公司付款。建筑公司自认建材厂供货43万余元,已支付10万元。

本案中建材厂与建筑公司债权债务关系为双方所签购销合同,该合同系双方真实意思表示,合法有效,建筑公司应履行支付货款义务。虽然,建筑公司签发票面金额为70万元的支票向建材厂付款,但购销合同不能作为建材厂履行了70万元供货义务的依据。建材厂亦未举示任何送货单,亦未提供其他证据证明其与建筑公司签订购销合同后履行了供货义务,故对供货金额,法院以建筑公司自认金额为准。判决建筑公司返还建材厂票面金额33万余元及相应资金占用利息损失。

五、票据的瑕疵及丧失补救

(一)票据的瑕疵

1.票据的伪造

(1)票据伪造的概念及构成要件

票据伪造是指假冒他人的名义或虚构他人名义在票据上进行票据行为并签章的行为。构成票据伪造行为,必须具备以下要件:

1)伪造者所为的行为在形式上符合票据行为的要件;

2)伪造者必须假冒他人名义或虚构他人名义在票据上签章,即没有得到他人的授权而以他人名义在票据上签章。

(2)票据伪造的法律后果

1)票据伪造对伪造人的法律后果。票据伪造人没有在票据上真正签名或盖章,因而其不承担票据责任,但承担其他法律责任(如刑事责任、损害赔偿责任)。

2)票据伪造对被伪造人的法律后果。由于被伪造人自己并没有亲自或依法委托他人在票据上签章,既不承担任何票据责任,也不用对任何人承担其他法律责任。

3)票据伪造对票据上真正签章人的法律后果。当票据上既有伪造的签章又有其他真实的签章时,伪造的签章不影响真实的签章的效力,真实的签章人应对自己所为的票据行为承担票据义务,这是因为票据行为具有独立性。

4)票据伪造对票据的付款人的法律后果。根据《票据法》第五十七条的规定,付款人或代理付款人在付款时,只要按照法律规定对票据上的签章及各项记载事项进行了通常的审查,不存在恶意及重大过失的情形,那么即使其未能辨认出票据上有伪造的签章而付了款,这一付款行为也是有效的。付款人及其代理付款人以恶意或者有重大过失付款的,应当自行承担责任。

5)票据伪造对票据的持票人的法律后果。善意取得伪造票据的持票人,对伪造人以及被伪造人均不能主张票据权利,对真实签章的票据债务人仍然可以主张完全的票据权利。

2.票据的变造

(1)票据变造的概念与构成要件

票据变造是指没有合法变更权限的人,变更除签章以外的其他票据记载事项的行为。

构成票据变造行为,必须具备以下几个要件:

1)票据变造必须是没有变更权限的人所为的行为;

2)票据变造必须是以被变造的票据合法存在为前提;

3)票据变造必须是变更票据签章以外的其他事项的行为。

(2)票据变造的法律后果

1)票据变造对变造人的法律后果。如果票据的变造人本来就是票据上的行为人,在票据上有其签章,那么该变造人应当按其变造后的票据记载事项承担票据义务,并承担变造票据的刑事责任、民事责任;如果票据的变造人在票据上没有签章,则不负有票据上的义务,但应当承担刑事责任、民事责任。

2)票据变造对票据上其他签章人的法律后果。在变造之前签章的人,对变造前的原记载事项负责;在变造之后签章的人,对变造后的记载事项负责;不能辨别是在票据被变造之前还是之后签章的,视为在变造之前签章。

3)票据变造对票据的持票人的法律后果。善意取得变造票据的持票人,可以向票据债务人主张完全的票据权利,依其取得票据时记载的文义行使票载金额的请求权。

4)票据变造对票据的付款人的法律后果。票据变造对票据的付款人的法律后果与票据伪造对票据付款人的法律后果基本相同。

相关案例

> 2021年,化工公司为履行采购合同支付货款义务,向冶金公司提供出票人为实业公司、收款人为建材公司、票面金额为240万元的银行承兑汇票一张。2022年,冶金公司持票到银行办理业务时,银行以该汇票系变造为由收缴。冶金公司遂以化工公司为被告,诉请确认该汇票无效。
>
> 本案中,无证据证明涉案票据存在原记载人即出票人实业公司更改票据的"金额、日期、收款人名称",亦无证据证明涉案票据金额变造系化工公司行为,在化工公司为履行其与冶金公司合同付款义务时,背书转让涉案汇票给冶金公司,其签章具有真实性。依据《票据法》第十四条的规定,化工公司应对其签章时的票据金额240万元承担票据责任。如确认涉案汇票无效,将会导致票据自始无效,那么票据变造之前签章的人亦将不承担变造之前的票据责任,这将破坏票据的流通性,并影响后手向前手行使票据追索权,故冶金公司请求确认涉案汇票无效无事实和法律依据。冶金公司在不能实现付款请求权情形下,可向其前手行使票据追索权。即使追索权不能实现,亦可依其与化工基础法律关系行使债权请求权来实现其权利保护。基于票据无效的法定性,冶金公司以票据收缴为由确认涉案汇票无效没有法律依据。判决驳回冶金公司诉请。

3.票据的涂销

(1)票据涂销的概念及构成要件

票据涂销是指采用某些方法,涂抹或消除票据上的签名或其他记载事项的行为。票据涂销应具备以下要件:票据涂销应是有涂销权人故意所为的行为;票据涂销仅限于对票据上记载事项的涂抹和消除行为。

(2)票据涂销的效力

1)权利人故意涂销的后果。根据各国票据法的规定,有涂销权的人故意涂销的,被涂销部分的记载事项失去票据记载效力,被涂销部分的票据权利自然消灭。

2)权利人非故意涂销的后果。各国票据法一般规定权利人的非故意涂销行为不影响票据权利的行使。

3)非权利人涂销的后果。非权利人的涂销行为,无论行为人主观故意或非故意,均不影响票据权利。

(二)票据的丧失及补救

1.票据丧失的概念及法律后果

(1)票据丧失的概念及构成要件

所谓票据丧失,是指持票人并非出于自己的本意而丧失对票据的占有,简称失票。票据丧失又分为票据的绝对丧失与票据的相对丧失。前者是指票据的物质形态已经发生了根本性的变化,作为一张票据已不存在,也称为票据的灭失,如烧毁、腐烂。后者是指票据只是脱离了真正权利人的占有,而在物质形态上并没有发生根本性的变化,作为一张票据仍然存在,只是原来的持票人丧失了对票据的占有,如票据遗失、被盗、被抢。

构成票据丧失应具备三个要件:①必须有持票人丧失对票据的占有的事实;②持票人丧失票据是由于其意志以外的原因造成的;③持票人所丧失的票据上的票据权利必须有效存在。

(2)票据丧失的法律后果

票据作为完全有价证券,无论是绝对丧失还是相对丧失,都将导致票据权利人无法行使票据权利的法律后果。但是,票据的绝对丧失与相对丧失的风险不同。

2.票据丧失的补救

(1)票据绝对丧失后的补救

票据绝对丧失是指因焚烧、破坏、毁损等而导致票据从物质形态上不存在或者无法使用,不可能为他人取得占有,票据权利人无法再恢复占有,通常称为票据灭失。票据权利人可以向人民法院提出确认之诉。权利人只需提供证据证明其所享有的票据权利及有关票据灭失的事实。管辖人民法院作出裁定确认以后,即可以在票据未到期时,请求原出票人签发新票据,或者票据已到期时,凭人民法院的裁定向票据付款人或其他票据债务人行使付款请求权或追索权。

(2)票据相对丧失后的补救

票据相对丧失是指因丢失、被盗等而脱离了相对持有人对票据的占有,通常指票据的遗失。大量的票据丧失的事例属于票据相对丧失的情况。票据本身并未毁灭,仍然可以流通,也有可能被善意第三人取得。票据权利人相对丧失其票据以后,主要是失去了行使票据权利的依据。为防止票据金额被他人冒领,防止票据通过流通转至善意第三人之手,同时也为了恢复行使票据权利的依据,票据权利人可以采取相应补救措施。

我国票据相对丧失的补救措施有挂失止付、公示催告和提起诉讼三种。

1)挂失止付

①挂失止付的概念。挂失止付是指在票据丧失时,失票人将丧失票据的情况通知付款人,并请求付款人停止付款,接受挂失止付的付款人在票据款项未被他人取得的情况下,决定暂停支付的一种失票补救措施,是我国传统商事习惯上对票据丧失的一种补救方法。

②挂失止付的适用范围。只有当依法可以挂失止付的票据丧失时才可以挂失止付。

《支付结算办法》及《中国人民银行关于施行〈中华人民共和国票据法〉有关问题的通知》中"关于票据的挂失止付问题"的规定,都对挂失止付的适用范围作出了限制,规定:"已承兑的商业汇票、支票、填明'现金'字样和代理付款人的银行汇票以及填明'现金'字样的银行本票丧失,可以由失票人通知付款人或者代理付款人挂失止付。未填明'现金'字样和代理付款人的银行汇票以及未填明'现金'字样的银行本票丧失,不得挂失止付。"

③挂失止付的程序。失票人应当及时向票据的付款人或代理付款人发出书面通知,并要求通知书记载相关事项。接受挂失止付通知的付款人或者代理付款人在收到挂失止付通知书后,应当进行核查。如果查明该票据确未付款,应当立即停止付款;如果该票据在此之前已经付款,付款人或代理付款人不再接受挂失止付,但付款人或者代理付款人以恶意或者重大过失付款的除外。

④挂失止付的效力。票据的付款人或者代理付款人接到了失票人提交的挂失止付通知后,应当立即停止付款。无论任何持票人在挂失止付有效期内请求付款,都不得支付,否则责任自负。如果付款人或代理付款人在收到挂失止付通知书之日起12日内没有收到人民法院的止付通知书,自第13日起,挂失止付通知失效,付款人或代理付款人向持票人付款,不再承担责任。

2)公示催告

①公示催告的概念。公示催告既是票据法中的一种失票救济制度,又是民事诉讼法中的一种诉讼程序。票据法中的失票救济制度,是指在票据丧失后,失票人向人民法院提出申请,请求人民法院依法定程序作出宣告票据无效的判决,从而使票据权利与票据本身相分离,失票人可以依据人民法院判决请求票据付款人支付票据金额的一种权利救济制度。

②公示催告适用的范围。公示催告只适用于按规定可以背书转让的票据。

3)提起诉讼

①票据诉讼的概念。所谓票据诉讼,是指票据丧失后,失票人在票据权利时效期限届满以前,向人民法院提起的,请求人民法院责令票据债务人支付票据金额的诉讼。

②票据诉讼的程序。票据丧失后,在票据权利时效期限届满以前,失票人可以向出票人提供担保,请求其补发票据;如果出票人拒绝补发,失票人则可以出票人为被告,向出票人住所地或者票据支付地的基层人民法院提起诉讼。票据丧失后,在票据权利时效期限届满以前,失票人也可以向票据的付款人或者承兑人提供担保,请求其付款;如果票据的付款人或者承兑人拒绝付款,则失票人可以付款人或承兑人为被告,向付款人或者承兑人住所地或者票据支付地的基层人民法院提起诉讼。失票人在上述两种情况下所提起的票据诉讼,人民法院应当对失票人所提供的担保进行审查,如果认为担保适当(担保金额相当于票据载明的金额),则应判令出票人补发票据或判令付款人、承兑人承担付款义务;如果认为担保不适当,则应判令失票人重新提供担保或补足担保。

六、汇票

(一)汇票的概念与特征

1.汇票的概念

汇票是指由出票人签发的,委托付款人在见票时或者在指定日期无条件支付确定金额给收款人或者持票人的票据。

2.汇票的特征

汇票具有以下特征：

(1)汇票是委付票据。汇票的出票人并不是汇票的付款人,而是另行委托他人作为付款人支付汇票金额,就这一点而言,汇票与支票相同,与本票不同。

(2)汇票是信用票据。汇票既可以是见票即付的即期汇票,也可以是记载将来某个日期为付款日的远期汇票。

(3)汇票设有承兑制度。承兑是汇票特有的制度,是远期汇票的付款人承诺在汇票到期日无条件支付汇票金额的票据行为。汇票之所以需要设立承兑制度,是由汇票的性质决定的。

(二)汇票的类型

1.银行汇票

银行汇票是由出票银行签发的,由其在见票时按照实际结算金额无条件支付给收款人或者持票人的票据。根据银行汇票的用途,可将银行汇票分为现金银行汇票和转账银行汇票两种。

2.商业汇票

商业汇票是由出票人签发的,委托付款人在指定日期无条件支付确定的金额给收款人或者持票人的票据。根据承兑人的不同,商业汇票可以分为银行承兑汇票和商业承兑汇票。银行承兑汇票是收款人开出并经银行等金融机构承兑的汇票。商业承兑汇票可以由收款人或付款人签发,由付款人承兑。

(三)汇票的出票

1.汇票出票的概念

汇票出票是指出票人签发票据并将其交付给收款人的票据行为。这一概念的含义包括：汇票的出票是出票人创设汇票的基本票据行为；汇票出票的内容表现为一种无条件支付的委托；汇票的出票由作成汇票和交付汇票两部分构成。

2.汇票出票的款式

汇票出票的款式也称为汇票出票的格式,是指汇票的出票人按照票据法的规定,在汇票上应为或可为的各种记载。

(1)汇票出票的绝对必要记载事项,是指出票时必须在汇票上进行记载,如有欠缺,汇票无效的事项。《票据法》第二十二条规定了汇票的绝对必要记载事项,分别是表明

"汇票"的字样、无条件支付的委托、确定的金额、付款人名称、收款人名称、出票日期、出票人签章。

(2)汇票出票的相对必要记载事项,是指出票人应当在汇票上记载,但是如果没有记载也不影响汇票的效力,而是按照票据法的规定推定其内容的事项。这主要包括付款日期、付款地和出票地三项。

(3)汇票出票的可记载事项,又称为汇票出票的任意记载事项或得记载事项,是指法律允许当事人自由选择记载,不记载并不影响汇票的效力,但一经记载,即产生票据法上的效力的事项。《票据法》主要规定了以下两项可记载事项:禁止转让文句和有关汇票支付货币单位的约定条款。

(4)汇票出票的其他记载事项,包括记载不产生票据法上的效力的事项,记载本身无效的事项,记载使汇票无效的事项。

3.汇票出票的效力

(1)汇票出票对出票人的效力。汇票的出票使出票人成为汇票上的义务人,其义务的内容是对其签发的汇票能够获得承兑和付款承担担保责任,当汇票不获承兑或者付款时承担清偿责任。

(2)汇票出票对收款人的效力。出票人作成汇票并将汇票实际交付给收款人后,收款人便取得了汇票上的权利,包括付款请求权和追索权。

(3)汇票出票对付款人的效力。即期汇票的出票,使付款人成为汇票的债务人,负有对汇票付款的义务。而在远期汇票,情况则大不相同:付款人仅因出票而取得一种地位或资格,即取得对汇票进行承兑和付款的资格;出票行为是单方行为,付款人并不因此而有付款义务,只有在其对汇票进行承兑后,付款人才成为汇票上的主债务人。

(四)汇票的背书

1.背书的概念和特征

所谓背书,是指持票人以转让汇票权利或者将一定的汇票权利授予他人行使为目的,在汇票背面或者粘单上记载有关事项并签章,然后将汇票交付被背书人的一种附属的票据行为。背书具有以下特征:

(1)背书是一种附属的票据行为。汇票的背书必须以汇票的出票行为为前提,出票是基本的票据行为,背书是附属的票据行为,只能在已经作成并交付的汇票上才能进行背书。

(2)背书是由持票人所为的票据行为。背书行为的目的是将汇票权利转让给他人或将一定的汇票权利授予他人行使,只有汇票权利的享有者(持票人)方可进行背书行为。

(3)背书是以转让汇票权利或者将一定的票据权利授予他人行使为目的的票据行为。持票人进行背书行为的主要目的,在于转让票据权利,但也有例外,《票据法》允许以将一定的汇票权利授予他人行使为目的进行背书。

(4)背书是一种要式行为。票据法对背书的形式有严格的要求,必须由背书人在汇票的背面或者粘单上记载有关事项并签章,然后将作成的汇票交付给被背书人。

2.背书的性质

背书是一种附属的票据行为,是一种有相对人的单方法律行为,它具有债权让与的性质、保证的性质和所有权取得的性质。

3.背书的种类

根据背书的目的不同,可将汇票的背书分为转让背书与非转让背书两大类。

(1)转让背书

转让背书是指持票人以转让汇票权利为目的而为的背书。转让背书以背书是否存在特殊性为标准,可进一步分为一般转让背书与特殊转让背书。

所谓一般转让背书,是指持票人为转让汇票权利,按照票据法的规定进行背书行为,无论在背书人方面、背书的记载事项方面,还是在被背书人方面都不存在任何特殊情况,一经作成即产生背书法律效力的背书。按照记载方式的不同,一般转让背书可以再分为完全背书与空白背书。

所谓特殊转让背书,是指持票人为转让汇票权利而为的,在某些方面存在特殊情形的背书。依背书的特殊性不同,特殊转让背书可进一步分为限制背书、回头背书和期后背书。

(2)非转让背书

非转让背书是指持票人为了将汇票上的一定权利授予他人行使而为的背书。依背书目的不同,非转让背书可进一步分为委托收款背书与质押背书。

4.背书的款式

(1)背书的绝对必要记载事项

背书的绝对必要记载事项是指背书人在背书时必须予以记载的事项。《票据法》规定背书的绝对必要记载事项有背书人名称和被背书人名称两项。

(2)背书的相对必要记载事项

背书的相对必要记载事项是指背书人应当在背时予以记载,但如果没有记载也不影响背书的效力,其内容按法律规定进行推定。《票据法》规定的背书的相对必要记载事项有两项:一是表明背书类型的文句,二是背书日期。

(3)背书的可记载事项

背书的可记载事项又称为背书的得记载事项或任意记载事项,是指法律没有规定必须记载,背书人依自己的意志决定记载与否,一旦记载即产生票据法上的效力的事项。按照《票据法》的规定,这类事项只有一项,就是"不得转让"字样的记载。

(4)记载不产生票据法上的效力的事项

记载不产生票据法上的效力的事项不属于票据法规定的背书的应当记载事项,但是票据法也不禁止背书人记载,如果背书人在背书时记载了这种事项,也不因此影响背书的效力,只是这一记载不产生票据法上的效力。按照《票据法》的规定,记载不产生票据法上的效力的事项只有一项,就是有关背书附条件的记载。

(5)记载使背书行为无效的事项

记载使背书行为无效的事项也称为禁止记载事项或有害记载事项,是指票据法规定背书人不得记载,一旦记载,将导致背书行为无效的事项。根据《票据法》的规定,这类事项有两项:一是将汇票金额部分转让的记载,二是将汇票金额分割转让的记载。

5.背书的连续

背书连续是指在票据转让中,转让汇票的背书人与受让汇票的被背书人在汇票上的签章依次前后衔接。如果背书不连续,付款人可以拒绝向持票人付款,否则付款人自行承担责任。

6.背书的效力

因转让背书与非转让背书的目的不同,所以其所产生的法律效力也不同。从一般转让背书来看,主要产生四方面的效力:权利转移效力、权利担保效力、权利证明效力和切断抗辩效力。

此外,票据当事人可以在票据背书中进行特别的内容记载,对背书转让加以一定的限制,因而构成限制背书。限制背书实际上是对背书人担保责任或被背书人权利加以限制的背书。主要的限制背书有出票人的限制背书、背书人的限制背书、回头背书、分别背书、部分背书、期后背书、质押背书、附条件背书等。

七、本票与支票

(一)本票

1.本票的概念和特征

本票是由出票人签发的,承诺自己在见票时无条件支付确定的金额给收款人或者持票人的票据。《票据法》中所称的本票,特指银行本票,是由银行签发的,承诺自己在见票时无条件支付确定的金额给收款人或者持票人的票据。

本票作为票据的一种,具有票据的共同特征,与汇票、支票及其他国家的本票相比,具有以下特征:本票是自付票据;本票没有承兑制度;本票当事人为两方;本票出票人为主债务人。《票据法》第七十七条规定,本票的出票人在持票人提示见票时,必须承担付款的责任。可见,我国的本票仅限于见票即付的银行本票。

2.本票的分类

(1)定额银行本票与不定额银行本票。这是以本票上记载的金额是否固定为标准对银行本票所进行的分类。定额银行本票的金额,已由本票的印制部门事先印制于本票正面,签发时不必再另行填写;不定额银行本票则并未印有本票金额,而是由出票银行根据当事人的约定在出票时按规定填写。

(2)现金本票与转账本票。这是以付款方式为标准对银行本票所进行的分类。用于转账的,是转账银行本票;用于支取现金的,是现金银行本票。

3.本票不同于汇票的法律规定

(1)本票的出票

1)本票的出票是指出票银行根据企业或者个人的申请,依法签发本票并将其交付给收款人的票据行为。

2)本票出票的款式有：①绝对必要记载事项。《票据法》第七十五条规定了本票的绝对必要记载事项：表明"本票"的字样，即本票文句；无条件支付的承诺，即支付文句；确定的金额；收款人名称；出票日期；出票人签章。②相对必要记载事项。《票据法》第七十六条规定了付款地与出票地两项相对必要记载事项。③可以记载的事项。出票人可以在本票上记载"不得转让"字样，记载有这一内容的本票不得转让。④记载不产生票据法上的效力的事项。这是由出票人记载的票据法规定以外的事项，依票据法规定，这些事项不产生票据法上的效力，但若符合其他法律的规定，则可产生其他法律上的效力。这类事项的记载也适用于票据法对汇票的规定。⑤不得记载事项。这是指依票据法规定，行为人不应当记载在票据上的事项，包括记载本身无效的事项和记载使票据无效的事项。

3)本票出票的效力。①对出票人的效力。本票出票的效力在于使出票人成为本票的付款人或者主债务人负有无条件支付本票金额的绝对付款义务，这一义务只能因时效期限届满而消灭，在时效期限内，出票人的付款义务始终存在，即使持票人未在法定提示付款期限内进行提示，也不影响出票人的付款义务。②对收款人的效力。本票的出票行为成立后，使本票上记载的收款人取得本票的付款请求权和追索权。

(2)本票的付款

1)本票的付款人。本票为自付证券，出票人就是付款人，不存在另外的付款人，因此本票的持票人只能向出票人或其代理付款人进行付款提示，而不能向其他人提示付款。

2)本票的付款期限。《票据法》第七十八条规定，本票自出票日起，付款期限最长不得超过2个月。持票人不在此期限内提示付款，则丧失对出票人以外的前手的追索权。

4.本票准用汇票的法律规定

(1)本票的出票对于汇票的准用

本票的基本当事人只有出票人与收款人双方，因此在出票的记载事项上与汇票存在较大差别，对汇票的准用较少。《票据法》对于本票的绝对应当记载事项和相对应当记载事项作出了特别规定，并同时规定其他事项准用关于汇票的规定。

(2)本票背书对于汇票的准用

《票据法》中的本票与汇票均限于记名本票与记名汇票，都必须以背书方式进行转让，其转让方式并无差别，因此《票据法》对于本票的背书没有作出任何规定，完全准用对于汇票背书的法律规定。

(3)本票保证对于汇票的准用

本票也可以由债务人以外的第三人充当保证人，《票据法》对本票的保证没有作出特别规定，应当适用该法第二章第四节关于汇票保证的规定。

(4)本票付款对于汇票的准用

本票作为自付证券，在付款人以及付款提示期限方面，与作为委托证券的汇票存在一定差异，《票据法》对本票的提示付款期限也作出了特别的规定。除此之外，本票的付款均适用法律对于汇票付款的规定。

(5)本票追索权对于汇票的准用

《票据法》对于本票的追索权没有作出特别规定,应当适用关于汇票追索权的法律规定。

(二)支票

1.支票的概念与种类

(1)支票的概念

根据我国票据法,支票是指出票人签发的,委托办理支票存款业务的银行或者其他金融机构在见票时无条件支付确定的金额给收款人或者持票人的票据。

(2)支票的种类

依出票时是否记载收款人名称,支票分为记名支票和无记名支票两种。记载收款人名称的,是记名支票;不记载收款人名称的,是无记名支票。按照支票支付方式的不同,支票可分为普通支票、现金支票、转账支票。现金支票是只能用于支取现金的支票。转账支票是只能用于转账、不能支取现金的支票。既可支取现金,又可转账的,是普通支票。

2.支票的出票

(1)支票出票的条件:出票人须在办理支票存款业务的银行或者其他金融机构开立支票存款账户;出票人与其委托付款人之间有资金关系;出票人须按照票据法有关规定,做成支票。

(2)支票出票的效力:对收款人或者说是持票人发生取得票据权利的效果;对出票人发生担保付款责任;对付款人发生依支票文义付款的权限。

3.支票的记载事项

(1)绝对必要记载事项。①表明"支票"的字样;②无条件支付的委托;③确定的金额;④付款人名称;⑤出票日期;⑥出票人签章。

(2)相对必要记载事项。《票据法》第八十六条规定了支票的三个相对必要记载事项,即收款人名称、付款地、出票地。我国票据法允许出票时不记载收款人名称,签发无记名支票。《票据法》第八十七条第一款规定,支票上未记载收款人名称的,经出票人授权,"可以"补记。收款人名称成为支票的相对必要记载事项,支票上不记载的,推定持票人为收款人。

(3)可以记载但不产生票据上效力的记载事项。支票上可以记载《票据法》第八十四条、第八十五条规定的事项以外的其他出票事项,但是这种记载事项不具有支票上的效力。

(4)不得记载的事项。凡有悖支票性质和有害支票权利的事项,均不得记载于支票上。若有此种记载,皆为无效记载。《票据法》第九十条特别规定,支票限于见票即付,不得另行记载付款日期;另行记载付款日期的,该记载无效。

第四节 中国人民银行法

一、中国人民银行的法律地位和职责范围

(一)中国人民银行的概念和法律地位

1.概念

中国人民银行即中华人民共和国的中央银行,是指其全部资本由国家出资,属于国家所有,在国务院领导下制定和实施货币政策,防范和化解金融风险,维护金融稳定的组织机构。

2.法律地位

中国人民银行是中华人民共和国的中央银行。中国人民银行在国务院领导下,制定和执行货币政策,防范和化解金融风险,维护金融稳定。中国人民银行是代表国家进行金融管理和金融调控的特殊的金融机构,是我国金融活动的中心,处于金融组织体系的最高地位,是国务院监督管理全国金融事业的职能部门。

(二)中国人民银行的职能

中央银行的性质具体体现在其职能上。一般认为,中央银行有发行的银行、政府的银行、银行的银行、调控和监管的银行四大职能。

1.中国人民银行是发行的银行

发行的银行是指世界各国的中央银行都享有货币的独占发行权,且法律规定该货币为国内唯一的法定货币。中国人民银行是中国唯一的货币发行机关,人民币是唯一法定货币,以人民币支付中华人民共和国境内的一切公共的和私人的债务,任何单位和个人不得拒收。

2.中国人民银行是政府的银行

政府的银行,是指它多由政府设立,成为政府主管金融事业的职能机关,代表政府从事国内、国际有关金融活动。中国人民银行就是由我国中央政府即国务院领导的银行。这是因为中央银行发行的货币是以国家信用作保证的,且中央银行代表国家制定和执行货币政策并通过货币政策的制定和执行来调控国民经济。中国人民银行作为政府的银行,其主要职能有:(1)经理国库。(2)持有、管理、经营国家外汇储备、黄金储备。(3)代理国务院财政部门向各金融机构组织发行、兑付国债和其他政府债券。(4)代表国家从事有关的国际金融活动。

3.中国人民银行是银行的银行

银行的银行主要是指中央银行作为最后贷款人,以商业银行为业务对象,对商业银行的支付能力和风险负有监管责任。

中国人民银行作为银行的银行,其主要职能为:(1)要求金融机构按照规定的比例

交存存款准备金;(2)确定中央银行的基准利率;(3)为在中国人民银行开立账户的金融机构办理再贴现;(4)向商业银行提供贷款;(5)向金融机构提供清算服务。

4.中国人民银行是调控和监管的银行

调控和监管是中央银行成熟的标志,也是中央银行最重要的职能,是传统三大职能以外的完善和发展。中央银行的金融调控职能,就是通过制定和执行货币政策,影响商业银行创造货币的基础和能力,实现货币供应总量的调节和控制,并引导资金流向,促进产业和产品结构的合理化,为国民经济的持续、健康、稳定、协调发展创造条件。同时,它通过依法制定金融业务规章,检查和稽核金融机构的活动,查处金融违法行为,以此来保证金融机构的稳健运行,防范金融风险。

(三)中国人民银行的职责范围

按照《中华人民共和国中国人民银行法》(以下简称《中国人民银行法》)第四条的规定,中国人民银行依法履行下列十三项职责:(1)发布与履行其职责有关的命令和规章;(2)依法制定和执行货币政策;(3)发行人民币,管理人民币流通;(4)监督管理银行间同业拆借市场和银行间债券市场;(5)实施外汇管理,监督管理银行间外汇市场;(6)监督管理黄金市场;(7)持有、管理、经营国家外汇储备、黄金储备;(8)经理国库;(9)维护支付、清算系统的正常运行;(10)指导、部署金融业及反洗钱工作,负责反洗钱的资金监测;(11)负责金融业的统计、调查、分析和预测;(12)作为国家的中央银行,从事有关的国际金融活动;(13)国务院规定的其他职责。

中国人民银行依法监测金融市场的运行情况,对金融市场实行宏观调控,促进金融业的稳定、协调与健康发展。

相关案例

2021年7月,湖南省攸县公安局经侦大队破获一起非法持有、使用假币案,抓获尹某、蒋某等六名犯罪嫌疑人,经审讯,犯罪嫌疑人手中的是在一名外号为"胖子"上线处购买。顺着上线"胖子"这条线继续排查,警方发现,这是一个层级分工明确的制贩假币团伙,团伙成员中,有专门的制假窝点,有专门的分销渠道,且呈现出家族式经营的特点,在掌握了相关人员的组织架构及活动规律之后,警方展开抓捕行动,并查获假币500万余元。

犯罪嫌疑人侵犯了应属中国人民银行享有的法定货币发行权。依据《中国人民银行法》第四条第三款的规定,中国人民银行履行发行人民币,管理人民币流通的职责;第十八条:"人民币由中国人民银行统一印制、发行"的规定,我国的法定货币发行权应由中国人民银行享有。

二、人民币的发行和管理

(一)人民币的法律地位

中华人民共和国的法定货币是人民币。

以人民币支付我国境内的一切公共的和私人的债务,任何单位和个人不得拒收。

(二)人民币的发行

人民币的发行是指中国人民银行向流通市场投放现金的行为。发行人民币、管理人民币流通是《中国人民银行法》赋予中国人民银行的职责之一。《中国人民银行法》第十八条明确规定,人民币由中国人民银行统一印制、发行。

人民币的发行是基础货币的投放,它直接关系着货币币值的稳定,关系着整个国民经济的稳定。长期以来,我国对人民币的发行坚持以下原则。

1.集中统一发行原则

人民币由中国人民银行统一发行,其他任何地方、单位和个人都无权发行货币或变相货币。

《中国人民银行法》第十九条明确规定,禁止在宣传品、出版物或者其他商品上非法使用人民币图样。该法第四十四条又规定,在宣传品、出版物或者其他商品上非法使用人民币图样的,中国人民银行应当责令改正,并销毁非法使用的人民币图样,没收违法所得,并处5万元以下罚款。

2.经济发行原则

货币发行必须适应商品流通的需要。按照货币流通规律的要求,市场货币流通量应与商品流通量相适应,从而保证经济的健康发展。

与经济发行相对应的是财政发行,它是为弥补国家财政赤字或应付财政支出紧张局面而采取的发行措施。理论和实践均证明,财政发行不符合经济发展的客观规律,容易导致通货膨胀,因此应坚决杜绝财政发行。

3.计划发行原则

人民币的发行按货币发行计划进行。中国人民银行提出货币发行计划,报国务院审批后实施。

(三)人民币的管理

《中国人民银行法》对人民币管理的规定主要有:禁止伪造、变造人民币;禁止出售、购买伪造、变造的人民币;禁止运输、持有、使用伪造、变造的人民币;禁止故意毁损人民币;禁止在宣传品、出版物或者其他商品上非法使用人民币图样;任何单位和个人不得印制、发售代币票券,以代替人民币在市场上流通;残缺、污损的人民币,按照中国人民银行的规定兑换,并由中国人民银行负责收回、销毁。

相关案例

在江门,有记者发现人民币被人经过剪裁和胶水粘贴后,做成纸币"工艺品"当街销售。比如,一男子用崭新的1953年版1分、2分和5分的人民币折叠成两只帆船叫卖,这些"工艺品"售价少则开价十几元,多则几十元。而在广州,李先生在家中发现,儿子小明正聚精会神折叠着手中一张纸片,还不时用剪刀裁剪。该纸片一面是空白,另一面印着与真实人民币一模一样的图案,只是在"中国人民银行"的位置上改成了"儿童玩具折纸",李先生询问后得知,儿子是从学校附近的文具店买的,班上很多同学都买来折纸,折成戒指或其他形状互相赠送。

《中国人民银行法》第十九条规定,禁止故意毁损人民币,禁止在宣传品、出版物或者其他商品上非法使用人民币图样。男子制作人民币工艺品和"玩具人民币"的生产销售的行为显然是违法行为。依据《中华人民共和国人民币管理条例》第四十三条:"故意毁损人民币的,由公安机关给予警告,并处 1 万元以下的罚款。"

依据《中国人民银行法》第四十四条:"在宣传品、出版物或者其他商品上非法使用人民币图样的,中国人民银行应当责令改正,并销毁非法使用的人民币图样,没收违法所得,并处五万元以下罚款"予以认定。

三、中国人民银行的业务范围

按照《中国人民银行法》的规定,中国人民银行的业务活动主要有依法制定和执行货币政策、对金融业实施必要的监督和管理、提供金融服务等。

(一)作为政府的银行的业务

中国人民银行作为政府的银行的业务包括:依照法律、行政法规的规定经理国库,代理国务院财政部门组织发行、兑付国债和其他政府债券,持有、管理、经营国家外汇储备、黄金储备,中国人民银行作为政府的银行从事的其他业务。

(二)作为银行的银行的业务

中国人民银行作为银行的银行的业务包括:中国人民银行可以根据需要,为银行业金融机构开立账户,但不得对银行业金融机构的账户透支;组织或者协助组织银行业金融机构相互之间的清算系统,协调银行业金融机构相互之间的清算事项,提供清算服务;根据执行货币政策的需要,可以决定对商业银行贷款的数额、期限、利率和方式,但贷款的期限不得超过 1 年;中国人民银行作为银行的银行从事的其他业务。

(三)对金融业检查、监督的业务

《中国人民银行法》规定了中国人民银行有权对金融机构及其他单位和个人的下列行为进行检查、监督,具体包括:执行有关存款准备金管理规定的行为;执行与中国人民银行特种贷款有关的行为;执行有关人民币管理规定的行为;执行有关银行间同业拆借市场、银行间债券市场管理规定的行为;执行有关外汇管理规定的行为;执行有关黄金管理规定的行为;代理中国人民银行经理国库的行为;执行有关清算管理规定的行为;执行有关反洗钱规定的行为。

前述所称的中国人民银行特种贷款,是指国务院决定的由中国人民银行向金融机构发放的用于特定目的的贷款。

另外，中国人民银行根据执行货币政策和维护金融稳定的需要，可以建议国务院银行业监督管理机构对银行业金融机构进行检查、监督。国务院银行业监督管理机构应当自收到建议之日起30日内予以答复。

当银行业金融机构出现支付困难，可能引发金融风险时，为了维护金融稳定，中国人民银行经国务院批准，有权对银行业金融机构进行检查、监督。中国人民银行根据履行职责的需要，有权要求银行业金融机构报送必要的资产负债表、利润表，以及其他财务会计、统计报表和资料。中国人民银行与国务院银行业监督管理机构和国务院其他金融监督管理机构建立了信息共享机制。

四、违反《中国人民银行法》的法律责任

(一)违反人民币发行及流通管理的行为人的法律责任

1.对伪造或变造人民币等违法行为人的处罚

伪造、变造人民币，出售伪造、变造的人民币，或者明知是伪造、变造的人民币而运输，构成犯罪的，依法追究刑事责任；尚不构成犯罪的，由公安机关处15日以下拘留、1万元以下罚款。

购买伪造、变造的人民币或者明知是伪造、变造的人民币而持有、使用，构成犯罪的，依法追究刑事责任；尚不构成犯罪的，由公安机关处15日以下拘留、1万元以下罚款。

2.对非法利用人民币图样的人员的处罚

在宣传品、出版物或者其他商品上非法使用人民币图样的，中国人民银行应当责令改正，并销毁非法使用的人民币图样，没收违法所得，并处5万元以下罚款。

印制、发售代币票券，以代替人民币在市场上流通的，中国人民银行应当责令停止违法行为，并处20万元以下罚款。

(二)违反金融监督管理规定的行为人的法律责任

《中国人民银行法》第四十六条规定，本法第三十二条所列行为违反有关规定，有关法律、行政法规有处罚规定的，依照其规定给予处罚；有关法律、行政法规未作处罚规定的，由中国人民银行区别不同情形给予警告，没收违法所得，违法所得50万元以上的，并处违法所得1倍以上5倍以下罚款；没有违法所得或者违法所得不足50万元的，处50万元以上200万元以下罚款；对负有直接责任的董事、高级管理人员和其他直接责任人员给予警告，处5万元以上50万元以下罚款；构成犯罪的，依法追究刑事责任。

(三)人民银行及其工作人员违法行为的法律责任

中国人民银行有下列行为之一的，对负有直接责任的主管人员和其他直接责任人员，依法给予行政处分；构成犯罪的，依法追究刑事责任：(1)违反《中国人民银行法》第三十条第一款的规定提供贷款的；(2)对单位和个人提供担保的；(3)擅自动用发行基金的。

有前款所列行为之一,造成损失的,负有直接责任的主管人员和其他直接责任人员应当承担部分或者全部赔偿责任。

※法条链接

《中国人民银行法》第三十条 中国人民银行不得向地方政府、各级政府部门提供贷款,不得向非银行金融机构以及其他单位和个人提供贷款,但国务院决定中国人民银行可以向特定的非银行金融机构提供贷款的除外。

中国人民银行不得向任何单位和个人提供担保。

地方政府、各级政府部门、社会团体和个人强令中国人民银行及其工作人员违反本法第三十条的规定提供贷款或者担保的,对负有直接责任的主管人员和其他直接责任人员,依法给予行政处分;构成犯罪的,依法追究刑事责任;造成损失的,应当承担部分或者全部赔偿责任。

中国人民银行的工作人员泄露国家秘密或者所知悉的商业秘密,构成犯罪的,依法追究刑事责任;尚不构成犯罪的,依法给予行政处分。

中国人民银行的工作人员贪污受贿、徇私舞弊、滥用职权、玩忽职守,构成犯罪的,依法追究刑事责任;尚不构成犯罪的,依法给予行政处分。

第五节 商业银行法

一、商业银行与商业银行法概述

(一)商业银行的概念

商业银行是指依照《中华人民共和国商业银行法》(以下简称《商业银行法》)和《公司法》设立的吸收公众存款、发放贷款、办理结算等业务的企业法人。

(二)商业银行的特征

1. 商业银行是以盈利为目的的企业

商业银行具有从事业务经营所需要的自有资本,依法经营,照章纳税,自负盈亏。它与一般企业一样,以盈利为目的。

2. 商业银行是金融企业

商业银行是金融企业,这是商业银行与一般企业相区别的特征。一般企业经营的是具有一定使用价值的商品,从事商品生产和流通;商业银行则以金融资产和金融负债为经营对象,经营的是特殊商品——货币和货币资本。

3. 商业银行是特殊的金融企业

商业银行是特殊的金融企业,这是商业银行与专业银行相区别的特征。专业银行只集中经营指定范围内的业务和提供专门的服务;而商业银行业务更综合,功能更全面,经营一切金融业务。

(三)商业银行的职能

1. 信用中介职能

信用中介是商业银行最基本的职能。这一职能的实质是通过银行的负债业务,把社会上的各种闲散货币集中到银行,再通过资产业务,将其投向经济各部门。

2. 支付中介职能

所谓支付中介,是指商业银行通过存款在账户上的转移代理客户支付,在存款的基础上为客户兑付现款等,成为客户的货币保管者、出纳和支付代理人。

3. 信用创造职能

商业银行吸收存款、发放贷款,在支票流通和转账结算的基础上,贷款又转化为存款,在这种存款不提取现金或不完全提现的基础上,就增加了商业银行的资金来源,最后在整个银行体系中,形成原始存款的派生存款。

4. 金融服务职能

由于商业银行具备较强的金融业务能力,随着工商企业和流通专业化的发展,许多企业都把原来属于企业自身的货币业务转交给银行来办理,如发放工资、代理支付其他费用等。个人消费也由原来的单纯钱物交易发展为转账结算。在强烈的业务竞争压力下,银行也不断拓展服务领域,通过金融服务业务的发展,进一步促进资产负债业务的扩大,并把资产负债业务和金融服务结合起来,开拓新的业务领域。

5. 调节经济职能

调节经济是指商业银行通过其信用中介活动,调剂社会各部门的资金短缺,同时在中央银行货币政策和国家宏观政策的指引下,实现经济结构、消费比例投资、产业结构等方面的调整。此外,商业银行通过其在国际市场上的融资活动,还可以调节本国的国际收支情况。

(四)商业银行法

商业银行法是调整商业银行组织关系和经营业务关系的法律规范的总称。1995年5月10日,第八届全国人民代表大会常务委员会第十三次会议通过并于同年7月1日起施行的《商业银行法》是商业银行的基本法。2003年12月27日,第十届全国人民代表大会常务委员会第六次会议通过《关于修改〈中华人民共和国商业银行法〉的决定》,对该法作出了修正。修正后的《商业银行法》于2004年2月1日起施行。该法于2015年8月29日第十二届全国人民代表大会常务委员会第十六次会议《关于修改〈中华人民共和国商业银行法〉的决定》进行了第二次修正。

二、商业银行的设立和组织机构

(一)商业银行的设立

1. 商业银行的设立条件

任何企业法人在设立时都要具备法律所规定的条件。商业银行作为专门经营货币的企业,法律要求其设立所具备的条件更为严格。这些条件主要有:(1)有符合《商业银行法》和《公司法》规定的章程;(2)有符合法律规定最低限额的注册资本;(3)有具备任职专业知识和业务工作经验的董事、高级管理人员;(4)有健全的组织机构和管理制度;(5)有符合要求的营业场所、安全防范措施和与业务有关的其他设施。设立商业银行还应当符合其他审慎性条件。

2.商业银行的注册资本

根据《商业银行法》的规定,设立全国性商业银行的注册资本最低限额为10亿元人民币,设立城市商业银行的注册资本最低限额为1亿元人民币,设立农村商业银行的注册资本最低限额为5000万元人民币。注册资本应当是实缴资本。国务院银行业监督管理机构根据审慎监管的要求,可以调整注册资本最低限额,但不得少于前述规定的限额。

3.商业银行的设立程序

设立商业银行,申请人应当经国务院银行业监督管理机构审查批准。经审查符合条件的,申请人应填写正式申请表,并提交法律规定的文件、资料。对于正式批准设立的商业银行,由国务院银行业监督管理机构颁发经营许可证。申请人凭该经营许可证,向工商行政管理机关办理注册登记,领取企业法人营业执照。对于经批准设立的商业银行分支机构,也应由国务院银行业监督管理机构颁发经营许可证。申请人凭该许可证向工商行政管理部门办理登记,领取营业执照。

(二)商业银行的组织形式

根据《商业银行法》第十七条的规定,商业银行的组织形式、组织机构适用《公司法》的规定。因此,商业银行的组织形式采取《公司法》要求的有限责任公司和股份有限公司形式。

(三)商业银行的组织机构

根据《商业银行法》和《公司法》的规定,商业银行设股东会(股东大会)、董事会、监事会。董事会可聘任总经理。国有独资商业银行不设股东会,设立监事会。监事会的产生办法由国务院规定。监事会对国有独资商业银行的信贷资产质量、资产负债比例、国有资产保值增值等情况,以及高级管理人员违反法律、行政法规或者章程的行为和损害银行利益的行为进行监督。

三、商业银行的业务管理规定

(一)存款业务

商业银行通过付出一定利息吸收存款是其负债业务的主要内容,通过吸收存款形成的资金是其经营之本。吸收存款包括吸收企事业单位的存款和个人的储蓄存款,这种负债一般占商业银行总负债量的70%左右。

《商业银行法》规定,办理个人储蓄存款业务,应当遵循存款自愿、取款自由、存款有息、为存款人保密的原则。对于个人储蓄存款和单位存款,商业银行有权拒绝任何单位或者个人查询、冻结、扣划,但法律另有规定的除外。商业银行应当按照中国人民银行规定的存款利率的上下限,确定存款利率,并予以公告;应当保证存款本金和利息的支付,不得拖延、拒绝支付存款本金和利息。

(二)贷款业务

贷款业务是商业银行将货币在一定期限内借出,借以获得利息的业务。它是商业银行资产业务的主要内容,也是商业银行的主要业务活动之一。

商业银行贷款应当与借款人订立书面信贷合同。信贷合同是贷款人将货币借给借款人、借款人按期归还贷款并支付规定的利息的协议,它是表现信贷业务的法律形式。贷款合同应当约定贷款种类、借款用途、金额、利率、还款期限、还款方式、违约责任和双方认为需要约定的其他事项。商业银行应当按照中国人民银行规定的贷款利率的上下限,确定贷款利率。

(三)中间业务

中间业务是指商业银行无须运用自有资金,只代替客户承办交付、收取和其他委托事项而收取手续费的业务。中间业务与负债业务、资产业务不同,它属表外业务,但它们共同构成现代商业银行的三大业务。

《商业银行法》规定了下列中间业务:办理国内外结算、发行金融债券;代理发行、代理兑付、承销政府债券;买卖、代理买卖外汇;提供信用证服务及担保;代理收付款项及代理保险业务;提供保险箱服务。

《商业银行法》还规定,商业银行办理票据承兑及汇兑、委托收款等结算业务,应当按照规定的期限兑现;收付入账,不得压单、压票或者违反规定退票。商业银行发行金融债券应当依法报经批准。商业银行办理业务、提供服务,按照中国人民银行的规定收取手续费。

四、法律责任

(一)商业银行的法律责任

商业银行无故拖延、拒绝支付存款本金和利息等给存款人或其他客户造成损失的,应当承担迟延履行的利息及其他民事责任,由国务院银行业监督管理机构责令其改正,有违法所得的,没收违法所得;违法所得5万元以上的,处违法所得1倍以上5倍以下罚款;没有违法所得或者违法所得不足5万元的,处5万元以上50万元以下罚款。

违反国家规定从事信托投资和证券经营业务、向非自用不动产投资或者向非银行金融机构和企业投资的,或者向关系人发放信用贷款或者发放担保贷款的条件优于其他借款人同类贷款条件的,由国务院银行业监督管理机构责令其改正,有违法所得的,没收违法所得;违法所得50万元以上的,并处违法所得1倍以上5倍以下罚款;没有违法所得或者违法所得不足50万元的,处50万元以上200万元以下罚款;情节特别严重或者逾期不改正的,可以责令其停业整顿或者吊销其经营许可证;构成犯罪的,依法追究其刑事责任。

拒绝或者阻碍中国人民银行检查、监督的,或提供虚假的、隐瞒重要事实的财务会计报告、报表和统计报表的,或未按照中国人民银行规定的比例交存存款准备金的,由中国人民银行责令其改正,并处20万元以上50万元以下罚款;情节特别严重或者逾期不改正的,中国人民银行可以建议国务院银行业监督管理机构责令其停业整顿或者吊销其经营许可证;构成犯罪的,依法追究其刑事责任。

(二)商业银行工作人员的法律责任

商业银行工作人员利用职务上的便利,索取、收受贿赂或者违反国家规定收受各种名义的回扣、手续费,构成犯罪的,依法追究其刑事责任;尚不构成犯罪的,应当给予其纪律处分。

商业银行工作人员利用职务上的便利,贪污、挪用、侵占本行或者客户资金,构成犯罪的,依法追究其刑事责任;尚不构成犯罪的,应当给予其纪律处分。

商业银行工作人员违反本法规定,玩忽职守造成损失的,应当给予其纪律处分;构成犯罪的,依法追究其刑事责任。违反规定,徇私向亲属、朋友发放贷款或者提供担保造成损失的,其应当承担全部或者部分赔偿责任。

商业银行工作人员泄露在任职期间知悉的国家秘密、商业秘密的,应当给予其纪律处分;构成犯罪的,依法追究其刑事责任。

商业银行违反《商业银行法》规定的,国务院银行业监督管理机构可以区别不同情形,取消其直接负责的董事、高级管理人员一定期限直至终身的任职资格;禁止其直接负责的董事、高级管理人员和其他直接责任人员一定期限直至终身从事银行业工作。

复习思考题

一、单项选择题

1.下列行为中不违反人民币管理规定的是( )。
A.王某在一次买卖中因疏忽收到了一张面值50元的假币
B.李某用几十张面值一角的人民币制作一条工艺船
C.郑某在挂历上印制面值100元的人民币图案并予以销售
D.张某在清明节时,为纪念过世的亲人在亲人墓前焚烧了一捆面值10元的人民币

2.甲在一张承兑汇票上签署"保证"字样,并记载自己为保证人,但没有记载被保证人的名称,则下列说法正确的是( )。
A.该汇票无效 B.出票人为被保证人
C.承兑人为被保证人 D.甲的票据保证行为无效

3.根据现行银行贷款制度,关于商业银行贷款,下列( )说法是正确的。

A.商业银行与借款人订立贷款合同,可采取口头、书面或其他形式
B.借款合同到期未偿还,经展期后到期仍未偿还的贷款,为呆账贷款
C.政府部门强令商业银行向市政建设项目发放贷款的,商业银行有权拒绝
D.商业银行对关系人提出的贷款申请,无论是信用贷款还是担保贷款,均应予拒绝

4.下列(　　)人员不得招聘为证券交易所的从业人员。
A.因违法行为或者违纪行为被开除的证券交易所从业人员
B.证券从业律师王某因违法被撤销证券从业资格已满6年
C.张某因故和某证券公司解除劳动合同
D.已辞职原为某国家机关工作人员的李某

5.公司债券上市交易后,在一定情形下,证券交易所可决定暂停其上市交易。以下对暂停公司债券上市情形的说法中不准确的是(　　)。
A.公司有重大违法行为
B.公司最近3年连续亏损
C.公司情况发生重大变化不符合公司债券上市条件
D.公司债券所募集资金不按照核准的用途使用

二、多项选择题

1.根据《商业银行法》关于商业银行的设立和变更,下列(　　)说法是正确的。
A.国务院银行业监督管理机构可以根据审慎监管的要求,在法定标准的基础上提高商业银行设立的注册资本最低限额
B.商业银行的组织形式、组织机构适用《公司法》
C.商业银行的分立、合并不适用《公司法》
D.任何单位和个人购买商业银行股份总额5%以上的,应事先经国务院银行业监督管理机构批准

2.根据《中国人民银行法》的规定,中国人民银行为执行货币政策,可以运用(　　)货币政策。
A.法定存款准备金　　　　　　B.基准利率
C.再贴现　　　　　　　　　　D.向商业银行提供贷款

3.下列各种票据中,属于《票据法》调整范围的有(　　)。
A.汇票　　　B.本票　　　C.发票　　　D.支票

4.下列说法正确的有(　　)。
A.证券交易所、证券公司、证券登记结算机构必须依法为客户开立的账户保密
B.证券交易所采取技术性停牌或者决定临时停牌,必须及时报告国务院证券监督管理机构
C.证券公司的所有工作人员都必须具有证券从业资格
D.违反证券法规定,应当承担民事赔偿责任和缴纳罚款、罚金,其财产不足以同时支付时,先承担民事赔偿责任

5.根据《证券法》的有关规定,证券交易所的总经理不应由(　　)机构任免。

A. 证券交易所的理事会 B. 国务院
C. 国务院证券监督管理机构 D. 证券业协会

三、案例模拟

李大伟是 M 城市商业银行的董事,其子李小武为 L 公司的董事长。2021 年 9 月,L 公司向 M 城市商业银行的下属分行申请贷款 1000 万元。其间,李大伟对分行负责人谢二宝施加压力,令其按低于同类贷款的优惠利息发放此笔贷款。

请根据以上案情,回答下列问题:

(1) M 银行能否向 L 公司发放贷款?

(2) 李大伟的行为是否合法?

(3) 谢二宝应当怎样做才合法?

第十二章　劳动与社会保障法律制度

学习目标

【知识目标】

1. 掌握劳动合同订立的主体、形式、内容和效力。
2. 掌握劳动合同的合法变更、解除、终止。
3. 了解社会保险、社会救助、社会福利与优抚等社会保障法律制度。

【能力目标】

1. 运用劳动法律制度正确处理劳动法律事务，维护合法权益。
2. 识别劳动保障的本质要求和适用范围，创设良好社会风尚。

【思政目标】

1. 培养学生的诚信意识，提升道德素质。
2. 养成劳动及社会保障法律素养，为创设美好生活秩序做出贡献。

本章知识体系构建

第十二章
- 劳动合同法
  - 劳动合同的概念和特征
  - 劳动合同订立的概念和原则
  - 劳动合同订立的主体
  - 劳动合同订立的形式
  - 劳动合同的效力
  - 劳动合同的主要内容
  - 劳动合同的变更、解除和终止
- 社会保障法
  - 社会保障法的概念
  - 社会保障法的特征
  - 社会保险的概念和特征
  - 社会保险法
  - 社会救助制度
  - 社会福利制度
  - 社会优抚制度

※ **引导案例**

某冷链物流公司招聘一批合同制工人,将一份打好的劳动合同交给官某签字。合同规定,鉴于疫情影响,发展形势非常不好,公司需要官某入职时缴纳800元押金,试用期为9个月。试用期以后,合同期为3年,休息日加班,支付工期工资的150%,工作期间因个人疏忽导致伤害事故,公司不承担责任。合同期间,公司根据实际情况可以随时解除劳动合同。

问题:
1. 此劳动合同内容是否合法?
2. 劳动者拥有什么权利与基本义务?
3. 公司在什么情况下可以解除劳动合同?基本程序是什么?

第一节 劳动合同法

一、劳动合同的概念和特征

(一)劳动合同的概念

劳动合同是劳动者和用人单位之间依法确立、变更和终止劳动权利和义务的协议。

※ **知识链接**

为规范劳动合同,国家陆续颁布了一系列相关法律、法规和规章,如1994年7月5日第八届全国人民代表大会常务委员会第八次会议通过、2009年8月27日第十一届全国人民代表大会常务委员第十次会议和2018年12月29日第十三届全国人民代表大会常务委员会第七次会议修正的《中华人民共和国劳动法》(简称《劳动法》),2007年6月29日第十届全国人民代表大会常务委员会第二十八次会议通过、2012年12月28日第十一届全国人民代表大会常务委员会第三十次会议修正的《中华人民共和国劳动合同法》(简称《劳动合同法》),2007年12月29日第十届全国人民代表大会常务委员会第三十一次会议通过的《中华人民共和国劳动争议调解仲裁法》(简称《调解仲裁法》),以及2008年9月18日国务院令第535号公布的《中华人民共和国劳动合同法实施条例》(简称《劳动合同法实施条例》),2007年12月7日国务院令第514号公布的《职工带薪年休假条例》等,这些法律法规构成了我国劳动法或称劳动合同法律制度的主要内容。

(二)劳动合同的特征

1. 劳动合同主体具有特定性。劳动合同的主体一方是劳动者,另一方是用人单位。
2. 劳动合同的内容具有较强的法定性。当事人双方签订劳动合同不得违反强制性规定,否则无效。
3. 劳动者在签订和履行劳动合同过程中的地位在发生变化。在签订劳动合同过程时,双方法律地位是平等的;但在履行劳动合同的过程中,用人单位和劳动者就具有了支配与被支配、管理与服从的从属关系。

(三)《劳动合同法》的适用范围

1.中华人民共和国境内的企业、个体经济组织、民办非企业单位等组织(以下称用人单位)与劳动者建立劳动关系,订立、履行、变更、解除或者终止劳动合同,适用《劳动合同法》。依法成立的会计师事务所、律师事务所等合伙组织和基金会,也属于《劳动合同法》规定的用人单位。

2.国家机关、事业单位、社会团体和与其建立劳动关系的劳动者,订立、履行、变更、解除或者终止劳动合同,依照《劳动合同法》执行。

3.地方各级人民政府及县级以上人民政府有关部门为安置就业困难人员提供的给予岗位补贴和社会保险补贴的公益性岗位,其劳动合同不适用《劳动合同法》有关无固定期限劳动合同的规定以及支付经济补偿的规定。

二、劳动合同订立的概念和原则

(一)劳动合同订立的概念

劳动合同的订立,是指劳动者和用人单位经过相互选择与平等协商,就劳动合同的各项条款达成一致意见,并以书面形式明确规定双方权利、义务的内容,从而确立劳动关系的法律行为。

(二)劳动合同订立的原则

订立劳动合同,应当遵循合法、公平、平等自愿、协商一致、诚实信用的原则。

1.合法原则

合法原则就是劳动合同的形式和内容必须符合法律、法规的规定。合法是劳动合同有效的前提条件。这要求劳动合同的形式与内容要合法。如除非全日制用工外,劳动合同需要以书面形式订立。根据《劳动合同法》第八十一条的规定,用人单位自用工之日起超过一个月但不满一年未与劳动者订立书面劳动合同的,应当支付劳动者二倍的应得劳动报酬。

2.公平原则

公平原则是指劳动合同的内容应当公平、合理。就是在符合法律规定的前提下,劳动合同双方公正、合理地确立双方的权利和义务。有些合同内容,相关劳动法律、法规往往只规定了一个最低标准,在此基础上双方自愿达成协议,就是合法的,但有时合法的未必公平、合理。如同工不同酬,就是不公平。此外,还要注意的是用人单位不能滥用优势地位,迫使劳动者订立不公平的合同。

3.平等自愿原则

平等原则就是劳动者和用人单位在订立劳动合同时在法律地位上是平等的,没有高低、从属之分,不存在命令和服从、管理和被管理关系。只有地位平等,双方才能自由表达真实的意思。自愿原则是指订立劳动合同完全是出于劳动者和用人单位双方的真实意志,是双方协商一致达成的,任何一方不得把自己的意志强加给另一方。自愿原则包括订不订立劳动合同由双方自愿,与谁订劳动合同由双方自愿,合同的内容双方自愿约定等。根据自愿原则,任何单位和个人不得强迫劳动者订立劳动合同。

4.协商一致原则

合同是双方意思表示一致的结果,劳动合同也是一种合同,也需要劳动者和用人单位双方协商一致,达成合意,一方不能凌驾于另一方之上,不得把自己的意志强加给对方,也不能强迫命令、胁迫对方订立劳动合同。只有体现双方真实意志的劳动合同,双方才能忠实地按照合同约定履行。

5.诚实信用原则

在订立劳动合同时要诚实,讲信用。如在订立劳动合同时,双方都不得有欺诈行为。以欺诈、胁迫的手段或者乘人之危,使对方在违背真实意思的情况下订立或者变更劳动合同的,劳动合同无效或者部分无效。

三、劳动合同订立的主体

(一)劳动合同订立主体的资格要求

1.劳动者的资格要求。需年满16周岁(文艺、体育和特种工艺单位招用人员例外),有劳动权利能力和行为能力。

2.用人单位的资格要求。用人单位有用人权利能力和行为能力。用人单位设立的分支机构,依法取得营业执照或者登记证书的,可以作为用人单位与劳动者订立劳动合同;未依法取得营业执照或者登记证书的,受用人单位委托可以与劳动者订立劳动合同。

(二)劳动合同订立主体的义务

1.用人单位的义务和责任。用人单位招用劳动者时,应当如实告知劳动者工作内容、工作条件、工作地点、职业危害、安全生产状况、劳动报酬以及劳动者要求了解的其他情况。用人单位招用劳动者,不得扣押劳动者的居民身份证和其他证件,不得要求劳动者提供担保或者以其他名义向劳动者收取财物。

2.劳动者的义务。用人单位有权了解劳动者与劳动合同直接相关的基本情况,劳动者应当如实说明。

四、劳动合同订立的形式

(一)书面形式

用人单位自用工之日起即与劳动者建立劳动关系。建立劳动关系,应当订立书面劳动合同。已建立劳动关系,未同时订立书面劳动合同的,应当自用工之日起1个月内订立书面劳动合同。用人单位与劳动者在用工前订立劳动合同的,劳动关系自用工之日起建立。

用人单位应当建立职工名册备查。职工名册应当包括劳动者姓名、性别、居民身份证号码、户籍地址及现住址、联系方式、用工形式、用工起始时间、劳动合同期限等内容。

用人单位和劳动者已建立劳动关系,但却未同时订立书面劳动合同的情形,具体规定如下:

(1)自用工之日起1个月内,经用人单位书面通知后,劳动者不与用人单位订立书面劳动合同的,用人单位应当书面通知劳动者终止劳动关系,无须向劳动者支付经济补偿,但是应当依法向劳动者支付其实际工作时间的劳动报酬。

(2)自用工之日起超过1个月不满1年,用人单位未与劳动者订立书面劳动合同的,应当向劳动者每月支付2倍的工资,并与劳动者补订书面劳动合同;劳动者不与用人单位订立书面劳动合同的,用人单位应当书面通知劳动者终止劳动关系,并支付经济补偿。2倍工资的起算时间为用工之日起满1个月的次日,截止时间为补订书面劳动合同的前1日。

(3)自用工之日起满1年未签订合同,用人单位自用工之日起满1个月的次日至满1年的前1日应当向劳动者每月支付2倍的工资补偿,并视为自用工之日起满1年的当日已经与劳动者订立无固定期限劳动合同,应当立即与劳动者补订书面劳动合同。

(二)例外情况

作为订立劳动合同应当采用书面形式的例外情况,《劳动合同法》规定,非全日制用工双方当事人可以订立口头协议。非全日制用工,是指以小时计酬为主,劳动者在同一用人单位一般平均每日工作时间不超过4小时,每周工作时间累计不超过24小时的用工形式。

从事非全日制用工的劳动者可以与一个或者一个以上用人单位订立劳动合同;但是后订立的劳动合同不得影响先订立的劳动合同的履行。非全日制用工双方不得约定试用期。

非全日制用工双方当事人任何一方都可以随时通知对方终止用工。终止用工,用人单位不向劳动者支付经济补偿。

非全日制用工小时计酬标准不得低于用人单位所在地人民政府规定的最低小时工资标准。用人单位可以按小时、日或周为单位结算工资,但非全日制用工劳动报酬结算支付周期最长不得超过15日。

相关案例

2020年3月24日,某人力资源公司与韩某签订劳动合同,约定合同期限3年,并将韩某派驻某房地产公司工作。某房地产公司《员工手册》载明员工1年内累计旷工5次即构成严重违纪,公司可以解除劳动合同。2021年12月23日,某人力资源公司向韩某出具解除劳动合同通知书,事由为韩某连续旷工30.5个工作日,符合《员工手册》规定的严重违反规章制度的情形,应予解除劳动合同。某房地产公司于庭审中自认《员工手册》摆放于公司前台显著位置可供查阅,但未能举证证明已送达或告知韩某。

法院审理后认为,某房地产公司作为用工单位未履行规章制度的"公示告知"义务,某人力资源公司据此解除劳动合同于法无据,构成违法解除。某人力资源公司应向韩某支付违法解除劳动合同的赔偿金。

五、劳动合同的效力

(一)劳动合同的生效

劳动合同由用人单位与劳动者协商一致,并经用人单位与劳动者在劳动合同文本上签字或者盖章生效。劳动合同依法订立即生效,具有法律约束力。除非当事人对劳动合同生效有特殊约定,如约定须经公证或鉴证方可生效的劳动合同,其生效时间开始于公证、鉴证手续办理完毕之日。劳动合同文本由用人单位和劳动者各执一份。

(二)无效劳动合同

无效劳动合同,是指劳动合同虽然已经成立,但因违反了法律、行政法规的强制性规定而被确认为无效的劳动合同。对劳动合同的无效或者部分无效有争议的,由劳动争议仲裁机构或者人民法院确认。

下列劳动合同无效或者部分无效:

1.以欺诈、胁迫的手段或者乘人之危,使对方在违背真实意思的情况下订立或者变更劳动合同的;

2.用人单位免除自己的法定责任、排除劳动者权利的;

3.违反法律、行政法规强制性规定的。

(三)无效劳动合同的法律后果

无效劳动合同,从订立时起就没有法律约束力。劳动合同部分无效,不影响其他部分效力的,其他部分仍然有效。劳动合同被确认无效,劳动者已付出劳动的,用人单位应当向劳动者支付劳动报酬。劳动报酬的数额,参照本单位相同或者相近岗位劳动者的劳动报酬确定。劳动合同被确认无效,给对方造成损害的,有过错的一方应当承担赔偿责任。

六、劳动合同的主要内容

(一)劳动合同的必备条款

1.用人单位的名称、住所和法定代表人或者主要负责人

有两个以上办事机构的,以用人单位的主要办事机构所在地为住所。具有法人资格的用人单位,要注明单位的法定代表人;不具有法人资格的用人单位,必须在劳动合

同中写明该单位的主要负责人。

2.劳动者的姓名、住址和居民身份证或者其他有效身份证件号码

劳动者的姓名以户籍登记,即身份证上所载为准。劳动者的住址,以其户籍所在的居住地为住址,其经常居住地与户籍所在地不一致的,以经常居住地为住址。

3.劳动合同期限

劳动合同双方当事人可以选择订立固定期限劳动合同、无固定期限劳动合同或以完成一定工作任务为期限的劳动合同。

4.工作内容和工作地点

工作内容包括劳动者从事劳动的工种、岗位和劳动定额、产品质量标准的要求等。工作地点是指劳动者可能从事工作的具体地理位置。劳动者有权在与用人单位建立劳动关系时知晓自己的工作内容与工作地点。

5.工作时间和休息休假

工作时间是指劳动者为履行劳动义务,在法律规定的标准下,根据劳动合同和集体合同的规定提供劳动的时间,即劳动者在一昼夜或一周内从事生产或工作的时间,也就是劳动者每天应工作的时数或每周应工作的天数。

我国法律规定标准工时每日不超过8小时,每周工作40小时,并至少休息一日。除标准工时外还有缩短工时、综合计算工时、不定时工时、计件工时等,都应在合同中明确约定。

休息休假是指劳动者在任职期间,在国家规定的法定工作时间以外,不从事生产和工作而自行支配的休息时间和法定节假日。

6.劳动报酬

劳动报酬是指用人单位根据劳动者劳动的数量和质量,以货币形式支付给劳动者的工资。工资总额由六部分构成:计时工资、计件工资、奖金、津贴和补贴、加班加点工资及特殊情况下支付的工资。工资应当以法定货币支付,不得以实物及有价证券替代货币支付。工资必须在用人单位与劳动者约定的日期支付。

在法定休假日和婚丧假期间及劳动者依法参加社会活动期间,用人单位应当依法支付工资。用人单位在劳动者完成劳动定额或规定的工作任务后,根据实际需要安排劳动者在法定标准工作时间以外工作的,应当按照下列标准支付高于劳动者正常工作时间工资的工资报酬:(1)用人单位依法安排劳动者在日标准工作时间以外延长工作时间的,按照不低于劳动合同规定的劳动者本人小时工资标准的150%支付劳动者工资;(2)用人单位依法安排劳动者在休息日工作,而又不能安排补休的,按照不低于劳动合同规定的劳动者本人日或小时工资标准的200%支付劳动者工资;(3)用人单位依法安排劳动者在法定休假节日工作的,按照不低于劳动合同规定的劳动者本人日或小时工资标准的300%支付劳动者工资。

国家实行最低工资保障制度。最低工资的具体标准由省、自治区、直辖市人民政府规定,报国务院备案。用人单位支付劳动者的工资不得低于当地最低工资标准。

7.社会保险

社会保险包括养老保险、失业保险、医疗保险、工伤保险、生育保险五项。参加社会保险、缴纳社会保险费是用人单位与劳动者的法定义务,双方都必须履行。

8.劳动保护、劳动条件和职业危害防护

劳动保护是指用人单位保护劳动者在工作过程中不受伤害的具体措施。劳动条件是指用人单位为劳动者提供正常工作所必需的条件,包括劳动场所和劳动工具。职业危害防护是用人单位对工作过程中可能产生的影响劳动者身体健康的危害的防护措施。劳动保护、劳动条件和职业危害防护,是劳动合同中保护劳动者身体健康和安全的重要条款。用人单位必须将有职业危害的工作在劳动合同必备条款中告知劳动者,对在工作过程中可能产生的职业病危害、防护措施等在劳动合同中写明,不得隐瞒或欺骗。用人单位还应根据劳动者的工作岗位,按规定发放必要的劳动保护用品。

9.法律、法规规定应当纳入劳动合同的其他事项

用人单位提供的劳动合同文本未载明《劳动合同法》规定的劳动合同必备条款或者用人单位未将劳动合同文本交付劳动者的,由劳动行政部门责令改正;给劳动者造成损害的,应当承担赔偿责任。

(二)劳动合同约定条款

除劳动合同必备条款外,用人单位与劳动者可以在劳动合同中约定试用期、培训、保守秘密、补充保险和福利待遇等其他事项。但约定事项不能违反法律、行政法规的强制性规定,否则该约定无效。

1.试用期

(1)试用期期限。根据《劳动合同法》的规定,劳动合同期限3个月以上不满1年的,试用期不得超过1个月;劳动合同期限1年以上不满3年的,试用期不得超过2个月;3年以上固定期限和无固定期限的劳动合同,试用期不得超过6个月。以完成一定工作任务为期限的劳动合同或者劳动合同期限不满3个月的,不得约定试用期。同一用人单位与同一劳动者只能约定一次试用期。试用期包含在劳动合同期限内。劳动合同仅约定试用期的,试用期不成立,该期限为劳动合同期限。

(2)试用期工资。劳动者在试用期的工资不得低于本单位相同岗位最低档工资或者劳动合同约定工资的80%,并不得低于用人单位所在地的最低工资标准。

2.服务期

用人单位为劳动者提供专项培训费用,对其进行专业技术培训的,可以与该劳动者订立协议,约定服务期。劳动者违反服务期约定提前终止劳动合同的,应当按照约定向用人单位支付违约金,违约金的数额不得超过用人单位提供的培训费用。对已经履行部分服务期限的,用人单位要求劳动者支付的违约金不得超过服务期尚未履行部分所应分摊的培训费用。在特定情形下,劳动者可以在服务期内依照法律规定解除劳动合同,用人单位不得要求劳动者支付违约金。

3.保守商业秘密和竞业限制

用人单位与劳动者可以在劳动合同中约定保守用人单位的商业秘密和与知识产权

相关的保密事项。对负有保密义务的劳动者,用人单位可以在劳动合同或者保密协议中与劳动者约定竞业限制条款,并约定在解除或者终止劳动合同后,在竞业限制期限内按月给予劳动者经济补偿。劳动者违反竞业限制约定的,应当按照约定向用人单位支付违约金。

七、劳动合同的变更、解除和终止

(一)劳动合同的变更

劳动合同的变更是指在劳动合同开始履行但尚未完全履行完毕之前,因订立劳动合同的主客观条件发生了变化,当事人依照法律规定的条件和程序,对原合同中的某些条款修改、补充的法律行为。

用人单位与劳动者协商一致,可以变更劳动合同约定的内容。变更劳动合同应当采用书面形式。变更后的劳动合同文本由用人单位和劳动者各执一份。

劳动合同的变更是对原合同内容的修改、补充或者废止,而不是签订新的劳动合同。同订立劳动合同一样,变更劳动合同也应当遵循平等自愿、协商一致的原则,不得违反法律、行政法规的规定。

未对变更劳动合同达成一致意见的,任何一方都不得擅自变更劳动合同。

(二)劳动合同的解除

劳动合同解除是在劳动合同订立后,劳动合同期限届满之前,因出现法定的情形,一方单方通知终止劳动关系或用人单位与劳动者双方协商提前终止劳动关系的法律行为。

1.协商解除

用人单位和劳动者协商一致,可以解除劳动合同。由用人单位提出解除劳动合同而与劳动者协商一致的,必须依法向劳动者支付经济补偿。由劳动者主动辞职而与用人单位协商一致解除劳动合同的,用人单位无须向劳动者支付经济补偿。

2.法定解除

劳动者可单方面解除劳动合同的情形:

(1)提前通知解除的情形。劳动者在试用期内提前3日通知用人单位,非试用期提前30日以书面形式通知用人单位,可以解除劳动合同。

(2)可随时通知解除的情形。包括用人单位未履行劳动合同义务、制定的规章损害劳动者权益,或者因其过错而导致合同无效等损害劳动者权益的情形。

(3)不需事先告知即可解除的情形。包括用人单位以暴力、威胁或者非法限制人身自由的手段强迫劳动者劳动的,或者用人单位违章指挥、强令冒险作业危及劳动者人身安全的情形。

用人单位可单方面解除劳动合同的情形:

(1)提前通知解除的情形。用人单位可以提前30日以书面形式通知劳动者本人或者额外支付劳动者1个月工资后,解除劳动合同的情形。主要包括:①劳动者患病或者非因工负伤,在规定的医疗期满后不能从事原工作,也不能从事由用人单位另行安排的工作的;②劳动者不能胜任工作,经过培训或者调整工作岗位,仍不能胜任工作的;③劳动合同订立时所依据的客观情况发生重大变化,致使劳动合同无法履行,经用人单位与劳动者协商,未能就变更劳动合同内容达成协议的。

(2)可随时通知劳动者解除的情形。主要包括:①劳动者在试用期间被证明不符合录用条件的;②劳动者严重违反用人单位的规章制度的;③劳动者严重失职,营私舞弊,给用人单位造成重大损害的;④劳动者同时与其他用人单位建立劳动关系,对完成本单位的工作任务造成严重影响,或者经用人单位提出,拒不改正的;⑤劳动者以欺诈、胁迫的手段或者乘人之危,使用人单位在违背真实意思的情况下订立或者变更劳动合同的;⑥劳动者被依法追究刑事责任的。

(3)用人单位可以裁减人员的情形。主要包括:①依照企业破产法规定进行重整的;②生产经营发生严重困难的;③企业转产、重大技术革新或者经营方式调整,经变更劳动合同后,仍需裁减人员;④其他因劳动合同订立时所依据的客观经济情况发生重大变化,致使劳动合同无法履行的。

用人单位不得解除劳动合同的情形:

劳动者有下列情形之的,用人单位不得解除劳动合同,主要包括:(1)从事接触职业病危害作业的劳动者未进行离岗前职业健康检查,或者疑似职业病病人在诊断或者在医学观察期间的;(2)在本单位患职业病或者因工负伤并被确认丧失或者部分丧失劳动能力的;(3)患病或者负伤,在规定的医疗期内的;(4)女职工在孕期、产期、哺乳期的;(5)在本单位连续工作满15年,且距法定退休年龄不足5年的;(6)法律、行政法规规定的其他情形。

(三)劳动合同的终止

劳动合同终止是劳动合同订立后,因出现某种法定的事实,导致用人单位与劳动者之间形成的劳动关系自动归于消灭,或导致双方劳动关系的继续履行成为不可能而不得不消灭的情形。

劳动合同终止的情形包括:(1)劳动合同期满的;(2)劳动者开始依法享受基本养老保险待遇的;(3)劳动者达到法定退休年龄的;(4)劳动者死亡,或者被人民法院宣告死亡或者宣告失踪的;(5)用人单位被依法宣告破产的;(6)用人单位被吊销营业执照、责令关闭、撤销或者用人单位决定提前解散的;(7)法律、行政法规规定的其他情形。

(四)劳动合同解除和终止的法律后果及经济补偿

劳动合同解除和终止后,双方不再继续履行劳动合同。劳动合同解除或者终止,用人单位应出具解除或者终止劳动合同的证明。用人单位对已经解除或者终止劳动合同的文本,至少应保存2年备查。用人单位应当在解除或者终止劳动合同时向劳动者支付经济补偿的,在办结工作交接时支付。劳动者应当按照双方约定,办理工作交接。

1.经济补偿的概念

经济补偿是指按照《劳动合同法》规定,在劳动者无过错的情况下,用人单位与劳动者解除或者终止劳动合同时依法应给予劳动者经济上的补助,也称经济补偿金。

2.用人单位应当向劳动者支付经济补偿的情形

(1)由用人单位提出解除劳动合同并与劳动者协商一致而解除劳动合同的。

(2)劳动者符合随时通知解除和不需事先通知即可解除劳动合同的规定情形而解除劳动合同的。

(3)用人单位符合提前30日以书面形式通知劳动者本人或者额外支付劳动者1个月工资后可以解除劳动合同的规定情形而解除劳动合同的。

(4)用人单位符合可裁减人员规定而解除与劳动者的劳动合同的。

(5)除用人单位维持或者提高劳动合同约定条件续订劳动合同,劳动者不同意续订的情形外,劳动合同期满终止固定期限劳动合同的。

(6)以完成一定工作任务为期限的劳动合同因任务完成而终止的。

(7)用人单位被依法宣告破产终止劳动合同的。

(8)用人单位被吊销营业执照、责令关闭、撤销或者用人单位决定提前解散而终止的。

(9)法律、行政法规规定解除或终止劳动合同应当向劳动者支付经济补偿的其他情形。

3.经济补偿的支付标准

经济补偿,一般根据劳动者在用人单位的工作年限和工资标准来计算具体金额,并以货币形式支付给劳动者。

(1)经济补偿按劳动者在本单位工作的年限,每满1年支付1个月工资的标准向劳动者支付。6个月以上不满1年的,按1年计算;不满6个月的向劳动者支付半个月工资的经济补偿。

(2)劳动者在劳动合同解除或者终止前12个月的平均工资低于当地最低工资标准的,按照当地最低工资标准计算。劳动者工作不满12个月的,按照实际工作的月数计算平均工资。

(3)劳动者月工资高于用人单位所在直辖市、设区的市级人民政府公布的本地区上年度职工月平均工资3倍的,向其支付经济补偿的标准按职工月平均工资3倍的数额支付,向其支付经济补偿的年限最高不超过12年。

相关案例

某文化公司与张某订立了艺人经纪合同,约定某文化公司为张某演艺活动的独家经纪和经营管理公司,独家合作、经纪、经营管理包括但不限于以下事务活动范围:安排张某在互联网平台进行直播,包括但不限于唱歌跳舞或其他才艺展示、推广活动等未来可能出现的所有互联网直播活动。张某需进行网络直播演艺的有效时长为每天不低于6小时、每月不低于26天。保底金为每月4000元,保底期间为1个月,即在保底期间内张某遵守艺人经纪合同各项约定并按时长标准进行了网络直播后,当月各业务总收入仍不足该保底金时,由某文化公司补足。张某进行网络直播演艺获得的虚拟礼物收益,其中按网络平台规定给予张某的部分扣除税费后,其他所有收益在某文化公司扣除所有经营管理、双方税费、开支、成本、商务、代理、介绍、整体运营等费用及第三方开支后,剩余部分按照某文化公司规定的比例和方式进行分配。合同还约定,本合同为综合性商事合同,涵盖了行纪、居间、代理、经纪、管理、经营、合作等关系,但不构成劳动、劳务等关系。

法院审理后认为,某文化公司职能上等同于经纪公司,根据艺人经纪合同的内容可知,某文化公司负责安排张某在网络直播平台进行事务活动,双方均无建立劳动关系的合意。某文化公司与张某之间的人身隶属性并不明显。张某的收入主要来源于网络直播演艺获得的虚拟礼物收益,该收益在扣除网络平台的税费后还要扣除某文化公司运营费用及第三方开支,剩余部分才由双方按照某文化公司的规定进行分配。该种分配形式与劳动关系项下用工过程中的风险由用人单位承担有明显差异,据此认定双方之间不存在劳动合同关系。

第二节 社会保障法

一、社会保障法的概念

社会保障法是指调整政府、社会和社会成员之间的,为保证社会成员免除因疾病、年老、失业以及残疾带来的风险与损失,而发生的社会关系的法律规范的总称。一般认为,所有与调整社会保障关系有关的法律规范(包括宪法、社会保障基本法、社会保障法律法规),都被认为是实质意义的社会保障法。

二、社会保障法的特征

(一)社会性

社会保障存在于社会共同体中,是聚集全社会的力量保障全社会成员;社会是社会保障的基础、中介和目的,从某种意义上可以说,没有社会,社会保障就没有了根基,也没有了目标,最终也就没有了社会保障。社会性在社会保障法中表现为:第一,目的的社会性。社会保障法自诞生就是为了保障全体社会成员整体的利益,它以保障社会整体利益的方式,促进整个社会的稳定与发展。第二,保障对象的普遍性。社会保障法所调整的对象,不是某个特定的群体,它所针对的是全体社会成员。第三,义务主体的社会性。国家与政府实施社会保障是宪法所赋予的义务。但是,社会保障不能单纯地依靠国家与政府,还需要社会的配合与辅助。

(二)强制性

社会保障的强制性是指,社会保障制度是由国家通过立法建立,并由国家强制实施。在社会保障的各项制度中,社会保险的强制性最为突出。参加社会保险与否、参加社会保险的险种以及社会保险费如何缴纳,法律都有明确规定,用人单位和劳动者没有自由选择的权利,只能按照法律规定执行。因此,社会保障具有鲜明的强制性特征。

(三)实体法和程序法的统一性

在各种法律中,一般而言,实体法和程序法互依互存,但是,社会保障法与一些部门法不同,在社会保障法中既有实体法,也有程序法。社会保障法既非单纯的实体法,也非单纯的程序法,而是兼具实体法与程序法的属性,是实体法与程序法的统一。

(四)保障性

社会保障是社会按照当时生产力的发展水平,使每一个社会成员在年老、疾病、灾害等情况下,生存发生困难时享有从国家和社会获得物质帮助的权利,以实现社会稳定和社会安全。在市场经济的竞争机制下,难免会产生一些不利于社会稳定的因素,这些不稳定因素不能单凭市场自身解决。随着社会的发展,人们逐渐意识到需要有一种制度,来保障社会成员所要面临的种种风险。社会保障的存在,仿佛为人们的生活织造了一张"安全网",保障社会成员的基本生活以及社会的稳定发展。

三、社会保险的概念和特征

(一)社会保险的概念

社会保险,是指国家通过立法,保证社会成员免除因疾病、年老、失业以及残疾带来的风险与损失而发生的社会关系的社会保障法律制度。我国宪法赋予公民享受社会保障的权利,这一基本权利的主要表现之一为社会保险制度。

社会保障制度在很大程度上保障了社会成员的生活安定和身心健康,它通过采用风险集中管理技术,建立风险分摊机制,筹集保险基金,对遭遇社会风险的社会成员提供经济补偿,保障其生活的安定。社会保险属于社会保障制度体系,是社会保障制度体系的重要组成部分和核心内容。

(二)社会保险的特征

1.社会性

社会保险的社会性包括以下三个方面:

(1)保险对象的社会性。社会保险以全体社会成员为保险对象。

(2)保险组织和管理的社会性。社会保险属于公共管理事务,是国家的政策行为。在我国,社会保险的组织由国家通过立法确认,政府组织实施社会保险资金的筹集、社会保险事务的管理等事项。

(3)保险目的的社会性。社会保险的目的在于,保证社会成员免除因疾病、年老、失业以及残疾带来的风险与损失,从而促进社会稳定,实现社会正义。

2.福利性

社会保险的福利性表现在以下三个方面:

(1)社会保险由政府指定非营利机构进行管理运营,不具有营利性;

(2)国家需要在一定的条件下负担一部分的保险费;

(3)被保险人获得的保险待遇大于其付出的保险费。

3.强制性

社会保险一般由国家通过立法强制实施,其强制性表现为以下三个方面:

(1)社会保险关系的建立具有强制性,当事人不能自主决定是否建立社会保险关系;

(2)社会保险缴费具有强制性,当事人必须按照法定的标准和期限及时、足额缴费;

(3)请求社会保险待遇给付的条件具有强制性。

4.保险性

社会保险的保险性表现在以下两个方面:

(1)社会保险费用与被保险人承担的社会风险相关联;

(2)社会保险制度建立的基础是风险分担,被保险人通过参加社会保险,与社会互助共济,使社会经济更加稳定。

四、社会保险法

(一)社会保险法的概念

社会保险法是调整社会保险法律关系的法律规范。社会保险法明确规定了我国社会保险的项目体系,此外,对于社会保险的保险对象、经费的筹集发放、社会保险的待遇标准以及社会保险的管理与监督等内容进行法律规定,并且明确社会保险机构的性质与职能、社会保险的组织形式与地位等事项。

我国社会保险法确立了社会保险体系基本框架,并明确了不同项目的社会保险制度的适用范围。

(二)社会保险法的分类

根据不同的划分标准,社会保险可划分为不同的种类。

(1)根据保险内容性质的不同,社会保险分为养老保险、失业保险、工伤保险、生育保险和医疗保险五类。

(2)按照提供保险待遇的形式,社会保险分为现金补贴保险和实物补贴保险。现金补贴保险是以发放现金的形式提供保险待遇,此类方式适用范围广。实物补贴保险(如医疗保险和生育保险中医疗服务待遇的提供)的适用范围较小,但在某些特定场合比现金补贴更能对劳动者起到保险作用。

(三)社会保险法的内容

1.养老保险

养老保险是通过向用人单位和劳动者本人征收养老保险费,形成养老保险基金,用于解决劳动者退休后的基本生活保障问题的社会保险。在2010年10月28日《中华人民共和国社会保险法》(以下简称《社会保险法》)审议通过前,养老保险的主要保险对象是用人单位中的劳动者。《社会保险法》颁布后不仅保留了原有的对象范围,还将保险范围拓展到了城镇居民和农民。但是应该看到,更为全面的养老保险,应当包括其他各类职业的劳动者(如国家公务员、家庭服务人员、军人和农民等),并按照其职业特点分别建立起相应的养老保险制度。

国有企业、集体企业、外商投资企业、私营企业和其他城镇企业及其职工,实行企业化管理的事业单位及其职工必须参加基本养老保险。

新的参统单位(指各类企业)单位缴费费率确定为10%,个人缴费费率确定为8%,个体工商户及其雇工,灵活就业人员及以个人形式参保的其他各类人员,根据缴费年限实行的是差别费率。参加基本养老保险的个人劳动者,缴费基数在规定范围内可高可低,多交多受益。职工按月领取养老金必须是达到法定退休年龄,并且已经办理退休手续;所在单位和个人依法参加了养老保险并履行了养老保险的缴费义务;个人缴费至少满15年。

2.失业保险

失业保险是解决劳动者在失业期间的基本生活保障的社会保险形式,此项社会保险的资金主要来源于,社会保险管理机构向用人单位和劳动者本人筹集资金,形成失业保险基金。失业保险的基本待遇形式是发放失业保险金,此外,也有向失业者提供免费再就业培训的形式。失业保险在市场经济环境下有着十分重要的作用,尤其是对劳动力市场的正常、平稳发展有着不可替代的作用,在很大程度上缓和了失业可能带来的社会问题。因此,失业保险可以看作劳动力市场的稳定与保障机制。

各类企业及其职工、事业单位及其职工、社会团体及其职工、民办非企业单位及其职工,国家机关与之建立劳动合同关系的职工都应办理失业保险。失业保险基金主要是用于保障失业人员的基本生活,城镇企业、事业单位、社会团体和民办非企业单位按照本单位工资总额的2%缴纳失业保险费,其职工按照本人工资的1%缴纳失业保险费;无固定工资额的单位以统筹地区上年度社会平均工资为基数缴纳失业保险费;单位招用农牧民合同制工人本人不缴纳失业保险费。

当前中国失业保险参保职工的范围包括:在岗职工,停薪留职、请长假、外借外聘、内退等在册不在岗职工,进入再就业服务中心的下岗职工,其他与本单位建立劳动关系的职工(包括建立劳动关系的临时工和农村用工)。城镇企业事业单位失业人员按照有关规定具备以下条件的失业职工可享受失业保险待遇:首先,按照规定参加失业保险,所在单位和本人已按照规定履行缴费义务满1年的;其次,不是因本人意愿中断就业的;最后,已经办理失业登记,并有求职要求的。失业保险给付种类包括:失业保险金,领取失业保险金期间的医疗补助金,领取失业保险金期间死亡的失业人员的丧葬补助金和其供养的配偶、直系亲属的抚恤金,领取失业保险金期间接受职业培训、职业介绍的补贴。

失业人员失业前所在单位和本人按照规定累计缴费时间满1年不足5年的,领取失业保险金的期限最长为12个月;累计缴费时间满5年不足10年的,领取失业保险金的期限最长为18个月;累计缴费时间10年以上的,领取失业保险金的期限最长为24个月。重新就业后,再次失业的,缴费时间重新计算,领取失业保险金的期限可以与前次失业应领取而尚未领取的失业保险金的期限合并计算,但是最长不得超过24个月。

3. 工伤保险

工伤保险是补偿劳动者因工伤事故而导致的收入丧失,以及为遭受工伤的劳动者提供医疗保障待遇的一种社会保险制度。工伤保险的资金主要来源于工伤保险基金,该基金主要由社会保险管理机构向用人单位筹集。工伤事故风险与现代工业相伴而生,随着现代工业生产规模的扩大化与社会化,工伤保险的社会化管理也有了进一步的发展。在工业化国家,工伤保险早已成为非常普及的一项社会保险制度。

工伤保险费由用人单位缴纳,对于工伤事故发生率较高的行业工伤保险费的征收费率高于一般标准,一方面是为了保障这些行业的职工发生工伤时,工伤保险基金可以足额支付工伤职工的工伤保险待遇;另一方面,是通过高费率征收,使企业有风险意识,加强工伤预防工作使伤亡事故率降低。

职工上了工伤保险后,职工住院治疗工伤的,由所在单位按照本单位因公出差伙食补助标准的70%发给住院伙食补助费;经医疗机构出具证明,报经办机构同意,工伤职工到统筹地区以外就医的,所需交通、食宿费用由所在单位按照本单位职工因公出差标准报销。另外,工伤职工因日常生活或者就业需要,经劳动能力鉴定委员会确认,可以安装假肢、矫形器、假眼、假牙和配置轮椅等辅助器具,所需费用按照国家规定的标准从工伤保险基金中支付。工伤参保职工的工伤医疗费一至四级工伤人员伤残津贴、一次性伤残补助金、生活护理费、丧葬补助金、供养亲属抚恤金、辅助器具等工伤康复费、劳动能力鉴定费都应从工伤保险基金中支付。

4. 生育保险

生育保险是针对生育行为的生理特点,根据法律规定,在职女性因生育子女而导致劳动者暂时中断工作、失去正常收入来源时,由国家或社会提供的物质帮助。考虑到女职工因生产暂时不能参加劳动,出于恢复女职工劳动力以及女职工肩负抚养新生人口责任的考虑,需要生育保险这样的社会保险项目为生育期的女职工提供物质帮助和休息保障。

所有用人单位(包括各类机关、社会团体、企业、事业、民办非企业单位)及其职工都要参加生育保险。生育保险由用人单位统一缴纳,职工个人不缴纳生育保险费。生育保险费由用人单位按照本单位上年度职工工资总额的0.7%缴纳。享受生育保险待遇的职工,必须符合以下三个条件:用人单位参加生育保险在6个月以上,并按时足额缴纳了生育保险费;在本市城镇生育保险定点医疗服务机构,或经批准转入有产科医疗服务机构生产或流产的(包括自然流产和人工流产)。女职工产假期间的生育津贴、生育发生的医疗费用、职工计划生育手术费用及国家规定的与生育保险有关的其他费用都应该从生育保险基金中支出。

5.医疗保险

医疗保险是保障社会成员在患疾病时能够获得经济帮助,尽快摆脱疾病困扰、恢复健康的社会保险项目。在这里引发疾病的原因不包括工伤造成的疾病与身体伤害,这一部分应当由工伤保险进行保障。由于疾病风险难以预测,医疗费用难以控制,所以疾病医疗保险与社会成员安全感的要求联系在一起。医疗保险首先应具有预防性,即将一个群体的资金集中起来,共同承担医疗风险。

所有用人单位,包括企业(国有企业、集体企业、外商投资企业和私营企业等)、机关、事业单位、社会团体、民办非企业单位及其职工,都要参加基本医疗保险,城镇职工基本医疗保险基金由基本医疗保险社会统筹基金和个人账户构成。基本医疗保险费由用人单位和职工个人账户构成。基本医疗保险费由用人单位和职工个人共同缴纳,其中:单位按8%比例缴纳,个人缴纳2%。用人单位所缴纳的医疗保险费一部分用于建立基本医疗保险社会统筹基金,这部分基金主要用于支付参保职工住院和特殊慢性病门诊及抢救、急救费用。发生的基本医疗保险起付标准以上、最高支付限额以下符合规定的医疗费,其中个人也要按规定负担一定比例的费用。个人账户资金主要用于支付参保人员在定点医疗机构和定点零售药店就医购药符合规定的费用,个人账户资金用完或不足部分,由参保人员个人用现金支付,个人账户可以结转使用和依法继承。参保职工因病住院先自付住院起付额,再进入统筹基金和职工个人共付段。

五、社会救助制度

(一)社会救助的概念和对象

1.社会救助的概念

社会救助,是指国家或其他社会主体对于遭受自然灾害、失去劳动能力或者其他低收入公民给予的物质帮助或精神救助,以维持其基本生活需求,保障其最低生活水平的一项社会保障法律制度。社会救助是最古老的社会保障形式,在调整社会资源配置、矫正市场失灵、实现社会公平、维护社会稳定等方面发挥着重要的不可替代的作用。

2.社会救助的对象

社会救助的对象一般按照定量和定性相结合的办法来确定。定量的办法,就是首先确定一个统一的标准,这个标准就是最低生活水平线(国际上称为贫困线)。凡是生活在法定最低生活水平线和低于这个最低生活水平线的社会成员和家庭,即为社会救助的对象。然后再通过定性的方法,对不同能力和不同需要的救助对象进行分类。根据造成贫困的原因,可以把社会救助的对象分为:无依无靠没有生活来源的社会成员,突发性灾害造成生活一时拮据的公民,有收入来源但生活水平低于或仅相当于国家法定最低生活标准的公民。根据公民的群体属性的不同,社会救助对象还可以划分为儿童、老人、残疾人、失业者和不幸者等。

(二)社会救助法律制度的内容

1.最低生活保障制度

最低生活保障制度简称"低保",是国家为了保障公民基本生存权而设立的制度,当公民的生活水平低于最低生活保障线时,有权依照法定的程序和标准从国家或政府得到救助。获得救助是公民的一项基本权利,设立最低生活保障制度的目的是保障公民的基本生存权。最低生活保障制度是社会救助的核心内容。

户籍状况、家庭收入和家庭财产是认定最低生活保障对象的三个基本条件,《社会救助暂行办法》第九条规定,国家对共同生活的家庭成员人均收入低于当地最低生活保障标准,且符合当地最低生活保障家庭财产状况规定的家庭,给予最低生活保障。

根据《社会救助暂行办法》第十条的规定,最低生活保障的标准由省、自治区、直辖市或者设区的市级人民政府按照当地居民生活必需的费用确定、公布,并根据当地经济社会发展水平和物价变动情况适时调整。据此可以看出,影响最低生活保障标准制定的因素主要有两个:一是基本生活费支出水平,二是当地财政的承受能力。

2.医疗救助制度

医疗救助,是指国家和社会针对那些因为贫困而没有经济能力进行疾病治疗的公民,实施专门的帮助和支持的救助项目。根据《社会救助暂行办法》及相关法律的规定,医疗救助对象必须同时符合以下条件:必须为贫困人员,必须为疾病患者,必须无力支付医疗费用。

《社会救助暂行办法》规定了两种医疗救助形式:一是为医疗救助的对象参与医疗保险提供资金方面的补贴;二是对于救助对象经过医疗保险报销后,需要自己承担费用的部分,给予补助。

3.教育救助制度

作为促进社会公平的基本手段,政府和社会应努力为全体社会成员获得良好的教育创造条件,让人们有同等的受到教育的机会,教育救助的目的就是保障贫困家庭的子女的受教育权。教育救助的对象主要包括最低生活保障家庭成员、特困供养人员、不能入学接受义务教育的残疾儿童。教育救助的形式有:减免收费,即对贫困生应当缴纳的学杂费、书本费、住宿以及其他生活费等少收或不收的救助形式;现金救助,包括补助金、奖学金、助学金、助学贷款等。

4.就业援助制度

就业救助的对象并非所有的无业人员,而应当符合以下条件:(1)生活贫困,符合最低生活保障条件;(2)有劳动能力,且是法定劳动年龄内的人员;(3)处于失业状态,且由于自身生存能力差,社会竞争激烈的客观原因造成的失业,而非主观原因的失业。政府、再就业服务中心、职业培训机构、职业介绍机构、以招收失业无业人员为主的劳动就业服务企业或其他企业等,都是参与就业救助的主体。就业救助的形式包括公共就业服务、创业优惠、安置就业、资金补贴等。

5.住房救助制度

住房救助制度主要是指对城乡特殊困难居民和因灾倒房户,在住房修缮、重建和租房方面给予现金与物资补助的制度。住房救助已经逐渐成为一种独立的专项救助制度。2003年,建设部、财政部、民政部等部门联合下发的《城镇最低收入家庭廉租住房管理办法》规定,对于符合市、县人民政府规定的,且住房有困难的低收入家庭,可以申请城镇最低收入家庭廉租住房。住房救助的保障方式以发放租赁住房补贴为主,以实物配租、租金核减为辅。

此外,还有一些特殊救助制度,如特困人员供养制度、灾害救助制度、临时救助制度等。

六、社会福利制度

社会福利,是指国家和社会通过社会化的福利设施和有关福利津贴,以满足社会成员的生活服务需要,并促使其生活质量不断得到改善的一种社会政策。社会福利主要包括下面三大类。

1.公共福利制度

公共福利涉及社会成员生活的方方面面,涵盖了住房、教育、卫生、文体等方面,既有对物质需求的保障,也有对精神需求的满足。公共福利主要有住房福利、教育福利、医疗保健福利、文化康乐福利等。

2.职业福利制度

职业福利制度又称员工福利,是指以职工所在单位为福利责任主体,基于职工与单位之间的劳动合同关系,以单位的经济能力为物质基础,依据国家相关的法律和单位或公司内部规章,为了改善职工及其家庭生活质量,由单位或公司专门向内部职工所提供的各种福利的总称。

3.特殊福利制度

弱势群体是一个国家或地区,在一定的时期内形成的社会结构中,参与社会生产和分配的能力较弱,经济收入和发展机会都较少的社会阶层。目前,我国社会中的弱势群体包括儿童、老年人、残疾人、精神病患者、失业者、贫困者、下岗职工、灾难中的求助者、农民工、非正规就业者,以及在劳动关系当中处于弱势地位的人。

七、社会优抚制度

军人社会保障是我国在普通的社会保障内容之外,对军人这一特殊的群体设立的社会保障制度。军人社会保障制度在我国也称为社会优抚制度,社会优抚主要由社会优待制度、社会抚恤制度和安置保障制度组成。

※**法条链接**

《军人抚恤优待条例》第三条 军人的抚恤优待,实行国家和社会相结合的方针,保障军人的抚恤优待与国民经济和社会发展相适应,保障抚恤优待对象的生活不低于当地的平均生活水平。

全社会应当关怀、尊重抚恤优待对象,开展各种形式的拥军优属活动。

国家鼓励社会组织和个人对军人抚恤优待事业提供捐助。

第四条　国家和社会应当重视和加强军人抚恤优待工作。

军人抚恤优待所需经费由国务院和地方各级人民政府分级负担。中央和地方财政安排的军人抚恤优待经费,专款专用,并接受财政、审计部门的监督。

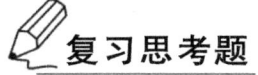
复习思考题

一、单项选择题

1. 已经确立实施劳动关系,但未订立劳动合同,应当自用工之日起(　　)个月订立书面劳动合同。

　　A.1　　　　　　　　　　　　B.2
　　C.3　　　　　　　　　　　　D.4

2. 劳动合同在1年以上3年以下的,试用期不得超过(　　)个月,3年以上固定期限和无固定劳动合同,试用期不得超过(　　)个月。

　　A.1;3　　　　　　　　　　　B.2;6
　　C.3;6　　　　　　　　　　　D.1;6

3. 实习期工资不得低于岗位工资的(　　)。

　　A.60%　　　　　　　　　　　B.70%
　　C.80%　　　　　　　　　　　D.90%

4. 随时通知解除和无须通知解除劳动合同的,(　　)。

　　A.用人单位无须支付经济补偿　　　B.前者无经济补偿,后者有经济补偿
　　C.前者有经济补偿,后者没有　　　D.用人单位必须支付经济补偿

5. 用人单位违法终止劳动合同,应(　　)。

　　A.追究用人单位法人代表刑事责任

　　B.向劳动者支付2倍工资

　　C.给予用人单位暂停营业处罚

　　D.向劳动者支付2倍赔偿金

6. 劳动法律纠纷的解决途径,以下表述正确的是(　　)。

　　A.直接起诉到法院

　　B.必须经过仲裁的才能起诉到法院

　　C.请村主任调解

　　D.由董事长决定

7. 邹某依法缴纳养老保险,58岁发生工亡。邹某养老保险账户(　　)。

　　A.直接统筹

　　B.由其直系亲属继承

C.归街道办

D.退还给用人单位

8.一次性工亡补贴是上一年度城镇居民可支配收入的(　　)倍。

A.20　　　　　　　　　　　　B.30

C.40　　　　　　　　　　　　D.50

9.领取失业保险的最长期限为(　　)月。

A.12　　　　　　　　　　　　B.18

C.24　　　　　　　　　　　　D.36

10.不属于生育保险紧急支付范围的是(　　)。

A.试管婴儿医疗费　　　　　　B.人工节育手术费、器械费

C.孕检　　　　　　　　　　　D.生产费

二、多项选择题

1.以下属于劳动关系,适用《劳动法》的规定是(　　)。

A.乡镇企业与其职工之间的关系

B.某家庭与其聘用的保姆之间的关系

C.国家机关与实行劳动合同制的工勤人员之间的关系

D.国家机关与其工作人员之间的关系

2.根据《劳动法》的规定,用人单位应当支付劳动者经济补偿金的情况有(　　)。

A.劳动合同因合同当事人双方协商一致而由用人单位解除的

B.劳动合同因合同当事人双方约定的终止条件出现而终止的

C.劳动者在试用期间被证明不符合录用条件的

D.劳动者不能胜任工作,经过培训或者调整工作岗位仍不能胜任工作,由用人单位解除劳动合同的

3.根据《劳动法》的规定,企业和职工之间属于劳动争议受理范围的争议有(　　)。

A.因履行劳动合同的争议

B.因企业开除、辞退违纪职工的争议

C.因职工自动离职发生的争议

D.因履行承包合同发生的争议

4.以下属于劳动合同必备条款的是(　　)。

A.劳动报酬

B.试用期

C.社会保险

D.工作内容和工作地点

5.有下列何种情形之一的,劳动者不需事先书面通知用人单位,就可以单方解除劳动合同(　　)。

A.未按照劳动合同约定提供劳动保护或者劳动条件的

B.未及时足额支付劳动报酬的

C.未依法为劳动者缴纳社会保险费的

D.用人单位的规章制度违反法律法规的规定,损害劳动者权益的

三、案例模拟

1.参某从2020年2月1日起在一家外贸公司上班,工资为每月4000元。参某多次向公司提出签订书面劳动合同,公司一直不予回应。2021年3月,公司突然通知参某签订书面劳动合同,并将其工资降为每月2500元,参某不同意签订该合同。

问题:该案件应如何处理?

2.2019年9月1日,蔡某与贸易公司签订了为期1年的劳动合同。合同约定试用期从2019年9月1日开始至2019年11月30日结束,试用期工资为每月2000元,转正后为每月4000元。蔡某入职3个月后辞职,并向当地劳动仲裁委员会申诉,要求公司支付2019年9月和10月的工资差额共计2400元,以及2019年11月转正工资与试用期工资的差额2000元。

问题:蔡某的请求能得到仲裁委员会的支持吗?为什么?

习题答案